CAHIERS DES ÉTATS

DE

NORMANDIE

SOUS LES RÈGNES DE LOUIS XIII ET DE LOUIS XIV

DOCUMENTS RELATIFS

A CES ASSEMBLÉES

RECUEILLIS ET ANNOTÉS

Par Ch. de Robillard de Beaurepaire

Tome IIIe.
(1633-1666)

ROUEN
CHEZ CH. MÉTÉRIE
LIBRAIRE DE LA SOCIÉTÉ DE L'HISTOIRE DE NORMANDIE
RUE JEANNE-DARC, N° 11
—
M DCCC LXXVIII.

À l'Académie des Inscriptions et Belles-Lettres
Hommage de l'auteur
Ch. de Beaurepaire

CAHIERS

DES

ÉTATS DE NORMANDIE

ROUEN. — IMPRIMERIE DE E. CAGNIARD
Rues Jeanne-Darc, 88, et des Basnage, 5.

INTRODUCTION

Lorsque nous commencions, il y a trois ans, cette publication, nous ne comptions pas qu'elle dût s'étendre au-delà des règnes de Louis XIII et de Louis XIV. Ce n'était pas que ce fût dans notre opinion, la période la plus brillante de l'institution sur laquelle nous nous proposions de jeter quelque jour. Nous ne nous dissimulions pas que c'était, au contraire, celle de son déclin et de sa chute. Mais, outre qu'un sujet trop vaste nous eût paru au-dessus de nos forces, nous étions assuré de rencontrer, dans cette période, une série à-peu-près complète de Cahiers de remontrances, et autant de documents qu'il en fallait pour se faire une idée nette de nos États provinciaux, de leur organisation, de leur rôle politique et des services qu'ils furent appelés à rendre au pays. L'accueil favorable fait à ce travail par l'Académie des Inscriptions et Belles-Lettres et par le Comité des Travaux historiques (1), les encouragements et les avis de personnes très-compétentes, ont engagé le Conseil de la Société de l'Histoire de Normandie à élargir le cadre qu'il s'était d'abord tracé, et à continuer, en remontant aux règnes précédents, le genre de recherches qu'il avait cru devoir, par prudence, restreindre à environ un demi-siècle. Il a été décidé en principe que la Société publierait, successivement, par règnes, et à des époques qui restent à déterminer, tous les documents de quelque importance, relatifs aux États de Normandie, depuis leurs commencements jusqu'à la fin du règne de Henri IV (2). Dans un temps où le gouvernement s'oc-

(1) Académie des Inscriptions et Belles-Lettres, Séance du 24 août 1877, Rapport de M. Léopold Delisle. — Comité des Travaux historiques et des Sociétés Savantes, Séance du 5 février 1877, Rapport de M. Georges Picot.

(2) Séances, du 7 février 1876 et du 7 janvier 1877, du Conseil d'administration de la Société de l'Histoire de Normandie.

cupe de faire rassembler, en vue d'une publication qui ne peut manquer d'être fort considérable, toutes les pièces qui concernent les États généraux de la France (1), il paraîtra naturel que, dans chaque province, les sociétés savantes, s'associant à ce mouvement scientifique, recherchent et publient, de leur côté, ce qui a trait aux États provinciaux. De la sorte, si l'exemple que nous donnons pouvait être suivi, l'on verrait se développer concurremment l'histoire générale et l'histoire provinciale de notre pays, et l'on ne tarderait pas à être en possession des monuments les plus précieux de nos anciennes libertés publiques.

La décision que nous venons de rappeler nous dispenserait, à la rigueur, d'accompagner d'une Introduction les trois volumes aujourd'hui parus, puisque ces volumes ne doivent être considérés que comme une partie de la collection qu'il s'agit maintenant d'entreprendre. La place de cette Introduction, telle que nous la comprenons, c'est-à-dire d'une étude complète sur nos assemblées provinciales, ne saurait, en effet, être convenablement placée qu'en tête du volume consacré à leur origine et à leurs premières réunions. Cependant, comme il est à prévoir que cette Introduction se fera assez longtemps attendre, nous croyons à propos, afin de faciliter la lecture des documents déjà livrés à l'impression, de dire dès aujourd'hui, en attendant mieux, quelques mots des États de notre ancienne province.

Ces États eurent des séances régulières dès les premières années de l'occupation anglaise sous le roi Henri V (2). On pourra bien citer quelques convocations dans le cours du

---

(1) Circulaire du Ministre de l'Instruction publique, adressée le 11 janvier 1876, aux Préfets, membres non résidants du comité, correspondants du ministère et aux conservateurs des principales bibliothèques publiques. — Rapport présenté au comité sur la publication des documents inédits relatifs aux États généraux, *Revue des Sociétés savantes*, année 1875, 2e semestre, p. 302 et suiv.

(2) Voir notre Mémoire intitulé les *États de Normandie sous la domination anglaise*, Évreux, 1859, extrait du *Recueil de la Société libre de l'Eure*, 3e série, tome V.

xive siècle ; mais elles ne viennent que de loin en loin. Rien n'indique encore un usage constant ni la fixité d'une institution.

Charles VII, après l'expulsion des Anglais, trouva l'usage de ces assemblées solidement établi dans notre province, et bien qu'il eût renoncé à ce système dans les pays de son domaine, il eut égard aux réclamations des Normands qui s'y montraient fort attachés ; il leur en promit le maintien, non toutefois sans quelques hésitations. Il fit plus : il le consacra de la manière la plus formelle, en insérant, le premier, dans ses lettres-patentes de confirmation de la Charte normande, l'engagement, pris par l'autorité royale, d'obtenir, pour la levée des tailles et des subsides, le consentement des trois États. Ces lettres sont datées de Tours, du mois d'avril 1458 (1). Jusque là, *l'utilité évidente*, la *nécessité urgente* avaient, il est vrai, été requises pour légitimer les tailles et les subsides ; mais les rois étaient demeurés les seuls juges de cette *utilité* ou de cette *nécessité*, qu'ils n'avaient jamais manqué d'alléguer comme motifs déterminants des charges qu'ils imposaient sur le peuple (2).

A partir de Charles VII, ces assemblées qui, sous les rois de France, ses prédécesseurs, n'avaient été que tout-à-fait exceptionnelles, se succédèrent avec une périodicité qui ne fut guère interrompue que sous le règne de Louis XIII.

Elles ne se tenaient pas à des jours invariablement déterminés. Il fallait, pour leur convocation, un ordre exprès du Roi,

(1) *Quod de cetero per nos aut nostros successores in dicto ducatu, in personis aut bonis ibidem commorantium, ultra redditus, census et servitia nobis debita, taillias, subventiones, impositiones aut exactiones quascumque facere non possimus nec etiam debeamus, nisi evidens utilitas vel urgens necessitas id exposcat, et per conventionem et congregationem gentium trium Statuum dicti ducatus, sicut factum fuit et consuetum tempore retrolapso.* Dom Le Noir, la *Normandie anciennement pays d'États*, p. 108. Ce texte a été plusieurs fois publié.

(2) Voir notre Mémoire intitulé les *États de Normandie, sous le règne de Charles VII*, dans le *Précis analytique des Travaux de l'Académie des Sciences, Belles-Lettres et Arts de Rouen*, année 1874-75.

lequel fixait le lieu et le jour des conventions ; car c'est ainsi que l'on appelait ces réunions, dans le sens du mot latin *conventus, conventio*.

Le lieu était, sauf des exceptions fort rares, la capitale du duché (1). Habituellement les deputés se réunissaient à l'archevêché, dans une salle qui garde encore de nos jours le nom de salle des États, soit que ce lieu fût choisi par déférence envers l'autorité ecclésiastique, ou offert par la bienveillance de l'archevêque, soit, comme il est plus vraisemblable, qu'il eût été difficile de trouver, à l'intérieur de la ville, un local plus vaste, plus central et plus commode. On peut citer quelques tenues d'États au monastère des Carmes (2), probablement dans la salle qu'occupaient chaque année les Palinods de l'Immaculée-Conception, et quelques autres à l'abbaye de S.-Ouen (3), où pendant assez longtemps les gouverneurs de Normandie établirent leur demeure, en profitant de l'absence des abbés commendataires.

L'époque était, ou du moins eût dû être, un des derniers mois de l'année, comme nous l'apprend Hercule Grisel, dans ses Fastes du mois de septembre.

> *Neustriacœ fiunt et nunc Comitia terrœ*
> *Quin et ab imbre aliis mensibus esse solent* (4).

Plus d'une fois les États insistèrent pour que la réunion ne fût pas différée au delà de septembre ou d'octobre. Le département des tailles se faisait, pour toute la France, vers la fin

---

(1) Il fut jugé, aux États de 1589 « que ce n'estoit chose qui fut attachée à ung lieu que d'y tenir les Estats, et que, s'il plaisoit au Roy, on les pourroit tenir à Évreus et autres lieux des bailliages. » *Notes du premier Président Groulart sur les États*, dans le *Bulletin de la Société de l'Histoire de Normandie*, t. Ier.

(2) Notamment les États de septembre 1614.

(3) Notamment les États de décembre 1610, de novembre 1611, de septembre 1612, de septembre 1613.

(4) Les *Fastes de Rouen*, édités par M. F. Bouquet, pour la Société des Bibliophiles Normands, p. 271 et 352. — V. *Cahiers des États*, I, 166, 295, 319 ; III, 38, 240.

de l'année, et il leur semblait, avec grande apparence de raison, qu'une convocation trop tardive leur laissait peu d'espoir de faire agréer leurs remontrances en temps utile dans l'intérêt des contribuables (1).

Les trois ordres étaient représentés aux États par des députés, dont le nombre était d'une cinquantaine environ, un ecclésiastique et un noble par bailliage, un député du tiers État par vicomté, et, de plus, trois délégués municipaux, savoir deux échevins de l'hôtel-de-ville de Rouen, un échevin de l'hôtel-de-ville de Caen. La châtellenie de Pontoise, la vicomté de Chaumont et Magny, la vicomté du Perche et la châtellenie de Nogent-le-Rotrou étaient représentées par des députés aux États de Normandie, bien qu'au point de vue judiciaire elles n'appartinssent pas à notre province.

Les lettres du Roi pour l'élection des députés étaient adressées au gouverneur ou au lieutenant général de Normandie. Celui-ci les transmettait aux baillis ou à leurs lieutenants généraux, en les invitant à les faire publier partout où il serait requis et à veiller à ce que les voix ne se portassent que sur des personnes qui eussent pour but principal le service du Roi, le bien de l'État et de la province (2). Le jour de l'élection paraît avoir été abandonné à la décision des officiers des bailliages. Ce jour varie en effet d'un bailliage à l'autre et d'une vicomté à l'autre.

Pour l'élection de l'ecclésiastique, on convoquait dans chaque bailliage, l'évêque, les chapitres, les prieurs (autres toutefois que ceux qui appartenaient à des ordres mendiants ou à des ordres d'institution récente) (3) et les curés des diverses paroisses.

Pour l'élection du noble, on convoquait également, dans chaque bailliage, les nobles de la circonscription.

(1) V. art. XXIII du *Cahier* de 1617, *Cahiers des États*, I, 166.
(2) *Ibidem*, I, 210.
(3) *Notes du premier Président Groulart sur les États*.

Les uns et les autres devaient être cités personnellement par les sergents des diverses sergenteries de leur domicile (1).

Pour l'élection de leurs représentants, ils se réunissaient au chef-lieu du bailliage, sous la présidence du lieutenant-général du bailli.

Les députés du tiers-état étaient nommés dans des assemblées tenues au chef-lieu de leurs vicomtés respectives, présidées également par le lieutenant-général du bailli, et composées des délégués des paroisses.

C'étaient dans les assemblées électorales des chefs-lieux de bailliage et de vicomté, que s'élaboraient, sans doute sous la surveillance des officiers du Roi, les Cahiers particuliers de doléances que les députés apportaient aux États, au nom de leurs commettants, et que dès le début ils remettaient entre les mains du procureur syndic (2).

Dans le bailliage de Caux qui était, comme on sait, fort étendu et qui avait pour chef-lieu judiciaire une ville de faible importance et placée à l'extrémité de la circonscription, les vicomtés alternaient entre elles pour l'élection du noble et de l'écclésiastique (3).

L'importance de la ville de Rouen, et ce fait que pendant longtemps elle avait été la gardienne vigilante des libertés provinciales, avaient fait admettre en sa faveur des usages particuliers. Par un privilége tout-à-fait spécial, c'était à l'hôtel-commun de cette ville, qu'avait lieu l'élection non-seulement des deux délégués municipaux, mais de l'ecclésiastique et du noble de la circonscription, et même jusqu'en 1571, celle du délégué du tiers-état de la vicomté (4).

Ce n'avait pas été sans une extrême répugnance ni sans avoir longuement et vivement disputé, que les ecclésiastiques et les nobles du bailliage de Rouen, s'étaient vus obligés par une

(1) *Cahiers des États,* I, 260, etc.
(2) *Ibidem,* III, 354.
(3) *Ibidem,* III, 218, 436. — V. notre Mémoire sur les *Derniers États de la Province de Normandie,* dans le *Précis des Travaux de l'Académie de Rouen,* année 1873-74.
(4) V. le même Mémoire.

exception, il faut en convenir, assez singulière, de confondre leurs votes avec ceux d'une administration municipale (1576-1579) (1). Par une autre singularité, le clergé de la ville de Rouen aux élections, était exclusivement représenté par un grand vicaire de l'archevêque et par deux délégués du chapitre de la Cathédrale, ce clergé étant censé ne faire, sous un seul clocher, qu'un corps avec celui de la mère-église (2). Celui des paroisses situées en dehors de la cité métropolitaine aurait donc eu la prépondérance dans l'élection, puisque tous les curés de ces paroisses étaient convoqués. On voit cependant que le député fut ordinairement choisi parmi les ecclésiastiques de Rouen, et assez ordinairement parmi les chanoines.

L'archevêque et le chapitre étaient invités directement à l'élection par le procureur syndic de l'hôtel-commun (3). C'était une marque d'honneur et de déférence. Les bourgeois notables de la ville, au nombre de 25 ou 30 par quartier, l'étaient par les quarteniers ; les autres bourgeois l'étaient, sur l'ordre des quarteniers, par les centeniers, les cinquanteniers et les dizeniers (4).

Les rangs à cette séance d'élection, ainsi qu'à celle où l'on discutait le Cahier, étaient minutieusement déterminés. La réunion était présidée par le lieutenant-général du bailli qui appelait successivement à voter les gens du Roi du bailliage, les conseillers échevins de la ville, le grand vicaire, les deux chanoines délégués par le chapitre, les conseillers anciens, le procureur syndic, les pensionnaires de la ville, les quarteniers, les abbés, prieurs et curés, les bourgeois notables de la ville et enfin les quatre députés des quatre vicomtés comprises dans le bailliage de Rouen : Rouen, Pont-de-l'Arche, Pont-Audemer et Auge (5). La présence de ces quatre députés indique que l'élection, à l'hôtel-de-ville de Rouen, suivait celles qui avaient lieu dans les autres vicomtés. Les mêmes députés assistaient à la

---

(1) V. le même Mémoire.
(2) *Cahiers des États,* II, 244.
(3) *Ibidem,* I, 212, etc.
(4) *Ibidem,* I, 211, etc.
(5) *Ibidem,* I, 213, 214, etc.

discussion des articles du Cahier, lequel n'était point, à proprement parler, le Cahier d'un seul ordre, mais le Cahier général de l'hôtel-de-ville, du clergé, de la noblesse et de la bourgeoisie. En retour de cet honneur, les échevins prétendirent, en 1655, que ces députés, avant de remettre, au procureur syndic des États, leurs Cahiers particuliers, devaient les communiquer à l'assemblée de l'hôtel-de-ville, y recevoir les avis et les conseils qu'on jugerait à propos de leur donner, de manière à n'employer que des articles qui pussent être profitables au tiers-ordre. Cette prétention fut proposée et soutenue par les échevins devant les États ; mais elle fut combattue, et elle ne paraît pas avoir été approuvée par la majorité (1). Il n'est pas douteux toutefois que cette communication, que l'on eut le tort de vouloir rendre obligatoire, était un antique usage, un hommage de bienséance rendu de tout temps, par le tiers État au premier corps municipal de la province.

La discussion du Cahier de l'hôtel-de-ville de Rouen précédait de très-peu la tenue des États. Souvent elle eut lieu le jour même ou la veille de leur ouverture.

Cette assemblée était présidée, en vertu de délégations spéciales du Roi, par le gouverneur, ou, en son absence, par un des lieutenants-généraux de la province. A côté de ce personnage, également en vertu de délégations du Roi, siégeaient un nombre assez variable de Commissaires pris dans le Conseil d'État, dans les cours souveraines de Normandie, le parlement, la Chambre des Comptes, la Cour des Aides et dans les Bureaux des Finances. Les dernières assemblées, celles de 1643 et de 1655, nous montrent parmi eux, quoique au dernier rang, des magistrats nouveaux, non moins antipathiques à l'ancienne magistrature qu'aux députés, les Intendants de Rouen, de Caen et d'Alençon. C'étaient les représentants, encore contestés, mais déjà puissants, de l'autorité royale, devenue absolue, et du système administratif imaginé par Richelieu et définitivement adopté par Louis XIV.

Le lieutenant-général donnait lecture des lettres du Roi et faisait connaître aux députés les besoins de l'État et l'objet de

---

(1) *Cahiers des États*, III, 354.

l'assemblée qui n'était autre chose que le vote des contributions de l'année suivante.

Comme habituellement il ne se piquait pas d'éloquence, il cédait bientôt la parole au premier président du parlement ou à tout autre magistrat (1), lequel, dans un discours étudié, ne manquait pas d'appuyer la demande du Roi et d'exhorter les États à la fidélité et à la générosité envers le prince. Il exposait, à l'occasion, avec plus ou moins de développement, les raisons politiques qui obligeaient S. M. de recourir à ses sujets, et il les mettait en garde contre l'esprit de révolte et d'indépendance. On donnait ensuite lecture des lettres patentes du Roi, où se trouvait spécifiée, par le menu, la part afférente à la Normandie dans les impositions du royaume.

Cette part fut relativement toujours très-considérable. En 1484, elle équivalait au quart des impositions du royaume, si l'on en croit les plaintes des députés aux Etats généraux de Tours (2). Elle était, en 1566, de 1.242.075 l. ; en 1572, de 1.480.930 l. ; en 1581, de 574. 402 écus ; en 1582, de 595. 841 écus ; elle s'élevait, en 1655, à 8.400.000 l. (3).

Même après que l'habitude eût été prise de ne modifier en rien le chiffre des impositions, quelles que fussent les remon-

(1) « Après que les gouverneurs ont parlé, le premier président a de coustume de porter la parole pour le mesme effect, et le plus souvent prend son thême sur le devoir des subjects envers leurs princes, et les convie à supporter doucement les charges que les nécessités du temps contraint de leur imposer. » *Notes du président Groulart.* — Nous avons analysé les harangues prononcées à cette occasion, par le premier président de Bauquemare, dans le *Précis des Travaux de l'Académie de Rouen*, année 1871-72, et nous avons publié dans ce Recueil, II, 338-351, la harangue du président Anzeray de Courvaudon.

(2) A. Bernier, *Journal des États généraux de France*, tenus à Tours en 1484, p. 476, 477. *In partitione lecta constat œqualitatem minime servari, cum Normanniam quartam regni partem œstimarint, atque taxaverint, quam vix esse decimam constat.*

(3) V. notre Mémoire précité sur les harangues du Président Bauquemare.

trances des députés, le Roi se croyait obligé envers la province à lui demander, comme octroi, ce qu'il était résolu à prendre pour le bien de l'État. Cette marque de déférence subsista jusqu'à la fin, et l'on observa toujours les formes, bien qu'elles ne répondissent plus à la réalité. Elles sauvaient du moins le principe, si souvent rappelé et toujours reconnu, que les impôts ne sont légitimes qu'en vertu du consentement du peuple qui les paie.

Dans sa réponse au Cahier des États de 1579, le Roi déclarait « qu'il ne feroit aucunes levées en Normandie, sans premièrement les demander à l'assemblée des États du pays, selon ce qui de tout temps avoit été accoutumé. » S'il survenait quelque besoin urgent outre le service d'iceux, il promettait d'en faire alors la demande à l'assemblée des députés qui auraient composé la dernière assemblée (1).

Le président Labarre écrivait en 1622 : « Ne se peuvent faire levées de deniers sans grandes cérémonyes et convention des trois Ordres qui y ont intérest et de leur consentement ; autrement, les levées seroient exactions et substractions de l'autruy, tenuës à restitution, voire jusques *ad ultimum quadrantem* (2). »

« Le sujet de nos assemblées, disaient encore les députés, dans leur dernier Cahier, celui de 1655, est la communication des volontés de vostre Majesté sur les levées qu'elle demande pour l'année suivante, ce qui montre que toute autre imposition que celle qui est envoyée par la Commission de la tenue de nos Estats est illégitime, ladite Commission portant tousjours une clause de stille ordinaire : *Défenses aux Trésoriers de France, Élus et tous autres, à peine de la vie, d'imposer autre ny plus grande somme que celle qui y est employée* (3). »

A la séance d'ouverture, les députés étaient groupés par ordres : église, noblesse, tiers État. Les ecclésiastiques, en

---

(1) M. Laferrière, *Mémoire sur l'Histoire et l'Organisation comparée des États provinciaux, aux diverses époques de la Monarchie*, Paris, 1852, p. 74. (Extrait des Mémoires de l'Académie des Sciences morales et politiques).

(2) *Cahiers des États*, III, 430.

(3) *Ibidem*, III, 130.

robe et bonnet, étaient à droite ; les nobles, portant l'épée au côté, étaient à gauche ; les uns et les autres occupaient des siéges à dossier, couverts de tapis. Entre eux, un peu au-dessous, sur un banc couvert de tapis, mais sans dossier, était le procureur syndic des États, ayant près de lui les deux échevins députés de la ville de Rouen. Derrière eux, sur deux tabourets, se tenaient le greffier commis, et l'échevin de Caen. Enfin, sur 7 bancs, un par bailliage, étaient rangés les députés du tiers État, suivant l'ordre de leurs vicomtés. Le public était admis à cette séance solennelle, dont l'unique objet était la notification à faire officiellement, aux représentants du pays, de la demande du Roi. Après que cette notification avait eu lieu, tant par la lecture de la Commission que par les deux discours dont nous avons parlé, le greffier des Commissaires, qu'on appelait aussi le greffier des États, recevait de la main du gouverneur, pour les remettre au procureur syndic, les lettres de cachet adressées par le Roi aux députés. Ceux-ci, se levant alors, se pressaient, pour en entendre la lecture, dans l'espace resté libre entre les siéges des trois ordres. Après avoir conféré entre eux quelques instants, ils chargeaient un de leurs collègues, un des plus qualifiés, de demander communication de la Commission et un délai raisonnable pour présenter leur Réponse. Le gouverneur prenait, pour la forme, l'avis des Commissaires, accordait la communication et fixait le délai (1). Il se retirait ensuite, ainsi que les magistrats qui l'entouraient, et immédiatement après, les députés se retiraient de leur côté dans la salle de leurs délibérations (souvent ce fut la salle des hauts jours de l'archevêché), où l'appel était fait de leurs noms, suivant l'ordre des bailliages et des vicomtés, par leur greffier particulier. Leur premier soin était de se choisir un président parmi les sept députés de l'église. La déférence que l'on avait pour le clergé avait fait adopter cet usage. En 1655, ce fut l'archevêque de Rouen, François de Harlay, qui fut, non pas nommé, on n'alla pas aux

(1) En général ce délai était très-court. Groulart était d'avis de n'accorder qu'un ou deux jours. V. ses *Notes sur les États*.

voix, mais reconnu président de droit. Il prit lui-même au procès-verbal, le titre de président-né des États (1).

Dans cette séance, et généralement dans toutes les autres, où il fallait discuter, les Commissaires du Roi ne paraissaient plus. Les députés n'avaient d'autre président que celui qu'ils s'étaient donné ; ils se réunissaient par bailliages, l'ecclésiastique dans chaque bailliage précédant le noble, et le noble précédant le tiers État(2). Mais quoique absents, les Commissaires conservaient la direction des États ; on soumettait à leur décision les élections contestées, les difficultés qui survenaient à l'intérieur de l'assemblée; c'étaient eux qui condamnaient à l'amende les députés qui faisaient défaut sans excuse valable (3).

Rarement, les députés s'abstenaient de réclamer quelque remise sur les impositions, en faisant de leur misère des tableaux si sombres qu'à peine parfois sont-ils vraisemblables. Leur Réponse à la demande du Roi était présentée aux Commissaires par le président des États, dans une séance qui n'avait guère moins de solennité que celle de l'ouverture et dans laquelle, sans doute, on observait les mêmes formes.

Les jours qui suivaient étaient consacrés à la discussion des articles du Cahier général des doléances, d'après les instructions remises aux députés par les assemblées électorales. Nous ne saurions dire si les voix étaient comptées lors des délibérations, par têtes et sans distinction d'ordres ; mais on voit clairement par la lecture des Cahiers, qu'il n'était au pouvoir d'aucun ordre d'étouffer la voix des autres ; que des intérêts contraires sont défendus dans ces documents, et qu'une grande liberté était laissée aux plaintes du tiers État. Ici, l'on voit les ecclésiastiques réclamer le maintien de leurs vieilles immunités ; là, les nobles déplorent la perte de leurs priviléges et vantent leurs services; les uns et les autres gémissent de voir leur condition rappro-

---

(1) On trouvera tous les détails du cérémonial des États, tels que nous venons de les rapporter, *Cahiers des États, III*, page 367 et suivantes.
(2) *Ibidem*, I, 217, 231, 278, 297 ; II, 216, 248, 429, etc.
(3) *Ibidem*, II, 217, 219, 264. — *Notes du président Groulart.*

chée de la roture, et le tiers État jette les hauts cris et se plaint parfois, de la manière la plus énergique, et des uns et des autres. Si le clergé et la noblesse avaient pu, à eux seuls, faire la majorité en 1620, il est à croire qu'ils n'eussent point permis l'insertion, dans le Cahier des États, d'un article tel que celui-ci : « Bien que le tiers Estat soit le marchepied, le sommier qui porte tout le faix, le père nourricier de tous les autres ordres, sy est-il néantmoins, comme en anathème et exécration, abandonné de tous, voire opprimé par tous : l'Eglise prend sur luy; chacun sçait comme il est indignement traicté par aucuns de la noblesse ; le soldat impieux le bat, le violle, le volle, ne luy laisse que ce qu'il ne peut emporter ; des gens de justice il ne s'en ozeroit plaindre. » (1)

Le Cahier, une fois rédigé, était lu en assemblée générale et ensuite porté aux Commissaires, réunis à cet effet au logis du gouverneur ou du lieutenant général. Ceux-ci l'examinaient en présence des députés, tranchaient les questions qui n'excédaient pas leur pouvoir et se contentaient de mettre leur avis : *Au Roy et en sont les Commissaires d'avis*, ou cette simple mention, moins favorable : *Au Roi*, au bas des demandes auxquelles il leur paraissait que le souverain devait répondre (2). Il n'est pas douteux que souvent des articles furent modifiés ou supprimés d'après les observations des commissaires. On peut s'en convaincre, en comparant les Cahiers avec les procès-verbaux rédigés par le greffier (3).

Ainsi visé et apostillé, le Cahier était porté au Roi par une députation composée du procureur syndic, des délégués les plus marquants, au nombre de deux, pris en chacun des trois ordres. L'acte de procuration, qui leur était remis, était passé devant un notaire de Rouen ; il leur donnait « plein pouvoir, puissance, autorité, commission et mandement spécial de poursuivre vers la Majesté du Roi et nos seigneurs de son Conseil la réponse et expédition des articles du Cahier arrêté et signé

---

(1) *Cahiers des États*, II, 4.
(2) *Ibidem*, III, p. 317. *(Notes de Bigot de Monville)*.
(3) *Ibidem*, II, 219, 250, 312, 313, 314, 370, 371 ; III, 199.

des députés sans aucune chose augmenter ni diminuer. Par le même acte les députés nommaient une seconde commission, composée de la même manière, pour vérifier les comptes des États, de concert avec le Bureau des finances (1).

Après que le Roi avait reçu les députés et fait mettre ses réponses aux articles du Cahier, ce document était livré à l'impression.

Les États avaient un droit de contrôle et d'inspection sur l'adjudicataire général des gabelles et sur tous ses employés ; sur le prevôt général de Normandie, ses lieutenants, et ses archers (2).

L'adjudicataire général et le prevôt général étaient astreints à comparaître chaque année devant les États pour rendre raison de leur conduite et entendre les plaintes auxquelles pouvait avoir donné lieu la conduite de leurs agents. On voit même les députés nommer des délégués pour passer en revue la faible troupe que le prevôt général avait à sa disposition afin de maintenir l'ordre dans la province (3).

Vers la fin de leur session les États votaient des gratifications au gouverneur de la Normandie, parfois aux lieutenants généraux. Les Commissaires touchaient sur les fonds des États d'autres gratifications qui leurs étaient allouées par le Roi. Aussi les députés étaient naturellement portés à trouver abusif et exagéré le nombre des Commissaires (4). Ce nombre pourtant alla plutôt en augmentant qu'en diminuant. Pour les députés, ils touchaient des indemnités qui leur étaient taxées pour frais de voyage et de séjour et qui n'étaient pas de nature à exciter la cupidité. La différence qu'on tenait à établir, quant aux préséances, entre les représentants des deux ordres privilégiés et ceux du tiers État, se retrouvait dans les taxes qui leur

---

(1) *Cahiers des États*, I, 235, 243, etc.

(2) *Ibidem*, I, 54, 55, 127, 160, 185 ; II, 219, 265, 286, 291, 332, 372, 373, 397, 413 ; III, 126, 160, 199, 379, 435.

(3) *Ibidem*, III, 301, 302. Le prévôt général remettait chaque année au procureur syndic les procès-verbaux des captures faites par ses archers.

(4) *Ibidem*, I, 45, 168 ; II, 313, 314 ; III. 314.

étaient payées. Le tiers État était moins favorisé que le clergé et que la noblesse (1).

Pendant tout le xvi° siècle, les États eurent une réelle importance. Une fois ils furent investis d'une sorte d'autorité législative. Ils concoururent à la réforme de la Coutume de Normandie, ou, pour parler plus exactement, ils furent appelés à donner leur consentement à une loi authentique et certaine, destinée à remplacer une coutume, sans auteur connu, sans origine précise, sans caractère déterminé, et dont les dispositions, surannées et difficiles à comprendre, ne paraissaient point absolument obligatoires (2).

Dans le courant du même siècle, on pourrait citer quelques sessions qui furent orageuses et qui se firent remarquer par la véhémence des plaintes et des remontrances, notamment celle de 1578, où le chanoine Clerel, président de l'assemblée, dénonça, dans les termes les plus violents, les abus dont le royaume avait à souffrir. Cette fois, un grand nombre de barons et de gentilshommes des plus notables s'étaient rendus à Rouen « pour entendre quelle seroit la résolution des États et avec le dessein bien formé et hautement déclaré de leur prêter l'épaule et de leur faire tout aide de conseil et assistance » (3).

Mais, en général, on n'a point à constater de pareils rapports entre les États et le public. Tout au contraire, on peut affirmer quil n'était point dans les habitudes des États de rechercher, nous ne dirons pas la popularité, mais même la publicité. Dès qu'ils étaient entrés en séance, ils juraient de tenir secrètes leurs délibérations (4). Ils agissaient, du reste, en cela, de la même manière que tous les corps délibérants, notamment que les chapitres des cathédrales, et les conseils de ville. Ils brûlaient, après les avoir examinés et s'en être servi pour leur

---

(1) Dom Le Noir, La *Normandie anciennement pays d'États,* p. 151, 152, 157 et suiv.

(2) Voir le mémoire précité sur les Harangues du président de Bauquemare.

(3) *Ibidem.*

(4) *Cahiers des États,* I, 252, 274; II, 217.

Cahier général, les Cahiers particuliers des bailliages (1). Quant à ce Cahier même, on voit qu'il n'était pas destiné à être répandu. On n'en tirait, en effet, qu'une centaine d'exemplaires (2), chiffre qui suffisait à peine pour la répartition à faire entre les députés, les Commissaires du Roi qui avaient assisté aux États, les membres du grand Conseil et les juridictions royales, auxquelles il pouvait paraître opportun de faire connaître la volonté du Roi.

Non-seulement les députés ne se croyaient pas permis de chercher à attirer, sur leurs délibérations, l'attention du public; ils s'interdisaient encore, entre eux, comme des pratiques honteuses, toutes brigues et toutes sollicitations, à l'occasion de la désignation de la commission du port du Cahier (3).

Agir sur l'autorité royale seule, sans pression ni intervention de l'opinion publique, fut toujours le but exclusif des États de la Province. Lors même que leurs plaintes furent le plus vives et le plus exagérées, elles n'eurent et ne pouvaient avoir qu'un très-faible écho en dehors de leurs assemblées.

On s'étonnera qu'un corps aussi réservé dans sa conduite, aussi modeste dans ses prétentions, ait pu donner de l'ombrage à l'autorité souveraine, et fournir un prétexte à des mesures de suppression, surtout lorsqu'on réfléchit aux faibles indemnités des députés, et aux fonds très-peu importants dont on leur laissait la disposition pour certains services publics, tels que : l'entretien des postes, et pendant un certain temps, les étapes des troupes. Nous n'en trouvons d'autres motifs que l'annulation de leur rôle politique, le peu de secours que leur prêtèrent la noblesse et la magistrature, leur faiblesse bien reconnue, qui les fit considérer comme une institution sans

---

(1) *Ibidem*, II, 287.

(2) Archives de la Seine-Inférieure. *Plumitifs du Bureau des finances.* Quelques-uns de ces exemplaires portent la signature du procureur syndic. D'autres ne sont pas revêtus de cette signature, bien qu'elle soit annoncée. Les exemplaires destinés aux députés leur étaient portés par les messagers des États.

(3) *Cahiers des États*, I, 350; II, 375, 376, 377.

racine, qu'on pouvait renverser sans éclat, et contre laquelle on pouvait tout se permettre.

A première vue, il est vrai, on est porté à concevoir de cette représentation une opinion favorable, à vanter avec M. Laferrière « une constitution provinciale si bien ordonnée (1), » et même à la proposer, comme modèle, avec Dom Le Noir qui s'exprime ainsi dans sa notice sur les États. « Cette forme est précisément la même que vient d'adopter le Dauphiné, et tellement la même, que, si elle ne se présentoit pas naturellement à l'esprit, on seroit tenté de croire que nos États auroient servi de modèle à ceux du Dauphiné. On a donc eu tort de dire, comme on a fait, que cette dernière province, dans la formation de ses nouveaux États, avoit fourni à toutes les autres un modèle à suivre, et qu'elles ne pouvoient mieux faire que de se traîner servilement sur ses pas. » « Les Normands, ajoute-t-il, prouveroient aisément qu'à leur égard, comme à bien d'autres, ils sont assez riches de leur propre fonds, et qu'ils n'ont rien à emprunter de personne, que c'est à eux qu'appartiendroit la gloire d'avoir donné l'exemple à tout le royaume, s'ils s'étoient fait connoître un peu plutôt, en un mot, que la coutume de Normandie est encore en ce point *la sage coutume* (2). »

Ce qui avait particulièrement séduit Dom Le Noir, c'était qu'en Normandie, tous les députés étaient électifs, que ni le rang, ni la haute naissance, ni les charges et offices, ni les prélatures, baronnies et seigneuries quelconques ne donnaient droit à la députation et que le Roi en excluait formellement tous ses officiers, leurs lieutenants, commis ou substituts, et quelquefois même les avocats ou praticiens (3).

C'était peut-être trop juger, d'après les idées de la fin du XVIIIe siècle, où les idées d'égalité dominaient, cette forme particulière des anciens États de Normandie. La justice, d'ailleurs, aurait voulu, s'il y avait eu lieu à des éloges, qu'ils eussent été

---

(1) Mémoire précité sur l'histoire et l'organisation des États provinciaux, p. 74.
(2) *La Normandie anciennement pays d'États*, p. XI, XII.
(3) *Ibidem*, p. XVII.

reportés à l'autorité royale, puisque ce fut elle et non la province qui régla la forme de ces assemblées.

Dom Le Noir a beau nous dire que non-seulement notre province fut un pays d'États, mais qu'elle le fut plus que ne l'étaient et ne l'avaient jamais été les provinces de Bretagne, de Languedoc, de Bourgogne et d'Artois qui avaient conservé la forme des anciens États, dont les membres n'étaient pas électifs et par conséquent ne représentaient pas la nation.

Il est certain que, dans ces provinces, le droit de comparaître aux États étant considéré comme un apanage des fiefs, les nobles y attachèrent de l'importance, ne le laissèrent pas prescrire, et maintinrent ainsi parmi eux un certain esprit politique, ou tout au moins administratif, tandis qu'en général, en Normandie, les nobles, en cela moins avisés que les ecclésiastiques, se montrèrent fort indifférents aux élections, si même ils ne considèrent pas la députation comme une véritable charge.

Déjà au XVIe siècle, un des Commissaires du Roi, Bauquemare, premier président du parlement, sentait le besoin de stimuler le zèle de la noblesse, et de lui faire prendre intérêt aux assemblées des États, en lui exposant, dans une de ses harangues, que les impositions l'atteignaient indirectement (1).

Qu'on parcoure les procès-verbaux d'élection des députés, faites à l'hôtel-de-ville de Rouen, on verra qu'un bailliage, aussi étendu que l'était celui de Rouen, n'était représenté que par un nombre tout-à-fait dérisoire de gentilshommes ; on en comptait 10 aux élections de novembre 1618, 8 à celles de jan-

---

(1) « Combien que des tailles et autres creues que le prince demande pour sa subvention soit faicte assiette directement sur ceux du tiers Estat, néantmoing ceux de l'église et de la noblesse en payent indirectement leur part, ce qui se peult congnoistre par un exemple familier. Combien il y a-t-il de laboureurs tenant à ferme les héritages et possessions des ecclésiastiques et gentilshommes qui payent 60 et 80 l. de taille, lesquels sans lesdictes charges ne paieroient 100 s. ? Ceste charge ne vient-elle pas en diminution de leurs fermage ? Voilà donc leur inthérest d'assister aux États. » Harangues du président de Bauquemare.

vier 1623 et de décembre 1627, 6 à celles de janvier 1620, de septembre 1624, de septembre 1631, de septembre 1633, 5 à celles de novembre 1611, 4 à celles de décembre 1623, 2 à celles de décembre 1626 et de décembre 1629; il n'y en eut point du tout aux élections de décembre 1630 (1). Il est probable qu'il en était de même dans les autres bailliages. Aux États de 1588, les deux bailliages de Caen et de Caux ne députèrent aucun gentilhomme. Une seule fois, on vit à l'hôtel-de-ville de Rouen un nombre respectable de nobles ; 132 s'y présentèrent comme électeurs en 1614 (2), mais c'était pour députer aux États généraux du royaume, et la différence entre le chiffre atteint cette année-là et ceux que nous avons cités ne fait que mieux ressortir le peu d'intérêt que la noblesse normande prenait aux États provinciaux (3).

D'ailleurs, aux États de certaines provinces, les députés du clergé et de la noblesse étaient nombreux, et en réunissant leurs efforts et leurs moyens d'influence, ils pouvaient se flatter d'exercer quelque influence sur les Commissaires du Roi, et d'opposer une barrière aux prétentions du gouvernement. Aux États de Normandie, sept ecclésiastiques et sept nobles, un de chaque ordre par bailliage, pouvaient-ils être considérés et se considérer eux-mêmes comme une représentation bien sérieuse, du clergé et de la noblesse de toute une grande province ?

Le tiers État pouvait, en apparence, tirer quelque force

(1) Voici quelques autres chiffres empruntés aux procès-verbaux des élections de 1610 à 1655 : en décembre 1610, 10 nobles; en septembre 1612, 11 ; en septembre 1613, 14 ; en décembre 1616, 24 ; en novembre 1617, 25 ; en novembre 1618, 10 ; en décembre 1620, 24 ; en décembre 1634, 19 ; en novembre 1643, 24 ; en février 1655, 37. — Aux mêmes élections, on peut constater l'indifférence de la bourgeoisie. Il n'y avait guère à s'y intéresser que le clergé et les conseils de ville, et encore voit-on le clergé essayer de se dispenser de comparaître, au moyen de procurations données aux doyens, procurations dont on ne voulut point reconnaître la validité.

(2) *Notes du premier président Groulart.*
(3) Archives communales de Rouen. *Registres des Délibérations.*

de l'exclusion des officiers du Roi (1), qu'on eût pû soupçonner d'être les serviteurs trop dociles du pouvoir royal, et qui d'ailleurs, en tout temps, avaient fourni une ample matière aux doléances des députés. Mais l'exclusion formelle des avocats et des praticiens n'est point aussi facile à justifier (2), pas plus que la défense d'envoyer deux années de suite le même député aux États (3). On ne peut guère voir dans ces exclusions que le dessein d'affaiblir les États et de leur enlever tout moyen de se défendre. Remarquons que ces exclusions ne remontent pas à l'origine même de l'institution. Elles paraissent avoir été introduites dans le courant du xvie siècle, en vertu d'un règlement imposé par le duc de Bouillon, pour lors gouverneur de Normandie (4).

Sous Louis XI, notamment, les avocats agissaient et parlaient en maîtres dans les États de Normandie, et l'on peut juger de leur autorité par ce qu'en dit Thomas Basin, évêque de Lisieux, dans son *Histoire des règnes Charles VII et Louis XI* :

« *Totius pœne patriæ regimen amplectuntur et possident ita quod non est tam magnæ auctoritatis quisquam, prœlatus aut nobilis, qui non necesse habeat eisdem subjici eisdemque vereri. Ita enim invicem colligati sunt et fœderati ut qui unum tangit, cœteros omnes tetigisse putetur. Totius patriæ tribunalia suo regunt arbitrio et pro aliis statibus patriæ, in publicis conventionibus statuum, soli pœne ad nutum, vice totius patriæ, decidunt quod libet et excludunt* (5).

Ajoutons à ces causes de faiblesse, la courte durée des sessions qui ne permettait guère aux députés de se connaître et d'acquérir de l'expérience (6). Sous Louis XIII, la durée

---

(2) *Cahiers des États*, I, 217, 244 ; III, 358, 375, 376.
(2) *Ibidem*, I, 244 ; II, 395, 396 ; III, 196.
(3) *Ibidem*, II, 218.
(4) *Ibidem*, I, 244.
(5) Edition de M. J. Quicherat, t. II, 32, 33.
(6) Au xvie siècle, dans un temps où les Etats avaient quelque autorité, le premier président de Bauquemare, parlant comme Commissaire du Roi, reprochait aux députés de consacrer trop peu de temps à la discus-

n'était que de quelques jours. C'est tout-à-fait à tort que M. Laferrière a écrit que les États de Normandie étaient assemblés deux ou trois mois par an (1).

Ce qui, malgré les défauts inhérents à leur organisation et le peu de durée de leurs sessions, donnait une certaine importance aux États de notre province, c'était principalement qu'ils se survivaient à eux-mêmes dans un représentant de leur choix, nommé le procureur syndic.

Sa charge était une commission à la nomination seule des Etats, révocable à leur volonté et incompatible avec tout office de magistrature.

Son élection se faisait en assemblée par bailliages, à la pluralité des voix. Il fallait pour le moins quatre voix de bailliage contre trois. On votait d'abord dans chacun des sept bailliages, et chaque bailliage comptait ensuite pour une voix (2).

Généralement le procureur syndic était choisi parmi les avocats les plus distingués du parlement.

Pendant très-longtemps, il ne fut autre que le procureur syndic de l'hôtel-commun de Rouen, ce qui était remettre indirectement la garde des intérêts de la province au Conseil des échevins de cette ville. Martin des Essarts, Robert Alorge, au xve siècle, Jean Heuzé, Pierre Le Goupil, Nicolas Gosselin et Jean Gosselin, au siècle suivant, furent successivement honorés de ce double titre.

Jean Gosselin fut un des premiers conseillers à la Chambre des Comptes, et pendant quelques années on lui laissa cumuler cette fonction avec celle de procureur syndic. (3) L'un de ses successeurs fut François de Bretignières, dont la reine Marie de

sion de leurs Cahiers. « C'est bien long, leur disait-il, de donner 12 ou 15 jours comme ils font en plusieurs provinces. Vous y adviserez pour bien public. » Groulart, son successeur, trouvait, au contraire, que les États duraient toujours trop : « En telles assemblées, dit-il, le plus tost qu'on les peut dissoudre est le meilleur, d'autant qu'ils n'ont tant de loisir de faire leurs menées. » *Notes du président Groulart*.

(1) Mémoire précité p. 16.
(2) *Cahiers des États*, I, 254, 255.
(3) *Notes du président Groulart*.

Médicis fit un procureur général du parlement, sur la recommandation de Bassompierre (1). Cette place était assez considérée pour que Mazarin crut pouvoir l'attribuer provisoirement à l'auteur du *Cid*, lorsque le titulaire, Jean Baudry, se trouva impliqué dans la disgrâce du gouverneur de Normandie, le duc de Longueville (2).

Les gages du procureur syndic, au XVIIe siècle, étaient de 1.200 l., non compris les taxations accoutumées, que nous ne saurions exactement déterminer. Lors de la nomination de Bretignières, on ajouta à cette somme une gratification de 600 l., laquelle fut continuée à son successeur et fut enfin confondue avec le traitement, qui se trouva de la sorte porté à 1.800 l. (3).

Après l'appel des noms par le greffier, le procureur syndic avait droit de requérir des Commissaires du Roi, des mandements contre les absents. C'est ce qu'il fit aux États de 1588 contre les députés de la noblesse de Caen et de Caux (4). Plus au courant des affaires qui concernaient la province que la plupart des députés, il ne manquait pas de signaler à leur attention les édits qui lui paraissaient préjudiciables au bien public, les innovations qui portaient atteinte aux libertés de la province.

C'était lui qui, à l'aide des Cahiers particuliers, composait le Cahier général, dont chaque article était ensuite soumis aux délibérations de l'assemblée (5). Après que ce document avait été adopté, il en donnait de nouveau lecture aux Commissaires du Roi en présence de toute l'assemblée; il faisait de droit partie de la députation qui était chargée d'aller le présenter au Roi.

---

(1) *Mémoires de Bassompierre*, édition de la Société de l'Histoire de France, I, 355, 360.

(2) *Cahiers des États*, III, 334 et suiv.

(3) *Ibidem*, I, 254; III, 310, 413, etc.

(4) *Notes du président Groulart*.

(5) Aussi est-ce au procureur syndic que le parlement, en 1634, et Bigot de Monville, en 1643, reprochent la manière dont le Cahier était rédigé. *Cahiers des États*, III, 190, 317.

Ce fut en vain que le greffier, en 1626, prétendit lui constester cette prérogative (1).

C'était par ses soins que se faisait l'impression des Cahiers avec les réponses, et celle des arrêts obtenus sur sa requête. C'était lui encore qui veillait à la transmission des Cahiers. En 1545, on le voit adresser aux sept bailliages de la province sept copies en papier du Cahier des complaintes faites par les gens des trois États de l'année 1542 (2). Au xviie siècle, il faisait porter par les Messagers ordinaires des États, aux demeures des députés, les Cahiers des plaintes et doléances (3).

Il assistait à l'examen des comptes des États. Les trésoriers de France étaient tenus de le mander pour cette opération ; c'était sur ses certificats qu'ils délivraient les mandats de paiement des messagers, de l'imprimeur et autres fonctionnaires et fournisseurs.

Quant au droit par lui prétendu d'agir auprès des cours souveraines, en qualité d'homme de la province, et sans procuration spéciale, les textes qui y sont relatifs sont contradictoires. Lors du rétablissement du parlement, en 1541, il fut expressément interdit aux magistrats maintenus de l'admettre dorénavant « à contredire, débattre et aucune chose déduire et alléguer contre la vérification des édits » (4), ce qui donne lieu de supposer que précédemment le parlement lui avait reconnu cette prérogative. En 1599, le premier président Groulart rappelle avec une sorte de satisfaction l'échec qu'il lui avait fait subir, quand une pareille prétention fut renouvelée : « Le procureur syndic, dit ce magistrat, avait présenté requeste à la Cour pour avoir communication de quelques édits qu'il y avoit à vérifier. Fust arresté que cela estoit de pernicieux exemple, qu'il n'estoit ni éphore ni tribun, qu'en l'estat monarchique on ne reconnoissoit que le seul procureur général qui peust parler pour autruy en la court, et fust ordonné qu'il luy seroit dit qu'il

---

(1) *Cahiers des États*, II, 315.
(2) Dom Le Noir, la *Normandie anciennement pays d'États*, 180.
(3) *Cahiers des États*, II, 360.
(4) M. Floquet, *Histoire du Parlement*, II, 46.

n'y retournast plus (1) ». Vainement dans la séance du 16 novembre 1617, les députés prirent une délibération pour supplier S. M. « que le procureur syndic fût reçu partie pour le pays et pût présenter requête à la cour du parlement, quand il en seroit besoin pour le bien du pays. » Cette délibération, adoptée par les États, ne fut point goûtée des Commissaires du Roi et fut même retranchée du Cahier (2). Il faut bien le reconnaître, malgré l'intérêt que, fort longtemps après, il témoigna pour cette institution, le parlement ne se montra jamais favorable aux anciennes assemblées provinciales ; c'est dans les registres de cette puissante juridiction que l'action du procureur se laisse le moins apercevoir. Nous venons de voir comment Groulart traitait ce mandataire du pays. En 1634, l'avocat Jacques Baudry, pour lors procureur syndic, était mandé à la barre de la cour, et sommé, sans égards pour sa qualité, de donner des explications et même de présenter des excuses à propos d'un article du Cahier qui contenait une plainte au sujet des épices, sorte de rétribution que les magistrats exigeaient des plaideurs (3). Le parlement se considérait comme le médiateur naturel entre le Roi et ses sujets ; il lui paraissait inutile, sinon même dangereux, de partager avec d'autres ce rôle important sur lequel se fondait principalement sa popularité.

Partout ailleurs l'autorité du procureur syndic fut moins contestée.

Dans plus d'une circonstance, à la Cour des Aides et à la Chambre des Comptes, les magistrats de ces juridictions, auxquels on demandait l'enregistrement de tant d'édits fiscaux ou concernant le Domaine, accueillirent, avec bienveillance et même avec empressement, l'intervention et les réclamations du procureur syndic (4).

Les trésoriers de France au Bureau des finances avaient

(1) *Notes du président Groulart.*
(2) *Cahiers des États*, I, 319.
(3) *Ibidem*, III, 190.
(4) *Cahiers des États*, II. 230, 241, 275, 291, 304, 318, 351, 352, 403, 404 ; III, 181, 349, 383.

l'habitude de lui communiquer sans difficulté les lettres relatives aux impositions, parfois même ils prévinrent sa réquisition. Souvent on les voit surseoir à la vérification des lettres patentes intéressant les contribuables, jusqu'à ce que ce fonctionnaire eût eu le temps de présenter au Roi ses remontrances (1).

Il n'est pas plus malaisé de constater, en mainte occasion, ses démarches et son action au Conseil d'État. Le 19 décembre 1622, les députés l'invitèrent à intervenir partie au procès pendant en ce Conseil entre les huissiers sergents à cheval du Châtelet de Paris et la communauté des sergents ordinaires du bailliage de Rouen. Précédemment, le procureur syndic Bretignières avait fait instance contre la duchesse de Guise, comtesse d'Eu, et les habitants de ce comté, au sujet de la création en cette ville d'une élection et d'une recette des tailles. Son intervention avait paru si peu déplacée que le Roi, à la date du 3 mai 1608, mandait au Bureau des finances de Rouen de prescrire à Bretignières un délai pour donner sa réponse finale (2).

Dès le XVIe siècle, de graves atteintes avaient été portées aux prérogatives des États. Le Roi continuait, il est vrai, de leur demander leur consentement à la levée des impositions ; mais souvent il le faisait trop tard pour leur permettre d'espérer que la répartition des contributions entre les provinces pût être modifiée. D'ailleurs, quel que fut le vote des députés, les Commissaires du Roi se croyaient obligés, après avoir entendu leur Réponse, à ordonner la levée des sommes comprises dans les lettres de Commission. Ils se contentaient de déclarer, afin de donner quelque satisfaction aux États, que c'était par provision et jusqu'à ce qu'autrement il en eût été ordonné sur les plaintes de la province (3). Enfin, au XVIIe siècle il ne fut pas rare de voir le Roi, pour des besoins urgents ou prétendus tels, ordonner des levées, en dehors des époques ordinaires, bien qu'il n'en eût été fait aucune mention dans les lettres de

(1) *Ibidem*, III, 396, 416, 424.
(2) Archives de la Seine-Inférieure. *Plumitifs du Bureau des Finances*.
(3) *Cahiers des États*, I, 19, 48, etc.

Commission (1). Quant aux réponses obtenues du Roi et insérées à la suite des articles des Cahiers, il était assez ordinaire qu'elles demeurassent sans effet. En 1655, les députés firent un dernier effort pour obtenir que ces réponses ne restassent point lettre morte, et fussent quelque chose de plus qu'un banal témoignage de bienveillance. « D'autant, disaient-ils, que les Responses qu'il plaist à vostre Majesté nous donner ne sont point registrées dans les compagnies souveraines qui ne défèrent qu'à votre sceau, encores que ce soient ordonnances concertées en vostre Conseil, nous demandons qu'il vous plaise ordonner que, sur les dictes responces, nous soient données des lettres patentes adressées aux compagnies souveraines, afin qu'elles y soient enregistrées et exécutées selon leur teneur. » Les Commissaires émirent un avis favorable à cette réclamation, et le Roi répondit : « Seront délivrées toutes expéditions nécessaires conformément aux Responses faites au présent Cahier » (2). Mais ce Cahier fut le dernier, et les États n'eurent plus l'occasion de rappeler à Louis XIV sa promesse.

Les États ayant été réduits à cette impuissance, on comprend que Bigot de Monville n'ait vu en eux « qu'une ombre de l'ancienne liberté (3) »; que le président Labarre ait écrit dans son *Formulaire des Élus*: « Tous les ans aux Estats nouvelles complaintes, nouvelles supplications, nouvelles remonstrances, *Et non est qui adjuvet*. Il n'y a point d'oreilles pour les escouter, autant de clameurs en vain, autant de plaintes perdues (4). »

Du moins, ces États, privés de toute autorité réelle, conservaient-ils encore la liberté de leurs plaintes ; ils pouvaient espérer que, si elles étaient impuissantes à faire modifier les lettres de Commission, le Roi aurait quelque égard à leurs

(1) *Cahiers des États*, II, 319 ; III, 28, 130, 530.
(2) *Ibidem*, III, 131.
(3) *Ibidem*, III, 313.
(4) *Ibidem*, III, 434. Jean Hennequin, dans son *Guidon général des finances*, édition de 1601, p. 191, ne reconnaissait déjà plus dans les États que vestiges et traces de l'ancienne liberté,

remontrances, qu'il craindrait de trop grossir ses demandes de l'année suivante, que peut-être il s'occuperait de chercher un remède aux abus qui lui étaient si vivement et si énergiquement signalés.

C'est par là que dans son livre de la *République*, René Bodin s'efforçait de défendre les États particuliers de la Bretagne, de la Normandie, de la Bourgogne, du Languedoc, du Dauphiné et de la Provence, que déjà l'on attaquait comme étant à *la foule du peuple* : « Jamais, disait-il, les plaintes et doléances des païs gouvernez par élection ne sont veues, leues, ni présentées, ou, quoy que ce soit, on n'y a jamais d'esgard, comme estant particulières; et tout ainsy que plusieurs coups d'artillerie, l'un aprés l'autre, n'ont pas si grand effect pour abbattre un fort que si tous ensemble sont delaschés, aussi les requestes particulières s'en vont le plus souvent en fumée; mais quand les colléges, les communautez, les estats d'un païs, d'un peuple, d'un royaume font leur plainte au Roy, il lui est malaisé de les refuser (1). »

Au XVIIe siècle, ces plaintes, si bornées dans leurs effets, et qui ne s'adressaient guère qu'au souverain, semblèrent enfin tout-à-fait importunes. Richelieu, après avoir abattu le parti protestant et imposé à l'étranger le respect de la France, voulut affranchir l'autorité royale de ses dernières entraves, en courbant sous le joug les gouverneurs de province, en instituant dans chaque Généralité de hauts fonctionnaires administratifs qui ne releveraient que du Roi, en attaquant les assemblées des trois États, en étendant, partout où il n'était pas encore établi, le système administratif des élections royales. Dès

---

(1) Livre IIIe, p. 501 de l'édition de 1599. Bodin rappelait à ce propos que les États de Normandie avaient obtenu décharge de 400.000 l. qui avaient été reportées sur les autres gouvernements qui n'avaient point d'États.—Bauquemare, dans sa harangue prononcée devant les États en 1566, disait que « sans les Estats et remonstrances qui s'y font par les députez en iceux, on ne se ressentiroit de la libéralité du prince, comme on a fait par le passé et mesmes l'année passée par le rabais de la somme de 100,000 l. » Mémoire précité.

1628, les États du Dauphiné avaient été atteints. Ce fut ensuite le tour de ceux du Languedoc, de la Bourgogne, de la Bretagne, de la Lorraine et de la Provence (1). Il ne s'agissait pas, en Normandie, d'établir des élections royales : il en avait existé de tout temps. Il ne s'agissait pas non plus d'enlever aux États le droit de percevoir et de répartir les impositions : ils n'en jouissaient plus, et n'en avaient même joui que pendant un temps très-court, sous Louis XI ; il n'était question que de les réduire à une complète impuissance, et de s'épargner l'ennui d'écouter leurs doléances. Les députés du tiers État avaient réclamé la présence d'un des leurs lors de l'opération de l'assiette de la taille dans chaque siége d'élection royale. Un arrêt du Conseil d'État, du 27 juillet 1632, leur fit défendre de s'entremettre des tailles (2). En 1638, Louis XIII suspendit les États de Normandie. Les esprits avaient été préparés à ce changement par le retard que le Roi avait mis à répondre aux Cahiers (3), et par les rigueurs auxquelles avaient donné lieu les émeutes qui avaient éclaté à Rouen et dans la Basse-Normandie, à l'occason de l'impôt du sel et du contrôle des teintures (4).

Le silence se fit sur ces mesures de suppression et peut, jusqu'à un certain point, servir d'excuse ou de justification au gouvernement, puisque c'est une preuve que l'institution, depuis si longtemps ébranlée, avant d'être renversée par l'autorité royale, avait été abandonnée par l'opinion publique.

Un savant connu par ses belles études sur l'histoire du Droit, M. Laferrière, a jugé sévèrement ces atteintes portées, sans provocation, aux libertés des anciennes provinces (5). Je ne serais pas éloigné de souscrire à son jugement. Il est juste toutefois de reconnaître que les États avaient besoin de réforme, qu'il eût été nécessaire, notamment, de distinguer entre certaines impo-

(1) M. Laferrière, mémoire précité, p. 63 et suiv.
(2) *Ibidem*, p. 65.
(3) Le Cahier du 11 décembre 1634 n'avait été répondu que le 27 avril 1638. *Cahiers des États*, III, 1.
(4) V. *Diaire du chancelier Séguier*, et *Mémoires de Bigot de Monville*.
(5) Mémoire précité, p. 162.

sitions, certaines dépenses, particulières à la province, dont les députés provinciaux pouvaient être des juges compétents, et d'autres impositions, d'autres dépenses, qui répondaient à des intérêts plus élevés, et qui ne pouvaient regarder que l'autorité royale ou des États Généraux. A une époque où les vastes entreprises du gouvernement avaient besoin, pour être soutenues, de fortes impositions, eût-il été prudent d'attribuer, par privilége, à quelques provinces, le droit de se soustraire à leur cote-part des impositions et de forcer le gouvernement, ou à reporter la charge sur les pays d'élection, ou à chercher un équivalent aux secours qu'on lui aurait refusé, dans de nouvelles lois fiscales, plus fâcheuses peut-être qu'une augmentation des tailles et des subventions ?

A un autre point de vue, au sortir d'un temps comme la Fronde, où l'autorité, encore mal contenue, de la haute aristocratie, l'ambition et la cupidité des gouverneurs, avaient mis la France à deux doigts de sa perte, fomenté des guerres civiles, entretenu avec l'étranger de monstrueuses alliances, était-il si regrettable de voir se réaliser une plus grande concentration des pouvoirs publics ?

Quoi qu'il en soit, on a quelque sujet de s'étonner qu'une institution relativement ancienne, qui avait fonctionné pendant longtemps, certainement pendant plus de deux siècles (1), n'ait occupé aucune place dans notre histoire, et que, presque aussitôt après sa chute, elle soit tombée dans le plus complet oubli.

Dom Le Noir s'imaginait avoir beaucoup fait en établissant par des documents certains, que la Normandie était anciennement pays d'États. L'auteur anonyme d'un mémoire intitulé : *Des États de Normandie*, prend à partie Linguet pour avoir avancé que notre province n'avait jamais eu d'États, et s'attache à prouver, comme si c'était un point qui ne fut pas à l'abri de toute contestation, le fait de l'existence des États de Normandie antérieurement à la jeunesse de Louis XIV (2).

(1) C'est à tort que M. Laferrière dit que les États de Normandie, au moment de leur suppression, avaient eu une tenue régulière depuis plus de 300 ans. Mémoire précité, p. 73.

(2) Plaquette in-4º sans nom d'auteur, imprimé en 1789.

Il fallut pour rappeler l'attention sur cette antique institution, les réformes du gouvernement de Louis XVI, l'Assemblée des Notables, les Assemblées Provinciales, les États Généraux, toutes mesures qui annonçaient et préparaient la Révolution, mais dont personne au début ne prévoyait les suites.

Tout d'abord, l'on crut beaucoup oser, en désirant et en sollicitant le rétablissement des États provinciaux, qui paraissaient être une des pièces principales de cette Constitution normande que l'on essayait de faire revivre (1). Surpris par ce mouvement politique qui emportait tous les esprits, Dom Le Noir se hâta de détacher, de la masse énorme de matériaux qu'il avait rassemblés sur l'histoire de notre ancienne province, un certain nombre de documents qui concernaient les États. Il les fit précéder d'une courte notice, où il est aisé de voir qu'il n'avait point eu le temps d'étudier son sujet. Vers le même temps parurent quelques mémoires sur nos États, écrits avec la même précipitation, et qui ne sont guère que l'indication d'un sujet nouveau, d'un intérêt pour lors actuel, et dans lequel on pouvait se promettre d'intéressantes découvertes (2). Celui qui le traita le plus à fond fut un maître de la Chambre des Comptes de Normandie, M. Martin du Vornier, dont les notes, demeurées manuscrites, ont été conservées à la Bibliothèque publique de Rouen parmi les manuscrits de la Collection Martainville. La Révolution qui bientôt éclata, rendit indifférent et odieux tout ce qui tenait au passé. L'intérêt était ailleurs. On s'empressa de renoncer à des recherches que l'utilité pratique avait fait seule entreprendre.

Ce ne fut qu'assez longtemps après, dans des jours plus calmes, qu'un de nos compatriotes, M. Canel, s'attachant à nos États, comprenant que c'était là une des parties les plus importantes de notre Histoire, composa ses *Recherches sur les*

---

(1) V. l'ouvrage de l'avocat Delafoy. *Constitution du Duché ou État souverain de Normandie, 1789.*

(2) *Parallèle des assemblées provinciales établies en Normandie avec l'assemblée des États de ce duché, 1788.* — *Titres concernant les États particuliers de la Province de Normandie,* Caen, 1788.

assemblées provinciales de la Normandie (1). Il tira tout le parti possible des documents rassemblés par Dom Le Noir et fit connaître quelques pièces nouvelles, mais en trop petit nombre pour bien éclairer le sujet. Il se proposait d'y revenir, et, sans aucun doute, on eût pu attendre de sa patience et de son érudition une étude complètement satisfaisante. Malheureusement d'autres travaux empêchèrent ce savant de compléter cet ouvrage, ainsi qu'il en avait annoncé le projet. Maintenant encore il reste à faire une étude approfondie de cette institution. Mais peut-être trouvera-t-on prématuré de l'entreprendre, avant que la Société de l'Histoire de Normandie ait réuni et publié tous les documents, aujourd'hui épars, qui concernent les États de notre province.

Quelques mots suffiront pour faire connaître le plan que nous avons suivi, la méthode qui a présidé au choix et à l'arrangement des pièces que nous avons recueillies.

Dans chaque volume, nous donnons, en premier lieu, les Cahiers de Remontrances, qui forment la partie la plus importante de notre publication. Nous en avons reproduit exactement le texte d'après les imprimés, très-rares, que nous avons pu nous procurer, et que l'on pourra consulter à la Bibliothèque nationale. Nous avons cru pouvoir nous permettre de corriger des fautes d'impression, trop grossières ou trop évidentes, et de substituer à une ponctuation vicieuse ou surannée la ponctuation usitée de notre temps. Malgré tous nos efforts, nous n'avons pu arriver à découvrir le Cahier de 1633. C'est le seul qui nous manque en entier. Ceux de 1610 et de 1655 sont incomplets. Plusieurs feuillets manquent aux exemplaires de la Bibliothèque nationale, les seuls que nous connaissions pour ces années-là.

Ces Cahiers sont des documents d'un très-haut intérêt pour l'étude des institutions judiciaires et administratives sous le règne de Louis XIII et au début de celui de Louis XIV. « Si

---

(1) *Mémoire sur les États de la Province de Normandie*, Caen, 1837. *Recherches sur les États particuliers de l'ancienne province de Normandie, divisée en cinq parties.*

nous avions, dit M. Georges Picot, à faire l'analyse des Cahiers, rien ne serait plus digne d'attention que de suivre l'histoire de chacune des plaintes se transformant d'année en année, suivant les maux dont souffrait la province ou les remèdes que le conseil du Roi s'efforçait d'y appliquer. Abus dont gémissait l'Église, venalité des offices, évocations, atteintes à la propriété privée, désordre dans les recettes, mauvaise administration des deniers publics, maintien ou démolition des forteresses, encouragements sollicités pour la marine marchande, toutes les questions sont successivement résumées au double point de vue de la province qui supplie, et de l'État qui le plus souvent résiste. Les grandes doléances des États Généraux de 1614 trouvent dans les Cahiers qui les précèdent et qui les suivent les plus lumineux commentaires (1) ».

A la suite des Cahiers, sous le nom de *Documents relatifs aux États*, nous avons publié, session par session, bon nombre de pièces propres à faire connaître le mécanisme de ces assemblées, à expliquer ou à compléter certaines de leurs plaintes et aussi à suivre l'opposition que rencontraient, dans les cours souveraines, les innovations imaginées par le gouvernement et les mesures fiscales auxquelles la nécessité le contraignait d'avoir recours. Ces documents sont en général rangés sous quatre numéros : I, *Extraits des Registres de l'Hôtel-de-Ville de Rouen*; ces registres nous fournissent, avec la plus parfaite régularité, les lettres de convocation du Roi, les procès-verbaux des élections de l'ecclésiastique, du noble et des deux échevins de Rouen pour le bailliage de Rouen, avec les noms des quatre députés du tiers État des quatre vicomtés de cette circonscription ; la *proposition des États* ou la formation du Cahier particulier élaboré par l'assemblée électorale de l'Hôtel-de-Ville. Ces registres, dont la ville de Rouen s'occupe, avec un soin qui l'honore, de faire publier l'inventaire, forment, sans contredit, la partie la plus précieuse des archives municipales. Sous le numéro II, nous reproduisons en entier, ou par extrait, afin d'éviter des répétitions inutiles, les procès-verbaux des sessions,

---

(1) *Revue des Sociétés savantes*, 1877, 1er semestre, p. 51.

tels qu'il ont été rédigés par le commis greffier des États. Une copie de ces procès-verbaux, qui s'étendent du 8 décembre 1609 à la réunion de 1655, est conservée à la Bibliothèque publique de Rouen, dans la collection Martainville, cote 6 (1) et faisait, croyons-nous, partie des papiers de M. Martin du Vornier. La copie ne paraît pas antérieure à 1788 ou 1789. Peut-être l'original existe-t-il encore. Il serait d'autant plus intéressant de le retrouver que, dans la copie conservée, le procès-verbal de la session de 1655 est incomplet. Viennent ensuite : sous le numéro III, d'après les registres du tabellionage de Rouen (aux Archives de la Chambre des Notaires), la nomination des deux commissions pour le port du Cahier et pour l'audition des comptes ; ce sont les seuls actes qui nous fassent généralement connaître tout le personnel de la députation ; et, à la fin, sous le n° IV, des documents de tout genre, empruntés aux Registres secrets du parlement (Archives du palais-de-justice), aux Registres de la Cour des Aides, de la Chambre des Comptes et du Bureau des Finances (Archives du département de la Seine-Inférieure). Ces documents font connaître les circonstances dans lesquelles se sont tenus les États, les principaux objets de leurs doléances ; ils permettent de suivre l'action qu'il sont exercée auprès du Roi, du Conseil d'État, et des juridictions locales, soit directement, soit par l'intermédiaire du procureur syndic, pendant les sessions et dans les intervalles parfois très-longs qui s'écoulèrent d'une session à une autre.

Nous nous sommes abstenu d'annoter les Cahiers. Nous nous réservions de présenter, sous forme d'appendice, des notes sur les objets si variés des plaintes des députés. Ces notes, dans notre pensée, auraient dû être classées par ordre alphabétique de matières. Nous ne croyons pas qu'il faille renoncer à ce travail. Mais il nous a paru que sa place était marquée à la fin de la publication de tous les documents relatifs aux États.

En finissant, nous réclamons de nouveau, pour nous mettre en mesure de continuer ces recherches, longues et pénibles, le concours de tous ceux qui veulent bien s'intéresser aux travaux de notre Société.

(1) *Catalogue des manuscrits*, par M. E. Frère, p. 146.

ARTICLES
DES
REMONSTRANCES
Faictes en la Convention des Trois Estats
DE NORMANDIE
Tenus en la Ville de Gisors, l'unzième jour de décembre, mil six cens trente-quatre.

Avec la Responce et Ordonnance sur ce faicte par le Roy estant en son Conseil,
Tenu à Saint-Germain-en-Laye, le vingt-sept d'avril mil six cens trente-huit.

AU ROY.

Et a Monseigneur le duc de Longueville et d'Estouteville, *Pair de France, Comte souverain du Neufchastel et de Vallengin en Suisse, aussi Comte de Dunois, de Chaumont et de Tancarville, Connestable héréditaire de Normandie, Gouverneur et Lieutenant-Général pour sa Majesté en ladicte Province.*
Et à Messeigneurs les Commissaires députez à tenir la présente Convention.

Sire,

Sy les affections de vostre Majesté au soulagement de son peuple, tesmoignées par patentes de la descharge entière d'un quartier de ses tailles, avoient esté suyvies d'évènements aussi favorables que les publications en ont esté solennelles, et accompagnées des bénédictions de tous les ordres de cet Estat, nous aurions espéré, sur le présage d'un si notable allègement au plus fort de vos affaires, que nos assemblées désormais ne seroient qu'un concours de personnes députées aux actions de grâces deues à vostre bonté, et nous serions promis d'attaindre quelque jour au bon heur des siècles passez, comme la félicité de vostre règne surpasse tous les précédents. Mais nous avons esté si malheureux, qu'au lieu de sentir quelque diminution en nos charges, le faix en est apesanty plus qu'auparavant. Qui est taxé à un escu du corps principal de la taille, n'en est point quitte à moins de sept, pour cinq et demy qu'il payoit l'an passé; et sçavons si peu que c'est que soulagement sous les surcharges continuës qui nous sont imposées, que les paroles qui le promettent perdent leur signiffication parmy nous, et, comme si nous devions apprendre qu'elles n'auront point pour nous d'effect, nous oublions la force des termes qui le signifient et ne les entendons plus.

Tellement que, nos maux enpirans tous les jours, la nécessité nous fait recommencer nos plaintes, en former de nouvelles, et prévenir le sujet trop instant d'aûtres à l'advenir; trop obligez pourtant à la bonté Divine d'avoir inspiré à vostre Majesté cette saincte pensée de nostre soulagement, et à la vostre, SIRE, d'en avoir conçeu les résolutions, de l'exécution desquelles dépend ce qui reste de force à ce pauvre corps, que les présents articles vous feront voir blessé en toutes ses parties.

Le Roy n'a rien tant à cœur sinon que ses affaires luy peussent permettre de soulager ses sujets comme il en a la volonté, et particulièrement ceux de sa Province de Normandie, desquels il a reçeu de continuelles preuves d'affection et de fidélité à son service aux occasions qui se sont présentées. Mais sa Majesté estant obligée de sous-

tenir la guerre contre les anciens ennemis de cet Estat, et les despences qui luy convient faire pour entretenir tant d'armées qu'elle a sus pied dedans et dehors le royaume, par mer et par terre, l'empeschent de pouvoir à présent effectuer ce bon dessein, remettant à donner ce contentement à ses dits sujets lorsqu'elle aura estably une bonne et honorable paix à son royaume.

I.

Mais à quoy bon faire des remonstrances, c'est en vain que vos commandemens nous assemblent, vostre bonté permet nos plaintes, vostre justice les reçoit, vos nécessitez y respondent, et que vos peuples ne respirent que de cette espérance seule que vostre Majesté prendra d'eux autant de pitié que l'estat de ses affaires luy pourra permettre, sy un arrest de vostre Conseil, sur requeste d'un partisan, élude nos assemblées, tourne nos plaintes en fumée, renverse vos responces, empesche les efforts salutaires des bonnes résolutions signées à nostre bien, et rend, en ce faisant, nos Estatz la risée des partisans, comme nos biens, la proye de leur avarice et le trophée de leur ambition. Vous n'en verrez icy que trop d'exemples qui nous font requérir avant toutes choses que les responces qu'il vous plaist de donner aux articles de nos Cahiers, comme elles ont la force des choses jugées par vostre Majesté suivant l'advis de la première et plus auguste compagnie de vostre Royaume, ne puissent estre ébranlées ny surcises, pour quelque sujet que ce soit, qu'en plaine cognoissance de cause et de nos deffences entendues. Il y va du respect deu à l'auctorité des décrets de nos princes, de l'obéissance aux loix qu'ils donnent à leur peuple, et de la foy de leur signature, sur laquelle nous nous devons reposer sans crainte d'aucun attentat au contraire.

Au Roy. Et en sont les Commissaires d'advis.

Le Roy n'entend point qu'aucune des choses qu'il aura

accordées en responce des Cahiers de la Province de Normandie se puisse révoquer qu'avec connaissance de cause.

II.

La plus signalée marque d'honneur que l'Église aye en cette Province par dessus le commun du peuple, est l'exemption des tailles qui lui est commune avec la Noblesse, comme ses fonctions sont toutes vénérables et viennent de la dignité d'un sacré caractère; et la distinction de l'ordonnance d'Orléans, qui met différence des biens que les ecclésiastiques possèdent comme propres et ceux dont ils jouissent à cause de leurs bénéfices, n'a jamais esté faite par vostre Majesté. Deux arrests de vostre Conseil donnez à la poursuitte des Agens généraux du Clergé de vostre royaume les deuxième octobre 1625 et 26 juillet dernier confirment cette vérité, parce que les tailles ne sont point réelles dans cette Province pour y considérer la qualité des biens, mais toutes personnelles, qui n'affectent que les personnes pour marque de leur condition en la prestation des tributs. Vos responces aux articles seconds des Cahiers de nos plaintes, des années 1613 et 1620, ont empesché l'exécution d'un arrest qui avoit assujety quelque ecclésiastique aux tailles pour les biens de son patrimoine, suivant l'advis de Messieurs les Commissaires qui tenoient lors nos assemblées. Néantmoins l'Église seroit estonnée de voir par vos dernières ordonnances que ses exemptions seroient à la veille de leur fin comme cette année, sy la modification avec laquelle la Cour des Aydes les a vériffiez ne confirmoit sa possession, la laissant en la jouissance qu'elle a eu cy-devant de ses immunitez. Mais parce que elle les mesure à l'ordonnance d'Orléans contre l'arrest de votre Conseil du 26 juillet dernier, qui, sans s'arrester ausdites ordonnances, veult que les ecclésiastiques qui se trouveroient avoir esté compris dans les roolles des tailles en soient biffez, sans distinguer leur patrimoine d'avec leurs bénéfices, il vous plaise, en continuant les priviléges de l'Église, déclarer les ministres exempts des tailles, tant pour leurs propres acquits, que bénéfices, et que l'arrest de vostre Conseil audit deuxième jour d'octobre sera registré au greffe de la Cour des Aydes pour y estre gardé selon sa forme et teneur. Sire, l'Église est votre mère, vous portez par dessus tous Chrestiens, le tiltre glorieux de très-chrestien et de son fils aisné, son honneur n'importe tant à personne qu'à vous : elle attend de vostre piété que vous ne souffriez pas d'oprobre à son ministère, en l'asservissant à des contributions dont elle a tousjours esté franche sous les règnes de vos prédécesseurs.

AU ROY.

Le Roy entend que les Ecclésiastiques jouissent des privilèges dont ils ont jouy jusques à présent dans la Province de Normandie.

III.

Le sacerdoce est donc royal, et est vray que la Noblesse de son ordre, qui l'afranchist des tributs de la condition roturière, ne compastit point avec le commerce et les obligations du fermage dont l'exercice déshonore sa profession. Mais vous avez jugé, par le susdit arrest du 2 octobre 1627, et sur le second article du Cahier de nos plaintes de la dernière année, que les vicaires qui, servant à des bénéfices dont les curez sont dispensez de résidence, en font valoir le revenu, ne commettent acte de dérogeance, et leur avez permis de prendre à ferme les dixmes desdits bénéfices, sans pour ce estre imposez aux tailles, comme estans en ce cas plustost économes des biens de l'Église, qui les nourrit en récompense du soin pastoral des ames qui leur sont commises, que simples fermiers ou mercenaires que le désir du gain engage à prix d'argent à mesnager un bien qui ne leur appartient point. Néanmoins, comme sy vos arrests n'avoient point d'exécution en ceste Province, quand il s'agist de nostre advantage, ou sy vos responces n'estoient données à nos Cahiers que pour estre imprimez sans sortir aucun effect, il y a des Eslections dont les officiers ont esté si téméraires que d'avoir, contre vos volontez, taxé aux tailles des vicaires pour les dixmes de leurs bénéfices : nous demandons que leurs sentences soient cassées, leurs roolles biffez en cet article, avec deffences de récidiver à pareille désobéissance sur telles peines qu'il vous plaira.

Au Roy. Et en sont les Commissaires d'advis.

Accordé, pourveu que les vicaires ne tiennent à ferme autres biens que les dixmes et revenus des cures dont ils sont vicaires.

IV.

L'ÉGLISE attend de vostre piété qu'à l'exemple de l'arrest des Grands-Jours de Poitiers en date du 12 d'octobre dernier, les Temples qui se trouvent bastis dessus ses fiefs par ceux de la religion prétendue réformée soient démolis et abattus, à ce qu'elle ne souffre diversité d'autels contraires à son unité.

Au Roy. Et en sont les Commissaires d'advis.

Le Roy entend que les édicts soient exécutez, et, si aucune entreprise particulière est faite au préjudice d'iceux, les ecclésiastiques se pourvoyans au Conseil, leur sera fait droit.

V.

L'AME qui fait mouvoir et anime le corps de la noblesse est l'honneur de son tiltre, qui coule dans ses veines avec le sang de ses ayeulx, dont les plus nobles n'ont souvent autre preuve que l'opinion commune et la possession, qui, par la force d'une présomption autant juste que nécessaire, induit la vérité des chartres d'annoblissement; et estoit inouy jusques à présent qu'il dépendist de contredire la qualité d'un gentilhomme pour le faire imposer aux tailles, par provision tousjours au point d'honneur, irréparable en définitive. C'est néanmoins la modification apposée à l'article 3 de vos dernières ordonnances, lequel article, dressé contre les usurpateurs des tiltres et priviléges de noblesse, a esté pris par les Esleus pour levain de pratique, et pour sujet d'inquiéter tous les gentilshommes de vostre royaume en la représentation de leurs tiltres. L'estime que vous faites de la générosité de vostre Noblesse, témoignée par son assistence aux plus importantes affaires de l'Estat, et l'affection dont vous l'honorez ont convié vostre Majesté d'apporter remède à ce mal, et elle vous rend grâces très-humbles d'avoir ordonné, par arrest du 26 juillet dernier, que ceux qui ont jouy des priviléges de noblesse jusques à présent, en jouiront en l'advenir comme ils ont fait auparavant, avec deffences aux Esleus de prendre congnoissance des tiltres, qualitez et armoiries des nobles, pour quelque occasion que ce soit. Ils ne sont juges que de l'assiette et des réductions. Le jugement des qualitez est de plus haulte compétence et n'appartient qu'au parlement. Et afin que vostre dit arrest ne demeure pas sans effect, nous requérons qu'il vous plaise ordonner qu'il sera registré au greffe de le Cour des Aydes pour y estre observé selon sa teneur, et que la qualité de ceux qui sont en possession des priviléges de la noblesse ne puissent estre contredite ny débattue qu'au parlement.

AU ROY.

La question de la noblesse pour l'exemption des tailles et autres subcides se traictera à la Cour des Aydes, et, pour les autres cas, au parlement.

VI.

A peine la Noblesse est-elle échappée des Esleus qu'elle retombe entre les mains des commissaires qu'il vous plaist députer au régallement des tailles, et qui, par leurs déportements, partagent la justice avec le territoire de cette Province. Elle n'a rien plus cher que son honneur, et, comme quelquesfois il dépend de ses tiltres, leur importance l'excuse d'en fier le dépost non plus que sa vie en autre main que la sienne. Ce qui la fera requérir que les juges ausquels elle est obligée de justifier ses droicts soient tenus se contenter de coppies collationnées à l'original de leurs tiltres par leurs greffiers, mesmes sans s'en desaisir, et sans frais, pour éviter aux inconvéniens que la révocation ou fin des commissions n'a que trop faict sentir à ceux qui n'en ont pas eu la prévoyance.

Au Roy. Et en sont les Commissaires d'advis.

Accordé de faire collationner leurs tiltres sur les originaux et par les greffiers des commissaires, à la charge de représenter les originaux lors du jugement du procès.

VII.

Sy l'ame de la Noblesse consiste en son honneur, sa vie ne dépend que de la conservation de son bien, duquel il fault qu'elle entretienne sa famille, se mette en équipage et soustienne les despences nécessaires à vostre service et aux exercices qui en puissent rendre les enfans capables, dont la principalle et souvent seule récompense est la satisfaction de n'avoir point dégénéré de la vertu de ses ancestres et d'avoir rendu son devoir, en cela différent des deux autres ordres, que ils vivent ou des biens que leurs pères ne leur ont point laissé, comme les Ecclésiastiques, ou, comme le tiers estat, de leur industrie ou trafic, lesquels estans interdicts à la Noblesse, elle n'a point de revenu que celuy qu'elle tire du fruict de ses possessions, ce qui luy donne suject de s'estonner que, par vos dernières ordonnances, vous la restraignez au mesnage de l'une de ses terres, et voulez que ses receveurs ou serviteurs, par les mains desquels elle fait valoir les autres, soient taxés à la taille, comme le pourroient estre des fermiers. Vous n'improuvez pas la modiffication mise sur cet article qui renvoye à l'usage et n'y innove rien; mais elle vous demande une grâce: que ses biens n'entrent point en estimation pour régler la taille de ses fermiers, sy vous ne trouvez juste que la condition des cazaniers, qui n'esloignent jamais leur fouyer et s'adonnent plus à la culture de leurs terres qu'aux actes de leur profession, soit plus advantageuse que de ceux qui ont quitté leur famille et leur bien pour suivre vostre Cour, ou qui, dans les armées, suans sous le harnois, prodiguent leur sang tous les jours et exposent leur vie pour l'honneur de vostre Couronne et la grandeur de vostre Estat, estant certain que leurs fermiers tiennent leurs terres à d'autant moindre prix que leur taille augmente, par la considération desdites fermes.

Au Roy. Et en sont les Commissaires d'advis.

Le Roy entend que ses sujets soyent cottisez aux tailles sur le pied des biens qu'ils possèdent en propre, et du gain qu'ils peuvent faire sur les fermes des terres tant des Nobles qu'autres.

VIII.

Le préjudice que la Noblesse void, par la lecture de la Commission de cette présente assemblée, estre faict à son ordre, qui est réduit au rang des exploictans par l'exercice personnel des sergeanteries héréditaires, la met en peine, et l'effect en réduiroit plusieurs à la mendicité, ne possédans aucune autre sorte de bien. Ces sergeanteries sont fiefs propres et patrimoniaux en ceste Province, establis dès le temps de nos Ducs, dont on vous rend adveu, on vous faict les foy et hommage, on tombe en vostre garde, on vous paye reliefs et treizièmes, les aydes coustumières, les droicts des francs-fiefz, quand elles tombent en main roturière, qui sont toutes marques infaillibles de la qualité de fief. Ceux qui les possèdent en ont pareils droicts d'inféodation et d'investiture, que des autres fiefs qui relèvent de vostre Majesté, de laquelle les sergeanteries ne dépendent que sous la condition des autres fiefs de vostre Couronne. Plusieurs d'entr'eux en ont perdu les tiltres par les incursions des Anglois, par les ravages des guerres civiles, par les embrazements qui ont consommé toutes les escriptures des familles en divers lieux de ceste Province, tellement que de leur en demander la représentation seroit les mettre à l'impossible; et s'asseurent sur leur possession, que nombre de siècles auctorise à valoir de prescription plus que légitime, et tant de fois redoublée depuis l'investiture de ces fiefs donnez par nos Ducs à nos pères, estans passez à travers l'injure des temps en la main de 200 familles nobles à la pluspart, tant par l'ordre des successions, que par les autres moyens d'acquérir, soit à tiltres de décrets, échange ou vente volontaire. Que sy la propriété n'en est asseurée, il n'y a espèce de fief dont la seigneurie ne soit en incertain, ny gentilhomme en la Province qui se puisse asseurer qu'on ne luy dise que son fief soit domanial. Les frères se mettront le poignard à la gorge pour résouldre leur partages, les voisins casseront leurs échanges qui les tenoient en repos, les achapteurs courront aux garanties, et ceux qui les auront acquises par auctorité de justice, sur l'asseurance des décrets, crieront à haulte voix contre la foy publique. Pour ces considérations, toutesfois et quantes que nos roys ont fait des édicts pour retirer leurs domaines aliénez et que les Partisans y ont voulu comprendre les sergeanteries, les propriétaires en ont eu main-levée toute pure, comme de chose qui leur estoit patrimonialle, et, par trois responces aux Cahiers de nos Estats tenus en 1609, 1610 et 1623, obtenu la révocation des partis faits pour les taxer ou pour les réunir à vostre Domaine. Néantmoins, comme sy ces monstres de partis, qui se dressent à notre ruine, ressembloient à l'Hidre dont en vain on coupe la teste, qui renaist par multiplication, celuy-ci a esté remis sur le tapis, et, pour le rendre plus plausible, il présente aux propriétaires une obligation de changer leurs espées en escritoires, et quitter leurs exploicts de la guerre pour apprendre à faire ceux des simples sergeans, desquels ils diffèrent autant que les offices d'avec les fiefs, à quoy leur générosité ne se rapporte pas. Nous avons une insigne obligation à la justice de vostre Majesté, nous accordant la révocation absolue de ce party, comme elle a faict par cy-devant, et distrayant cet article de sa Commission pour nous laisser jouir de nos biens comme par le passé.

Au Roy. Et en sont les Commissaires d'advis.

Le Roy entend qu'il en soit usé pour cet article suivant le règlement et l'arrest du Conseil du...

IX.

La continuation des troubles que les Partisans du Domaine apportent à ceux qui tiennent des fieffes ne souffre point de relasche à nos plaintes, et que nous cessions de vous importuner jusques à ce qu'il aye pleu à vostre Majesté d'y pourvoir. Plusieurs terres vaines et vagues ont esté fieffées à perpétuité, par commissaires deuëment auctorisez, à des personnes qui, pour les cultiver, bastir, planter et mettre en quelque valeur, ont vendu, les uns, leurs patrimoines, les autres, ce qu'ils avoient de meilleur ailleurs. Ces terres ont esté partagées, données en mariage, venduës et revenduës, échangées, retirées par clameur, acquises par décret; elles sont en la main de quantité de gentilshommes, qui n'ont point d'autre revenu, et de nombre infiny de paysans qui ne payent leur sel et leur taille qu'à l'ayde de si peu de fruict qu'ils en retirent à la suëur de leur front. La censive qui vous en est deuë est bien domaniale, mais non le fonds qui est au commerce des particuliers comme leurs autres biens. Ce qui les a tousjours fait excepter des édicts de la revente de vostre Domaine par les arrests des vériffications qui en ont esté faites; mais les partisans, trop ingénieux à nostre malheur, voudroient reprendre d'une main ce qui leur est échappé de l'autre, et, par le moyen des taxes arbitraires, faire racheter au pauvre peuple son bien une seconde, voire autant de fois qu'il leur plairoit, sous couleur de suplément. Il y a cinq ans que nous souspirons après vostre justice sur ce suject. Quand nous l'avons demandée à Messieurs les Commissaires qu'il vous pleust députer à tenir nos assemblées, leur advis nous a esté favorable; mais il nous a renvoyé vers vostre Majesté; nous nous sommes jettez à ses pieds; elle nous a fait l'honneur de nous entendre; elle nous a renvoyez au Conseil; le Conseil a poisé nos raisons, et les a trouvées sy fortes, que il n'a pas creu que justement nous puissions estre refusez de nostre demande, mais il en a par deux fois remis la responce à vostre personne, afin que, comme vostre peuple ne tient aucun bien que de vous, et n'en a point que pour vostre service, il n'aye aussi l'obligation du repos avec lequel il le possèdera que à la bonté personnelle de vostre Majesté, de l'oracle sacrée de laquelle il attend maintenant la décharge desdites taxes, n'osant pas prendre pour dény deux renvoys faicts à vostre justice.

Au Roy. Et en sont les Commissaires d'advis.

Le Roy entend descharger ses sujects de la province de Normandie de la revente des menues fieffes suivant sa déclaration, en payant la taxe faite au Conseil, pour en jouir à perpétuité.

X.

Le droict des francs-fiefs et nouveaux acquests est domanial. La possession des fiefs, dévolute en main roturière, contre le but de l'inféodation qui assujettoissoit les vassaux par leurs investitures à servir leurs seigneurs en la guerre, et les acquisitions faites, par les Ecclésiastiques, des biens non amortis l'ont uny à votre couronne, en récompense du service personnel dont les uns et les autres sont incapables par leur condition. La première ordonnance qui parle de ce droict est du roy S. Louis, qui ne l'impose que de 40 en 40 ans. Et quand ses successeurs ont donné des commissions pour en faire levée, anticipans ce terme, les Estats de cette Province ont toujours reclamé les statuts de leur Saint jusques à telle instance, que l'an 1599, les ayans représentez au Grand Henry, ils obtinrent de sa bonté que ce droict n'auroit lieu que suivant les ordonnances, que de là en avant seroient observées, et toutes commissions contraires révoquées. Néantmoins, encores qu'il n'y aye que douze ans que ces devoirs ont esté faicts, et que à peine la commission en soit encores achevée, nous la voyons sur le point de recommencer, l'édict en estant envoyé à vostre parlement. Et ainsi les prescriptions des temps fataux sont abolies, les ordonnances deviennent arbitraires, et n'avons plus rien de certain sinon la perte de nos droicts, ne sachans quand une autre fois on nous reviendra demander la mesme chose. Ce droict est la vraye taille de l'Église et de la Noblesse par les frais que fait, celle-là, pour s'en acquitter, et celle-cy, pour monstrer qu'elle en est exempte. Sire, votre reigne est un abrégé des merveilles de tous les précédens ; chacune de vos années égale la gloire d'un siècle ; mais les forces de vostre peuple ne redoublent pas sous le faix, pour porter en douze ans ce qu'il ne portoit austrefois qu'en quarante. Il les reprend par reposées, et ne peut qu'à l'ayde du temps réparer la substance qu'il doibt à vostre service. C'est ce qui luy fait espérer qu'à l'exemple de S. Louis et du feu Roy Henri le Grand, la justice, que vous portez en titre et dont la possession est la saincteté et la vraye grandeur des monarques, révoquant son édict, ne demandera point ce droict que quarante ans après la dernière perception.

Au Roy. Et en sont les Commissaires d'advis.

Ce droit estant royal, il ne peut se révoquer ; mais, s'il s'y commet des abus, le Roy entend qu'ils soyent corrigez et les coupables punis.

XI.

Nous sommes obligés de croire que l'establissement des quarante-cinq sols sur chacun muid de vin est venu du désir que vostre Majesté a conceu de nous soulager des tributs qui se levoient sur les vins en divers lieux depuis Paris jusques à Roüen puisque cette imposition est appelée du terme de modération. Mais cette modération qui se perçoit sans distinction nous est si grande charge et augmente tellement les péages qui ne nous estoient demandez auparavant, sinon proportionnément à la distance des lieux d'où nous faisons venir le vin, que nous estimons suivre vos bonnes intentions, en requérant très-humblement que cet impost soit révoqué, que nous demeurions seulement sujets aux droicts que nous payions au précédent, et que les propriétaires n'ont laissé de continuer à lever. Révoquant encor' un arrest de vostre Conseil du 29 juillet dernier, qui, sur requeste d'un fermier, sans s'arrester à la responce qu'il vous pleust nous donner l'an dernier sur ce sujet, a condamné les marchands, ayans fait descendre des vins par la rivière d'Ure, à payer lesdits quarante-cinq sols, ce qui a esté cause que les vins au-dessus de la ville de Louviers sont demeurez à la discrétion des taverniers des lieux qui les ont achetez par tel prix qu'ils ont voulu, au grand préjudice des propriétaires des vignes, qui seroient contraincts de les abandonner, sy cet arrest subsistoit davantage.

Au Roy. Et en sont les Commissaires d'advis.
Sera le fermier ouy, et ordonné ce que de raison.

XII.

Il vous a pleu permettre aux habitants de la ville de Roüen de prendre vingt sols sur chacun muid de vin qui y entre, pour satisfaire à la despence de leur pont : la ferme de ce droict n'a jamais monté qu'à dix-huit à vingt mil livres entre les mains des échevins. C'est chose estrange que cet octroy n'aye plus rien de soy que le nom, l'effect en soit perdu pour ceux qui l'ont demandé, parce qu'il est entre les mains d'un Partisan qui, le levant sous le Pont de l'Arche sur tous vins indifféremment, pour quelques lieux qu'ils soient chargez, ne ruine pas seulement le pont de Roüen, mais enchérit le vin à toute la Province et autres auxquelles il se transporte par la Seyne, levant sur nous par ce moyen le triple de ce que valoit cet octroy. Sire, il est juste, ou bien qu'il cesse absolument, à la descharge de tous les marchands dont le trafic est préjudicié par ce changement, ou que ce droit ne se léve que aux portes de la ville qui vous le demande, et qu'elle ne soit pas frustrée du secours qu'elle s'en est promise, sans que les autres y contribuent, qui n'en attendent aucune utilité. Et pour cet effect il vous plaise distraire la ferme desdits vingt sols du bail d'un surnommé Mortier, le remettant entre les mains des eschevins de Roüen.

Au Roy. Et en sont les Commissaires d'advis.
Sa Majesté estant surchargée maintenant de despences immenses, ne peut accorder le contenu aux présent arti-

cle quant à présent, se réservant d'y pourveoir lorsque ses affaires luy pourront permettre.

XIII.

Le divertissement de l'octroi des vingt sols en cause un autre, d'autant plus grande conséquence qu'il met à l'hospital une infinité de pauvres veufves et orphelins, dont tout le bien consiste en quelques petites parties de rente sur l'ayde de solde, qui, par arrest de vostre Conseil, du 27 mars dernier, leur sont ostées et appliquées aux réparations du pont. Sire, la constitution de ces rentes est une marque de l'assistance et du service que vos sujets vous ont rendu dans la nécessité de vos affaires, quand, pour fournir à vos demandes, ils ont très-volontiers déposé ce qu'ils avoient de bien entre les mains des eschevins de Roüen, qui, pour leur en faire la rente, ont obtenu des octroys appelez *ayde de solde*, à raison de la destination de leur sujet. Vostre Majesté considère sy, en divertissant ce fonds pour l'appliquer à l'entretien du pont de bois, les pauvres gens, qui peut-estre n'ont autre bien, n'auront point de sujet de se plaindre de la foy publique sous laquelle ils ont contracté, et sy cet exemple conservera l'ardeur avec laquelle on s'est porté à la constitution desdites rentes. Nous espérons de vostre bonté qu'elle laissera jouir les rentiers de leur bien, et ne l'appliquera à l'usage du pont, qui doibt avoir son entretien d'ailleurs.

Au Roy. Et en sont les Commissaires d'advis.
Idem.

XIV.

Par un autre arrest du Conseil, l'octroy des huict escus pour muid de sel destiné aux fortiffications et ouvrages de Roüen a esté encor' diverty. Le temps a ruiné presque toutes ses murailles qui ne peuvent estre refaites à moins de deux cens mil livres, son patrimoine est épuisé par les despences où la contagion, qui l'afflige dès long-temps, l'ont réduite, tellement qu'il fauldra que ses ouvrages encommencez cessent, quoyque absolument nécessaires, si cet octroy ne luy est rendu pour la seureté et conservation de la première et capitale ville de vostre duché de Normandie.

AU ROY.

Idem.

XV.

La mesme ville vous rend grâces très-humbles de l'avoir maintenuë sur nos derniers Cahiers en la franchise de ses foyres. Mais, quand cette faveur luy est renduë inutile par l'exaction des fermiers, qui, pendant et nonobstant lesdites foyres, exigent les droicts de la réapréciation, que par mauvaise foy ils veulent faire passer pour impositions d'autre nature que les anciennes, dont lesdites foyres ont tousjours esté franches, elle est obligée de changer ces remercimens en suplications très-humbles. Qu'il vous plaise faire deffences ausdits fermiers d'exiger lesdits droicts pendant ledit temps.

Au Roy. Et en sont les Commissaires d'advis.
Cet article sera communiqué aux fermiers.

XVI.

L'an passé nous représentasmes à vostre Majesté le tort que faisoit à ses droicts et à tout le commerce la nouvelle réapréciation : vostre Majesté nous promist députer des commissaires pour y estre pourveu, ce que nous demandons comme très-important au bien de son service, à la liberté du traffic et utilité publique.

Au Roy. Et en sont les Commissaires d'advis.
Le Roy ne peut quant à présent accorder aux supplians

le contenu au présent article et au suivant; mais, lors que la paix, qu'elle désire procurer à son royaume seure et honorable, le luy permettra, il aura à plaisir d'y entendre.

XVII.

A peine tirons-nous de nos marchandises de quoy payer les droicts qui vous sont deues, tant les doüannes sont rigoureuses et les impositions excessives. Et néantmoins on nous surcharge de nouveaux Controolleurs et Conservateurs aux Traites foraines et autres Bureaux, avec attribution de six deniers pour livre et de six sols pour droicts d'acquit, qui nous obligent à demander la supression de ces offices, comme entièrement inutiles à vostre service et préjudiciables à vostre peuple.

AU ROY.

Idem.

XVIII.

Le repos et bon-heur des peuples consiste en leur travail, quand les manufactures occupent les artisans, en sorte que leur industrie ne les tire pas seulement de la nécessité, mais leur donne moyen de s'enrichir des biens de ceux avec lesquels ils ont commerce, comme l'oysiveté cause leur infortune et les réduit à la mendicité. La draperie est l'object principal de l'occupation d'une partie notable des habitans de ceste Province. L'expérience qu'ils y ont en a porté la réputation jusques dans l'Orient; et, tant que ce mestier a matière à son exercice, il assure la vie de ses ouvriers. Mais les marchandises qui viennent d'Angleterre, contrefaites à la façon des nostres, et les autres manufactures dont il n'est point parlé dans les Concordats y font un si grand préjudice qu'elles croisent les bras à grand nombre d'artisans et les réduisent à l'aumosne. Voicy la troisième assemblée qui vous supplie très-humblement d'empescher ce désordre. Vos responces ont esté que les Concordats seroient veus. Qu'il plaise doncq' à vostre Majesté de les voir cette fois, à ce que, n'y trouvant pas que vos sujets doivent enrichir les Anglais de leur pauvreté, l'apport desdites marchandises soit interdit absolument.

Au Roy. *Et en sont les Commissaires d'advis.*

Il sera pourveu sur le contenu en ce présent article en temps et lieu.

XIX.

Vous avez austresfois accordé aux trois ordres de cette Province qu'aucune amende ne peust estre exigée après cinq ans du jour de la condamnation. Vous en avez confirmé le règlement par vos responces à nos derniers Cahiers. Néantmoins un particulier a obtenu de vostre Majesté le don de toutes les amendes jugées pour les délits commis en la forest de Lyons depuis l'an mil six cens vingt jusques en cette année ; et, bien que nous nous promettions de la cognoissance que vos Cours souveraines ont de vos volontez portées par vos dites responces et de leur affection à nostre bien, que, recognoissant cette surprise, elles ne vériffieroient pas ledit don et ne preffèreroient pas à la commodité publique le proffit d'un particulier, nous en demandons la révocation, comme surpris au préjudice de vos ordonnances et responces à nos suplications.

AU ROY.

Les lettres de don, mentionnées au présent article, seront raportées ; et ce pendant demeureront surcises, et les responces cy-devant faites seront exécutées.

XX.

Comme aussi pour les amendes on ne puisse saisir par décret les héritages des condamnez, estant beaucoup plus équitable que les receveurs desdites amendes se fassent payer sur les fruicts que sur le fonds des terres, dont le prix se trouveroit absorbé en frais de diligences à la ruine des condamnez.

AU ROY.

Accordé pour les amendes des forests n'excédans cinquante livres.

XXI.

Le parlement, voulant pourvoir aux plaintes qu'ont causé les taxes excessives des huissiers et sergeans employez au recouvrement des raports et épices de la Cour, a fait un règlement, le deuxième décembre dernier, de l'exécution duquel dépend le bien de la justice et le soulagement des parties, qui vous suplient de l'auctoriser.

AU ROY.

Les règlements mentionnez au présent article seront exécutés.

XXII.

La Noblesse se plaint des courses des huissiers de la Chambre des Comptes, qui, sous prétexte de l'assigner pour rendre ses adveux, exigent des gentilshommes jusques à la somme de cinquante livres, et font telle levée de deniers qu'un seul voyage de quinze jours au plus se trouvera avoir valu à tel huissier jusques à mil livres. Sire, il est juste que la Noblesse soit contrainte vous rendre ses devoirs; mais, sy elle retarde à s'en acquitter aussi-tost qu'elle y est obligée, Monsieur vostre Procureur en la Chambre des Comptes l'y peut contraindre, à la stipulation de ses substituds en chaque vicomté, et par le ministère des sergeans héréditaires des lieux, ce que nous demandons encor' pour le payement de toutes amendes, et que le receveur soit obligé d'en envoyer les roolles ausdits substituds pour en estre faites les poursuittes par les sergeans héréditaires, en quoy faisant, les droicts de vostre Majesté demeurent à leur entier, et vostre peuple est soulagé des vexations des huissiers qui les tourmentent autant que les Collecteurs des tailles.

Au Roy. Et en sont les Commissaires d'advis.

Le Roy ordonne que son Procureur Général en la Chambre des Comptes de Normandie sera oüy sur le sujet du présent article, pour, ce faict, estre ordonné ce que de raison, et ce pendant qu'il en sera usé comme à l'accoustumée, à quoy ledit Procureur Général tiendra à la main.

XXIII.

L'Ordonnance de Blois art. 172. conserve aux parlemens la juridiction de leur territoire, et n'en permet la distraction que au cas de garantie ou d'exécution de jugemens donnés ailleurs contradictoirement. Cette disposition est conforme à la modification avec laquelle l'ordonnance d'Orléans est receuë en nostre Province, qui a tousjours gardé les droits de la Charte Normande, franchises et libertez du Païs. Néantmoins un arrest de vostre Conseil donné sur requeste d'un surnommé Sublime, huissier, condamne en amende un pauvre religieux de l'ordre S. Augustin pour s'estre plaint au parlement de ce que, par un *pareatis,* en vertu d'une sentence du Chastelet de Paris, il estoit distraict de ses juges naturels, évoqué à Paris à la requeste d'un escollier en l'Université de ladite ville, deffend à Monsieur vostre

Procureur Général de prendre pareilles conclusions à celles sur lesquelles la Cour avoit déchargé ce religieux de l'assignation qui luy estoit commise au Chastelet, ce qui donne ouverture aux moyens de nous faire aller tous plaider à Paris par l'interposition d'un escolier, et par l'autorité d'une simple lettre qui se concède sans parties. Nous suplions vostre Majesté de révoquer cet arrest et nous distribuer vostre justice par les mains des juges naturels qu'il vous a pleu d'establir sur nous, suivant notre Chartre Normande.

Au Roy. Et en sont les Commissaires d'advis.
Les arrests et règlemens du Conseil seront exécutez.

XXIV.

Qui nous fera demander encor' la révocation des commissions et commissaires extraordinaires dont les pouvoirs ne sont enregistrez ny congneus aux compagnies que vous avez establies à nostre conduite.

AU ROY.

Le Roy ne donne aucun pouvoir ny commission qu'avec connoissance de cause, et ne peut révoquer ceux qui s'exécutent présentement en ladite Province pour le bien de ses affaires et service.

XXV.

Nous continuerons nos plaintes contre les établissements des Chevalier du Guet et de leur suite, des quatre deniers pour livre attribuez aux juges sur les décrets qu'ils font, de l'imposition dernière sur les cuirs et sur le papier, qui par arrest de vostre Conseil du sixième mars 1630, contradictoirement donné avec m⁰ Jean de la Grange, fermier général des cinq grosses fermes de France, avoit esté déclaré deschargé de tout tribut et imposition quelconque. Ce néantmoins se lève à présent avec tel préjudice, que les Eslections de Mortaing, Orbec, Vire et autres lieux, qui n'ont presque autre traffic que celuy du papier, se voyent réduites en misérable estat, leurs maisons abandonnées, leurs ouvriers chercheans leurs vies, et plusieurs gentilshommes, qui n'avoient d'autre bien que celuy qu'ils tiroient desdicts moulins, sans aucun revenu.

AU ROY.

Le Roy entend que les anciens droictz pour les Controlleurs, Prud'hommes et vendeurs de cuirs soyent levez; et, s'il y avoit aucuns autres nouveaux droicts, que ses sujets en soient déchargez.

XXVI.

Les six livres imposez sur les cabaretiers s'exigent encor' sur les bourgeois, quoi qu'ils ne tiennent taverne et ne vendent autre boisson que celle qui leur reste après leur provision fournie et qui se peut gaster en la gardant. Il vous plaise nous décharger de cet impost, ou deffendre au fermier de le lever que sur les taverniers, attendant la révocation absolue.

AU ROY.

Le fermier sera ouy, et sera avec luy faict règlement sur le contenu au présent article; cependant le droit mentionné au présent article ne sera levé que sur les cabaretiers vendans vin l'espace de six mois.

XXVII.

Ceux qui cœuillent le pied-fourché le lèvent à discrétion, leurs droicts sont incongnus, et les marchands ayment mieux payer ceux qui leur sont demandés que de s'arrester à plaider. Le remède à ce mal est de les obliger d'afficher une panquarte à leur Bureau, qui contienne les droicts qui leur sont deus, avec deffences de rien prendre emplusavant, à peine de concussion, et les priver de tous droicts jusques à ce qu'ils ayent affiché ladite panquarte, ce que nous vous suplions d'ordonner.

Au Roy. Et en sont les Commissaires d'advis.

Le Roy a accordé le contenu au présent article.

XXVIII.

C'est en vain que se lève une grande somme de deniers sur nous, sous prétexte des ponts et chaussées, puisqu'elle n'est point apliquée à l'usage de sa destination. Jamais les ponts et chemins ne furent en si mauvais estat, dont le commerce reçoit un très-grand préjudice. Il sera réparé, sy vostre Majesté aplique cette levée aux lieux que Messieurs les Trésoriers de France, faisans leurs chevauchées, trouveront en avoir plus de nécessité, particulièrement à la chaussée de Varaville, des plus importantes de la Province, ou bien qu'il plaise à vostre Majesté nous décharger entièrement de ce prétexte.

AU ROY.

Le fonds qui sera levé en la Province de Normandie pour les ponts et chaussées, sera employé aux réparations et entretènement des ponts et chaussées de ladite Province.

XXIX.

Les évocations ne servent qu'à changer les juges, mais non les droicts ny les intérêts des parties; et partant il est raisonnable que, ces procès évoquez du Parlement de nostre Province, nostre Coustume soit gardée, et ne soit rien changé en nostre usage par les juges auxquels vous en attribuez la juridiction.

Au Roy. Et en sont les Commissaires d'advis.

Accordé.

XXX.

Le fermier des traictes foraines dont le Bureau est à Beaumont sous Toüars en la prevosté de Nantes, en a depuis peu establi un nouveau à Beaumont-le-Vicomte près d'Alençon, dont nous demandons la révocation, comme une imposition extraordinaire et qui ruine le traffic.

AU ROY.

Le Roy veut que le fermier soit ouy en son Conseil sur le contenu au présent article, et qu'il soit ensuite pourveu sur la demande des suplians ainsi qu'il appartiendra par raison.

XXXI.

Sire, nous frémissons d'horreur à l'objet des misères du pauvre paysant : nous en avons veu quelques-uns, les années précédentes, se précipiter à la mort par désespoir des charges qu'ils ne pouvoient porter, les autres, que la patience retenoit plustost en la vie que le plaisir ou les moyens de la conserver, couplez au joug de la charue, comme les bestes de harnois, labourer la terre, paistre l'herbe et vivre de racines que cet élément sembloit avoir honte de leur desnier, ayant soustenu leur naissance, plusieurs refugiez aux pays estrangers ou provinces voisines pour se soustraire à leurs imposts, des parroisses abandonnéez. Pour cela néantmoins nos tailles n'ont point diminué, mais acreu jusques au poinct d'avoir tiré la chemise qui restoit à couvrir la nudité des corps, et empesché les femmes en plusieurs lieux, par la confusion de leur propre vergongne, de se trouver aux églises et parmy les Chrestiens. De sorte que ce pauvre corps, espuisé de toute sa substance, la peau collée dessus les os et couvert seulement de sa honte, n'attend que la miséricorde de vostre Majesté, sçachant qu'elle est l'image de ce grand Dieu, qui, d'un souffle de sa bouche, ranima les carcasses et revestit de chair et de nerfs les schelettes prests de se réduire en poussière, et qu'il n'aura pas plustost effectivement senty la diminution du quart de ses charges, que vous luy avez promise, qu'il ne reprenne nouvelles forces, lesquelles il ne souhaite que pour les employer à la gloire de vostre service.

AU ROY.

Le Roy ne peut encore à présent soulager son peuple, et sa Majesté le fera si tost que ses affaires le luy pourront permettre.

XXXII.

La Commission de la présente assemblée porte un règlement qui achèveroit de ruiner ce qui reste de taillables moins incommodez, donnant la faculté aux receveurs des tailles de s'adresser aux plus solvables paysans après simple sommation aux Collecteurs des parroisses. Ce seroit les authoriser à ruiner qui bon leur semble, et quand et quand le reste des parroisses, par le recours des contributions advancées par ceux qui auroient esté contraints à leur requeste. L'ancien ordre nous est plus doux et ne nous préjudicie, qui veut que les collecteurs soient discutez auparavant que le reste de la paroisse soit inquiété par les receveurs. C'est ce que nous vous supplions d'ordonner.

Au Roy. Et en sont les Commissaires d'advis.
Les règlemens des tailles seront observez.

XXXIII.

C'est en vain que vostre Majesté veut que ses ordonnances soient vérifiées par les Cours souveraines auxquelles la cognoissance en appartient, si leurs arrests de vérification ne sont exécutez. La Cour des Aydes, enregistrant vos derniers règlemens suivant l'usage de nostre Province, a ordonné que les naturels taillables ne pourroient estre imposez que en une seule parroisse ; et néantmoins Messieurs les Commissaires du régalement imposent les particuliers en diverses parroisses : en quoy tous les trois ordres reçoivent un si grand préjudice que les dixmes des ecclésiastiques et les héritages des gentilshommes demeurent sans fermiers, ou il faut qu'ils les baillent aux parroissiens des lieux de leur situation, qui, cognoissans ceste nécessité, ne les prennent qu'aux prix que bon leur semble et beaucoup moindres que leur juste valeur ; et le tiers estat consumeroit si peu qui luy reste en frais de diverses assiettes que la multiplicité des lieux de sa cottisation lui feroit subir, outre qu'à ce moyen il seroit privé du bénéfice qui de temps en temps luy revient par le changement de l'octroy.

Au Roy. Et en sont les Commissaires d'advis.

Le Roy n'entend pas que ses sujets soient taxés en diverses paroisses, si ce n'est au cas portez par la Coustume de Normandie et par les édicts et déclarations sur le régalement des tailles.

XXXIV.

Quelle apparence de souffrir les gens de guerre vivre à discrétion, quand les tailles sont augmentées de grandes sommes de deniers pour nous descharger des estapes qu'il nous falloit fournir auparavant ? Cette Province s'est veuë depuis six mois quasy couverte de soldats, et aucunes des troupes qui l'ont traversée ont vescu dans tant de désordres, d'exaction et d'inhumanité, qu'ils l'ont traictée en pays de conqueste, pillant les biens et outrageant les corps des pauvres paysans, au lieu du payement de leur nourriture, auquel vostre Majesté les adstraint. Et pour ce nous vous suplions très-humblement nous en faire justice sur les informations des juges, Prévosts et Visbaillifs, et d'empescher tels ravages à l'advenir.

AU ROY.

Quand il aura esté informé à la requeste des particuliers des pretenduës exactions faites par les gens de guerre sur icelles, il sera donné par sa Majesté l'ordre convenable pour la punition des coulpables. Elle pourvoirra aussi à ce qu'à l'advenir ses gens de guerre vivent avec discipline sans fouler les subjets de ladite Province.

XXXV.

Nous n'avons jamais veu lever aucune somme de deniers que la cause soit apparente ou vraye, et la destination n'en ait esté déclarée par l'ordonnance de sa levée. C'est un effect de vostre bonté qui rend son peuple participant du secret de ses affaires pour l'obliger d'y subvenir d'autant plus librement que s'il y estoit contraint par une aveugle obéissance. Nous avons pourtant cette année senty nos charges augmentées d'une levée de quinze mille livres, causée, dans la creuë des garnisons, de certains affaires concernants vostre service en nostre Province, en vertu d'un arrest du Conseil, qui n'a point esté veu, ny par Messieurs les Trésoriers de France, qui en ont fait l'imposition, ny par nous, qui l'avons portée, et ne sçavons à qui nous prendre de ceste surcharge. SIRE, cette ouverture est dangereuse, et, si, elle est permise, on ne manquera jamais de prétexte à tirer tout ce qu'on voudra. Pour y remédier, nous demandons que deffenses soient faites à Messieurs les Trésoriers de France de faire aucune levée, qui ne leur apparoisse des arrests qui l'ordonnent, de sa cause et destination, et que lesdits quinze mil livres, que nous avons payez sans sçavoir pourquoy ny à qui, nous soient déduits sur le premier quartier des tailles de l'année suivante.

AU ROY.

Le Roy n'ordonne aucune levée de deniers qu'avec bonne cognoissance, et sa dicte Majesté les employe utilement pour le bien de son Estat.

XXXVI.

L'establissement prétendu depuis peu par un particulier des Parcs royaux, en chacune parroisse de Costentin, est un moyen nouveau pour tirer de l'argent du peuple et multiplier l'estat de ces menus Officiers dont le nombre excessif le ronge autant comme la taille. Un pauvre débiteur dégageoit ses bestiaux prins par éxécution en payant leur nourriture ou peu de chose à un voisin, auquel la garde en estoit commise. S'il avoit désormais à traicter avec le Parquier, il verroit que les frais surpasseroient sa debte, ce que nous estimons que votre Majesté deffendra, révoquant le don qu'elle a fait desdits Parcs.

Au Roy. Et en sont les Commissaires d'advis.

Le Roy entend que l'establissement des Parcs Royaux faits en la Province de Normandie soit suprimé, et tous dons revoquez, dont sera expédié déclaration de sa Majesté adressante au parlement et à la Chambre des Comptes, sans préjudice néantmoins des Parcs dont sa Majesté a toujours joui ou peu jouyr à cause de ses terres domaniales, lesquels Parcs, comme estant de son domaine, elle veut estre baillez à ferme par les Thrésoriers de France, et les receptes des deniers, faites par les Receveurs de son domaine, révoquant à cet effect tous dons qui en peuvent avoir esté faits.

XXXVII.

N'obtiendrons-nous jamais la modération des sommes excessives que couste le sel ? C'est un présent que nous fait la nature dont la libéralité nous est trop cher venduë, et l'usage trop nécessaire pour nous en pouvoir passer, tellement que, obligez que nous sommes d'en user, et le payement excédant nos forces, nous requérons que votre Majesté aye agréable d'en modérer le prix et le diminuer des six livres dont vous le haussâtes en un coup, il y a trois ans.

AU ROY.

Les affaires que le Roy a maintenant, qui l'obligent à des despences immenses, ne luy permettent pas d'entendre à la révocation demandée par le présent article.

XXXVIII.

Et réitérer aux Archers du sel vos deffenses d'entrer dans les maisons des paysans, sous prétexte de chercher le faux-sel, sinon en la présence de deux voisins et en vertu de mandement de justice, pour obvier aux suppositions où souvent la malice de telles gens a engagé l'innocent.

Au Roy. Et en sont les Commissaires d'advis.
Accordé.

XXXIX.

Nous attendons responce aux plaintes que nous avons faites jà plusieurs fois contre le partisan des Aydes, qui veut, contre vos intentions, establir une espèce de gabelle au sel blanc des bailliages de Caen et Costentin, empeschant les pauvres employez aux salines d'y travailler avec plus de trois plombs et plus de trois jours la semaine, et les propriétaires de vendre le boisseau à moindre prix que de vingt sols à cause du quart qu'il en prend. C'est inhumanité au dit fermier d'oster aux misérables les moïens de gaigner leur vie; violence, de forcer les propriétaires en la disposition de leur bien, et injustice, dans les grands frais qui sont nécessaires à l'amesnagement des salines, d'en exiger le quart. Et, pour ces considérations, nous demandons la liberté ausdits propriétaires d'user de leur bien à leur volonté, aux ouvriers, de travailler tant qu'ils pourront, avec deffences au fermier de saisir leurs plombs et autres instrumens de leur travail, comme aussi d'exiger en plus avant que le huictième du prix que le sel est vendu ou le huictième boisseau, s'il se peut prendre en essence.

Au Roy. Et en sont les Commissaires d'advis.

Le fermier ouy, il sera pourveu sur le contenu au présent article.

XL.

Nous avons commencé nos plaintes par l'immensité des sommes qui se lèvent sur nous, et les finirons dans l'abus des monnoyes qui les augmente encor d'une 7e partie. Quelle pitié qu'un pauvre laboureur soit contrainct recevoir l'escu d'or à cent sols pour le prix de son bled, et que, pour acquitter la Taille, il ne le puisse mettre qu'à quatre livres six sols en vos receptes! qu'un pauvre mercenaire, qui toute la semaine a sué pour gaigner un escu afin de nourrir sa famille, soit obligé de le changer avec six sols de perte pour payer vostre sel! Ce désordre est si grand qu'il est presque incroyable. Les arrests de vostre Conseil n'ont point eu d'exécution parmy le peuple; la misère a contrainct les maistres de recevoir de leurs fermiers l'argent au prix où il est insensiblement monté, et vos règlemens n'ont esté gardez que par vos receveurs, lesquels, en ce faisant, ont levé plus qu'il ne vous est deu, sans profit pour vostre Majesté, et avec visible et signalée perte du peuple, qui vous demande un règlement certain, et qu'en attendant son argent soit receu, en vos bureaux et receptes, au mesme prix qu'il se trouve avoir cours dans le commerce et l'usage public.

Au Roy. Et en sont les Commissaires d'advis.
Il y a esté pourveu.

XLI.

Et afin que les responces que vous donnez à nos Cahiers ne soient pas inutiles, il vous plaise ordonner qu'elles auront pareille force que si, en exécution d'icelles, toutes sortes de déclarations, commissions et patentes avoient esté delivrées, enjoignant pour cet effect à vos Cours de parlement, Chambre des Comptes et Cour des Aydes y avoir esgard, puisque vous nous avez fait l'honneur de nous tesmoigner que vous voulez que toutes vos dites responces soient effectuées sans y estre aucunement contrevenu.

AU ROY.

Les supplians retireront les expéditions convenables en suite et pour l'exécution des responces faites sur leurs Cahiers.

XLII.

Sire, nous sommes bien marris que nos forces ne nous permettent de satisfaire à tout ce qu'il vous plaist nous demander. Nostre impuissance seule est la borne de nostre obéyssance, et manquerons plustôt de vie que de respect à l'honneur de vos commandemens. La gresle a ravagé nostre Province en plusieurs cantons, la peste en a depeuplé d'autres, plusieurs parroisses sont désertes et partout la récolte a esté si petite que grand nombre de laboureurs ont esté contraints d'achepter leurs semailles; nos tailles haussées et nos imposts multipliez ne nous laissent moyen de vous offrir,

Sinon la somme de huit cens mil livres pour la Généralité de Rouen,

Et de quatre cens mil livres pour la Généralité de Caen,

Lesdites deux sommes revenantes à douze cens mil livres, ausquelles nous supplions très-humblement vostre Majesté se vouloir contenter, nous deschargeant de la grande creuë et de toutes autres impositions.

AU ROY.

Le Roy ayant à supporter des despences immences, ainsi que chacun sçait, sa Majesté ne peut les soustenir sans le secours de ses peuples.

Faict et arresté en la Convention des trois Estats de Normandie, tenus au prieuré de S. Ouen, dedans la ville de Gisors, le unzième jour de décembre mil six cens trente-quatre.

Signé : Baudry.

Les Commissaires en la présente Convention, ayans ouy la responce des déléguez des Estats à la proposition et demande à eux faite de la part du Roy, par laquelle ils consentent luy payer pour l'année prochaine mil six cens trente-cinq la somme de douze cens mil livres, supliant Sa Majesté qu'il luy plaise les exempter de toutes autres levées, Nous avons ordonné que levée de deniers sera faite en ladite année prochaine mil six cens trente-cinq, suivant et conformément aux lettres-patentes et commission pour ce expédiées, selon la forme portée par icelle, et ce par provision, fors et excepté les sommes de deniers dont les édicts n'ont esté vérifiez aux Cours souveraines et où besoin est, et que par Sa Majesté autrement en ayt esté ordonné. Et pour le surplus renvoyez par devers sa dite Majesté. Ce qui a esté prononcé publiquement en l'assemblée desdits Estats tenus à Gisors, le unzième jour de décembre mil six cens trente quatre.

Par lesdits sieurs Commissaires.

Signé: Aubourg.

Le Roy a tant de tesmoignages de la bonne volonté et affection de ses sujets du pays et duché de Normandie au bien de son service, qu'il s'asseure qu'il satisferont volontiers à toutes les choses qui leur seront proposées de la part de sa Majesté, comme très-importantes pour la conservation de son Estat.

Les articles et remonstrances contenuës au présent Cahyer ont esté veuës et respondues par le Roy estant en son Conseil, tenu à S.-Germain-en-Laye, le 27º jour d'avril 1638.

Signé : LOUIS.

Et plus bas : Philypeaux.

Collationné à l'original, par moy, Procureur syndic des Estats de Normandie.

ARTICLES
DES
REMONSTRANCES

Faictes en la Convention des Trois Estats

DE NORMANDIE

Tenus au Manoir Archiépiscopal de Rouen, le quatrième février mil six cens trente-huict.

Avec la Responce et Ordonnance sur ce faicte par le Roy estant en son Conseil,

Tenu à Saint-Germain-en-Laye, le 27 d'avril seize cens trente-huict.

AU ROY.

Et à Monseigneur le Duc de Longueville et d'Etouteville, Pair de France, Comte Souverain de Neufchastel et Vallengin en Suisse, aussi Comte de Dunois, de Chaumont, de Saint-Paul et de Tancarville, Connestable héréditaire de Normandie, Gouverneur et Lieutenant Général pour sa Majesté en ladite Province.

ET

A Monseigneur le Comte de Guiche, Conseiller du Roy en ses Conseils d'Estat et Privé, Mareschal des Camps et Armées de Sa Majesté, et son Lieutenant Général au Gouvernement de Normandie.

Et à Messeigneurs les Commissaires députez pour tenir la présente Convention.

Sire,

Sy l'intermission du poulx en un corps malade est le signe certain d'une extrême foiblesse et un présage ordinaire de sa prochaine mort, parce que la chaleur naturelle qui luy donne ses mouvemens, se trouvant estouffée par la violence du mal, n'a plus d'action que par saillies, qui poussent les restes fuyants d'une vie mourante, ceste Province, accablée sous le faix incroyable d'une confusion horrible de partis dressez à sa ruine, n'ayant plus depuis quelque temps la liberté de ses assemblées annuelles qui, dedans les souffrances, rendoient tousjours au moins quelque tesmoignage que ses maulx n'excédoient point son sentiment, peut bien dire qu'elle est réduite au dernier point de sa désolation et que le peu d'effect que luy donne aujourd'huy la Convention de ses Estats abattus de langueur, contre les fléaux qui les battent, est plus tost une marque de sa vigueur passée qu'un augure de sa subsistance pour l'advenir.

Ce n'est pas qu'elle n'ait trop apris à ses despens, que depuis quelque temps ses très-humbles remonstrances n'ont pas eu grand succez à son soulagement. Elle les a veu mesmes quelque fois advortez advant qu'estre produites au jour de vostre Majesté, et dedans ces rencontres s'est flattée jusques au point que de imputer, l'une, à la nécessité de vos affaires, qu'elle s'est vouluë persuader ne luy permettre un traictement plus doux, et l'autre, à l'importance de plus grandes occupations, vivant tousjours dans l'espérance que ses plaintes, à force d'estre redoublées, mériteroient un jour quelque compassion de ses misères. Mais quand bien loing de les écouter ou d'y respondre, les assemblées où elles se forment ne luy sont point permises, ceste espérance seiche dès la racine, et ne reste d'attendre qu'une ruine entière, par continuation de malheur qui semble croistre à l'empeschement des ouvertures d'en tesmoigner les sentimens.

Le Roy sera tousjours bien aise de donner ce contentement à ses sujets de la Province de Normandie d'assembler et convoquer leurs Estats, lesquels ont été différez depuis trois ou quatre années, à cause des guerres et des occupations que le sieur Duc de Longueville, Gouverneur de ladite Province, avoit pour le service de Sa Majesté dans ses armées, comme aussi de donner tout le soulagement qu'elle pourra à ses dits sujets sur leurs remonstrances. Mais elle s'asseure aussi que, comme ils ont bonne connoissance des immenses despences qu'il luy convient faire pour donner un repos asseuré à son Estat, ils y contriburont volontiers, attendant qu'elle leur puisse faire ressentir les effects de ses bonnes intentions qu'elle a tousjours euës très-particulières pour ladite Province de Normandie.

I.

Puis donc que c'est au malheureux une espèce de satisfaction que se plaindre à celuy qui le peut soulager, ne déniez point, Sire, à la misère de la plus affectionnée de toutes vos provinces qu'elle vous puisse découvrir tous les ans les calamitez qui l'affligent, en vous renouvelant les vœux de son obéissance. C'est un effet de la bonté de vostre Majesté qui luy a permis ceste grâce, mais quand et quand une marque de sa grandeur, puisque ses très-humbles sujets n'y traictent avec elle que par profondes submissions aux commandements qu'ils en attendent, et comme la nature n'enseigne pas les soupirs au malade pour faire seulement évaporer en quelque façon sa douleur, mais pour y attirer le remède, sans lequel c'est en vain qu'il exhalle les soupirs, vos responces luy facent cognoistre chaque année que les sanglots qu'elle pousse en lamentant sur sa désolation ne s'évanouïssent point en l'air, mais que, portez à vos oreilles, ils solicitent vostre piété de son soulagement, dont les soings semblent méprisez par les délays desdites responces qu'elle attend encor sur ses plaintes de l'année mil six cens trente quatre.

Au Roy. Et en sont les Commissaires d'advis.

Il a esté respondu sur tous les Cahiers qui ont esté présentez.

II.

ENCORES, quand les plaintes se forment avant le mal et dans les simples appréhensions des souffrances dont il menace, la consolation gist en l'espérance du remède qui le peut destourner, et c'est la raison pour laquelle la Commission des levées que vostre Majesté demande de son peuple a esté de tout temps adressée aux Estats pour en délibérer, y satisfaire tant que leur force le permet, et décliner par leurs très-humbles remonstrances ce qui excède leur pouvoir. Mais après les assiettes des impositions faites d'authorité, comme en païs privez de la liberté desdits Estats, il semble que leur assemblée a esté convoquée plus tôt par représentation de ce qu'ils estoient autres fois que pour aucun effect qu'ils s'en doibvent promettre. Ils veulent pourtant croire que vostre Majesté, prévoyant leur impuissance à fournir à la teneur de sa Commission, leur a, par son ordinaire bonté, voulu faciliter les moyens de faire leurs plaintes, pour y estre pourveu par l'advis de Messieurs les Commissaires qui tiennent leur Convention, leur dignité ne permettant pas qu'on pense qu'ils ne soient ordonnez que pour authoriser les mandements des Trésosoriers de France, qui ont desjà faict les impositions, mais pour juger de la justice de leurs très-humbles remonstrances.

AU ROY.

Il en sera usé à l'advenir comme par le passé.

III.

La prévoyance des désordres dont l'impost prématuré du droict des francs-fiefs et nouveaux-acquests nous menaçoit en 1634, fist souhaiter en nostre dernière assemblée qu'il vous en pleust surçeoir la Commission jusques au temps que les prédécesseurs de vostre Majesté avoient accoustumé de s'en servir. Le sentiment présent des ruines qu'elle nous apporte nous fait crier après la révocation et demander justice des tortz qui nous sont faicts, sans exemple, et que vous jugerez sans raison.

AU ROY.

Sera expédié Commission à un Maistre des Requestes sur les lieux, pour informer sur le contenu au présent article et aux quatre suivans, pour, les informations veuës, estre par sa Majesté pourveu au soulagement de ses sujets.

IV.

L'Église est en vostre protection ; elle joüist de ses franchises à l'abry de vostre justice, et vostre bras, qui est le sien, advoüé par l'action céleste de son cresme au jour de vostre Sacre, a tousjours puissamment maintenu ses immunitez. Néantmoins, par une audasse insuportable, le partisan des nouveaux-acquests a porté sa main impie dans ses trésors, qu'il s'est faict tributaires, contre ses fabriques sur lesquelles il a grabelé, ses hospitaulx qu'il a taillez, et jusques à ses autels pour en partager les fondations avec ses ministres, contre l'usage de tout temps observé, contre vos deffences expresses portées par vos arrests des 9 febvrier et

3 juing 1636, comme sy les trésors des Eglises qui sont à Dieu debvoient quelque tribut à l'homme, sy les fabriques, en faveur desquelles vostre authorité mesme se relasche quelques fois en connivant aux levées qui se font pour leur entretien, sans le sceau de vos lettres, estoient obligez de payer une partie de leurs deniers pour avoir liberté d'employer l'autre à leur destination, sy les hospitaulx devoient engraisser des sanssuës de la substance des pauvres, et si ce n'estoit assez au partisan de vexer toutes conditions de personnes vivantes, sans inventer encores le moyen de mettre les morts à la gesne, pour le repos de l'âme desquels ont esté faites les fondations dont le retranchement, pour acquitter ce droit, diminuë d'autant les services. Sire, nous sçavons bien que vous avez condamné cette impiété ; mais puisque nous avons eu ce malheur que, non seulement jusques à l'arrest du 9 février 1637, quoy que donné particulièrement pour cette Province, l'exemple de toutes les autres ayant esté trop foible pour nous maintenir en pareil droit, quoy que fondez en mesme raison, les marguilliers des paroisses et administrateurs des hospitaulx ont esté surchargez des frais des assignations, voyages, représentations de tiltres et taxes jugées contr'eulx, mais jusques à l'arrest du 7e jour de juin, nous demandons la restitution desdits frais sur ceulx qui les ont pris, deffences à l'advenir d'employer, aux partis des nouveaux-acquests, les trésors, fabriques, hospitaulx, maladeries et autres lieux pieux, obitz ny fondations, sur telles peines qu'elles facent cognoistre à la postérité le juste sentiment que vostre Majesté a pris d'une innovation sy préjudiciable à l'honneur de Dieu, au service de son Église, et à la gloire de vostre piété.

Au Roy. Et en sont les Commissaires d'advis.

V.

Les fiefs tenus par des mains roturières ne se peuvent

exempter du droit des francs-fiefs qui suplée au défault du service personnel que la loy de l'investiture et la prestation d'hommage exige des vassaux auprès de leur seigneur. Il n'y a donc que ce qui est noble et qui tient nature de fief qui y doibve estre assujetty ; et néantmoins, par une invention estrange et sans aucun fondement de raison, le partisan y a rendus contribuables les collombiers, les moulins, les fours et les pressoirs banaux, quoy que destachez de leurs fiefs, contre la disposition expresse de nostre coustume, qui permet au vassal de s'éjoüir des appartenances de son fief au préjudice du seigneur jusques à dimission de foy et hommage exclusivement, pourveu qu'il en demeure assez pour satisfaire aux rentes et redevances qui luy sont deubs, auquel cas ce qui est aliéné tombe à la condition d'une simple roture, n'a aucune qualité ny marque de fief, n'est point tenu à l'hommage, n'assujettit point son possesseur à garde-noble, et se décrette devant le Viconte comme domaine roturier, et par conséquent ne doibt point le droit des francs-fiefs, sy le partisan ne soustient qu'il peut faire autant de fiefs comme il y a de droicts en un fief, qui seroit une entreprise sur vostre authorité, de laquelle seule dépend l'establissement des fiefs, et la ruine de nostre Coustume, sur l'asseurance de laquelle vostre peuple possède son bien. Et, pour ce sujet, nous demandons la descharge des taxes de cette qualité et la restitution de ce qui en a esté pris.

AU ROY.

Idem.

VI.

Le mesme partisan a faict taxer aux nouveaux-acquests les droicts d'usage et pasturage que ont les vassaulx sur les domaines non fieffez des terres de leurs seigneurs, non point par main commune, ny en vertu de pactions faictes avecques eulx en général, mais qui sont possedez par chacun des tenans en particulier, en vertu de leurs inféodations, au moyen des rentes que ils font par teste à leur seigneur, dont le général n'est point prenable, qui est une périlleuse ouverture, et de conséquence, à rendre tous tenans tributaires à ce droit, à raison des rentes seigneurialles qu'ils payent en particulier, pour avoir la joüissance utile des domaines dont la seigneurie directe demeure tousjours par devers le seigneur. Il est donc juste, Sire, de casser telles taxes, de condamner les partisans en leur restitution, et deffendre pareilles impositions à l'advenir.

Au Roy. Et en sont les Commissaires d'advis.
Idem.

VII.

La procédure qui se tient pour exécuter ce party, est encores un autre et très-grand sujet de nos plaintes. Patience, s'il n'estoit onéreux que à ceux-là seulement contre lesquels il est dressé; et s'ils ne payoient que ce qu'ils vous doivent, ils imputeroient les exactions des huissiers qui les assignent ou saisissent leurs biens, les frais de leurs voyages et séjour à la suitte des commissaires et de leurs expéditions, ou au défault de leur qualité, ou à la nature de leur bien, encores qu'il s'y deust apporter règlement pour retenir un peu ces seignées excessives qui épuisent la substance nécessaire pour acquitter ce droit. Mais que tout ce qu'il y a d'Ecclésiastiques et de Nobles en la Province, dont les admortissements et la qualité sont constantes, ou de personnes qui en la dernière Commission ont eu leurs descharges, soient assignez à venir à Roüen produire leurs franchises, obligez à voyages de cinquante à soixante lieuës, payer un quart d'escu pour chaque exploict d'assignation, séjourner, quelques fois des quinzaines et plus, avant que obtenir leur congé, qui leur couste à chacun six livres, au greffe de la

Commission, sans les frais de leur séjour, consommer plus pour la main-levée qu'ils obtiennent qu'il leur en cousteroit en la taxe, payer deux sols pour livre d'une somme dont la descharge leur sera accordée; que ceulx qui sont contribuables, au lieu d'en estre quittes pour demy-droit, comme estant cette Commission anticipée de moitié de son temps, ne payent pas seulement le droit entier, c'est-à-dire la valeur d'une année du revenu de leurs fiefs, mais beaucoup d'avantage, en sorte que les taxes, qui n'estoient en la Commission précédente que de cinquante livres, se soient trouvez monter en celle-cy à plus de mil livres, sans les frais des huissiers et des actes; que des paroisses, ayant esté taxées pour des communes qu'elles n'eurent jamais, et que s'en estant faict descharger elles y soient demeurées pour les deux sols pour livre; que dedans le désordre un seul huissier, pour vingt exécutions faictes en un seul jour, à quatorze livres pour chacune, aye levé beaucoup plus que ne montent vos droicts, c'est ce qui ne seroit pas croyable, s'il n'estoit en la congnoissance d'un chacun, et qui est contraire aux intentions de vostre Majesté, qui ne veut pas que l'Église ny la Noblesse soient ainsi mis à la taille des partisans, des huissiers et des greffiers, et que son peuple soit privé de la jouissance de son bien, par quatre ou cinq années, pour une redevance seigneuriale, laquelle à toute extrémité ne peut jamais excéder la valeur du revenu d'une seule année. Sire, il s'agit en ce point de l'un des droicts de vostre Domaine dont vos baillifs sont juges naturels, chacun en leur ressort. Vostre Majesté y a ses procureurs et receveurs, qui, par le ministère des sergeans ordinaires des lieux, peuvent, à petits frais et sans délay, faire exécuter les contraintes nécessaires à cet effect. La congnoissance qu'ils ont de la qualité des personnes et des biens de leur territoire les garderoit de surprise en leurs jugemens; vostre peuple y trouveroit son indemnité avec vostre proffit, estant deschargé des voyages et courses des huissiers, et ne payant que ce qu'il debvroit. Pourquoy à vous faire justice n'employer les juges ordinaires, vos procureurs et receveurs, qui ont leurs gaiges pour vous servir, pour prendre des Commissaires extraordinaires qui tirent vos sujets à soixante lieuës de leur domicile, les agravent de frais qui n'augmentent point vostre fonds et les incommodent d'avantage que vostre droit ? Nous nous promettons tant de la bonté de vostre Majesté, que nous espérons qu'elle aura agréable, si nous n'obtenons la révocation absoluë de cette Commission, au moins elle la renvoyera, ainsi que celles de pareille nature qui viendront cy-après, aux baillifs des lieux, avec deffenses au partisan d'inquiéter ceulx qui ont eu leurs descharges en la Commission précédente, à peine de respondre de tous intérests et despens, puisque c'est l'avantage de vostre service, le soulagement de vostre peuple, et la descharge des Commissaires, trop affectionnez au bien public, pour ne pas la désirer, dans la congnoissance qu'ils ont des désordres de cette Commission.

Au Roy. Et en sont les Commissaires d'advis.

Idem.

VIII.

L'ORDONNANCE de Bloys, en l'article 320, conforme à l'article 14 de l'ordonnance de l'an 1546, veult que les comptes des deniers levez pour le baon et arrière-baon soient rendus par devant les baillifs, sénéchaux ou leurs lieutenans, et quatre gentilshommes de leur ressort, en la présence de vos procureurs, sans que ceulx qui auront manié lesdits deniers puissent estre contraints de les rendre ailleurs; et où il se trouveroit, par la closture desdits comptes, quelques restes, qu'il en soit faict restitution à la noblesse, sans que vostre Majesté en puisse faire don ny les commuer en autre usage. Néantmoins, le sieur de Saint-Martin, nommé par la

Noblesse du bailliage de Costentin pour faire la recepte de ce droit, a esté poursuivy d'en rendre compte, tant en vostre Chambre des Comptes de cette Province, qu'en vostre Privé Conseil, qui, par arrest, a ordonné que les deniers qui se trouveroient en ses mains seroient portez en vostre Espargne, quoy que, suivant lesdites ordonnances, il eust rendu son compte devant le lieutenant général audit bailliage, quatre gentilshommes députez par la Noblesse dudit ressort, vostre advocat et procureur, qui tous attendent de vostre Majesté qu'elle révoque ledit arrest contraire à l'ordonnance et qui, par le moyen du reste desdictes taxes porté à vostre Espargne, mettroit la Noblesse à la taille contre la liberté de sa condition, qui ne doibt point souffrir ses levées, sinon pour acquiter le service personnel qu'elle vous doibt, et non pour faire un fonds qui se destine à d'autres usages.

Au Roy. Et en sont les Commissaires d'advis.

Le Roy estant bien informé des abbus qui se sont commis en la levée des deniers de l'arrière-baon, veult que, dans un mois, les baillifs et séneschaux envoyent au Conseil l'estat des deniers levez en chacun bailliage et seneschaussée sur les sujets à l'arrière-baon, pour, iceluy veu, estre pourveu par sa Majesté sur le contenu au présent article, ainsi qu'il appartiendra par raison.

IX.

Autant de fois que les Partisans ont voulu toucher les sergenteries héréditaires comme domanialles, vostre Majesté les a préservées des taxes qui les eussent ruinez à la fin. Quantité de familles, nobles et autres, qui les possèdent, n'espèrent pas moins de vostre justice en la conservation de ces fiefs qu'ils en ont eu de protection par le passé à l'exemple de vos prédécesseurs, et avons déduit les raisons par l'un des articles de nostre dernière assemblée, qui monstrent qu'ils ne ressentent rien de domanial plus que les autres fiefs de vostre Royaume. Néantmoins, par ce que le vingt-huictième novembre dernier, vostre Conseil a donné un arrest qui porte qu'elles seront taxez, et, à faulte de payement de la taxe, réunies à vostre Domaine, ledict arrest fondé sur ce que leurs possesseurs ne les exercent en personne, ains seulement par commis, nous sommes obligez de vous en importuner de rechef, et faire voir que, quand nostre Chartre Normande a deffendu aux sergeants de faire exercer leurs offices par commis, elle n'a entendu parler que des officiers qui ne peuvent subdeléguer leurs fonctions, et non des possesseurs des fiefs des sergenteries héréditaires, qui par nostre antienne Coustume, observée long-temps avant ladicte Chartre, pouvoient commettre à l'exercice de leurs dicts sergenteries, comme il paroist au titre *de Délivrance de namps*, chapitre septième, quy porte que, sy le sergent ne trouve le namps, il peult justifier par luy ou par autre, et par l'ordonnance du roy Philipes, de l'an mil trois cens dix-huict, qui permet aux sergens de substituer en leur place pourveu que le substitué donne caution, outre la possession en laquelle nous sommes, il y a deux et trois cens ans, de les faire exercer par commis, qui nous vaudroit de tiltre, par la mesme Chartre Normande, qui n'en demande que quarante, et sans laquelle faculté, les femmes, les enfans et les prebstres, qui quelquesfois en sont propriétaires et ne pourroient, par leur sexe, aage ou profession, exercer en personne, perdroient bien souvent tout leur bien, ce qui nous faict demander la révocation dudit arrest.

Au Roy. Et en sont les Commissaires d'advis.

Il a esté respondu par le Cahier de mil six cens trente-quatre à des articles de mesme substance.

X.

La justice se plaint de son démembrement par les divisions de ses offices de lieutenans my-partis, de vicontes séparez en quatre, et la multiplication des alternatifs et triannaulx des forests, qui remplissent les tribunaulx d'autant de juges comme il y a de justiciables en leur ressort, après que l'on a veu que les contraintes par emprisonnement n'ont peu faire fournir aux taxes excessives, où, par une estrange différence du malheur de ces derniers temps d'avec ceulx de nos pères, qui perdoient leurs offices, s'ils estoient convaincus de les avoir obtenus par argent, les officiers ont esté cottisez pour se maintenir en leurs charges, sans gaiges, par ce qu'elles ont esté saisies, sans fonction, par la misère du peuple surchargé de la cherté des greffes et de l'impost inouy jusques à présent des deux sols pour livre des rapports, mis par ce moyen au tariffe des marchandises sujectes aux tributs. Elle se plaint qu'une somme d'édicts registrez en un coup dans les compagnies souveraines, par un ordre nouveau, sème dans la Province une multitude inombrable d'officiers, qui mettent toutes choses dans la confusion, où quand autres fois il estoit question de créer un seul office on n'y pouvoit aller trop lentement, tant un establissement nouveau estoit jugé de conséquence préjudiciable au public. Néantmoins aujourd'huy on establit non-seulement quelques officiers dans les sièges antiens, mais on érige des sièges entiers; et se faict une troisième Généralité d'Allençon, composée des Eslections que perdent les Généralitez antiennes de Rouen et de Caën, à la charge du peuple par les grands gaiges qui sont attribuez, par les priviléges de ceulx qui en lèveront les offices et le divertissement du fonds affecté aux charges de la Province, qui se payoient aux bureaux antiens. Sire, il est raisonnable de supprimer tous ces démembremens et créations nouvelles, dont aussi bien l'évènement a faict congnoistre que l'exécution estoit impossible, et que vostre peuple en ait obligation à vostre bonté, plustôt qu'au deffault de marchands qui se présentent à ce commerce, faire payer aux officiers les gaiges qui leur sont deubs, et abolir cette honteuse dixme des deux sols pour livre des rapports.

AU ROY.

Idem.

XI.

Sy les officiers ont esté mal traictez au démembrement de leurs charges, saisie ou divertissement de leurs gaiges, leurs justiciables n'ont pas moins de suject de plainte de ce qu'ils sont journellement distraicts de leurs jurisdictions ordinaires et traictez en des tribunaulx estrangers, qui consomment en frais les plus accommodez, ou font abandonner aux faibles la poursuitte de leur droit, par impuissance de fournir à tant de despence. Il ne fault aujourd'huy qu'une petite lettre d'escollier en l'Université de Paris pour évoquer au Chastelet un habitant du fonds de Costentin, et les bénéfices de Normandie ne se contestent plus devant les juges des lieux. Que sy le parlement, pour empescher cette vexation, fait deffenses aux parties de plaider ailleurs, cest effort ne produit qu'un règlement de juges dedans vostre Conseil, plus long à vuider que le principal. Nostre Chartre Normande nous asseure d'avoir justice en nostre Province; c'est un des principaulx articles qui nous sont accordez : nous en demandons l'exécution, et que aucunes évocations ne s'accordent sans entendre partie et en plaine congnoissance de cause.

Au Roy. Et en sont les Commissaires d'advis.

Idem.

XII.

Nous avons obtenu que toutes ventes et adjudications par décret des immeubles de cette Province, estat et distribution des deniers qui en proviendroient, seroient faictes par devant les juges des lieux, par le temps et dans les formes prescriptes par nostre Coustume. Vostre parlement de cette Province qui estoit en la possession de cette compétence, quand il s'agissoit de l'exécution de ses jugemens, a trouvé cette demande si raisonnable qu'il a fait céder l'usage à l'utilité publique et ne s'y fait plus aucun décret. Nous demandons, pour les mesmes raisons, qu'il ne s'en face plus en vostre Cour des Aydes, pour le préjudice que reçoivent, tant les décrettez, dont les biens ne trouvent pas d'enchérisseurs à leur juste valeur que la distance de leur scituation rend incongnuë au bourgeois de cette ville, que des créanciers, qui, n'estans advertis des temps fataulx de cette procédure, perdent leurs debtes, ou faulte d'opposition couchée en temps, ou pour ne pouvoir bien souvent fournir aux frais des voyages auxquels ils sont engagez, pour en faire les suittes, et que ces exécutions de justice, qui sont toutes réelles et dont les formes constituent l'essence, soient laissez aux seuls juges que congnoist la Coustume qui les a establis.

AU ROY.

Accordé.

XIII.

Les eschevins de vostre ville de Rouën se plaignent avec raison du divertissement des deux sols six deniers pour boisseau de sel, depuis trois ans réünis aux gabelles, à la sollicitation des adjudicataires; l'espérance qu'on leur donnoit d'estre annuellement payez de deux mil livres, pour aucunement les indemniser de ce retranchement de revenu, avoit tenu leur plainte en surcéance, et de fait ils receurent lesdits deux mil livres en la première année; mais, en la seconde, ils se sont veus deceus de moitié, et, la troisième, ont tous perdu, ce qui les oblige de représenter à vostre

Majesté le préjudice que reçoivent les particuliers, dont les rentes sont assignées sur l'ayde de solde, qui en est d'autant affoiblie, et demander justice des adjudicataires qui profitent de leur ruine contre la foy publique, couppent les vivres aux misérables et se moquent de leurs plaintes, comme du zèle dont leurs prédécesseurs ont esté portez à la constitution de ladicte rente pour subvenir aux nécessitez de l'Estat.

AU ROY.

Le Roy ayant révoqué en général tous les octroys accordez aux villes de son royaume sur les gabelles, ne peut accorder le restablissement demandé, pour la conséquence.

XIV.

Ceux de Gisors vous font la mesme plainte du divertissement de vingt deniers pour minot de sel destiné aux réparations de leurs murailles qui tombent en ruine.

AU ROY.

Idem.

XV.

Nous attendons, sur nos derniers Cahiers, un juste règlement en la nouvelle réapréciation des marchandises, pour modérer l'excès du prix des impositions sur les estimations anciennes; mais cependant il est de l'intérest de vostre Majesté, pour attirer l'or et l'argent des estrangers et enrichir son Royaume, de distraire du nouveau tariffe l'or en masse et l'argent en barre, que l'avarice insatiable des partisans y a fait employer, sans exemple et contre toute raison.

Au Roy. Et en sont les Commissaires d'advis.

Sa Majesté se fera rapporter en son Conseil la réapréciation pour, icelle veuë, y estre par elle pourveu, ensemble sur l'or en masse et l'argent en barre, ainsi que le bien de son service et le soulagement de ses subjects le pourra requérir et permettre.

XVI.

Est-ce que les Partisans s'appellent à présent, par adoucissement de ce terme, odieux parmy les gens de bien, du nom de Traictant, qu'il faille qu'aujourd'huy les marchands, pour traicter aux pays estrangers, deviennent Partisans, et que la liberté du commerce, commun à tous ceux de ceste profession, soit restraincte à quelques particuliers qui, par certaines associations de quelque nombre de personnes de Paris, de Rouën et Dieppe, se vendiquent le droict des traictes de Sénesgal, Capdevert et de Gambie ? Il n'est pas jusques au charbon de terre qui n'aye esté mis en party à la ruine du public, qui, pour la nécessité de l'usage de ceste marchandise, vous demande la révocation de ces monopolles qui ruinent entièrement le commerce.

Au Roy. Et pour le second chef, pour le charbon de terre, en sont les Commissaires d'advis.

Le Roy se fera représenter en son Conseil le traicté et association faite sur le contenu au présent article pour y estre pourveu le plus advantageusement pour ses subjects que faire se pourra.

XVII.

Nous persistons à demander la révocation de l'impost pour tonneau de mer, la cause estant finie et les effects forts dommageables au trafic. Et si nous estions si malheureux que de ne la pouvoir obtenir, nous demandons au moins qu'il vous plaise en faire employer les deniers à l'entretien de plusieurs navires pour la garde des costes de la mer et l'asseurance de ce qu'il nous reste de commerce, que les courses des Dunquerquois sur les basteaux pescheurs et navires marchands ruinent entièrement.

AU ROY.

Sa Majesté employe utilement ceste levée pour la seureté et conservation de la Province.

XVIII.

Nous réiterons aussi la demande de la suppression de ces Parcs royaux qui s'establissent dans les bailliages, sans édict ny forme quelconque que celle que l'authorité de ceux qui les possèdent y veut prescrire, prenant en celuy depuis peu formé à Alençon huict sols pour chaque cheval, quatre sols pour bœuf, et ainsi des autres bestiaux. En sorte que de chaque exécution le parquier tire quelques fois jusques à soixante sols, qui souvent excède la somme pour laquelle l'exécution est requise. Ceste nouvelle invention achève de ruiner le debteur, grève le créancier par l'advance du prétendu droit, et n'en vient rien au profit de vostre Majesté.

Au Roy. Et en sont les Commissaires d'advis.

Accordé, suivant la responce faite au Cahier précédent.

XIX.

Vostre Domaine est en la garde de vostre parlement, et nulle aliénation de sa moindre partie n'en peult estre valable par les maximes de vostre Estat, si elle ne se fait par édict y vérifié et en vostre Chambre des Comptes dont le soin et la vigilance en conserve exactement les droicts. Néantmoins, s'exécute une commission dedans vostre chasteau du Louvre, dont l'establissement n'a point esté veu, ny par vostre parlement, ny par vostre Chambre des

Comptes, qui met généralement à l'encan non-seulement toutes les parties du Domaine et droicts que vous avez en Normandie, mais une infinité des biens de vos subjets, qui n'eurent jamais qualité ny marque aucune de Domaine ou mort. Pourtant un Maldent, qui preste son nom aux autheurs de ceste ruine assigne, les possesseurs à comparoir au Louvre et mettre leur tiltre entre les mains de l'un des trente-deux greffiers des commissaires extraordinaires, et si baillent à fieffe les terres vagues et places vuides qui sont aux reins de vos forests et par tout ailleurs, tellement que personne ne sçait plus ce qu'il a de bien, s'il suffit à un partisan de l'appeler domanial, bien qu'il ne le soit pas, pour obliger le possesseur luy en présenter les tiltres, les exposer à la discrétion entre les mains d'un greffier incognu, consommer en frais de voyages et de main-levée bien souvent autant que valent les choses, sans espérance de récompense de ses indeuës vexations, pour estre en fin jugé par les commissaires ; et les usagers des forests, qui vous payent grande rente pour le droit des pastures aux terres vagues d'icelle, dont ils vous viennent de payer le droit des francs-fiefs, se verroient privez des usages qui leur coustent si cher. Cependant le mal presse et jà le sieur Thierfault, Maistre des Requestes, est en Normandie, lequel travaille aussi à ceste commission, que nous vous supplions de révoquer. Et, si l'estat de vos affaires veut que vostre Domaine soit revendu, que ce soit par édict envoyé aux cours souveraines de ceste Province en la forme ordinaire, et n'y soient employez que les choses qui se trouveront avoir esté venduës à ceste faculté, ou qui par tiltres irréprochables se verront estre domanialles.

Au Roy. Et en sont les Commissaires d'advis.

Le Roy n'entend pas que les commissaires pour la revente du Domaine revendent autre chose que ce qui despend dudit Domaine.

XX.

L'augmentation du prix du sel de six livres pour chaque minot nous l'a rendu si cher, que, dans la nécessité d'en user et l'excedes de son prix, nous avons continuellement reclamé contre cette surhaulce, et ne pouvons nous taire que par sa révocation. Néantmoins, comme si nos plaintes, au lieu de soliciter le remède aigrissoient nostre mal, nous voyons encor ce prix augmenter de quarante sols par dessus les six livres. Et pour combler nostre misère, les officiers des greniers, où le sel se baille par impost tout ainsi que la taille, contraignent les particuliers d'en prendre dans leurs magazins beaucoup plus qu'ils n'en ont besoin, sans considérer que le tiers de ceux qui habitoient les paroisses de leur ressort, réduits à la besasse, mandient à présent leur vie par les campagnes, errant sans feu ni lieu, ou, passez aux pays estrangers, se sont soustraits à cette rigueur, dont il n'est pas juste que l'effect tombe sur ceux qui restent, et qu'ils emploient la sueur de leur front au payement d'une espèce nuisible, quand elle excède la nécessité de son usage. Et demandons qu'aucun ne soit forcé de prendre en vos greniers plus de sel que ce dont il a besoin. C'est un présent que la nature a fait gratuitement à l'homme, que la domination de nos Princes s'est fait particulier, et vostre Majesté, qui nous veut ceste grâce, ne trouvera pas juste d'en commander l'abus, en nous forçant d'en prendre outre nostre nécessité pour le perdre.

AU ROY.

Le Roy ne peut quand à présent accorder le contenu au présent article.

XXI.

Que si la cherté de ceste drogue et la nécessité porte quelques fois aucuns de vos subjects à frauder vos gabelles, et que vos officiers les jettent pour ceste raison dedans vos prisons, au moins qu'ils ne les y laissent, dedans les ordures, l'espace de deux et trois ans comme ils font, privez de la liberté de tous les élémens, pour avoir usé de l'escume d'un d'eux, et que leur procez soit jugé dedans deux mois au plus du jour de leur emprisonnement ; autrement et faute de ce faire, que vos prisons leur soient ouvertes.

Au Roy. Et en sont les Commissaires d'advis.

Sa Majesté entend et ordonne que la justice soit renduè par ses officiers le plus promptement que faire se pourra.

XXII.

Le prétexte estoit spécieux de la Commission du régalement des tailles : elle devoit soulager le pauvre d'une partie de son fardeau agravé par la faveur de ceux qui s'en soustrayent sans droit ou n'en emportoient point leur proportion. Trois Commissaires ont partagé ceste Province, qui a payé cinquante un mil huit cens livres pour leurs frais, en espérance que les jugements qu'ils rendroient viendroient au bénéfice des misérables qui ont contribué, aussi bien que les plus aisés, au salaire de leurs vacations, l'appoinctement en ayant esté levé par les patentes de la taille. Qu'en est-il réüssi ? Aucuns d'entr'eux ont jugé des condamnations excessives jusques à vingt mil livres pour telle Eslection, et, au lieu de les employer à la descharge des paroisses où ils les ont faites, puisque ils les qualifioient du terme de restitutions, comme estant une espèce de récompense qui se devoit donner à ceux-là qui par le passé avoient payé pour les condamnez, comme vostre Conseil l'avoit jugé par un arrest, vostre mesme Conseil, par un autre arrest, les a fait porter à vostre Espargne, tellement que ce régalement prétendu n'a esté que un vrai desreiglement, qui nous a produict une visible augmentation de taille. Ceste Commission, au lieu de réparer les forces du faible, n'a point eu d'autre effect que d'achever de ruiner ceux à qui restoit encor quelque bien, leurs taxes ayans retrogradé jusques à des cinq années, et les Commissaires, au lieu de restitutions aux pauvres, n'ont fait que des amendes pour vostre Majesté, que nous supplions vouloir ordonner que déduction sera faite de la valeur desdites restitutions sur le premier quartier de la taille de la présente année, au profit des paroisses dedans lesquelles demeurent ceux qui les ont subies.

AU ROY.

Le Roy ayant, en l'estat des affaires présentes, besoin des deniers mentionnez au présent article, en usera ainsi qu'il verra estre pour le mieux.

XXIII.

Nous attendons la révocation de l'impost des quarante-cinq sols establis depuis peu sur chaque muid de vin. Vous en avez ordonné le Bureau en ceste ville de Rouen sans que la levée s'en puisse faire en autres lieux, et suprimé celui qui estoit establi au Pont-de-l'Arche et ailleurs, avec deffenses aux fermiers de lever lesdits quarante-cinq sols sur autres vins que ceux qui entrent par la rivière de Seine en la ville de Rouen. Et néantmoins, les bourgeois de Vernon et Andely, faisant passer les vins provenant de leurs vignes plantées au-dessus desdites villes pour les apporter à Rouën, y ont esté contraincts au paiement desdits quarante-cinq sols, ce qui est entièrement contraire aux intentions de vostre Majesté, et une exaction des fermiers, que nous demandons estre condamnez à restitution, avec deffenses de rescidiver à telle faute, sur les peines au cas appartenant.

Au Roy. Pour le premier chef, en sont les Commissaires d'advis, qu'il ne soit payé qu'en un lieu.

Le Roy n'entend pas que les quarante-cinq sols se payent plus d'une seule fois ny pour autres vins que ceux qui entrent à Rouen.

XXIV.

Il y a longtemps que nous crions contre le nombre excessif des Esleus, qui, croissant tous les jours comme leurs privilèges, augmentent aussi la misère du peuple, sur lequel se descharge le faix des impositions dont ils s'exemptent par la faveur de leurs offices. Ils font, en plusieurs villes et bourgs, sinon la meilleure, toujours la plus riche et plus grande partie des habitans. Quand les taxes des emprunts ont esté faites, la fortune et la commodité de ces officiers a esté plus considérée pour en hausser la somme que du reste de leurs concitoyens ; dedans la misère du temps, ils se sont prévalus de leurs forces et obtenu descharge de leurs parts, qui par ce moyen sont retombez sur leurs compatriotes, que non l'envie, mais la nécessité, fait souspirer après leur réduction au nombre ancien.

AU ROY.

Sa Majesté pourvoira aux demandes faites par le présent article et le suivant, lorsque ses affaires le luy pourront permettre.

XXV.

Nous demandons encor la suppression d'un tas d'exploictans par tout vostre royaume qui, comme chenilles escloses dans les broüillars du trouble de nos affaires, ne font que rogner les restes de la substance de vos peuples, par concussions et pilleries, sous le nombre des exploicts dedans lesquels ils n'emploient aucun domicile, et dont les provisions et réceptions sont incongnuës aux lieux où ils commettent ces désordres; les sergens ordinaires ne sont qu'en trop grand nombre pour fournir à tout ce qu'il faut.

Au Roy. Et en sont les Commissaires d'advis pour les officiers de sergeanteries non vérifiées.
Idem.

XXVI.

Nous refuyons d'entrer dans le destail des impositions, des levées, des corvées, des estappes, des contributions, dont le prétexte de la guerre nous a fait surcharger, depuis deux ans; leur nombre accable la mémoire, l'excéds confond le jugement, et la ruine qu'ils ont causé au peuple en rend le souvenir, comme le récit, importun. Les plaintes en sont tolérables pourtant, venant de la part de ceux sur qui tous ces fléaux ont esté desployez et dont les souffrances méritent bien qu'au moins ils les exposent. La solde des armées nécessaires à la deffense de l'Estat est le subjet des tailles que nous payons annuellement et que Vostre Majesté nous proteste en la préface de toutes les Commissions estre le seul obstacle au soulagement qu'elle nous promet, il y a si longtemps. La nécessité visible de l'entretien de plusieurs armées nous a fait, avec moins de force que de patience, subir l'exécution desdites commissions. Mais tant de nouveaux ordres nous ont esté imposez contre l'ordre, outre et par dessus les tailles, que vostre Majesté verra que nous avons esté contraincts à des levées suffisantes à dresser une aussi forte armée comme elle pourroit estre souhaitée de l'estendüe de ceste Province en la plus praignante nécessité. Il n'y a point de paroisse qui n'ait esté forcée, outre sa taille, à lever, vestir et armer trois et quatre soldats dont l'équipage a monté jusques à cent livres du moins pour chaque paroisse. Ceste despense va à plus de quatre cens cinquante mil livres. Ceste ville a fourny, par une contribution de toutes sortes de personne, depuis ceux qui tiennent les premiers rangs jusques aux plus viles et mescaniques artisans, la somme de cinquante mil livres pour la levée de trois régimens; celle de Caen en fait un dont la despence est de trente mil livres; le party, pernicieux au général du royaume et au particulier des villes, des pouldres et salpestres nous en ayant dénuez, au lieu d'en faire fournir au partisan, chaque ville a esté cottisée pour en faire trouver : Rouën y a esté à trois mil livres, et les autres, à proportion. Autre levée s'est faite en mesme temps, sous un prétexte estrange du charroy du canon, de la somme de cinquante mil livres, et puis, pour combler la mesure de toutes ces surcharges, après que le peuple a payé cinquante mil escus pour le charroy du canon, il a fallu que les paroisses ayent encor hommes et harnois pour charrier les pouldres, dont la voiture a excédé la somme de cent livres pour chacune de celles qui se sont trouvez sous ceste imposition, et tout cela sans édict de vostre Majesté, sans délibération ny adresse à vos cours souveraines, contre les formes anciennes et ordinaires à vostre Estat, à leur veuë pourtant mais avec un regret sans effect, partie en vertu des arrests de vostre Conseil, partie par la direction d'une Intendance qui, dans la nécessité pressante de trouver du secours au besoin de vos affaires, par l'ordre qui l'avait fondée, a passé sur les formes pour atteindre plustot au but de sa Commission, Sire, il n'estoit pas lors saison de s'arrester à faire des remonstrances; l'estranger, ayant poussé ses troupes dedans la Picardie et planté l'effroy au milieu de ceste Province, nous menaçoit de prochaine ruine; il falloit des effects d'un service présent, à quelque prix que ce fust, pour arrester ce torrent qui traînoit un déluge après soy, et non pas des discours de formalitez d'ordonnances, dont la voix est müette dans les alarmes de la guerre. Mais, puisque maintenant l'espouvente a cessé, et que le bon-heur de vos armes nous donne le loisir de soupirer nos maux, et à vous, SIRE, d'en entendre les plaintes, vostre justice, qui n'a peu lever sur nous sans témoignage de déplaisir ce qu'elle nous a demandé pour les frais de la guerre par la Commission de ses tailles, peut-elle desnier que ce que nous avons payé en plus avant par ses ordres extraordinaires, tant pour les gens de pied que de cheval, charroy du canon et des pouldres, nous soit diminué sur les tailles de la présente année?

AU ROY.

Sa Majesté ne peut pour le présent accorder ce qui est requis par le présent article et les deux suivans.

XXVII.

Encores, si toutes les troupes dont l'esquipage nous a cousté si cher avoient pris droit leurs routes en l'armée sitost qu'elles ont esté sur pied, bien que nous n'en fussions pas moins à plaindre, les regrets de nostre despense en seroient moins cuisans. Nous estimerons toujours l'honneur et le courage de ceux qui, sous la généreuse et prudente conduite de Monseigneur le Duc de Longueville, nostre Gouverneur, non-seulement ont servi de rempart aux incursions estrangères, mais ont porté la gloire de leurs armes victorieuses aux pays ennemis et fait congnoistre, par le nombre des places sur lesquelles ils ont arboré la Fleur des Lys de France, qu'il n'est rien d'impossible aux entreprises d'une armée commandée par un tel général. Mais quel crèvecœur d'en avoir armé quelques-unes qui n'ont quasy tiré l'espée que contre ceux qui la leur ont mise en main, que telle compagnie de chevaux légers aye passé des mois parmy nous à vivre à discrétion, battre ses hostes, piller, ravager, rançonner le pays, meurtrir impunément, au veu de la justice, les Magistrats présens, dans le milieu des villes, d'autres mettre les chevaux dans les granges, deffonser les tonneaux, embrazer les maisons, et traicter leurs hostes en cravates, ne s'estans enroollez que pour se dissiper, après s'estre gorgez du sang du peuple, sans avoir quasi veu ni sceu où estoit l'ennemy que par la lecture des Gazettes !

AU ROY.

Idem.

XXVIII.

Quelle apparence que, après nous estre dépoüillez pour vestir des soldats et employer le plus clair de nos biens pour dresser une armée, on nous en ait renvoyé d'autres en garnison qui, en un mois, coustoient autant qu'une seconde taille, que une seule Eslection, comme celle de Caudebec, ait esté, tant pour ce subjet que pour les tailles, cottisée, en mil six cens trente-six, à six cens dix-huict mil cinq cens livres, qu'il a fallu trouver par ventes et mesventes, par engagement de biens et emprisonnemens de personnes, encor que, par la Commission des tailles, les estappes fussent supprimées, et que nous ayons payé cent mil escus par an pour ce seul sujet d'estre deschargez de la nourriture des gens de guerre ! N'est-ce pas faire voir que nostre Province a esté comme un champ ouvert à tous venans, et exposée au pillage de qui en a voulu, et que, à moins d'advoüer un mespris de la simplicité de nos obéissances, il n'est point raisonnable de retenir les trois cens mil livres que nous avons payez au lieu d'estappes et nous en dénier la restitution ou diminution sur la taille de la présente année, de ce que nous justifierons avoir payé pour la nourriture desdits gens de guerre, ainsi que vostre Majesté nous l'avoit promis, nous envoyant les ordres pour recevoir lesdites garnisons ?

AU ROY.

Idem.

XXIX.

C'est en vain que vos ordonnances déclarent les presbitaires exempts du logement des troupes, quand les domiciles des prestres sont les premiers courus dans les passages, et que leurs conducteurs, non contens d'y faire les bultins, y assignent les meilleurs logis, cachans leurs ordres et leurs routes, quelque demande qui leur en soit faite, soit ou pour se donner liberté de loger où bon leur semble, ou changer leur départemens à la faveur de leurs amis ou de leurs bourses. Il vous plaira renouveller deffences, à tous chefs et conducteurs desdites troupes, d'entrer dans les maisons desdits Ecclésiastiques, leur enjoindre de monstrer leurs départemens aux curez et trésoriers des Parroisses avant que y faire aucun logement, avec inhibitions de tenir la campagne sans l'attache de nos Gouverneurs ou de vos Lieutenans Généraux, à peine d'estre courus comme voleurs, infracteurs de vos ordonnances et perturbateurs du repos public.

Au Roy. Et en sont les Commissaires d'advis.

Accordé.

XXX.

Vostre Majesté nous promist, il y a quatre ans, une diminution de la moitié de nos tailles. Nous sommes encores en l'attente de l'effect de ceste promesse; mais les impositions ordonnées par la Commission de la présente année nous mettent bien loin de nos comptes, voyant nos charges redoublées, en sorte que telle Eslection, comme celle d'Arques, qui l'an passé ne portoit que quarante mil livres de corps principal de la taille pour toute l'année, est à présent taxée à quatre-vingts dix-huict mil livres pour deux quartiers seulement de l'année courante, sans l'attribution des menus droicts, qui montent encor bien haut;

celle de Caudebec, pour lesdits deux quartiers, à soixante-saize mil livres ; celle de Montivillier, à six-vingts mil quatre cens trente-cinq livres pour les mesmes termes, et ainsi des autres, tellement que, au lieu d'un sol qui se payoit autres fois pour la taille, il s'en paye à présent près de sept, et à ce moyen les charges qui redoublent mettent en nostre bouche les paroles de celuy qui, deputé des Estats de son pays, voyant que un Prince avoit doublé la taille, luy dit qu'il leur donnast deux automnes, deux moissons et deux vendanges en mesme année, s'il vouloit estre payé d'un double impost, et, comme ceste condition excédoit le pouvoir humain, il représentoit, ce que nous faisons, que au moins nostre impuissance bournera nos devoirs, non nos affections, qui surpassent nos forces, s'il ne plaist à vostre clémence nous obliger de la descharger de la moitié de ses impositions.

AU ROY.

Sa Majesté, estant surchargée de despences immenses, ne peut encores soulager son peuple, comme elle le désire.

XXXI.

L'excens des tailles ne se fonde que sur la nécessité d'entretenir les gens de guerre. Quelle apparence donc que nous soyons en outre surchargez de la subsistance de cette milice que le deffault de payement débande parmy nos campagnes, et licentie aux violences, pilleries et extortions ! Interrogez, Sire, les capitaines et soldats des montres qu'ils auront touchées : ils parleront pour nous en ce poinct, et, bien qu'ils nous ayent traictez comme les plus cruels ennemis, nous ne reprocherons point leur tesmoignage sur ce sujet, quoy qu'ils semblent enveloper leur justiffication avec la preuve de nos plaintes ; et, sy vostre Majesté daigne les écouter, nous nous proposons qu'elle jugera les tailles que nous avons portées plus que suffisantes à leur entretien; les fera payer sans divertissement, et aura tout sujet de nous descharger de ces grandes sommes qui nous sont imposées cette année dessous ce prétexte. Et, à ce que les troupes n'ayent point de sujet de piller les campagnes en attendant leur payement, nous vous suplions d'ordonner que les recepveurs de vos tailles en chaque Eslection demeureront saisis des deniers nécessaires à la subsistance desdites troupes dans les occasions, puisque ce fonds n'a point de charge plus spécieuse et privilégiée que l'entretien des gens de guerre.

AU ROY.

Sa Majesté employe ses deniers utilement pour la conservation de son authorité, le repos de cet Estat et le secours de ses alliez.

XXXII.

Et que pour ce sujet, ensemble pour acquitter les rentes des particuliers, gages d'officiers et autres charges de la Province, sans s'arrester à la clause employée en la Commission desdites tailles, toutes les charges de ladite Province qui y ont leur affectation, comme aussi les deniers ordinaires de nos Estats, soient levez privilégement sur les deux premiers quartiers de chaque année, avant que aucune chose en soit portée à vostre Espargne, n'estant pas juste de nous remettre sur les deniers, que la misère du peuple rendans inutiles, nous osteroit les moyens de nos assemblées, priveroit les particuliers de leurs rentes, les officiers de leurs gages, et lascheroit la bride à l'insolence du soldat.

AU ROY.

Sa Majesté ne doute point que ses officiers ne sçachent

bien que les despences de l'Estat sont les plus pressées et qu'elles ne peuvent souffrir de retardement.

XXXIII.

La campagne donc ruinée, les marchands sans traffic, les artisans sans manefacture par la cessation du commerce, les officiers en mespris par leur multiplication, sans gages et sans exercice, restoit une seule espèce de bien, de laquelle ceulx qui n'ont pas tout perdu pouvoient aucunement faire subsister leur famille. Ce sont les rentes deuës sur vos receptes généralles ; elles font en plusieurs Eglises et Hospitaulx le principal de leurs fondations ; elles fournissent à plusieurs Gentils-hommes la despence qu'ils font à vostre service, composent la légitime entière d'une infinité de personnes en la succession de leurs Pères, et font le pain de la veufve et de l'orphelin. Néantmoins, partie du fonds des unes a esté diverty, et les autres qui sont assignez sur vos aydes ont esté arrestez par deux arrests de vostre Conseil des 7 et 21 mars dernier, jusques à ce que les propriétaires en ayent porté les tiltres entre les mains du sieur de Bordeaux, secrétaire dudit Conseil, pour les vériffier, et qu'ils ayent payé suplément. Cette vériffication n'est pas seulement inutile à vostre Majesté parce que, les constitutions de ces rentes ayans été rapportées à vostre Chambre des Comptes, lors de leur création, quoy qu'elles soient depuis passées à travers les siècles par successions des ayeulx aux petits-enfans, qu'elles soient venues par échanges, par partages, par décrets, et autres moyens d'acquérir, entre les mains de ceulx qui les possèdent aujourd'hui, jamais vostre dite Chambre des Comptes n'en alloue le payement, quand il y a mutation de possesseur, qu'elle ne se face représenter les pièces et contracts justificatifs des moyens par lesquels elles sont passées entre les mains de ceulx qui en jouissent. Il n'y a point donc de sujet de demander autre vériffication.

5

Mais elle est encores ruineuse au peuple, auquel elle cousteroit bien souvent plus que les arrérages et le principal selon la qualité des rentes, en frais de voyages et d'expéditions, outre le hazard d'en perdre encor les tiltres, et absolument impossible à plusieurs, dont les aisnez ou ceulx qui ont la plus grande partie desdites rentes sont demeurez saisis des tiltres, ou les auront perdus par les embrazements des guerres civilles. Et cependant vos compagnies souveraines, qui n'ont autre intérest en la fonction de leurs charges que l'acquit de vostre conscience en la distribution de la justice, dans le bien de vostre service et le repos de vos subjects, n'ont pas seulement le déplaisir que un tas de Partisans bravent leur compétence par interdictions qui passent maintenant en leur faveur pour style de Chancellerie, mais décrient leur fidélité en jettant des impressions qu'elles font revivre, au préjudice de vostre Majesté, des rentes extaintes à son proffict, et adjoustent le mespris à l'injure, mettant dedans l'indifférence le mécontentement de toutes les provinces de vostre Royaume, pour contenter l'Hostel de vostre ville de Paris, auquel ils' faignent vouloir porter le fonds qui nous est affecté, et comblent ces indignitez d'une dérision insuportable, quand ils demandent suplément ou à ceux qui n'ont que l'intérest de leur denier ou qui l'ont moindre, pour avoir esté contraincts de prendre des rentes au denier douze sur vos Receptes, au lieu d'une finance qu'ils pouvoient constituer au denier dix sur des particuliers, et pour laquelle vous leur avez engagé vos aydes et quatrièmes, ou à ceux mesmes lesquels, ne recevans annuellement que la moitié de leurs rentes, ne jouissent de leur intérest qu'au denier vingt, de sorte que ce prétendu suplément est en effect un retranchement de nos biens que on nous déguise sous autre nom. SIRE, ces rentes sont vos debtes et des plus légitimes; elles ont esté créées pour le service de vos prédécesseurs, des plus asseurées ; leur fonds les excède de plus des six partz, d'autant qu'elles ne montent pas à plus de sept-vingts mil livres par an, et les aydes de nostre Province viennent à plus de huict cens mil livres ; elles ne peuvent avoir de garant plus solvable que vostre Majesté, qui s'y est obligée sous la foy publique que on réclame, et elle jugera, s'il luy plaist, qu'il est de son intérest de révoquer les arrests susdits, pour conserver le zèle que ses sujets ont tousjours eu à secourir de leurs moyens les nécessitez de l'Estat.

AU ROY.

Lorsque les tiltres seront vériffiez, il y sera pourveu.

XXXIV.

Nonobstant toutes ces misères et que par tant d'inventions nous ayons esté réduits au dernier point de la nécessité, nous avons veu nos villes taxées à des sommes immenses, comme si l'argent multiplioit entre nos mains à mesure que les levées redoublent. Nous avons veu des mandemens de Commissaires envoyez pour l'exécution de ces taxes, portans des condamnations par corps et solidaires sur chacun des bourgeois pour des sommes excédantes leurs forces d'autant de fois comme il y a de testes dans les communautez, et toutes sortes de personnes fuir devant la face du Commissaire pour se garantir des prisons, en cela de pire condition que les paisans qui, pour leurs tailles en la campaigne, ne respondent que civillement et chacun de sa cotte-part ; et après que, par le raport des Commissaires députez à la levée de ces emprunts, vostre Conseil a recognu qu'elle estoit impossible et l'a rejettée dessus le plat pays, que, sous prétexte des gens de guerre, vous avez imposé sur nous des sommes immenses, par la Commission de vos tailles enregistrée en vostre controolle le 4. de novembre dernier, nous sommes estonnez de veoir que, par autre

Commission donnée huict jours après, non présentée à aucune compagnie souveraine, un homme tout seul soit faict arbitre de nos biens et de nos fortunes, nous pouvons dire de nostre honneur et de nos vies, puisqu'elle luy donne un pouvoir absolu de lever sur nous, tant ès villes que en la campaigne, telle somme qui bon luy semblera, la faire recevoir par qui il voudra commettre, sans que vostre Chambre des Comptes en puisse demander raison, establir garnisons dans nos villes, nonobstant nos franchises, remplir nos maisons de telles gens qui luy plaira, et luy donner, en ce faisant, l'authorité des armes, la plaine fonction des Bureaux des finances, des sièges des Eslections, et de toutes vos Chambres des Comptes. Pardonnez-nous, Sire, sy nous disons que la forme toute extraordinaire de cette Commission renverse tellement les ordres dans lesquels nous avons vescu jusques à maintenant qu'en la confusion de ce déreglement, nous ne voyons plus de lumière, sinon pour nous jetter aux pieds de vostre Majesté comme image vivante de la Divinité, pour implorer secours à toutes nos misères, et obtenir de vostre bonté la révocation de cet homme. Vous avez veu que volontairement, jusques aux plus chétifs artisans de vos villes, toutes conditions de personnes ont contribué, du plus clair de leur bien, pour repousser vos ennemis quand la nécessité l'a voulu, et n'y a encor aucuns de vos sujets qui espargnast la dernière goutte de son sang, sy elle estoit utile à vostre service. Mais, au NOM DE DIEU, SIRE, que ce qu'un debvoir de nature vers son Prince légitime ou la contrainte de la nécessité pour se garantir de l'invasion estrangère a une fois exprimé de la substance de vostre peuple ne tourne pas en exemple d'obligation à subir tousjours mesmes charges, et abaissez vos yeux sur la ruine d'un peuple qui vous conjure ne la pas achever par l'orage dont le menacent ces garnisons qui s'y acheminent.

AU ROY.

Sa Majesté, ayant besoin d'un prompt secours, en l'estat présent des affaires, pour la subsistance des armées, attend de la fidélité et affection de ses peuples qu'ils se porteront à l'en assister de tout leur possible.

XXXV.

La création nouvelle du controolleur du poidz, avec attribution de quatre sols pour cent poisant des marchandises vendües ou esmées, et deffenses à toutes personnes d'avoir chez eulx aucuns poidz au-dessus de vingt-cinq livres, apportent un tel préjudice au commerce, qu'il ne s'est jamais veu d'invention qui le ruine plus tôt, ny d'augmentation si prodigieuse que d'avoir tout d'un coup, de deux deniers pour tout droit levez de tout temps, monté à quarante-huict, dont le payement égalleroit le prix de plusieurs marchandises en trois ou quatre poidz, qui est en bannir le traffic à la diminution des droicts de vos doüannes, à la rupture des manefactures, et réduire à l'aumosne les artisans qui s'y employent, et requérons estre deschargez de ce poids, qui accable les forces de ce qui reste de marchands.

Au Roy. Et en sont les Commissaires d'advis.

Par arrest du Conseil, il a été pourveu à cet article.

XXXVI.

Le changement d'octroy est un remède nécessaire aux difficultez que ressentent les Collecteurs des tailles à se faire payer de ceulx dont les domiciles sont transférez non-seulement de parroisse en autre, mais d'Eslection en Eslection, et à la ruine des contribuables qui sentent leur faix agravé par les courses des huissiers et voyages pour le payement de ce qu'ils bailleroient sans frais, s'ils le mettoient en la recepte de la parroisse où ils font leur demeure.

Au Roy. Et en sont les Commissaires d'advis.

Sa Majesté renvoye le présent article en sa Cour des Aydes à Rouen, pour sur le contenu en iceluy donner advis à sa Majesté.

XXXVII.

Le bailliage de Costentin se plaint que, après que les trouppes par leurs levées, passages et logements l'ont ravagé, que les tailles et les estappes ont réduit les paysans au bissac, un autre espèce de fléau achève son entière ruine. Le sieur de Servigny, sous prétexte d'une charge de capitaine qu'il appelle du plat pays, dont l'exercice aussi bien que le nom estoit auparavant incognu, prétend, en vertu du pouvoir de sa charge, faire armer, quand bon lui semble, vos sujects, les adstraint à faire des monstres, où, pour deffault de comparence, il les condamne en de grandes amendes qu'il prend à son proffict, sans qu'il en rende aucun compte, et, les montres passées, les mesmes armes que ces pauvres gens avoient achaptées chèrement sont revendües à vil prix. Vostre parlement y avoit pourveu. Nous avons faict nos plaintes de ces vexations en nos assemblées de 1629 et 1630. Vostre Majesté les avoit trouvées si justes que, par ses responces à nos articles, elle avoit ordonné que les provisions de cette prétendue charge seroient rapportées entre les mains de Monseigneur le duc de Longueville, nostre gouverneur, avec deffenses à toutes personnes de s'en esjouïr, à peine d'estre contre eux procédé extraordinairemêt et poursuyvis suivant la rigueur des ordonnances. Le mesme Servigny, en l'année 1636, pendant les alarmes de l'approche de l'estranger, et lors que l'on prenoit pour capitaines aussi bien que pour soldats tous ceulx qui offroient leur service, a faict dire par arrest de vostre

Conseil que, sans avoir esgard ny ausdites responces, quoy que arrestées solennellement en vostre dit Conseil, ny à l'arrest de vostre parlement, il exerceroit sa dicte charge, avec deffenses à toutes personnes de l'y empescher. Nous demandons qu'il soit tenu de rapporter ledit arrest, et que lesdites responces de vostre Majesté soient exécutées selon leur forme et teneur.

AU ROY.

Sera mandé au sieur de Servigny de raporter sa commission de Capitaine du plat pays; et cependant luy seront faictes deffenses très-expresses de s'en servir, sa Majesté ordonnant au Gouverneur de la Province d'y tenir la main.

XXXVIII.

Toutes sortes de calamitez ont affligé cette pauvre Province : la peste universelle a dépeuplé plusieurs bourgs et parroisses que les gens de guerre avoient ruinées, la stérilité de la dernière année, causée des sécheresses, a réduit beaucoup de misérables à la pasture des bestes; l'exceds des tailles et des imposts faict regorger vos prisons en tous lieux. Et, néantmoins, il se trouve encor des esprits dont la malignité adjouste à ces misères, faisant revivre un vieil procès de six à sept-vingts ans sous le nom d'une femme appelée Yolante Laydier, qui se dit représenter les droicts de personnes qu'elle prétend avoir esté déprédez par quelques habitans de Honfleur dès l'année mil cinq cens, et avoir obtenu des condamnations contre cette Province par jugements dont le dernier doibt porter datte de l'an 1540. Elle avoit transporté ses droicts au sieur comte de Saignes par douze mil livres, lequel n'y trouvant rien à faire les luy a retrocédez; elle nous inquiète à présent ou d'autres personnes sous son nom, par assignations et procédures qu'elle faict de temps en temps, à dessaing de tirer quelque chose pour nous rachapter de ses vexations, comme sy nous estions en estat de faire des largesses, et non dans l'impossible de fournir seulement ce que nous debvons à vostre Majesté, laquelle nous suplions estaindre ces vieilles recherches d'affaires que les siècles ont couvertes, et dont nous n'avons aucune cognoissance que parce que nous dict cette femme, et nous descharger des demandes qu'elle nous faict.

Au Roy. Et en sont les Commissaires d'advis.

Il y sera pourveu en faisant juger l'instance qui est pendante au Conseil.

XXXIX.

Sire, il est temps ou jamais que vous preniez pitié de vostre pauvre peuple, et sa misère est en un point où le secours viendra toujours trop tard, dont le désespoir en a précipité quelques-uns à la mort, chassé les autres aux païs estrangers, et ce qui demeure, taillé et retaillé sous le faix des imposts et commissions extraordinaires, rongé de Partisans de toutes sortes d'inventions, ausquels il semble abandonné en proye, n'a plus rien de réserve sinon la voix pour plaindre son malheur. Il est l'objet de l'insolence et de la cruauté du soldat qu'il a vestu de ses dépoüilles et armé pour vostre service, dont l'espée pourtant s'est veu tainte de son propre sang. Les pères ont rachapté leurs fils à prix d'argent des mains des capitaines qui les vouloient enlever à la guerre et rompre par ce moyen la conduite de leur labeur; et l'honneur de leurs filles, ravy devant leurs yeux, leur feroit taire le dégast et embrazement de leurs biens, s'ils n'en avoient besoin pour souldoyer ces violences. Vostre Justice, sans gages et sans fonction, taxée à l'impossible, n'a point trouvé d'asile dedans ses prétoires contre le Hoqueton, et a abandonné son exercice pour fuir les prisons; vostre Noblesse est ruinée de biens et de santé, par les dépenses et les fatigues des deux dernières convocations de l'arrière-baon, gourmandée par les Commissaires, vexée par des Partisans et decheuë de ses droicts. Et l'Eglise, mère commune de tous les Ordres, ne pleure pas seulement la désolation générale de toutes les conditions de ses enfans, mais lamente aussi sur la prophanation de ses autels qui n'ont peu éviter la rapacité des mains des imposteurs. Enfin cette Province se void en tel estat, que n'ayant plus aucune marque de ses privilèges anciens que celle de vous adresser ses plaintes des tortz qui luy sont faicts, elle s'oublieroit elle-mesme, sy elle ne vous en demandoit justice, ne luy restant pour vous offrir que la continuation de ses affections, qui seules demeurent entières pour vostre service, et sur lesquelles le Partisan ne peut rien, et vous suplie très-humblement de la descharger de la moitié de la somme contenuë en vostre Commission.

AU ROY.

Sa Majesté n'a rien tant en la pensée que le soulagement de son peuple; mais l'estat présent de ses affaires en retarde l'effect; et elle s'y appliquera sitost que ses affaires le luy pourront permettre.

Faict et arresté en la Convention des trois Estats de Normandie, tenus au manoir archiépiscopal de Rouën, le quatriesme febvrier mil six cens trente-huict.

Signé : BAUDRY.

Les Commissaires en la présente Convention, ayants oüy la Responce des déléguez des Estats à la proposition et demande à eux faicte de la part du Roy, par laquelle ils suplient les vouloir descharger de la moitié de la somme contenuë en la Commission, supliant sa Majesté s'y contenter, NOUS AVONS ORDONNÉ que levée de deniers sera faicte en la présente année mil six cens trente-huict, conformément aux lettres-patentes et Commission pour ce expédiées, selon la forme portée par icelles, et ce par provision, jusques à ce que par sa Majesté autrement en ait esté ordonné. Et pour le surplus, renvoyez par devers sa dicte Majesté. Ce qui a esté prononcé publiquement en l'assemblée desdits Estats tenus à Roüen, le quatrième jour de febvrier mil six cent trente-huict. Et plus bas, par lesdits sieurs Commissaires,

Signé : AUBOURG.

Le Roy ne peult encor à présent satisfaire au désir qu'il a de soulager ses subjects du païs et duché de Normandie, à cause des immenses despences qu'il luy convient faire pour repousser ses ennemis qui veulent entreprendre contre son Estat et ceux de ses alliez, sa Majesté se promettant que ses dits subjects contribuëront volontiers les choses qui leur seront demandées en son nom pour ayder à y subvenir.

Les articles et remonstrances contenuës au présent Cahier, ont esté veuës et respondués par le Roy estant en son Conseil, tenu à Saint-Germain-en-Laye, le vingt-septième jour d'avril mil six cens trente-huict.

Signé : LOUIS.

Et plus bas : Phelypeaux.

Collationné à l'original, par moy Procureur Scindic des Estats de Normandie,

Signé : Baudry.

ARTICLES
DES
REMONSTRANCES

Faictes en la Convention des Trois Estats
DE NORMANDIE

Tenus au Manoir Archiépiscopal de Roüen, le vingt-six novembre mil six cens quarante-trois.

Avec la Response et Ordonnance sur ce faicte par le Roy estant en son Conseil,

Tenu à Paris, le vingt-septième jour de mars mil six cens quarante-quatre.

AU ROY ET A LA REYNE REGENTE,

Et a Monseigneur le duc de Longueville et d'Étoutteville, Pair de France, Comte souverain du Neufchastel et de Vallengin en Suisse, aussi Comte de Dunois, de Chaumont et de Tancarville, Connestable hérédital de Normandie, Gouverneur et lieutenant général pour sa Majesté en ladicte Province.

Et à Nosseigneurs les Commissaires depputez à tenir la présente Convention.

Sire,

Puisque la liberté de se plaindre est aux malheureux une espèce de soulagement, la Province n'est pas peu obligée à votre Majesté de la permission de s'assembler pour luy faire connoistre son estat déplorable.

Il est difficile, dans la confusion en laquelle les désordres du temps nous ont jetté, d'observer ordre de plaintes, l'oppression que nous souffrons en toutes nos parties requérant un remède également présent pour la conservation du tout; et, bien que l'Ecclésiastique, qui porte la parole pour tous les Ordres en général, deust le premier faire paroistre ses doléances, néanmoins, en plusieurs rencontres n'ayant esté non plus que la Noblesse distingué de traitement d'avec les roturiers, comme dans les débris d'un commun naufrage, chacun s'attachera confusément à cette dernière table de la présente convocation.

Le Roy et la Reyne Régente sa très-honorée Dame et Mère ont escouté les plaintes et remonstrances qui leur ont esté faites par les députez de l'assemblée des trois ordres de la Province de Normandie, tenuë par leur permission, en la ville de Rouen, sur lesquelles comme elles en ont esté sensiblement touchées, nul ne peut douter, selon leurs bonnes intentions, qui sont connues à un chacun, qu'elles ne voulussent dès-à-présent y pourvoir très-favorablement. Mais, comme c'est un ouvrage difficile à faire, qu'au préalable Dieu n'ait donné la paix à cet Estat, leurs Majestés contribueront incessamment tous leurs soins afin de la pouvoir obtenir autant avantageuse qu'elle se doit espérer pour l'honneur de la France et la satisfaction de ses alliez. Après quoy leurs pensées seront entièrement converties pour procurer à ladite Province tout le soulagement qui leur sera possible sur le fait des charges qu'elle a supportées à cause des dépenses de la guerre qui sont immenses. Ce qu'attendant, elles s'asseurent que leurs subjets continuëront de contribuer avec affection ausdites dépenses, puisqu'elles sont employées pour la seureté et deffence de cet Estat.

I.

L'excès et le party des tailles et des subsistances des taxes des Estapes, des Aisez, des Admortissements, du Franc-alleu, de l'Arrièrebaon et des Sergeanteries, la réformation prétendue des forêts, la recherche des vieilles amendes et des bulletins des Gabelles, la multiplication des imposts, les ravages des gens de guerre, les commissions extraordinaires sont les fléaux qui nous ont assommez, sont les flots qui, roulant les uns sur les autres, ont submergé toutes conditions, et le retranchement des rentes assignées sur vos Receptes leur a fait perdre fonds sans en avoir pourtant noyé les espérances de la justice, que tout le monde attend de vostre Majesté, par l'exacte reveue de ce qui s'est levé sous ces prétextes, à ce que la connoissance de la façon dont nous avons esté traittez et de l'immensité des sommes qu'on a prises s'en fasse rendre compte et à nous la raison des maux que nous avons soufferts par tant de sortes d'instruments de nostre misère. Ce sera le présage le plus favorable que nous puissions avoir de l'équité de votre règne, et la bonté de la Reyne Régente, dont les sages conseils sont aujourd'huy les loix de vostre Estat, n'aura jamais plus digne objet que la réformation des abus qui nous ont fait gémir.

Au Roy. Et en sont les Commissaires d'advis.

Le Roy fera informer incessamment par les Intendants de la justice en la Province de Normandie, qu'elle a commis à cet effet, des abus et malversations mentionnées au présent article, pour y pourvoir ainsi que de raison.

II.

Ha ! Sire, que le prétexte de ces nuds pieds (dont le nom nous est si terrible, qu'il confond nostre imagination des diverses idées des maux que nous en ressentons) a rechaussé de gens et revestu de nos despouïlles la nudité de leur fortune ! Quelque vile canaille, que l'insolence des Partisans avoit inconsidérement jetté au désespoir, se porta à des actions d'indignation et de vengeance contr'eux, sans intéresser le respect deu au gouvernement ny se départir en aucune façon de leur fidélité. C'estoient simples tumultes que nulle personne de condition ne favorisoit, ny de dessain ny de complicité ; au contraire les Magistrats et tous ceux qui avoient quelque espèce de bien s'opposèrent de toute leur force au progrez de ces violences. Néantmoins, le tout estant calme, au lieu d'un léger dédommagement qui pouvoit satisfaire les pertes des intéressez en ces émotions, et sans en prendre plus exacte connoissance, la ville capitale de cette Province a esté foudroyée d'une quantité si prodigieuse d'imposts et de subsides, qu'il ne luy reste plus de marque des témoignages dont nos roys avoient cy-devant honoré le sentiment de ses services : ses octroys sont tournez en nécessitez rigoureuses de levées unies à vos fermes, ses priviléges violez, ses bourgeois oprimez de logemens de gens de guerre, qui dans les siècles précédens n'en avoient approché que pour deffendre ses murailles, et ne s'y consomme aucune sorte de denrée, qui ne porte les marques de sa calamité. La persécution des Traittans a fait impression jusques à la liberté des personnes exposées à la honte des emprisonnemens ; et le seul énoncé des sommes tirées d'elle par tant de sortes de rigueurs donne estonnement à tous ceux qui l'entendent, quand il se représente que, depuis ces derniers et malheureux temps, on a levé sur elle seule jusques à plus de trois millions de livres ; et cependant, outre ces trois millions de livres, on la veut encor accabler d'Estapes, comme la plus chétifve parroisse du plat pays ; on la menace de l'horreur d'une continuation de subsistance, de l'impost de l'Équivalent au sold pour livre ; et, comme si on avoit pris à tâche de luy rendre odieuses les premières

victoires de vostre dite Majesté, on luy fait encor payer la
nourriture des Espagnols que la bénédiction de vos armes
a fait vos prisonniers, afin que, ny dedans les nécessitez
prétendues de l'Estat, ny dans vostre prospérité, elle n'aye
jamais de relasche ny de terme à ses misères, qui semblent
accroistre par son obéissance. Mais elle espère de la justice
de votre Majesté qu'entrant en connoissance de tous les
fléaux qui la battent, elle en arrestera les coups, la deschargeant et toute la Province de cette Subsistance, Estappes,
Équivalent, nourriture de prisonniers, en pourvoyant aux
articles suivans de ses plaintes.

AU ROY.

*Sa Majesté a fait pourveoir à la nourriture des Espa-
gnols qui sont prisonniers de guerre ; et, pour le surplus
du contenu au présent article, elle y apportera la considération qu'elle jugera convenable.*

III.

Son pont estant jugé nécessaire pour la commodité de
toute la Province, elle avoit obtenu la levée de vingt sols
sur chaque muid de vin pour employer à cet ouvrage, et la
nécessité des réparations des murailles et entretien des quays
luy avoit fait octroyer par nos roys vos prédécesseurs vingt-
quatre livres sur chacun muid de sel qui se voiture par la
Seyne. Ces deux octroys depuis quelques années ont esté
divertis, et ne reste plus à Roüen que quatorze mil livres
de rente pour satisfaire à toutes ces dépenses, la meilleure
partie de son domaine et patrimoine ayant esté alliénée pour
subvenir aux sommes qui luy ont esté imposées. Elle est
encore si malheureuse qu'on luy enjoint de porter les quatorze mil livres à vostre Espargne pour un droit prétendu
de confirmation, ce qui la contraindra d'abandonner, soit
le pont de basteaux soit la réparation de ses murailles et

toutes les nécessitez publiques, s'il ne plaist à Vostre Majesté la décharger de cette confirmation et luy rendre les deux octroys de vingt sols sur muid de vin et vingt-quatre livres sur muid de sel.

Au Roy. Et en sont les Commissaires d'advis.

Les parties sont renvoyées au Conseil de Sa Majesté pour leur estre pourveu sur le contenu aux présens articles ainsi que de raison, et cependant Sa Majesté leur a accordé la somme de six mille livres pour l'entretènement dudit pont sur la distribution qui se fera sur l'estat des Gabelles.

IV.

Les autres villes qui avaient quelques octroys sur ledit sel, et qui ont esté divertis au profit de Votre Majesté, les redemandent aussi pour subvenir à leurs affaires.

Au Roy. Et en sont les Commissaires d'advis.

Idem.

V.

La mesme ville de Roüen vous supplie luy faire rendre ses canons, que le prétexte des désordres passez a fait enlever de leurs magasins, n'en désirant la garde que pour vostre service et abolir les marques de la suspicion de leur fidélité.

AU ROY.

Le Roy fera restituer les canons à ladite ville de Roüen, lorsqu'elle jugera estre à propos pour le bien de son service.

VI.

La ville de Caen, en la mesme condition et d'innocence et de malheur, depuis cinq années, a fourny plus de unze cens mil livres sous le mesme sujet que celle de Roüen ;

après avoir épuisé pour cela la bourse de ses habitants, elle s'est engagée de quarante mil livres de rente, dont elle doit quantité d'arrérages; son impuissance n'a pu permettre qu'elle ait fourny la subsistance pour la dernière année, quelque rigueur qui se soit exercée pour cela. On luy demande encore dix-huit mil livres pour sa part de l'Équivalent : elle ne peut y subvenir, et supplie vostre Majesté qu'en considérant ses services et l'excès de si grandes levées, elle soit deschargée, et a même raison de redemander ses canons.

AU ROY.

Idem pour la restitution des canons; et pour les dix-huit mil livres, ayant esté ordonnez pour la révocation du sol pour livre, faisant partie d'une plus grande somme levée par tout le royaume pour ladite suppression, sa Majesté ne peut accorder la descharge demandée par le présent article.

VII.

Les deux estats d'Église et de Noblesse justement vous font plainte de ce qu'encor que l'impost qualifié du nom de Subsistance, et qui est une taille en effet, ne deust estre payé que par les roturiers, et qu'en cette considération vos Compagnies souveraines, en vérifiant les tarifs s'en soient exemptées avec grande raison, parce que la dignité de leurs charges, dont les fonctions sont toutes nobles, les fait participantes des priviléges de la Noblesse, néantmoins vostre parlement n'a excepté que une partie du Clergé, et la Chambre des Comptes a fait deux lignes de Noblesse. Ce sont ordres uniformes; leur essence et leur qualité ne reçoivent ny plus ny moins, et il est aussi juste qu'ils soient deschargez en général de cet impost de subsistance comme de tous les autres, dont il est bien séant ausdites Cours de s'exempter.

Au Roy. Et en sont les Commissaires d'advis.

Le Roy entend que les Ecclésiastiques et la Noblesse de la Province de Normandie jouissent des mesmes priviléges que les officiers des Cours souveraines; et, ce faisant, sans avoir esgard aux modifications portées par les arrests du parlement, Chambre des Comptes et Cour des Aydes de ladite Province, tous les subjets de Sa Majesté, de quelque qualité et condition qu'ils soient, privilégiez et non privilégiez, payeront les impositions qui se feront sur les denrées et marchandises à l'entrée des villes.

VIII.

Ces deux ordres ont sujet de s'asseurer qu'un arrest de vostre Conseil, du vingt-huitième septembre dernier, qui descharge les officiers de toutes lesdites Compagnies souveraines de la taxe du franc-alleu leur servira de garantie contre lesdites taxes puisque, ayans cet honneur que vostre Majesté soit le fils aisné de l'un et le chef de l'autre, ils ne doivent pas s'en promettre moins de faveur et privilége qu'en ont lesdites Cours. Mais le Tiers Estat, sur lequel cet arrest renvoye les taxes desdits officiers, vous fait ressouvenir que son Roy doit estre son père, et qu'il n'y peut fournir, vous suppliant le décharger absolument de cette taxe, dont le nom et l'effet sont sans exemple et sans raison que de l'authorité d'une Déclaration; ou, s'il ne peut obtenir cette grâce, du moins que la taxe des maisons desdits officiers qui font la plus grande et meilleure partie des biens de franc-alleu, soit diminuée sur la somme imposée à chaque Généralité, n'estant pas juste que la richesse des plus puissans agrave le poix du faix des misérables.

AU ROY.

Le Roy a renvoyé par devant les Commissaires la demande.

IX.

Les huissiers employez au recouvrement des décimes n'ont jamais prétendu plus de trente sols pour leur course; à présent ils exigent des curez beaucoup davantage, sur la confiance qu'ils ont qu'à faire leur procez il cousteroit encor plus. Que vostre Majesté fixe leur taxe à cette somme, et leur deffende de l'excéder à peine de punition.

Au Roy. Et en sont les Commissaires d'advis.

Accordé.

X.

Depuis dix ans toutes nos assemblées ont réclamé contre la nouvelle réapréciation des marchandises, afin d'obtenir quelque modération de l'excez des impositions sur l'estimation ancienne; vos responces ont esté qu'il y seroit pourveu. Mais, comme si nos plaintes ne faisoient qu'enhardir le fermier des Douannes, en un tarif qu'il a fait dresser de nouveau, il a haussé l'impost de l'Escu pour tonneau de mer plus de moitié que ne portoit celuy dont nous nous plaignions; et, non content, il force encore les marchands de luy payer deux sols pour livre, qui ne luy sont point deubs, sur toutes sortes de marchandises, et qui n'ont jamais esté demandez ny perceus par les précédens fermiers. Il n'y a point d'édit qui authorise cet impost, nulle finance l'a fondé; et partant est juste que la levée en soit défenduë, qu'il soit informé de ce qui en a esté perçeu pour le rendre aux marchands, ou bien diminué sur ce qu'ils pourroient devoir, et qu'il se fasse un nouveau règlement sur ladite réapréciation.

Au Roy. Et en sont les Commissaires d'advis.

L'Estat présent des affaires de Sa Majesté ne luy permet pas d'accorder le contenu en ces articles accolez.

XI.

N'estoit-ce point assez que ceste Province, seule de tout vostre Royaume, fust chargée de l'édit du controlle des tiltres, dont le nom et l'effet ne se connoissent point ailleurs, où les contractz passez devant notaires emportent par le droit commun toute propriété, possession et hypothéque, sans l'avoir encor affligée d'une nouvelle invention de Notifications, dont le prétexte est le plus frivole et l'effet d'aussi grand préjudice qui se puisse représenter ? Il est conceu pour l'asseurance des droits seigneuriaux et retrait lignager, comme si les archives publics des tabellionnages et bureaux des Controlles, où les contracts sont escrits tout au long, n'estoient plus asseurez que la maison privée du Greffier de ce beau party, qui ne prend pas seulement peine de transcrire les contrats, mais se contente de mettre en abrégé la qualité des choses avec le nom des parties, ainsi que des décrets dont il veut faire croire que son petit extrait sera plus notoire que les saisies et les criées faites publiquement à l'yssue des églises et les adjudications passées en plein prétoire. Pour cela néanmoins, il se fait payer des sommes si hautes qu'elles montent dix fois autant que les frais du Controlle, et dans telle confusion, qu'il a esté contraint d'imprimer avec son édit une espèce de directoire pour conduire à la connoissance des sommes qu'il prend sur des proportions presque imperceptibles aux plus subtils arithméticiens; et ce qui ne peut avoir raison ny prétexte, c'est qu'encor que nostre coustume face courir l'an et jour du retrait du jour de la lecture des contrats et du jour des adjudications par décret, ils ne courent par cet édit qu'après la dite Notification, qui est formellement contre un article exprès de ladite Coustume; et demandons que cet édit soit absolument révoqué.

Au Roy. Et en sont les Commissaires d'advis.

Idem.

XII.

Nous demandons encor justice contre les Greffiers de ces Notifications qui forcent les particuliers à payer leur droit prétendu, encor qu'ils n'aient point fait notifier leurs contrats et que toute la peine qu'ils deussent encourir, quand cet édit seroit le plus juste de tous, ne peut estre autre que le hasard du retrait, dans un plus long temps; ils demandent mesmes ce droit pour les fieffes et simples eschanges, bien qu'exceptées de leur édit, à cause que ny les clameurs ny les droits seigneuriaux ny eschéent; ils évocquent à vostre Louvre les plaintes de leurs exactions pour en faire quitter les suittes par la crainte des frais, ce qui mérite une exemplaire punition, et nous fait aussi requérir la révocation de toutes les évocations générales accordées aux Partisans, leurs Commissaires, déléguez et subdéléguez et à tous leurs ministres.

Au Roy. Et en sont les Commissaires d'advis.

L'édit des Notifications sera exécuté en Normandie comme il se fait à Paris; et, pour le surplus, en baillant estat particulier en son Conseil des évocations, sa Majesté y pourvoira ainsi que jugera nécessaire pour son service, le bien de la justice et le soulagement de ses subjets.

XIII.

La ville de Dieppe est la partie la plus considérable du domaine de l'Archevesché de Roüen; la justice s'y rend par des officiers qui font corps de bailliage enclavé dans la vicomté d'Arques, l'une des quatre qui composent vostre bailliage de Caux. Néantmoins, dedans le désordre du temps, qui a fait éclore une infinité d'officiers à la charge du peuple, depuis trois ans, s'est formé, dans ladite ville, un troisième bailliage qui s'appelle royal, une Maréchaussée et un Présidial, qui, bien esloignez du but de la justice, qui n'est autre que de rendre à chacun ce qui luy appartient, ne peuvent avoir la moindre fonction qu'ils ne l'usurpent sur les autres corps de justice. L'Église s'en plaint comme d'un préjudice notable aux droits de son Archevesché. Mais ce qui intéresse grandement vostre peuple, c'est que ce bailliage nouveau cognoit de toutes les causes de première instance de la sergeanterie de Saint-Victor, la plus belle et la plus grande des six sergeanteries qui composent vostre vicomté de Roüen. En ce faisant les pauvres paysans, qui ne demeurent qu'à lieuë et demie de Roüen, où ils sont obligez de venir prendre leur sel, payer leurs tailles et leurs fermages, vendre leurs grains, boissons et autres victuailles, en sont distraits par la nécessité d'aller, à près de unze grandes lieuës, chercher justice à Dieppe pour des sommes, qui bien souvent ne vallent pas les frais de leur voyage, et qui du premier jour leur auroit esté faite par devant leur juge ordinaire comme elle a esté de tout temps. La police, qui veut prompte provision, ne se peut garder entr'eux, et toutes sortes de crimes demeurent impunis, dans l'impuissance des misérables d'en aller demander la vengeance si loing, ce qui fait requérir aux bailliages de Roüen et de Caux la suppression de cette nouveauté.

Au Roy. Et en sont les Commissaires d'advis.

Après que le traittant et les officiers auront esté ouys au Conseil, il sera pourveu sur la demande mentionnée en cet article et le suivant, et cependant l'establissement sera continué jusques à ce qu'autrement en ait esté ordonné.

XIV.

Le plus rude et le plus hardy de tous les tributs qui gènent les marchands, est celuy de ce poix qu'une augmentation prodigieuse de deux deniers qui vous en revenoient, a fait monter en un instant jusques à quatre sols, qui ne vont point aux coffres de vostre Majesté, mais en bource particulière, dont l'intérêt ne doit contrepoiser à la ruine de vostre pauvre peuple, qui vous en demande la révocation.

Au Roy. Et en sont les Commissaires d'advis.
Idem.

XV.

Nous avons veu trois commissions s'exécuter en mesme temps sur des objets bien esloignez des noms qu'elles ont porté. Des aisez, il n'y en avoit plus, long temps avant que personne deust appréhender d'en estre soupçonné. Nous usons de ce terme; car on a procédé, contre ceux qu'on a présumé tels, plus rigoureusement que contre des criminels, lesquels, encor une fois condamnez en l'amende d'une faute qu'ils ont commise, ne craignent plus de punition pour le mesme sujet. Mais que de chétifs paysans ayent esté pris et taxez comme aisez, qui ne subsistoient que par leur travail, et estoient redevables de plusieurs années de leur fermage, et qu'après avoir payé leurs taxes aux despens du propriétaire, ils ayent esté tourmentez à diverses reprises et jusques à deux et trois fois, c'est une conviction manifeste ou de l'ignorance des Traittans de cette invention, s'ils n'ont pas cognu la misère de ces prétendus aisez, ou de leur malice, si, la cognoissant bien, ils ont pris plaisir à les presser à diverses estraintes pour épuiser la dernière goutte de leur substance, dont il est juste qu'il vous soit rendu compte.

Au Roy. Et en sont les Commissaires d'advis.
Il a esté respondu à cet article et aux deux suivans

par la response faite sur le premier article du présent Cahier.

XVI.

Les admortissemens qui n'ont fait qu'amortir le peu qui restoit de vigueur et aux communes et aux particuliers, ont esté levez en des lieux où il n'y avoit un seul poulce de terre possédé en commun, les taxes faites par des subdéléguez choisis par les Traittans, qui ont pris des sommes immenses, les exécutions faites par des soy-disans huissiers, mais certainement bien volans, qui, pour chaque contrainte, prenoient quatorze et quinze livres et en faisoient quinze et vingt pour un jour, si bien que dans les parroisses où il n'y avoit point de bien sujet à l'admortissement, le procedé qui s'est tenu a fait plus de ruine que l'excez de vos tailles, et, en celles où la commission a rencontré quelque sujet de prise, elle en a par ces taxes englouty tout le fonds. Les cloches des églises, vendues pour y fournir, sonnent si haut cet attentat, qu'ils donnent effroy à tout le monde, et les autels despouillez de leurs nappes attendent que vostre justice face expier à ces Traittans le sacrilége de leur profanation, non par la voye d'autre commission d'une Intendance extraordinaire, qui, conviant le peuple à se plaindre, continuë son estonnement par l'injonction de payer ce qui estoit resté de ses premières taxes, mais par nos juges naturels, chacun en son ressort.

Au Roy. Et en sont les Commissaires d'advis.

Idem.

XVII.

La Réformation prétendue des forests, de la façon qu'elle s'est exercée, n'a esté qu'une dépravation de l'ordre estably par vos ordonnances, une ouverture à ruiner vos bois, un prétexte à tirer de l'argent de l'innocent ainsi que du coupable, et le tout non point au profit de vostre Majesté, mais d'un donataire, pour les intérests duquel vostre peuple s'est veu cottisé par roolle comme aux tailles. Les premiers et plus anciens officiers de vostre Parlement composent une Chambre qui, pour avoir eû de tout temps une intendance plus spéciale à la conservation de vos forests, s'appelle Chambre de Réformation; mais le sieur de Montbas l'a fait, non point en connaissance ny par informations, mais par condamnations d'amendes indifféremment sur toutes les parroisses qu'il juge proches des forests et desquelles amendes la partition s'est faite comme des mandemens de la taille, en sorte que celui qui ne commit jamais aucun délit sujet à cette Réformation, se voyant condamné, a quelque sujet d'estimer que, par le payement de sa part de l'amende générale, ne satisfaisant pas aux fautes qu'il n'a point faites, s'achapte la licence d'en commettre pour l'advenir. La souveraineté de la juridiction qui luy est commise donne autant de terreurs comme ses Hoquetons, qui, les armes en la main, mettent à exécution ses condamnations d'amendes, lesquelles il fait payer, non point ès mains des Collecteurs ordinaires qui les feroient tomber en la recepte de vostre Domaine pour satisfaire aux charges des rentes où il est affecté, mais de certain préposé qui ne peut faire voir que, depuis deux années que cette commission tourmente vostre peuple, il en soit revenu plus de dix mille livres à vostre Majesté, qui nous en coustent plus de trois cens, dont nous vous supplions de faire rendre compte et révocquer cette commission si préjudiciable au bien de vostre service et ruineuse à vostre peuple.

AU ROY.

Idem.

XVIII.

Pour fonder mieux cette commission, le commissaire se

prévaut d'un arrest de vostre Conseil, du mois de mars dernier, qui luy permet de mettre à exécution toutes les amendes des forests jugées depuis mil six cens trente-six jusques à présent; et, en ce faisant, contre les ordonnances de vostre Majesté et les arrests de vostre parlement, qui ne permettent aucune recherche d'amende après cinq ans du jour qu'elle a esté jugée, les pauvres particuliers se voyent persécutez par les ministres de cette commission, et nous font réclamer l'authorité de vos responces sur semblables demandes. Que deffenses soient faites d'exiger le payement d'aucune amende après cinq ans.

Au Roy. Et en sont les Commissaires d'advis.

Accordé.

XIX.

LES receveurs des consignations ne sont admis que pour prendre dépost de six deniers pour livre des sommes qui sont contestées, pour ce que, par nostre coustume, les juges qui sont obligez de faire représenter sur le bureau de justice, les deniers des adjudications, les doivent distribuer aux opposans, quand ils ne sont pas contredits. Lesdits receveurs, néantmoins, se font garnir le prix des adjudications, et, contre la modification apposée à leur édit, se font payer de six deniers pour livre du total, de sorte que les créanciers, au lieu d'estre payez de leurs débets audit estat, sont contraints de lever des exécutoires aux greffes, qui leur coustent beaucoup, et ont encore plus de peine à tirer leur argent des mains de ces consignataires, outre le hazard de le perdre. L'exemple de Deplasnes, dernier receveur de ces droits, dont la faillite a ruiné grand nombre de familles, leur donne trop d'occasion d'appréhender un semblable accident, et vous supplions d'ordonner qu'il n'y aura que les deniers contestez qui seront garnis et sujets au droit de consignation.

Au Roy. Et en sont les Commissaires d'advis.

Le receveur des consignations sera ouy au Conseil, pour en suitte estre pourveu sur le contenu au présent article ainsi que de raison.

XX.

SIRE, que les gémissemens d'une infinité d'orphelins, de vefves et de misérables, qui depuis un long temps crient après le payement des rentes assignées sur vos receptes, touchent enfin vostre cœur, pour leur faire raison des illusions dont les traittans les ont payez, et qui les font mourir de faim après leur bien. Les rentes assignées sur vos Aydes ont esté créées au denier douze ; un arrest de vostre Conseil les réduit au denier dix-huit ; mais parce que cette réduction décréditoit la foy publique, sous laquelle on avoit traitté, un autre arrest, du vingt et unième may mil six cens trente-sept, rejetta cette réduction, en payant par les possesseurs de ces rentes trois années et un quartier. Non seulement ces trois années et ce quartier ont esté retenus, mais d'autres d'abondant, qui font monter les dites rentes à plus du denier vingt-deux. Des rentes de cette nature, il y en a saize mil cinq cens livres qui passent par les mains de la recepte générale, dont on ne paye que moitié, dès y a long temps ; par conséquent elles ne courent qu'à la raison du denier vingt-quatre, et néantmoins les receveurs en retiennent autant comme si elles estoient entièrement payables. Il y a d'autres rentes créées sur vos gabelles, dont le peuple vous fait le fonds par ce prix excessif que luy couste le sel, et cette espèce ne vous est en aucune charge. Néantmoins, depuis l'an mil six cens trente-sept, onze quartiers s'en trouvent retranchez sous un prétexte bien frivole de confirmation, à laquelle les rentes qui se possèdent en plaine propriété ne peuvent estre assujetties. Pareille plainte vous est faite des rentes assignées sur les octroys de la ville de

Roüen et sur l'ayde de solde. Celles qui sont sur vos douënnes et traittes foraines n'ont, depuis six années, esté payées qu'à la moitié, sous couleur d'une clause que les adjudicataires des cinq grosses fermes ont fait employer en leur bail, qu'ils ne payeroient les rentes que suivant l'arrest du Conseil, dans lequel ne faisans employer que ce qu'ils veulent et, ne les monstrant pas mesmes que quand il leur plaist, ils n'en payent qu'à discrétion. Mais les rentes, de toutes les plus mal acquittées, ce sont celles qui sont assignées sur la recepte générale de vos finances, dont depuis six années on n'a pu recevoir qu'un demy-quartier seulement, les receveurs n'ayans autres discours que celuy de manque de fonds à cause de la préférence de la partie de l'Espargne que le nom nous fait voir ne devoir contenir que ce qui resteroit après les charges acquittées. Ils trouvent bien pourtant le fonds, quand il est question d'en accommoder des Traittans qui se sont faicts auctoriser à prendre une année des rentes pour droit de confirmation. Sire, ces rentes sont vos debtes les plus légitimes; elles ont été créées pour le service de vostre Estat, sous l'asseurance de la foy publique, à laquelle les particuliers ont fié leurs fortunes; plusieurs d'entr'eux, ayans vendu ce qu'ils avoient de patrimoine pour y fournir, sont les plus favorables; elles font le pain de la vefve et de l'orphelin, qui crient à la faim après tous les fauteurs de ces retranchemens, et tel, dont tout le bien consistoit en rente de cette dite nature, d'une condition assez bonne, est maintenant réduit à la mendicité. Toute l'omosne qu'ils demandent de vostre piété est que vous leur payez ce que vostre justice vous oblige à leur rendre, les quartiers retranchez, et que pour l'advenir fonds entier leur soit fait pour leur continuer le payement de leurs rentes, donnant des commissaires sur les lieux qui puissent cognoistre et juger des refuites que font les dits receveurs et les condamner de payer de quartier en quartier selon l'eschéance des termes, à ce que l'appréhension des longueurs et des frais, qu'ils ont faits cy-devant et inutilement à la suitte de vostre Conseil, n'enhardisse personne à procurer à l'advenir, ou feindre ces retranchemens.

Au Roy. Et en sont les Commissaires d'advis.

Les règlemens faits par sa Majesté pour le payement des rentes seront observez dans la Normandie comme dans les autres provinces du royaume, se réservant sa Majesté, lorsque ses affaires luy pourront permettre, de faire le fonds entier pour le payement des dites rentes.

XXI.

CE ne sont plus imposts que les sommes que portent à présent les boissons; c'est plus que leur juste prix, et par surcharge d'un droit sur l'autre, tandis que nous nous repaissons d'une vaine imagination de la propriété des fonds qui les produisent, nous sommes estonnez que la jouissance ne nous en est qu'à charge, et se trouve qu'après les avoir cultivées à grands frais, nous n'en pouvons avoir le fruit qu'en le rachettant aussi cher comme s'il n'estoit pas à nous. L'advantage de nostre terroir n'est pas en la production du vin, le climat le rend verd et faible, et le meilleur ne vaut pas plus de vingt francs le ponçon sur le lieu. Néantmoins, tout faible qu'il est, vostre Majesté considère de quels imposts il est chargé! trois livres pour ponçon de l'ancienne levée, vingt sols pour le pont de Rouen, les cinq sols anciens, cinq sols que l'on appelle nouveaux, et cinq sols encor plus modernes, (encor s'ils estoient comme les droits de ces officiers, anciens, alternatifs et triennaux qui ne vexent le peuple que successivement!). quinze sols pour ayde de solde, quatre livres imposez pour le dédommagement prétendu par les intéressez en ces derniers tumultes, dont la mémoire deust estre abolie comme le souvenir n'en pouvant estre qu'abominable, trois livres pour la Subsistance, quarante-cinq sols oultre les péages qui se lèvent sur les rivières de Seine et d'Eure et au lieu desquels cet impost a esté establj, un sold pour livre du prix du vin qui s'appelle le gros, huit deniers pour livre du mesme prix à ces jurez priseurs vendeurs, vingt sols pour le droit de chantier. Sire, ne souffrez qu'on illude à nos maux et que les Partisans, se rendans maistres de nos biens, pensent pouvoir encor aveugler nostre esprit et nous persuader qu'il faille que nous achaptions le pouvoir qu'ils qualifient un droit de mettre nos vins en nos caves, comme qui nous diroit : « Il faut payer un droit pour mettre dans nos granges la moisson de nos grains, deux sols pour livre de la recette de ces droits », et tout cela vient, sans le quatriesme, à plus haut prix que la valeur du vin. Le sidre, qui ne vaut que cent sols sur le lieu, est chargé de plus de six livres, de sorte que celuy qui en reçoit deux ponçons sur son héritage n'en a pas un pour soy : l'autre est pour vostre Majesté, que nous supplions révocquer, de tous ces imposts, au moins les quatre livres de ce dédommagement simulé, trois livres de la Subsistance, derniers cinq sols, vingt sols de chantier, quarante-cinq sols au lieu des péages, puisqu'ils se lèvent encor, ou les faire cesser, huit deniers des jurez, et les deux sols pour livre du nouveau prétendu droit de tous ces dits appellez droits.

Au Roy. Et en sont les Commissaires d'advis.

L'estat des affaires du Roy ne luy permet pas d'accorder la demande mentionnée en cet article.

XXII

Dans les imposts formez sur les boissons, celuy, dont les affiches mettent tout le peuple en alarme, de vingt sols pour ponçon de vin, dix sols pour ponçon de sidre gros et petit et bière, et cinq sols pour poiré, demande de vostre justice une considération spéciale, ainsi que de nos remonstrances un article particulier. Cet impost n'est point estably par un édit: il est simplement employé dans un bail qui ne doit estre exécuté qu'après vérification en vostre Cour des Aydes, à laquelle il n'a pas seulement esté présenté; toutes conditions de personnes y sont intéressées, jusques aux hospitaux, abolissant toute franchise et privilége pour ce regard; il est exécutoire par emprisonnement des personnes un mois après le commandement de payer; il arme le fermier pour entrer dedans nos maisons afin de mettre en inventaire tous les breuvages qui s'y trouvent, et par contrainte solidaire contre les communautez dont un particulier refuseroit de le payer, soit par intelligence ou par autre dessain ; tend un piège à tout le monde ; l'eaue passée par le marc, qui s'abandonneroit aux pourceaux, s'il ne faisoit le petit sidre, se taxe autant comme le gros, et la bière dont la gonne, qui est demy-muid, ne vaut qu'un escu, est desjà chargée de trente-deux sols de diverses impositions. Y adjoustant encor cinq sols, le reste du prix ne vaut pas pour payer l'orge et le houblon qui la composent, le bois, le vaisseau, les chevaux, le charetier et louage des brasseries, ce qui l'avoit fait excepter de l'impost du sold pour livre, au lieu duquel succède celuy-ci, infiniment plus ruineux. Tous les trois Ordres vous conjurent de détourner de dessus leurs testes les sinistres présages dedans lesquels il est conceu, le révocant absolument.

Au Roy. Et en sont les Commissaires d'advis, et cependant surséance.

Il a esté pourveu sur le contenu au présent article, au soulagement de la Province, par l'arrest du Conseil du ...., lequel sera exécuté.

XXIII.

Par la responce à l'article sixième du Cahier de nos

remonstrances faites en l'an mil six cent trente-trois, le feu Roy fit deffences de lever l'impost des quarante-cinq sols sur autre vin que celuy qui vient à Rouen, pour ce qu'à cette somme ont esté estimez les péages qui se prenoient tout le long des rivières jusques en ladite ville, et fit abattre le bureau, qui, pour cet effet, avoit esté establi dedans le Pont-de-l'Arche. Néantmoins le fermier de cette imposition ne laisse de s'en faire payer sur les vins qui s'apportent à la Roche-Guyon et Vernon, au Pont-de-l'Arche, à Ellebœuf et autres lieux, et sous le prétexte d'un arrest de vostre Conseil contraire auxdites responces et sans nous avoir entendu. Il est juste que cet impost soit entièrement supprimé, ou que vous faciez cesser ces péages, puisqu'il est en leur lieu, et qu'en attendant, la susdite responce soit réaument exécutée, un arrest donné sur requeste n'en pouvant éluder l'effet.

Au Roy. Et en sont les Commissaires d'advis.

Le bail fait avec le fermier et arrest donné en conséquence d'iceluy seront exécutez, et défences luy seront faites d'excéder les termes de son dit bail.

XXIV.

La garnison du Pont-de-l'Arche est un autre impost sur le vin par ses exactions dans les basteaux qui passent par dessous ledit pont. Que vostre Majesté y pourvoye, s'il lui plaist, faisant défences aux soldats de rien prendre ausdits basteaux, et en fasse respondre le capitaine du chasteau.

AU ROY

Accordé et seront données pour cet effet toutes expéditions nécessaires.

XXV.

Outre tous ces imposts, il s'en lève un nouveau de soixante sols pour muid de vin qui s'enlève de devant Rouen hors la banlieue, sans qu'il vous ait esté promis rien pour cela, ny qu'il en vienne aucun profit à vostre Majesté, ce qui achève la ruine du commerce du vin, que nous vous supplions descharger de ceste levée, et faire rendre ce qui s'en est perçeu.

Au Roy. Et en sont les Commissaires d'advis.

Le droit ayant esté joint à la ferme générale des cinq grosses fermes, sa Majesté ne peut quand à présent accorder la demande mentionnée en cet article.

XXVI.

L'Eglise et la Noblesse ont eu de tout temps la liberté de vendre les boissons de leur crû sans payer quatriesme, non point par privilége, ne pouvant pas estre compris aux termes des privilégiez, mais par la nature de leur condition ; leurs services méritent qu'ils y soient maintenus, et que les biens, qu'ils ne possèdent que pour servir vostre Majesté, leur soient conservez tout entiers, ainsi qu'à leurs prédécesseurs.

AU ROY.

La révocation ayant esté générale, et le bail fait du droit mentionné en cet article, sa Majesté n'en peult accorder la décharge demandée par cet article.

XXVII.

Plus de dix mil personnes par cy-devant gagnoient leur vie en la manefacture du papier dedans le bailliage de Mortaing et viconté de Vire ; les Controlleurs Visiteurs et marqueurs de papier, par leur attribution de cinq sols pour rame du poids de six livres et d'un sold pour la marque, les ont réduits tous à l'aumosne, et ruiné tellement ce commerce que, du nombre de cent moulins dont le travail entretenoit le peuple, il n'en reste pas quinze. Ce bailliage n'est point lieu de commerce ; lesdits moulins faisoient le capital de la fortune de plusieurs familles, que la cessation de cette manefacture a ruiné entièrement ; les pauvres gens n'y trouvent plus d'employ, et tout le peuple, auquel ces imposts sont extrêmement onéreux, vous supplient de les révocquer en tous les lieux où ils sont establis.

Au Roy. Et en sont les Commissaires d'advis.

Le Roy ne peult quand à présent, accorder la demande contenuë au présent article.

XXVIII.

La manefacture des toilles qui se font en ceste Province donne au peuple du plat pays de quoy payer ses tailles et son sel, et l'envoy qui s'en fait aux royaumes estrangers vaut aux douënnes de vostre Majesté une portion notable de leur ferme ; mais les courtiers de toilles, establis depuis peu, qui veulent forcer les marchands à passer par leurs mains pour en faire l'achapt, en détruisent la liberté, laquelle de tout temps a esté favorisée dans ce royaume au delà de toute autre espèce de manefacture : aussi ces prétendus offices n'ont-ils esté levez que par personnes entièrement ignorans le commerce, et qui seroient mauvais arbitres de la fortune des marchands, qui vous en demandent la révocation.

Au Roy. Et en sont les Commissaires d'advis.

Le mesme establissement estant fait à Paris, sa Majesté ne peult quant à présent pourvoir sur la demande contenuë au présent article.

XXIX.

La source de tous nos malheurs a esté ce funeste advis du prétendu Controlle des teintures, qui n'a jamais esté receu en tout vostre royaume qu'en cette seule Province, où, après avoir fait périr une infinité de personnes par la cessation des drapperies surchargées de ce droit, et que depuis quatre ans qu'il s'est exécuté, les Partisans se sont plus que doublement remboursez de la finance qu'ils vous avoient ou promise ou payée, il n'est pas juste qu'ils abusent davantage de la substance de vostre pauvre peuple : ils ne sont taints que de son sang, et c'est cette seule tainture qui requiert le controlle de vostre justice.

Au Roy. Et en sont les Commissaires d'advis.
Idem.

XXX.

Le temps nous a monstré la surprise faite à vostre Conseil, par celuy qui luy suposoit qu'en plusieurs terres vagues par luy prétenduës inutiles en vostre Estat, il pourroit faire croistre la garence pour servir aux mesmes taintures, pourveu qu'on luy promist de lever soixante sols pour chacun cent, et que ce n'estoit qu'un prétexte pour pouvoir demander six livres de cette drogue qui s'aporte chez nous des païs estrangers : ce qui nous en fera perdre l'usage entièrement, si cet impost n'est révocqué, ne craignant pas celuy des soixante sols pour la garence, qu'il ne peut jamais faire croistre sous ce climat.

Au Roy. Et en sont les Commissaires d'advis.

L'arrest du Conseil du .... *sera exécuté aux conditions portées par iceluy.*

XXXI.

Un arrest de vostre Conseil, du 15 mars 1642, retrancha à vos officiers un quartier de leurs gages de l'année précédente et quartier et demy de celle qui couroit et de la présente. La guerre est le prétexte de ce retranchement ; mais il ne s'entend que de ceux qui perçoivent des gages de vostre Majesté, lesquels, encor qu'ils les ayent achaptez par leurs finances mises dedans vos coffres et les méritent tous les jours par l'assiduité qu'ils rendent à leurs charges, se doivent imputer néantmoins, s'ils se sont confiez à l'énoncé de leurs provisions. Mais que de pauvres misérables officiers de police, aulneurs de toilles et de draps, courtiers de vins, de sildres et de laynes, officiers de charuë, poiseurs de foing et visiteurs de bois en la ville et banlieuë de Rouen, qui n'ont pas un denier de gages ny profit quelconque que dans la sueur de leur front, se voyent emprisonnez, à la requeste d'un Partisan et en vertu de cet arrest, pour payer le quart et demy du travail de leurs bras, il ne se peut deffendre. Ces pauvres gens avoient obtenu de vostre dit Conseil, par arrest du 12 d'aoust dernier, que ce Partisan escriroit et produiroit sur ses demandes, et cependant deffences d'attenter à leurs personnes et biens ; mais, au lieu par luy d y satisfaire, il a fait, sur simple requeste, dire par autre arrest contraire, du 21 octobre ensuivant, qu'ils payeront un quartier de leurs émolumens par chacune de ces trois années et y seront contraints, nonobstant l'instance pendante au Conseil, ensuitte de quoy il en a fait jetter plusieurs dans les prisons. Ce procéder n'est point dans la justice : un arrest sur requeste ne doit point éluder un précédent, contradictoire et au fonds ; ce retranchement ne concerne point ces misérables qui n'ont aucuns gages de vostre Majesté et requèrent défences d'attenter à leurs personnes et biens, suivant le dit arrest du 12 aoust.

Au Roy. Et en sont les Commissaires d'advis, et cependant l'arrest du Conseil du mois d'aoust sera exécuté, et jusques à ce deffences.

L'estat des affaires de sa Majesté ne luy permet pas d'accorder quant à présent la demande contenue en cet article.

XXXII.

La commission de la vente des Paluds et Maresqs de

Caen et Costentin donne l'effroy, à tout le peuple, d'une désolation générale. Ce sont terres que la nature leur a données de cette sorte, que le droit des gens leur a rendu communes, et dont la justice de vos prédécesseurs leur a laissé l'usage de tout temps, non seulement pour leur donner moyen de payer leurs tailles et imposts, qu'ils ne pourroient fournir sans la nourriture du bestail qu'ils font pasturer en ces lieux, mais encor pour les faire vivre, de sorte qu'il n'est pas possible de les en priver qu'en perdant sur vos tailles plus de deux cens mil livres de rente en la Généralité de Caen et sans oster la vie à un million de familles. Leur malheur ayant voulu que le don en fût fait à feu Monsieur le Comte, le désespoir du peuple, qui cria que l'on donnoit son sang, meut la justice du feu Roy de révocquer ce don, par arrest du 25 d'aoust 1625, et maintenir les habitans de ces deux bailliages en la propriété de ces Paluds, pour en user et disposer ainsi qu'ils verroient bon; mais la considération de mon dit sieur le Comte fit imposer sur eux une levée à son profit de cent cinquante mil livres, qu'ils ont payée, comme la taille, au moyen de laquelle ils sont déclarez par le mesme arrest subrogez à ses droits. Ils ont donc rachapté leur bien, et voilà leur possession affermie par tous les moyens imaginables pour s'y maintenir asseurément. Aussi, en 1640, Monsieur le Chancelier ayant eu du feu Roy le don des terres vaines et vagues dépendantes de vostre Domaine dans les bailliages et vicontez de Caen, Bayeux, Falaise, Coustances et Avranches, à quelque valeur qu'elles peussent monter, Monsieur de la Poterie, Conseiller en vostre Conseil et commissaire de l'exécution de ce don, ayant, à la requeste du prétendu Procureur général de sa Commission, le Patou de la Montagne, vendu des maresqs dedans Carentan, qui ne sont point du compris dudit don, et fait publier ces mandemens dans les parroisses, pour luy représenter les tiltres en vertu desquels elles jouissoient en commun ou particulier des communes, maresqs, praries, mares, estangs, pescheries, isles en marescages, maresqs sallez, mielles, garennes, herbages, pacages, pasturages, landages, terres vaines et vagues, pour estre mon dit sieur mis en possession des choses à luy appartenantes par le dit don, sa justice, informée de la qualité de ces biens et des tiltres en vertu desquels le peuple les posséde, n'a voulu plus long-temps que son nom servist de prétexte à une si grande ruine et remist au feu Roy le don qu'il en avoit. Un peu de temps après, nous fusmes estonnez que Monsieur le duc de Beaufort présenta à vostre parlement lettres du mesme don, qui fut aussi tost retiré, ses agens ayant bien cognu, que, quelques espérances que l'on leur en eust fait concevoir, ils n'en pourroient avoir l'effet. Néantmoins ledit sieur commissaire et son procureur général tirent oultre à l'exécution de cette commission, et disent que c'est au profit de vostre Majesté, qui n'y en peut avoir, puisque par ce moyen elle ruineroit ses tailles et feroit misérablement périr une partie notable de son peuple, qui la conjure, les larmes aux yeux, de luy en accorder la révocation.

Au Roy. Et en sont les Commissaires d'advis, et sera sa Majesté suppliée d'avoir agréable que, suivant l'arrest de son Conseil, du 27 d'aoust 1625, et autre arrest, du 17 janvier 1626, sursoira la commission du sieur de la Poterie, jusques à la response du Cahier des Estats.

Sa Majesté, deuëment informée que la somme de cent cinquante mil livres, accordée au feu sieur comte de Soissons pour récompense du don à luy fait par le feu roy desdits Paluds et maresqs, et que les sommes pour lesquelles vente a esté faite par ledit sieur de la Poterie d'aucuns des dits Paluds et maresqs se peuvent monter à la valeur du tiers de tous lesdits Paluds, maresqs et terres vaines et vagues faisant partie de son Domaine ou tenus de luy à cens et rentes en la dite Province, a déclaré et déclare les Communautez, dans les parroisses desquelles lesdits Paluds, maresqs et terres vaines et vagues sont scituées, propriétaires incommutables du surplus d'icelles qui n'ont point esté venduës, veut et entend que lesdites communautez, qui en ont jouy jusques à présent, les possèdent et en jouissent d'oresnavant en tout droit de propriété, comme de chose à eux appartenant, tout ainsi et en la mesme forme qu'elles en ont jouy et usé jusques à présent, sans que, pour quelque cause et prétexte que ce soit, lesdites terres, Paluds et maresqs, puissent estre vendus cy-après, ny que sa Majesté y puisse prétendre aucun droit; et, en conséquence, ordonne sa dite Majesté que les contrats de vente faits, par ledit sieur de la Poterie, d'aucuns desdits Paluds et maresqs et terres vaines et vagues sortiront leur plain et entier effet et seront exécutées selon leur forme et teneur, et les acquéreurs contraints au payement du prix desdites ventes, ainsi qu'il est porté par les adjudications qui leur en ont esté faites par le dit s^r de la Poterie ou en vertu de ses ordonnances, nonobstant tous dons qui ont esté faits et pourront estre faits cy-après. Et afin de pourvoir aux communautez, dans l'estendue desquelles sont scituées les dites terres vendues, ordonne sa Majesté que ledit sieur de la Poterie envoyera dans un mois au greffe du Conseil l'extrait de son procez-verbal de vente desdites terres, contenant la quantité d'icelles, le bailliage et les parroisses dans lesquelles elles sont scituées, ensemble les sommes pour lesquelles chacunes desdites adjudications ont esté faites, pour, ce fait et veu audit Conseil, estre pourveu aux dites communautez, ainsi qu'il appartiendra, et pour l'exécution de ce que dessus, ensemble de ce qui sera ordonné par sa Majesté sur ledit procez-verbal, seront expédiées toutes lettres et déclarations sur ce nécessaires.

XXXIII.

Ceux qui possèdent des fieffermes y sont inquiétez par un Partisan qui ruïne les fondemens de notre droit et prétend renverser ceux d'un grand nombre de familles qui en jouissent par succession, par achapt, par eschange, par décret, et sous la foy de la justice, qu'ils vous supplient leur conserver en les maintenant en leur bien.

AU ROY.

Le Roy ne peut accorder le contenu au présent article.

XXXIV.

Nostre moisson a esté si légère, et le bled, cette année, a monté à un prix si haut que l'appréhension de retomber en pareille cherté, voire en nécessité plus grande, nous fait vous requérir de n'en permettre aucun enlèvement.

Au Roy. Et en sont les Commissaires d'advis.

Sa Majesté entend que les deffences qu'elle a faites sur l'enlèvement des bleds soient exécutées, gardées et observées, et que le gouverneur et lieutenans généraux y tiennent soigneusement la main.

XXXV.

La possession des terres de vostre Domaine se peut bien engager, vos imposts se bailler à ferme, et vostre Casuel estre mis en party; mais que vos tailles, qui sont d'un droit si purement royal qu'il n'est licite, en vostre Estat, à quelque grand prince que ce soit, de les lever sur vos subjects sans la peine du crime de lèse-Majesté, se mettent en la main d'un Traittant pour les cueillir, à sa discrétion, sur qui et par tels ministres que bon luy semble, c'est contre la nature de la chose mesme, contre l'usage de vostre royaume;

et requérons avec raison la révocation de ce party, pour les abus que vous allez entendre.

AU ROY.

Le Roy y apportera l'ordre nécessaire, et fera sur le contenu en cet article la considération qu'il jugera convenable pour le bien de son service.

XXXVI.

Vos tailles sont payables aux quatre quartiers de l'année ; les deux premiers ont esté de tout temps affectez aux gages des officiers et aux rentes des particuliers, qui, baillans leur argent sous la foy publique, ont secouru les nécessitez de l'Estat. Néantmoins, les nouveaux Partisans font rejetter ces charges, quoy que les plus pressantes et privilégiées, sur les derniers quartiers dont ils n'ont pas traité, et prenans ce qui est de plus clair dans la bourse des moins incommodez pour remplir leur party, rendent vostre peuple impuissant de fournir au reste de l'année. Ce que recommençant tous les ans par une rafle générale de tous les biens qu'ils trouvent, les deux derniers quartiers demeurent en arrière, ce qui sappe le fonds de toutes les charges des tailles, que nous demandons, suivant l'ordre ancien, estre payées sur les premiers quartiers, et privilégement à toute assignation.

AU ROY.

Idem.

XXXVII.

Messieurs les Intendants de Justice, Commissaires qui ne sont pas officiers des ordonnances de vostre Estat ny les juges establis par les loix de vostre royaume, mais ministres envoyez pour l'exécution des ordres conceus sous le nom de vostre Majesté, pour fournir plus facilement au compte du

Traittant en la Généralité de Rouen, contre l'immunité du sacré caractère des prestres, les ont indignement asservis à la taille, pour faire valoir, par leurs mains, les biens de leur patrimoine, dont l'Église se plaint et réclame la liberté, que vos prédécesseurs ne luy ont jamais déniée, vous suppliant de casser ces impositions et la conserver dans les droits et tous les priviléges dont elle a jouy par le passé.

Au Roy. Et en sont les Commissaires d'advis que les ecclésiastiques soient maintenus en leur privilége.

Les ordonnances, arrests et règlemens faits sur ce sujet seront suivis, gardez et exécutez.

XXXVIII.

Les mesmes Traittans ont traitté la Noblesse d'une estrange façon. Après l'avoir passée par le crible de deux commissions, lesquelles à mesme temps se sont exécutées dedans Roüen, l'une sur l'intérest de Paleologo, dans la taxe des fiefs, l'autre sur l'imposition des tailles, et toutes deux par Monsieur de Paris, conseiller d'Estat et maistre des Requestes, et qu'il ne s'y est rien trouvé à redire, ils en ont voulu attacher la franchise à un lieu seul, dont les limites borneroient tous ses priviléges, en ne luy permettant de labourer qu'une seule de ses terres sans payer taille, comme si elle estoit réelle en Normandie, si la personne, estant franche et libre de soy, contractoit quelque tache de servitude roturière faisant valoir l'autre partie des biens que Dieu leur a donnez, et si sa qualité changeoit autant de fois qu'elle passe de l'une de ses terres en l'autre, pour estre tenuë roturière en celle-cy de noble qu'elle estoit en celle-là : abus qu'ils ont commis aussi bien contre l'Église que contre la Noblesse, ayans fait deffendre aux Ecclésiastiques de labourer plus d'une de leurs terres, comme s'ils devenoient laïques et taillables en passant de l'une sur l'autre. Cette ouverture est d'un exemple très-dangereux et tireroit des conséquences très-préjudiciables à toute la Province, dont les dites Églises et Noblesse vous supplient de garder les anciens usages et que l'un et l'autre de ces deux Ordres, n'ayans pas moins mérité de vostre Estat que leurs prédécesseurs, ausquels la liberté d'aménager leurs biens n'a jamais esté contredite, ne reçoive aujourd'huy plus mauvais traitement.

Au Roy. Et en sont les Commissaires d'advis.

Les Intendans, procédans à la levée des tailles, observeront les édits et règlemens sur ce faits.

XXXIX.

L'Eglise et la Noblesse se plaignent d'abondant que, par une autre voye, on leur veut faire payer taille, par l'imposition de leurs fermiers à deux sols pour livre du prix de leurs fermages, outre et par dessus ce qu'ils devoient porter à proportion de leur force, ce qui diminueroit d'autant le prix de leurs fermages, le laboureur faisant le compte sur cette charge, et ainsi cette invention faisant retomber sur l'Église et la Noblesse ces deux sols pour livre de la taille, elles vous supplient de le condamner, et que leurs fermiers soient taxez sur ce qu'ils ont de bien, dedans lequel se considèrent et leur mesnage et leur profit, comme il a esté fait de tout temps.

Au Roy. Et en sont les Commissaires d'advis.

Le Roy se fera informer par les Intendans de la Justice en ladite Province du contenu en cet article pour, leur advis veu, estre ordonné ce que de raison.

XL.

Elles feront une troisième plainte, à laquelle le tiers Estat peut aussi bien prendre sa part, c'est que, vendans leurs bois, Messieurs les Intendans taxent les achapteurs à la taille pour cet achapt, dont, par conséquent, le prix diminuë à proportion de la taille, laquelle ainsi retombe sur le propriétaire, de quelque condition qu'il soit.

Au Roy. Et en sont les Commissaires d'advis.

Les particuliers taxez, qui prétendront estre lezez, se pourvoiront en surtaux par devant les juges ordinaires.

XLI.

De la qualité de la taille, telle qu'elle est en Normandie, résulte le sujet que nous avons de plainte de l'imposition des taillables en autant de roolles et de lieux, comme ils y ont de bien, soit à ferme ou en propriété, contre l'usage de la Province, qui ne veut qu'un particulier soit taxé en diverses parroisses, mais seulement au lieu de son domicile, lequel se règle par le changement de l'octroy ; et demandons que deffenses soient faites aux asséeurs des tailles d'imposer les personnes en plus d'un seul lieu.

Au Roy. Et en sont les Commissaires d'advis.

Il sera pourveu par les Intendans sur le contenu en cet article, conformément au dernier règlement des tailles et usage du pays.

XLII.

Les baux partiaires ou à la moitié que les Bourgeois des villes font aux habitans des villages ne les engagent jamais aux tailles par ce qu'ils ne les obligent pas à délaisser leurs domiciles, et ne font point valoir leurs terres par leurs mains, mais par des fermiers qui les occupent et en payent la taille, la perception des fruits que les propriétaires en reçoivent au lieu d'argent n'estant pas un subjet de cottisation. Néantmoins, en faveur des Traittans, les mandemens de l'Intendant les y avoient comprises, ce qui ne s'est jamais fait pour les intérests propres de vostre Majesté, que nous supplions casser ces impositions, comme faites contre raison, laissant à vos subjets la liberté de bailler leur bien, soit en argent ou bien en fruits, sans estre pour cela compris dans le roolle des tailles.

Au Roy. Et en sont les Commissaires d'advis.

Seront les fermiers imposez à la taille à proportion du gain qu'ils font èsdites fermes sans y comprendre les Bourgeois des villes franches pour raison des terres données à moitié, et pour cet effet se retireront à la Cour des Aydes de Paris.

XLIII.

Vostre peuple n'est pas criminel, et la taille qu'il doibt n'est pas un intérest de satisfaction pour faute qu'il ait faite, auquel cas les obligations seroient solidaires, et un seul pourroit estre engagé pour le tout. C'est une capitation, qui, du commencement volontairement consentie pour fournir aux despenses des guerres nécessaires, et, par l'utilité de son usage et facilité des subjets, tournée dans la nécessité de vous la payer tous les ans, encor que parmy nous elle retienne tousjours son premier nom d'octroy et que pour ce sujet, en toutes les Provinces lesquelles ont retenu la liberté des Estats, elle n'est demandée que par la Commission de leur convocation, dont elle est le sujet principal. Et néantmoins nous avons veu qu'en faveur des mesmes Traittans les plus solvables des parroisses ont esté contraints par emprisonnement de leurs personnes pour la taille de leur communauté, comme s'ils devoient garantir l'insolvabilité des autres. Vostre Cour des Aydes de cette Province, ayant recogneu le préjudice signalé qu'apportoient ces contraintes au bien de vostre peuple et à vostre service, les a deffendues par arrest du neufième juillet dernier, et a fait inhibitions aux receveurs des tailles et à leurs commis de décerner aucunes contraintes par corps contre les particuliers pour le deub des parroisses. Nous demandons l'exécution dudit arrest, sur peine de l'amende que peuvent encourir les perturbateurs de l'ordre de tout temps observé et du repos public.

Au Roy. Et en sont les Commissaires d'advis que l'arrest de la Cour des Aydes, du neufième juillet 1643, soit exécuté.

Ne pourront les habitans des parroisses estre contraints solidairement au payement des tailles qu'en cas de rébellion ou faute d'asseoir et faire des roolles et insolvabilité des collecteurs.

XLIV.

Les exploits de justice se font par des sergens, et les incursions des ennemis, à main armée et par trouppes de gens de guerre. De quel nom donc peut-on qualifier l'envoy que les Traittans font, dans les parroisses, de compagnies de soldats pour recueillir leur taille ? car il la faut ainsi nommer, puisqu'ils en ont traitté. Le ravage de ces exploitans traîne après soy la désolation de tous les lieux par où ils passent, et fait au peuple plus de mal qu'il n'en recevroit des trouppes ennemies, de la violence desquelles ils se deffendroit par la force. Mais ce qui mérite compassion, c'est que ces trouppes le ruinent sous le prétexte des droits de vostre Majesté ; il souffre sans autre opposition que de ses larmes, et ne résiste que par l'abandonnement que plusieurs font de leur maison. Il y a cent soldats qui courent la Généralité d'Alençon pour lever la taille, et encor de présent, dedans la viconté d'Orbec, une compagnie de cinquante hommes d'armes, envoyée par le receveur des tailles de Lysieux, y fait tel ravage que chaque soldat, outre sa nourriture qu'il prend à discrétion chez son hoste, exige encor de luy dix sols par chacun jour ; ils rompent et brûlent les portes des maisons, desmaçonnent les granges, battent les bleds qu'ils vendent publiquement à vil prix et les pailles à demy-battuës et chargées encor de partie de leur grain, brûlent aussi les charrettes et charües, et, aux massacres près, ne se pourroit rien faire de plus horrible par l'ennemy. Qu'il soit enjoint au Prévost général d'en informer et faire justice et deffendre aux officiers des tailles d'employer de tels exploitans pour l'exécution de leurs roolles:

AU ROY.

L'intention du Roy est que la levée des tailles se face avec la douceur, et par les voyes ordinaires de la justice, et que l'on employe seulement celles de la force contre les parroisses qui refuseront d'asseoir ladite taille ou commettront quelque rébellion.

XLV.

Ils en envoyent encor d'une autre sorte, qui, s'ils ne font pas violences, ne ruinent pas moins vostre peuple. Ce sont des gens qui se prétendent huissiers, que l'on ne cognoit point, qui saisissent les chevaux de charuë et ne font qu'un troupeau de tout le bestial d'une parroisse, composent avec les particuliers pour faire main-levée à chacun de ce qu'il réclame moyennant de grandes sommes qu'ils se font payer pour leurs courses, lesquelles ils recommencent un peu de temps après à pareilles enseignes, et ainsi tirent par le menu, pour le sallaire de leurs exécutions, ce qui auroit payé la taille, si les deniers estoient venus droit en vostre Recepte. Ceux qui n'ont pas moyen de rachapter ainsi leur cheval ou leur vache, les voyent conduire dans des parcs que ces Partisans establissent en des maisons privées, bien esloignées du lieu de l'exécution, où, après avoir esté quelque temps, sont vendus, et tout le prix ne sert qu'à payer les frais du sergent et du parquier, encor que le profit qu'il en aye tiré vaille mieux que la nourriture. Enfin, la violence et les concussions de ces coureurs et exploitans est si espouventable qu'elles jettent le peuple dans le désespoir. Pour en faire justice, qu'il vous plaise ordonner que les juges des lieux en prendront connoissance, deffendre aux receveurs et Partisans des tailles employer autre ministère que des officiers ordinaires, et ausdits officiers, de saisir les chevaux de labeur, leur enjoignant de laisser au moins les fourras nécessaires à la nourriture et du grain dans les granges, autant qu'il en faudra pour ensemencer la terre, afin qu'elle rapporte de quoy payer vos tailles à l'advenir.

AU ROY.

Accordé suivant le règlement des tailles, avec deffences aux Sergens de prendre plus de salaire pour leurs courses que ce qui leur est ordonné par les règlemens et arrests du Conseil.

XLVI.

Il se commet un autre abus en la recepte desdites tailles. Ceux qui en ont traitté les font recevoir par commis qui, dépossédans les officiers ordinaires de la fonction de leurs charges, sans avoir baillé aucune caution dans la Province pour l'asseurance de leur recepte, sans connoissance aucune de la force ou faiblesse des parroisses, les font exécuter, et, comme s'il leur était indifférent que les particuliers demeurent insolvables à l'advenir, pourveu qu'ils soient payez du contenu en leur traitté, qui est pour une année, ruinent, sans espérance de ressource, ceux qu'un peu de patience des receveurs ordinaires auroit fait fournir à leur impost et laissez en estat de subsister encor pour les années suivantes. A ce sujet vostre Conseil, par arrest du dernier de janvier, a deffendu l'establissement de ces commis dedans la Généralité de Caen et maintenu les receveurs en la fonction de leurs charges ; le contraire s'est fait en ladite Généralité de Rouen, en vertu d'autre arrest de vostre dit Conseil, à trois semaines d'intervalle l'un de l'autre, quoy que les inconvéniens soient égaux par toute la Province. Il est de la seureté des deniers de vostre Majesté et des charges ausquelles ils sont affectez, qu'ils ne tombent qu'ès mains des officiers ordinaires qui ont baillé caution de leur exercice, et nous oster ces sortes de commis.

AU ROY.

Le Roy ne peut accorder, pour certaines considérations, la demande mentionnée en cet article.

XLVII.

Sire, le récit importun des maux que nous souffrons par les ordres de tant de commissions extraordinaires, et les désordres des exploitans qui en abusent et ne sont qu'à charge à vostre pauvre peuple, vous fait bien reconnoistre la nécessité de les révoquer, et il est vray-semblable que vous ferez plaisir à Messieurs les Commissaires, lesquels, sans commandement bien exprès, n'auroient pas quitté le séjour délicieux de vostre Cour et les splendeurs de vostre Conseil, où ils ne voyent qu'abondances d'honneurs et de biens, pour habiter ces lieux d'horreur et de désolation que nous ont causé les Traittants, où le pain n'est paistry que de larmes de misérables, et la boisson si chère que l'eaue ne se peut boire qu'en l'achaptant à prix d'argent. Vos officiers sur les lieux, dont le nombre n'est que trop grand, peuvent, avec beaucoup plus d'utilité pour vous, et pour nous à moindre frais, faire payer vos droits. Mais, afin de pourvoir aux plaintes de leurs jugemens, il est très-juste d'en laisser la connaissance à vos Cours souveraines, chacune dans la compétence de son establissement. Messieurs les Intendans sont de condition relevée, et leurs qualitez éminentes ; mais leur commission est toujours au-dessous d'une Compagnie Souveraine qui parle en vostre nom et dont les arrests, donnez dedans leurs formes, ne redoutent aucune censure. C'est pourquoy le dernier règlement de vos tailles a renvoyé l'appel des jugements de tous les Intendans de la Généralité de Paris en la Cour des Aydes de Paris : il y a bien plus de raison de renvoyer celles de cette Province en la Cour des Aydes, qui y est pour ce qui regarde les tailles, et aux autres Cours, ce qui sera de leur compétence, que d'obliger le peuple d'aller chercher justice à la suitte de vostre Conseil, souvent à plus grands frais que n'en vaut le sujet. En ce faisant, les officiers de vostre Chancellerie ne craindront plus les deffenses qui leur ont été faites de seeler les reliefs d'appel de leurs jugemens sur les peines au cas appartenant, les sergens qu'ils ont condamnez pour la signification d'iceux ne courront plus hazard de cent cinquante livres d'amende, ny les particuliers qui les en ont requis, de cinq cens livres d'amende, d'emprisonnemens de leurs personnes, ny de condamnation de punition corporelle, s'ils se pourvoient en vostre Cour des Aydes, aux arrests de laquelle ils prononcent qu'ils n'auront point d'égard, et leurs subdéléguez ne condamneront plus aux peines des Gallères les pauvres paysans pour n'avoir pas assis la taille. Et si nous serons deschargez de cette pompeuse escorte de gardes qui accompagne l'Intendance de la Généralité de Caen, et qui vit aux despens de vostre pauvre peuple.

AU ROY.

Sa Majesté accorde le contenu au présent article, après que les règlemens sur le fait des tailles auront esté vérifiez en la Cour des Aydes de Normandie, ainsi qu'a esté fait en celle de Paris.

XLVIII.

Vos prisons regorgent en tous lieux de gens que la seule misère, et non aucun deffaut de bonne volonté, a empeschez de vous payer, non point leurs tailles, mais celles de leurs voisins que leur chétifve condition a mis en estat de ne craindre aucune exécution. Il en est mort plus de cinquante en la seule prison de Ponteaudemer! Vostre Majesté est trop juste pour nous demander l'impossible ; elle avoit, pour un temps, sursis le reste des vieilles tailles ; on les redemande, à présent que le peuple est plus pauvre que jamais. Il conjure vostre bonté de lui faire remise de ce qui lui en est deub depuis mil six cens trente-cinq jusques en l'année dernière, afin de relever son courage abattu et que cette grâce le rende plus capable pour l'advenir de satisfaire à vos demandes.

AU ROY.

Le Roy ne peut accorder cette demande ; et seront les règlemens faits au Conseil sur ce sujet suivis et exécutez.

XLIX.

Vostre Majesté nous demande par le commencement de sa Commission moins cette année qu'en la dernière. Nous luy en rendons très-humbles grâces et supplions la divine bonté de luy continuer l'inspiration saincte de ce soulagement. Mais les sommes nouvelles, que nous y trouvons sur la fin, et qui n'estoient point dans les précédentes, nous diminuent beaucoup de ce soulagement. Ces deux cens quarante-sept mille livres ordonnez sur toute la France au lieu du sold pour livre et ce denier pour livre de toutes les sommes qui seront imposées au courant de l'année, attribuez aux officiers des Élections, nous sont de telle conséquence, que nous vous supplions de nous en descharger comme des autres droits attribuez aux dits officiers depuis vingt ans.

AU ROY.

L'imposition des deux cens quarante-sept mil livres ayant été ordonnée pour la révocation du sold pour livre et pour le soulagement du peuple, sa Majesté ne peut accorder la demande contenuë au présent article; et pour le denier pour livre, ayant été attribué aux officiers des Élections pour finance par eux payée, sa Majesté n'en peut accorder la révocation.

L.

L'excez des tailles et subsistances estant causé des nécessitez de la guerre, cette somme est sans raison, qui sous le nom d'Estappes, accravante le peuple. Plusieurs parroisses vous supplient qu'elles soient remboursées de ce qu'elles ont advancé pour les garnisons envoyées aux villes, à la décharge desquelles il n'est pas juste qu'elles soient opprimées.

AU ROY.

Il sera dressé estat des Estappes fournies par la Province, et, iceluy rapporté, sera pourveu aux parroisses qui en ont fait les avances.

LI.

Il s'est pratiqué de tout temps que le député du tiers Estat assiste au département de la taille : qu'il soit enjoint à ceux qui y travaillent de l'y appeller, et prendre son advis sur le fait dudit département, et qu'à l'assiette qui s'en fait dedans les parroisses, les commis des Traittans ne seront point présens pour charger ou décharger plus ou moins ceux que bon leur semble, la liberté demeurant entière aux asséeurs des dites parroisses d'en faire l'imposition selon leur conscience, sans distinguer par un ordre nouveau ceux qu'on a appelez Coqz de parroisses, lesquels ont esté taxez en leur particulier.

Au Roy. Et en sont les Commissaires d'advis.

Le Roy ne veut rien innover en la forme qui s'est pratiquée en l'assiette de ses tailles, sauf pour les plus riches des parroisses qui seront imposez suivant le règlement.

LII.

Un abus s'introduit, qui soustrait les plus forts à l'imposition des tailles, et en rejette le fardeau sur les plus chétifs, par lettres qui s'obtiennent de vostre Majesté, tant en forme de maintenuë en Noblesse ancienne que d'anoblissement nouveau ; et quand les impétrans les présentent à la Cour des Aydes, ils s'arrestent au dernier point, qui est le nouvel anoblissement. Cependant, parce qu'ausdites lettres il ne se parle d'aucune indemnité qui suit toujours les anoblissemens simples, ils entrent franchement en l'ordre de Noblesse, et sans indamniser la parroisse en laquelle ils eussent esté contribuables. Qu'il plaise à vostre Majesté n'en plus accorder de la sorte, ou y mettre la clause, qu'en cas que l'impétrant s'arreste à l'anoblissement, il payera l'indemnité, et que la Cour des Aydes, vérifiant celles jà délivrées, y pourvoira, comme elle feroit aux nouveaux anoblissemens.

AU ROY.

Accordé.

LIII.

La vefve de certain fermier des quatriesmes en l'élection de Coustances, nommé Nicolle, pour son dédommagement prétendu pour la non-jouissance desdits quatriesmes dans les dernières émotions, a un exécutoire de quarante mil livres qui se départ sur tout le Costentin. Il n'est pas juste que les lieux où cette ferme n'a point reçeu de trouble contribuent à cette imposition, et que ceux qui ont les quittances du payement des dits quatriesmes soient encor vexez pour le mesme sujet.

AU ROY.

Les parties se pourvoiront par requeste au Conseil pour leur estre pourveu.

LIV.

Les priviléges du Clergé, les Contrats qu'il a faits et les arrests de vostre Conseil portent expressément que les Ecclésiastiques ne pourront estre recherchez dedans leurs maisons pour représenter les billets du fournissement du sel dont ils se servent, et qu'ils ne seront obligez d'en prendre plus grande quantité que celle qu'ils voudront. La raison du premier est qu'aux échoppes et reventes du sel à petite mesure, où les pauvres prestres sont contraints d'en prendre ce dont ils ont besoin par le menu, n'ayant pas le moyen de l'avoir à boisseaux dedans vos greniers, on ne donne point de billets, et du second, que le clergé ne peut estre imposé au sel non plus qu'aux tailles. Néantmoins, cette année, un commissaire député pour la réformation des Gabelles a condamné plusieurs curés en de grandes amendes et en de grandes sommes pour restitution de leurs Gabelles, avec injonction de lever aux greniers certaine quantité de sel, et a procédé contr'eux avec telle rigueur, qu'ils ont esté contraints d'abandonner leurs églises pour courir à vostre Conseil et y porter leurs plaintes, dont l'arrest du 18 mars dernier a évoqué la connoissance et fait main-levée par provision des biens saisis, et mesmes a eslargy les prisonniers. Pour ce sujet nous demandons que la provision passe en diffinitive, et qu'il soit fait deffences à tous officiers de salline de molester ainsi le Clergé, sur telle peine qu'il vous plaira, avec restitution par corps des sommes payées pour ce sujet.

Au Roy. Et en sont les Commissaires d'advis.

Les édits, ordonnances et règlemens faits sur le fait des Gabelles seront exécutez, enjoignant sa Majesté à ses sujets de prendre du sel aux greniers et non ailleurs, aux lieux et endroits où les Gabelles ont cours.

LV.

La Noblesse vous fait semblable plainte et conclut à pareilles deffences et restitution. Ses raisons sont égales et son privilége pareil; et qu'il suffise aux Partisans que depuis trois ans elle ait passé par les mains de tant de commissaires qui ont examiné sa qualité, retraint ses priviléges, et d'autant affoibly ses biens, sans la travailler davantage. Et, pour le tiers Estat, que ces recherches de billets soient aussi deffendues, sauf aux grènetiers à tenir bon registre des noms des particuliers, et de la quantité de sel qu'ils leur auront livré.

Au Roy. Et en sont les Commissaires d'advis.
Idem.

LVI.

Les habitans du bailliage de Caux vous supplient de leur permettre de prendre du sel en vos greniers, sans les adstraindre à cette forme de le prendre par impost, où ils en en perdent plus qu'ils n'en consomment en leur usage, s'en trouvant dedans les maisons qui y est encor de cinq ans. Ne les contraignez d'achapter si cher une chose qui ne vous couste rien, pour que la garde ne leur en soit qu'à charge et ne face que les ruiner.

AU ROY.

Idem.

LVII.

Et tous les pauvres misérables vous demandent justice de la cruauté des Archers qui leur empeschent l'usage de l'eaue de la mer, outrageans ceux qu'ils en trouvent saisis. La liberté de cet élément, commun aux barbares et aux bestes, ne doit pas être moins permise à vos subjets. Aussi leur a-elle esté tous jours asseurée par les responces de nos Roys vos prédécesseurs sur semblable complainte.

Au Roy. Et en sont les Commissaires d'advis.

LVIII.

Les ponts et chaussées de cette Province sont, en plusieurs endroits, en si mauvais estat que l'accez en est dangereux : nous demandons que la levée qui se fait pour leur entretien et qui se monte à plus de cent cinquante mil livres ou cesse entièrement, ou bien qu'elle y soit appliquée par l'ordre de vos officiers, aux lieux qui seront trouvez en avoir plus de nécessité.

Au Roy. Et en sont les Commissaires d'advis.
En faisant l'estat des ponts et chaussées, il sera pourveu à la commodité de la Province.

LIX.

Il a pleu au Roy supprimer, à nostre requeste, cette invention malheureuse des parcs royaux, qui achevoit l'entière ruïne du peuple. Cette suppression ne porte aucune condition de remboursement; aussi n'en estoit-il rien venu à sa Majesté par leur establissement; néantmoins, on se plaint qu'il se fait, en quelques endroits, une levée de quinze mil livres pour le remboursement des parcs royaux au bailliage d'Alençon, et ne sçavons où elle va : nous demandons que cette levée cesse, qui n'a fondement ny prétexte quelconque de justice.

Au Roy. Et en sont les Commissaires d'advis.
Accordé.

LX.

Le bailliage d'Alençon, limitrophe du Mayne, demande

que les assignations qui sont faites en la Belle Croix, qui sépare les deux territoires, et aux portes de France de la ville de Verneuil, soient déclarées nulles pour les inconvéniens qui en viennent, vu que, par l'ordonnance, toute assignation doit estre faite à personne ou domicile.

Au Roy. Et en sont les Commissaires d'advis.

Accordé, sinon en cas de rébellion.

LXI.

Sire, la justice est à Dieu, qui s'appelle, dans son Prophète, le Dieu de Jugement, et il advertit tous les juges de prendre garde à ce qu'ils font, parce qu'ils n'exercent pas la justice d'un homme, mais la sienne. Et le grand Coustumier, en son chapitre de la Haute Justice, dit qu'à parler proprement, il n'y a qu'une justice, qui meut de Dieu, dont le Roy a le gouvernement en son royaume, c'est-à-dire la simple administration, comme magistrat et officier de Dieu. Vostre Majesté n'en est donc que le dépositaire, pour la rendre à son peuple, à la descharge de sa conscience, d'où se conclud que cette fonction divine ne peut estre asservie à aucun impost, ny toutes les choses admises qui en peuvent rendre l'usage difficile. Il semble, néantmoins, que les Partisans à présent la veulent réduire en forme d'une ferme par des créations de receveurs, qui prennent deux sols pour livre des rapports, par l'attribution des quatre deniers pour livre du prix de tous les décrets, outre le coust exorbitant des actes dans les greffes, sur-haussées encor de beaucoup par l'introduction pernicieuse de leur controlle, les taxes d'audience à deux sols pour placet, le sold pour livre de tous despens pour sallaire de leurs controlleurs. Les receveurs, dépositaires des deniers arrestez et de la vente de tous meubles, qui prendront pour chaque saisie dix sols, si elle est faite pour moins de cinquante livres, et vingt sols, pour plus grande somme, prendront encore quatre deniers pour livre du prix de toutes les venduës, lesquels ils toucheront, sans bailler caution et sans autre recours que sur l'office de Pasquet Godet, que les exploits de la signification de cet establissement nous disent en estre le Traittant, qui ne paroist pas néantmoins que dessous le masque de Mᵉ Guillaume Aubourg, son procureur et son commis, qui de sa main a escrit la sommation faite aux huissiers de la Cour de se saisir de tous les deniers procédans de la vente des meubles, luy dont les meubles sont saisis à l'instance de ses créanciers, et qui, nous sommes marris de le dire, le voyant en si honorable séance de greffier de Nosseigneurs les Commissaires qui tiennent nos Estats, est par arrest de ladite Cour déclaré incapable de faire aucune fonction publique dans l'enclos du Palais! Ces officiers, anciens dès l'instant de leur création, leurs Alternatifs et Triennaux, et toutes les impositions dont le nom et le préjudice ont paru, tout en un jour, plus tost establis que préveus, nous font vous requérir qu'il vous plaise abolir toutes ces nouveautez, afin que vostre peuple, qui dedans les misères n'a consolation qu'en l'espérance de vostre justice, ne la perde pas par le désespoir d'avoir assez de bien pour se la faire rendre.

Au Roy. Et en sont les Commissaires d'advis, pour le regard des édits non vérifiez ; et, pour les édits vérifiez, au Roy.

Le Roy ne peut entendre à la demande contenue au présent article, attendu que les deniers provenant de cet establissement sont employez pour le soulagement de la Province.

LXII.

Vostre élection de Bayeux se plaint contre son président, prenant qualité de premier, le mesme Patou la Montagne, procureur de la Commission des Paluds et maresqs, de ce qu'il se fait payer de douze sols pour seau et signature de chaque sentence portant mandement et commission, outre trois sols pour droit de seau royal, lesquels douze sols il lève en vertu d'un édit non vérifié. Elle supplie vostre Majesté de ne point souffrir ce désordre, de lui faire deffences et à tous autres qui, dans les Élections de cette Province, voudroient prendre ledit droit, de le percevoir à l'advenir.

Au Roy. Et en sont les Commissaires d'advis.

Sa Majesté entend que le président et le procureur de la commission des Paluds et maresqs et autres pourveus de pareils offices jouiront de la qualité et droit qui sont attribuez par les éditz.

LXIII.

Les lettres de chancellerie nous coustent assez cher sans en avoir, par un arrest du 18 de septembre dernier, haussé le seau de quelques-unes. Que vostre Majesté réduise, s'il luy plaist, cette taxe, et qu'elle considère qu'il y a des procez où il n'y va pas beaucoup davantage que le prix de la cire qu'il faut pour en seeller les expéditions.

AU ROY.

Les droits seront payez suivant ce qui est porté par les édits et arrests du Conseil de sa Majesté.

LXIV.

En nostre ancienne Coustume, dix années valoient de lecture à tous les contrats sujets à clameur. Ce temps est prorogé par la nouvelle à trente années. Cet espace est trop long ; et pour asseurer les familles et coupper pied à une infinité de procez qui naissent tous les jours, ou du défaut entier, ou de quelq'unes des formalitez des lectures, il est juste d'exclurre toute clameur après dix ans.

Au Roy. Et en sont les Commissaires d'advis.

Le Roy a renvoyé le contenu aux articles cy-accolez

en sa *Cour de parlement de Rouen, pour y pourvoir ainsi que de raison; et sera expédié commission pour cet effet.*

LXV.

Comme aussi de ne recevoir aucun appel, après pareil temps de dix ans, des décrets faits sur les majeurs et présents. Ce sont contrats judiciaires, dont les formalitez purgent toutes présomptions de force, de fraude, de lésion, de clandestineté, dont partant il n'est pas raisonnable que le pourvoy se reçoive après un plus longtemps que celuy que vos ordonnances donnent pour se restituer contre les contrats volontaires, qui est des mesmes dix années.

Au Roy. Et en sont les Commissaires d'advis.

Idem.

LXVI.

Les rentes hypothèques n'ont point de situation : elles ne sont immeubles que par faute de la Coustume, et le partage s'en règle par la loy des immeubles, lesquels y sont hypotéquez. Mais comme cette connoissance est de discution difficile, et dépend en partie de ce qu'en veulent dire les obligez, c'est une occasion de discorde entre cohéritiers, et un empeschement ordinaire en tous partages, pour lequel éviter, il vous plaise ordonner que les rentes hypotecques seront partagées suivant la Coustume du domicile de celuy qui les acquerra ci-après.

AU ROY.

Idem.

LXVII.

L'article soixante-quatre de l'ordonnance d'Orléans ne veut point que vos procureurs ayent communication des procez criminels, sinon après l'instruction entière, abrogeant en ce point l'article 55, de l'ordonnance de l'an 1539, et ce, tant pour l'accélération desdits procez, que pour le soulament du peuple. Néantmoins, vos dits procureurs, contre l'usage pratiqué de tout temps, tant en vostre parlement que juridictions qui en dépendent, ont obtenu, pendant l'absence de vostre dit parlement, une déclaration qui remettroit la dite ordonnance abrogée à la charge de vostre peuple, qui vous supplie de la révoquer et d'ordonner que ledit article de l'ordonnance d'Orléans sera gardé selon sa teneur.

Au Roy. Et en sont les Commissaires d'advis.
Idem.

LXVIII.

L'ARTICLE 314 de nostre Coustume, dans le partage des successions collatérales aux meubles et acquests, fait préférer le frère de père ou de mère seulement aux sœurs de père et de mère, et ainsi fait qu'une femme, passant en secondes noces, s'il lui en vient un fils, il emporte tous les meubles du premier mary de sa mère et les acquêts qui estoient aux fils de son premier lict, au préjudice des filles dudit premier lict.

Nous requérons le changement de cet article, et qu'il soit ordonné que les biens meubles et acquêts seront affectez à la souche dont ils sont partis.

Au Roy. Et en sont les Commissaires d'advis.
Idem.

LXIX.

Nous continuerons nos requestes à ce que les sergens des lieux, sur lesquels vous avez levé de grandes taxes pour leur en conserver les fonctions, soient employez aux recouvrements de vos droictz et saisies qui se font à faute des adveux, plustost que les huissiers de la Chambre des Comptes, qui ne vont qu'à grands frais, pour donner des assignations que vos procureurs sur les lieux pourroient faire par leurs sergeans par devant vos baillits et par un simple exploit, défendans mesmes à tous Traittans de se servir d'autres sergeans que des héréditaires ou establis en chacun lieu, en quoy ils auront plus de seureté pour leurs deniers, et vostre peuple en sera bien moins exposé aux pilleries de ces oyseaux de passage, qui n'ont ny qualité ny marques d'officiers que celle qu'ils prennent en leurs exploits, à quatorze et quinze livres pièce, s'envolent en autre contrée pour éviter la peine de leurs concussions ; dont nous vous supplions d'ordonner qu'il sera informé et la justice faite par les officiers des lieux.

Au Roy. Et en sont les Commissaires d'advis.

Le Roy fera informer sur les plaintes contenuës au présent article, ainsi que sa Majesté jugera à propos.

LXX.

La levée se fait dessus nous des gages du Prévost général de la compagnie : ses lieutenants se plaignent qu'ils n'en sont point payez, à raison des saisies que les receveurs généraux disent estre entre leurs mains, à l'instance de quelques créanciers et Traittans. Nous en demandons main-levée, le service où ils sont obligez pour seureté de la campagne exemptant leurs gages de toute saisie.

AU ROY.

Accordé pour leurs créanciers, en rendant le service qu'ils doivent à cause de leurs charges ; et à l'égard des Traitans, eux ouys, il sera pourveu à cette demande ainsi que de raison.

LXXI.

Il a toujours esté à la liberté d'un chacun de se servir de chevaux de loüage rendus quittes aux lieux pour lesquels on les prend ou d'user de la poste, selon comme il en est besoin :

le sieur de Nouveau, controlleur de vos postes, nous la veut empescher pour contraindre tous voyageurs à courir. Il est juste leur faire deffences de traverser ainsi la liberté publique, de laquelle dépend le choix de la voiture qui est la plus commode.

Les règlements faits par sa Majesté entre le général des postes et ceux qui donnent des chevaux de loüage seront exécutez.

LXXII.

Nous conclurrons par la demande de la réduction de ce nombre effréné d'officiers des Élections, et suppression de leurs droits et taxations, qui nous ruinent, révocation de six livres pour minot de sel, du prud'homme et vendeurs de cuirs, jusques à ce que vostre Majesté, en nous donnant la paix, dont son peuple la conjure, pourvoye sur plusieurs autres plaintes contenues au Cahier des précédentes Remonstrances, que nous ne répétons pour l'attédier ; et cependant la supplions très-humblement se vouloir contenter à la moitié des sommes contenues en sa Commission, et nous décharger entièrement des Subsistances et des Estappes que les tailles doivent payer, ensemble de l'impost de cet Équivalent, et nous faire justice sur les articles cy-dessus.

AU ROY.

Les despenses immenses de la guerre et le bien des affaires du Roy ne luy permettent pas d'entendre, quant à présent, aux demandes mentionnées au présent article, auxquelles elle se réserve de pourvoir, lorsque Dieu luy aura donné la paix et à ses alliez, pour laquelle leurs Majestez s'employent et travaillent incessamment.

Fait et arresté en la Convention des Estats de Normandie, tenus au manoir archiépiscopal de Rouën, le 26ᵉ jour de Novembre 1643.

Signé : BAUDRY.

Les Commissaires de la présente Convention, ayant oüy la Responce des Déléguez des Estats à la proposition et demande à eux faicte de la part du Roy, par laquelle ils supplient sa Majesté vouloir se contenter à la moitié des sommes contenues en la Commission et les descharger entièrement des Subsistances et des Estappes, ensemble de l'impost de l'Équivalent, NOUS AVONS ORDONNÉ que levée de deniers sera faite, en l'année prochaine mil six cens quarante-quatre, conformément aux lettres-patentes et Commission pour ce expédiées, selon la forme portée par icelle, et ce par provision, jusques à ce que par sa Majesté autrement en ait esté ordonné, et, pour le surplus renvoyez par devers sa dite Majesté. Ce qui a esté prononcé publiquement en l'assemblée desdits Estats tenus à Rouen, le 26e jour de novembre mil six cens quarante-trois. Et plus bas, par lesdits sieurs Commissaires.

Signé : AUBOURG.

Les articles et remonstrances contenuës au présent Cahier ont esté vuës et respondues par le Roy, la Reyne Régente sa Mère présente, estant en son Conseil, tenu à Paris, le 17 jour de mars mil six cens quarante-quatre.

Signé : LOUIS.

Et plus bas : Phelypeaux.

Collationné à l'original, par moy procureur sindic des Estats de Normandie.

Signé : Baudry (1).

---

(1) A Rouen, de l'Imprimerie du Petit-Val et Jean Viret, Imprimeurs ordinaires du Roy. M.D.C. LVIII. Avec privilége dudict seigneur.

ARTICLES
DES
REMONSTRANCES

Faictes en la Convention des Trois Estats
DE NORMANDIE

Tenue en la Salle des Hauts-Jours du Palais Archiépiscopal de Rouen, le douze février mil seize cens cinquante-huit.

Avec la Responce et Ordonnance sur ce faicte par le Roy estant en son Conseil,

Tenu à Paris, le vingt-neuf décembre mil six cens cinquante-huit.

AU ROY.

Et a Monseigneur le Duc de Longueville et d'Etouteville, *Pair de France, Comte Souverain de Neufchastel et Vallengin en Suisse, aussi Comte de Dunois, de Chaumont, de Tancarville, Connestable héréditaire de Normandie, Gouverneur et Lieutenant Général pour Sa Majesté en ladite Province.*

Et à Nosseigneurs les Commissaires députez à tenir la présente Convention.

Sire,

Vostre Province de Normandie se jette aux pieds de vostre Majesté, pour la conjurer d'abaisser les yeux sur ses misères et de la secourir dans les nécessitez pressantes du soulagement que luy fait espérer la liberté de son assemblée interrompuë depuis unze ans; et vous suplie très-humblement que, suivant la Chartre Normande, elle en jouysse annüellement, comme elle faisoit autrefois.

Au Roy. Et en sont les Commissaires d'advis.

Le Roy fera expédier ses Lettres de Convocation pour l'assemblée desdits Estats, quand sa Majesté le jugera à propos, sur les avis qui luy en seront donnez par le Gouverneur de la Province.

II.

Et si le sujet de nos assemblées est la communication des volontez de vostre Majesté, sur les levées qu'Elle demande pour l'année suivante (ce qui montre que toute autre imposition que celle qui est envoyée par la Commission de la tenuë de nos Estats est illégitime, ladite Commission portant tousjours une clause de stille ordinaire : *Défenses aux Trésoriers de France, Eleus et tous autres, à peine de la vie, d'imposer autre ny plus grande somme que celle qui y est employée*), nous avons bien sujet de plainte d'un abus qui s'est introduit depuis notre dernière assemblée, d'ordonner des levées par simples arrests du Conseil, adressez aux Bureaux des Finances, où ils sont registrez à la faveur de ceux qui les obtiennent, sans communication aucune à qui que ce soit pour l'intérest du peuple, qui, par ce moyen, se void exposé à tous ceux qui auront assez de faveur pour en obtenir de semblables. Pour quoy nous demandons la révocation de tous lesdits arrests, et qu'aucune levée ne puisse estre faite après la Commission des Estats, sinon pour urgente nécessité ; auquel cas leur Procureur-Scindic en aura communication, pour, après en avoir conféré aux Députez au port du Cahier de l'année précédente, y venir dire ce que de raison, suivant nostre Chartre Normande et les réponses du feu Roy Henry III à nos demandes des années 1579, 1581 et 1582.

Au Roy. Et en sont les Commissaires d'advis.

Ne sera faite aucune imposition pour les affaires des particuliers sans communication au Scindic; et, s'il arrive des affaires pressées pour le Roy, elles seront exécutées sans communication.

III.

Mais, d'autant que les réponses qu'il plaist à vostre Majesté nous donner ne sont point registrées dans les Compagnies souveraines, qui ne défèrent qu'à vostre Sceau, encores que ce soient ordonnances concertées en vostre Conseil, nous demandons qu'il vous plaise ordonner que, sur lesdites réponses, nous soient données des lettres-patentes adressées aux Compagnies souveraines, afin qu'elles y soient enregistrées et exécutées selon leur teneur.

Au Roy. Et en sont les Commissaires d'advis.

Seront délivrées toutes expéditions nécessaires, conformément aux réponses faites au présent Cahier.

IV.

La lecture de la Commission de cette présente assemblée nous ayant fait voir qu'elle impose sur nostre Province huict millions quatre cens mil livres, nostre esprit, tout confus, ne nous fournit point de paroles pour plaindre assez nostre malheur ; et nous suffit de dire, pour exciter vostre bonté à nous en modérer l'excez, qu'il est au poinct où vostre justice trouvera raisonnable de le modérer d'un cinquième, et encores nous descharger du reste des vieilles tailles ; et supplions très-humblement vostre Majesté de proportionner nos charges à ce que nous en pouvons raisonnablement porter.

Au Roy. Et en sont les Commissaires d'advis.

Les Commissions de 1658 ayans esté envoyées, et les deniers destinez par sa Majesté à ses affaires les plus pressantes, Elle pourvoira au soulagement de ses subjets de ladite Province, en l'année 1659, autant que ses affaires le pourront permettre ; et, pour les restes des tailles depuis 1655, nulles contraintes ne pourront estre exécutées, si elles ne sont visées par les Commissaires départis par sa Majesté en ladite Province.

V.

Dans le quartier d'hyver sont entrez les deniers des ponts et chaussées, qui montent en cette Province à plus de cent cinquante mille livres ; et néantmoins, encores que cette levée deust estre effectivement appliquée à l'usage de sa destination, suivant la réponse à nos Cahiers de 1608, qui porte qu'elle n'aura lieu que tant que le peuple la jugera nécessaire ou la désirera, et que la plus part des ponts de cette Province soient en ruïne, il s'est trouvé qu'en telle année il ne s'y en est appliqué qu'une somme de quatre mil livres. Ce qui nous fait demander, ou que cette levée cesse entièrement, ou bien qu'elle soit employée aux ouvrages qui en ont plus grand besoin, suivant l'avis des juges des lieux, et particulièrement au pont de Vernon, dont la ruïne et l'importance sont également constantes.

Au Roy. Et en sont les Commissaires d'advis.

Il sera laissé fonds dans les Estats de sa Majesté de dix mil livres pour la ville de Roüen et de deux mil livres pour chacune des trois Généralitez par chacun an ; le surplus du fonds des ponts et chaussées sera employé aux dépenses de la guerre tant qu'elle durera.

VI.

Les six deniers prétendus revenir bons à vostre Majesté

des douze deniers des Collecteurs des tailles entrent encores dans le quartier d'hyver, et peut estre au profit de quelque traitant, aussi bien que les deniers des ponts et chaussées, qui ne méritent ny l'un ny l'autre aucune préférence aux charges ordinaires de la Province, que ces levées privilégiées feront tomber sur les non-valeurs ; et les pauvres collecteurs des tailles mériteroient bien plûtost l'application de ces six deniers qu'un Traitant.

Au Roy. Et en sont les Commissaires d'advis.

Sa Majesté entend que lès Collecteurs jouyssent desdits six deniers, ne les ayant accordez à aucuns Traitans.

VII.

CETTE Commission impose dix sols par parroisse pour un prétendu droit de signature de roolle, charge entièrement extraordinaire et qui n'est establie par aucun édict ny porte aucune destination : ce qui nous fait requérir qu'elle soit distraicte de ladite Commission.

Au Roy. Et en sont les Commissaires d'advis.

L'attribution en ayant esté faite à des officiers des Élections par édicts vérifiez, sa Majesté n'y peut toucher.

VIII.

LE taillon, augmenté de moitié depuis dix ans, n'a plus de bornes, ayant encores haussé cette année, par un arrest du Conseil du mois d'avril dernier, de deux cens mille livres par tout le royaume, dont ledit arrest impose le tiers sur nostre Province, comme si elle devoit porter le tiers des charges de l'Estat, et ce par la faveur de ceux qui demandent l'assignation de leurs appointements sur cette levée ; dont nous demandons la modération et la révocation dudit arrest qui départit nos charges si inégallement.

Au Roy. Et en sont les Commissaires d'advis.

Ledit arrest n'a esté exécuté en ladite Province.

IX.

La mesme Commission ordonnant que les bourgeois, qui, manquans de fermiers après en avoir fait toutes les recherches possibles, sont permis, par arrest de vostre Cour des Aydes, de labourer leurs terres, soient imposez au quart de la valeur du fermage qui s'en pourroit tirer, les abandonne au Collecteur, qui, pour soulager la parroisse, estimera la terre des bourgeois à beaucoup plus qu'elle ne vaut, et contre la franchise des villes où ils demeurent les rendra taillables, et contre la foy publique, qui, leur ayant permis ce mesnage, ne les doit pas engager à une servitude qu'ils n'auroient pas voulu subir, s'ils l'avoient pu prévoir: ce qui leur fait demander qu'en ce poinct il ne soit rien inové en l'usage observé de tout temps, pour le regard de ceux qui sans abus usent desdites permissions.

Au Roy. Et en sont les Commissaires d'advis.

Lesdits bourgeois, manquans de fermiers, pourront tenir leurs terres par leurs mains pendant un an, après lequel temps ils seront tenus de les affermer, sinon payeront la taille à cause des héritages qu'ils pourront exploiter.

. . . .
. . . .

Et que les greffiers des Élections soient tenus de délivrer aux Collecteurs toutes sentences qui concernent leur collection, en papier, avec défenses ausdits Greffiers d'exiger desdits Collecteurs aucun droit de présentations desdites causes, puisqu'elles ne regardent pas leur intérest particulier, mais celuy de vostre Majesté qui leur donne des gages pour luy rendre service.

Au Roy. Et en sont les Commissaires d'advis.

Accordé.

XVIII.

Comme aussi il soit enjoint à tous juges, tant des Élections, Greniers à sel, que juridictions ordinaires, de vuider sur le champ toutes causes qui ne consistent qu'en l'exploit de la demande et pièces de l'instruction, sans les mettre vers justice, non pour les mieux entendre, mais pour en tirer des rapports, à peine d'interdiction de leurs charges.

Au Roy. Et en sont les Commissaires d'advis.

Accordé.

XIX.

L'Intérest que nous avons que le fonds des charges de nostre Province ne soit pas diverty, mais effectivement appliqué à l'effet de sa destination, nous oblige de requérir que tous les deniers qui viennent aux Receptes des tailles soient mis entre les mains des Receveurs généraux des finances et du taillon, ainsi qu'il est accoustumé, et qu'il soit fait défenses aux Receveurs particuliers de s'en dessaisir sur des quittances de l'Espargne, ny d'aucun autre porteur de Commissions extraordinaires.

Au Roy. Et en sont les Commissaires d'advis.

Sa Majesté fera observer l'ancien ordre des finances aussi tost qu'il aura plu à Dieu de donner la paix à ce Royaume, cela ne se pouvant faire si exactement qu'il seroit à désirer pendant la guerre.

XX.

Les imposts mis sur nos boissons montent à tel excez qu'ils en surpassent de beaucoup la valeur, et rendent inutilles au peuple les bénédictions d'une fertile année, voire mesme onéreuses, quand il est obligé de chercher dans ses autres biens de quoy satisfaire à ces impots. Ils sont en si grand nombre, et de tant différentes espèces, qu'un mémoire, qu'en ont fait imprimer les marchands, les fait monter à soixante et douze livres trois sols deux deniers sur chaque muid de vin vendu en détail par un cabaretier, d'où s'ensuit que, quand il y a plus grande abondance de vin, qui le devroit donner à bon marché, le propriétaire des vignes est à plus grand retour, et d'autant plus pauvre qu'il semble riche en apparence de la fertilité de ses possessions, le vin ne valant ordinairement que vingt livres sur le crû. Le sidre, par le mesme mémoire, est chargé de dix-huit livres quatre sols huit deniers, qui excèdent de beaucoup sa valeur, ayant cette année esté donné en plusieurs lieux pour le prix de la fustaille. Modérez, s'il vous plaist, ces tributs, et donnez à vostre peuple moyen de tirer quelque profit desdites boissons.

Au Roy. Et en sont les Commissaires d'advis.

Attendu que lesdits imposts font partie des Fermes des Aydes et des Entrées, sa Majesté n'en peut accorder aucune diminution quant à présent.

XXI.

Révoquez, s'il vous plaist, les quarante-cinq sols pour muid de vin, qui ne sont establis qu'au lieu des péages qui se prennent le long de la rivière de Seine jusques à Rouën, puisque les mesmes péages se cueillent encores par leurs propriétaires, qui n'en ont point esté remboursez, comme l'avoit ordonné le feu Roy en 1634, sur cette mesme plainte.

Au Roy. Et en sont les Commissaires d'advis.

Sa Majesté ne peut toucher à cet article, comme faisant partie du bail des Entrées de Paris et Roüen, mais ordonne que les propriétaires apporteront leurs tiltres par devant les Commissaires députez par sa dite Majesté, pour, lesdits tiltres veus et examinez, leur estre pourveu ainsi que de raison.

XXII.

Révoquez ce Maubouge, dont la suppression vous a desjà attiré tant de bénédictions, et, s'il estoit important à vostre Majesté de révoquer le bénéfice que vostre peuple avoit receu de la Déclaration du 22 octobre 1648, pour témoigner à tout le monde que vostre Majesté peut dedans son Estat tout ce qu'il luy plaist, il ne convient pas moins à sa justice, quand tout fait joug sous son authorité, de donner à connoistre qu'elle ne veut que ce qui est raisonnable, et que sa bonté accorde librement, aux très-humbles supplications de ses subjetz, la descharge des choses qui les grèvent davantage en révoquant cette Déclaration, ce qu'ils vous demandent avec d'autant plus de confiance du succez de leurs vœux que vous les avez prévenus par l'exemple de la supression d'un autre impost du Pied-fourché, dont tous les ordres de vostre Estat vous doivent la reconnoissance de ce soulagement. Punissez le fermier de cet impost, qui, n'estant estably que pour l'entrée des lieux où la boisson doit estre consommée, contre son bail et contre les arrêts donnez en vostre Cour des Aydes, l'exige des marchands pour les boissons qu'ils font apporter sur les quais de cette ville, quoyque destinée pour la fourniture d'autres endroits de cette Province, et, en vertu d'arrest du Conseil sur simple Requeste, les fait rigoureusement exécuter : ce qui multiplieroit cet impost autant de fois que lesdites boissons passeroient devant les lieux où elles n'entreroient, non plus que dans Roüen, ce qui ne fut jamais de l'intention de vostre Majesté, que nous supplions très-humblement révoquer ce Maubouge.

Au Roy. Et en sont les Commissaires d'advis.

Sa Majesté fera expédier déclaration pour la commutation dudit droit, pour estre levé, au lieu dudit droit de Maubouge, sçavoir vingt sols pour muid de vin sur les entrées des villes où il y a bailliages anciens, vicontez, Élections ou Greniers à sel, dix sols pour muid de sidres, cinq sols pour muid de poiré, pareils droits sur ce qui sortira du royaume, ensemble sur ce qui sera vendu en détail par les cabaretiers, et autres sans exception, ainsi qu'il sera plus particulièrement exprimé par ladite déclaration.

XXIII.

Révoquez ces anciens, ces nouveaux : des traitans appelleroient Alternatifs ou Triennaux ces autres nouveaux cinq sols, s'ils ne se payoient conjointement avec les anciens et premiers cinq sols; neuf livres pour tonneau de vin ; quarante sols pour tonneau de sidre et vingt sols pour tonneau de poiré, qui se payent aux villes de Roüen, du Havre et Dieppe, ces trois villes n'ayant rien démérité de vostre Majesté pour demeurer chargées de cette imposition.

AU ROY.

XXIV.

Nous nous plaignons de deux autres imposts, l'un de six livres d'un prétendu droit annüel, qu'on demande aux marchands qui vendent en gros, comme si cette qualité estoit un tiltre d'office qui passat aux héritiers et puis s'exige une seconde fois des cabaretiers qui revendent en détail; et l'autre, de deux sols, que prend un Clerc-siégé pour l'acquit des boissons qui entrent dans Roüen, et deux sols six deniers, quand on va déclarer ce qu'on en veut vendre, encor qu'il n'ait aucune attribution pour cela.

Pourquoy il plaira à vostre Majesté révoquer ces six livres de droit annüel, et défendre ausdits Clercs-siégez d'exiger aucune chose pour lesdits acquits et déclarations, à peine de concussion.

AU ROY.

Lesdits droits faisant partie du bail général des Aydes, sa Majesté n'y peut toucher, mais se pourvoira le Sindic du pays à la Cour des Aydes, en cas d'abus dudit Clercsiégé.

XXV.

Les Jurez vendeurs de boissons qui, créés au nombre de soixante pour la seule ville de Roüen, sont néantmoins tous réduits en la personne d'un seul Commis, qui, reclus dans un bureau, prend huit deniers pour livre du prix des boissons qui viennent à Roüen, ce que la Cour des Aydes a réglé à quinze sols pour muid de vin, sont absolument inutilles et si onéreux, que nous en demandons la supression.

AU ROY.

Sa Majesté accorde ladite supression, en remboursant par ladite Province la finance payée par les propriétaires desdits offices.

XXVI.

Il n'est pas jusques à la bière, dont la gonne, qui est le demy-muid, n'aye esté chargée d'unze sols et deux sols pour livre, outre trente-quatre sols qu'elle portoit desjà de diverses impositions, qui montent à présent à quarante-cinq sols, tellement que ce demy-muid, ne vallant pas plus de soixante sols, elle ne rend au brasseur que quinze sols, qui ne suffisent pas pour payer l'orge et le houblon nécessaires à la confection de ce breuvage, qui sert aux hospitaux, aux monastères et aux conciergeries, qui conjurent voste charité de révoquer ces unze sols et deux sols pour livre et modérer les autres tributs.

Au Roy. Et en sont les Commissaires d'advis.

Ladite imposition faisant partie du bail d'Issart, sa Majesté n'y peut toucher.

XXVII.

Il suffiroit pour s'acquitter du quatrième de payer le quart du prix des boissons ; et nous ne pouvons croire que l'intention de vostre Majesté soit que nous payons le quatrième du prix auquel elles montent par vos imposts. C'est, néantmoins, ce qu'exige de nous le Fermier de ce droit, qui prend vingt-cinq livres douze sols pour le quatrième de chaque muid de vin, et sept livres dix sols pour le quatrième du muid de sidre, et prend, en ce faisant, pour son quart, plus que le prix entier de la valeur, au quart duquel nous demandons qu'il se contente.

Au Roy. Et en sont les Commissaires d'advis.

Ledit droit se recevra suivant les édicts et déclarations deuëment vérifiez.

XXVIII.

Le plus grand de tous les imposts, est celuy des cinq sols pour livre de toutes les fermes, qui fust porté et registré, mais non vérifié en vostre Cour des Aydes, au mois de mars dernier, puisqu'il augmente tout d'un coup, non par doubles ny sols, mais par le quart en sus, toutes les fermes des autres imposts. Nous en parlons, et nous plaignons d'autant plus librement, que, n'ayant jamais receu que du soulagement de l'entremise et faveur de ce grand prince nostre gouverneur, qui, par sa prudence et bonté, nous a mérité de vostre Majesté le repos dont nous joüyssons, nous ne doutons point qu'il n'ayt fait cette Commission à regret, et que, comme il ne s'en est acquitté que pour obéyssance à vostre Majesté, il employera vers elle son crédit et sa recommandation, pour nous en obtenir la révocation que nous espérons de vostre justice.

Au Roy. Et en sont les Commissaires d'advis.

Sa Majesté ne peut toucher à cet article, la mesme imposition s'estant faite par tout le Royaume.

XXIX.

Le prix du sel est si excessif, qu'en incommodant vostre peuple, il ruine mesme vos Gabelles, l'expérience ayant fait voir que, plus il est cher et moins il s'en débite en vos Greniers. Le profit de vostre Majesté et nostre soulagement seroit de le bailler à dix livres le boisseau, et, comme les pauvres n'en peuvent achapter un boisseau tout d'un coup, d'enjoindre à vos Grènetiers de fournir leurs Greniers de demy-boisseaux et quartes de boisseaux, afin de le distribuer selon la quantité qui leur est demandée, et ainsi qu'il fust ordonné par le feu Roy sur nos plaintes de 1603, avec injonction aux procureurs de vostre Majesté de tenir la main à l'exécution de ladite ordonnance, à peine d'interdiction de leurs charges.

Au Roy. Et en sont les Commissaires d'advis.

La diminution du prix du sel ne se peut accorder, mais la distribution au Grenier : sa Majesté trouve bon qu'il en soit délivré aux particuliers par boisseaux et demy-boisseaux.

XXX.

Cette modération nous délivrera des Commissaires extraordinaires, qui, bien extraordinairement, en effet, sous prétexte de la recherche du faux-saunage, ont fait vexation à l'Église, à la Noblesse et au Tiers-Estat, ayans condamné plusieurs Ecclésiastiques et Gentilshommes en grosses amendes, pour n'avoir, disent-ils, pris du sel suffisamment dans vos Greniers, contre les droits de l'Église, qui, par les contracts faits avec votre Majesté et arrests de vostre Conseil, n'est tenue de représenter les billets des Gabelles; contre les droits de la Noblesse, qui non plus que l'Église n'est point sujette au controlle du commissaire d'un Fermier, pour luy rendre compte de sa forme de vivre; et le pauvre Tiers-Estat, accablé de tailles et d'imposts, pour comble de malheur, a veu faire sur luy des levées de sommes excessives sous noms d'amende et de restitution de Gabelles. Les officiers mesmes des Greniers ont envoyé par les parroisses des mandements portans injonction à toutes personnes de représenter les billets de sel qu'ils avoient pris dans les Greniers et petites Reventes; et, ensuitte desdits mandements, se sont jugées tant d'amendes, que la levée en quelques parroisses a égallé une portion de la taille. Nous demandons qu'il vous plaise ordonner, que les comptes en seront rendus en vostre Chambre des Comptes, et qu'à cette fin les Partisans, Greffiers et Receveurs de ces Commissions, soient tenus mettre, ès mains de vostre procureur général en ladite Chambre, les roolles desdites amendes dans le mois, autrement y soient contraints par corps, et qu'il sera informé, par ladite Chambre, de ce que chaque parroisse aura payé en particulier, pour du tout en estre dressé procès-verbal, et, les roolles envoyez à votre Majesté, pourveu ainsi qu'il appartiendra, conformément à l'avis donné au feu Roy Henry le Grand en 1602, par Messieurs les Commissaires qui tenoient nos Estats sur pareilles plaintes contenues en l'article 7 du Cahier de nos Remontrances.

Au Roy. Et en sont les Commissaires d'advis.

Lesdites amendes appartiennent au Fermier des Gabelles, qui n'est obligé d'en compter.

XXXI.

L'usage de l'eau de mer n'a jamais esté défendu aux pauvres ; mais la cruauté de ces Archers du sel qui leur cassent sur les épaules les cruches, avec lesquelles ils la vont puiser, nous fait requérir qu'itératives défenses leur soient faites d'empescher cet usage, à peiné de punition corporelle.

Au Roy. Et en sont les Commissaires d'advis.

Ceux qui se trouveront portant de l'eau de la mer, pour en débiter, vendre et user par ceux qui en auront achapté, seront punis par l'arbitrage des juges selon l'exigence des cas.

XXXII.

Le bail des Gabelles dispensant l'adjudicataire du dépost et repos du sel, nous serions en nécessité de l'achapter tout fangeux et dégoustant d'eau, d'où s'ensuivroit la corruption des provisions, et plusieurs maladies ; cette dispense seroit contraire aux ordonnances de l'an 1577, article 41, et de Henry le Grand en l'an 1607, qui disent que le sel n'acquiert son dépost qu'après deux ans entiers, et défendent aux Grènetiers de le débiter avant ledit temps, ce que nous demandons estre réitéré.

Au Roy. Et en sont les Commissaires d'advis.

Sera tenu l'adjudicataire d'exécuter son bail concernant ledit dépost du sel.

XXXIII.

Ce bail promet audit adjudicataire la distraction des petites Reventes du sel blanc qui se fait en plusieurs vicontez de cette Province, pour les unir au bail général des Gabelles. Cette distraction seroit de telle conséquence, qu'elle incommoderoit infiniement le peuple, qui, ne trouvant plus de sel blanc aux Reventes, que l'adjudicataire ne fourniroit pas, seroit contraint d'aller à la Gabelle. C'est pourquoy il a grand intérest d'en conserver la liberté, qui n'a jamais esté assujettie aux Gabeleurs, et partant n'ont point de raison d'astraindre à prendre ne garder des billets dudit sel.

Au Roy. Et en sont les Commissaires d'advis.

Il en sera usé comme il a esté fait jusques à présent.

XXXIV.

UNE autre clause dudit bail, qui pourvoit à la subsistance d'une compagnie de cavallerie, destinée à la seurté de vos droits, nous fait appréhender le ravage que font ces exploitans, et vous supplier de croire que le respect seul de vostre nom et nostre obéyssance conservent plus exactement vos intérests que cette milice.

AU ROY.

Sa Majesté ne peut accorder le présent article, mais elle entend que les gardes et gens de guerre establis pour la conservation des Gabelles payent leur dépense, et ne fassent aucun désordre.

XXXV.

L'EGLISE, qui est la mère commune de tous les ordres, a trouvé convenable à la charité qu'elle a pour ses enfans, que les misères des plus affligez, et dont le contre-coup affecte tous les autres, paroissent les premières aux yeux de vostre Majesté pour exciter sa bonté à leur soulagement avant que d'exprimer ses doléances sur l'infraction de ses immunitez. Elle se plaint qu'elle est, par l'imposition des tailles en ses ministres, en labourant leurs terres, et des tributs aux entrées des villes et des quatrièmes, réduite à la condition des roturiers, contre les loix, qui en font une entière différence, et contre les contracts que le Clergé a faits avec vostre Majesté, les arrests de vostre Conseil qui portent qu'il jouyra de l'exemption des tailles et des aydes, en vendant en gros ou détail les boissons de son crû. Vostre Cour des Aydes, par son arrest de vérification du dernier desdits contracts, a fait différence entre les chanoines et les séculiers, divisé mesmes les chanoines en diverses classes, donnant plus de droit, au fait dudit labourage, à ceux de l'Église Métropolitaine que des Suffragantes, et ainsi à tous ceux de ce titre plus qu'au Clergé en général, au fait desdites tailles. C'est un ordre uniforme qui ne reçoit ny plus ny moins, en qui que ce soit qui le porte ; et, si l'immunité est attachée à la cléricature, ceux qui en sont honorez y doivent également participer. Ce qui luy fait demander, que, sans s'arrester audit arrest, tout le Clergé, sans distinction, sera exempt des tailles, ainsi qu'il est, par iceluy, des droits d'entrée et de quatrième, pour les boissons qui viendront de son crû.

Au Roy. Et en sont les Commissaires d'advis.

Il en sera usé comme il a esté bien et deuëment fait cy-devant.

XXXVI.

Une Commission émanée de vostre Conseil le 14. de décembre dernier, en vertu de laquelle les chanoines de la Métropolitaine et les prieurs et officiers des plus grandes abbayes, religieux et religieuses, et toutes sortes d'ecclésiastiques, les hospitaux mesmes, sont assignez à comparoir au mois en vostre dit Conseil, à la requeste d'un nommé Fauveau, fermier des quarante-cinq sols, qui se lèvent en cette Province, seule de tout le Royaume chargée de cet impost, est un suject bien plus pressant de ses regrets sur l'inquiétude qu'elle souffre en ses immunitez et dérogeance aux contracts faits avec vostre Majesté, dont la foy doit rendre l'exécution inviolable. Cette Commission tend à dire qu'un arrest du 24. janvier de l'année dernière, qui a condamné les Secrétaires de la Chancellerie de cette ville au payement des droits unis à cette ferme, sera déclaré commun avec l'Église et la Noblesse, et que, conformément à sa teneur, et d'un bail, à la vérification duquel ces deux ordres ont opposé, et dont l'opposition est encor indécise, ils y seront condamnez comme pour vos propres deniers, ainsi que lesdits Secrétaires. La disproportion de ces conditions est si grande, qu'une simple réflexion sur leur object suffit pour obtenir de vostre justice la révocation que nous espérons de cette Commission et la descharge de telles assignations, à ce que l'Église et la Noblesse demeurent en la jouyssance d'un droit qui leur est aussi ancien que leur condition en vostre Royaume.

Au Roy. Et en sont les Commissaires d'advis.

Présentant requeste au Conseil, et communiqué au fermier, sera fait droit, toutes choses demeurant en estat; et cependant les droits seront payez.

XXXVII.

La Commission de la présente assemblée fait encore distinction entre les biens dépendans des bénéfices, et patrimoniaux et d'acquests des ecclésiastiques, qu'elle n'exempte de la contribution des tailles que pour la première espèce seulement, laissant, par conséquent, les deux autres à la discrétion des Collecteurs. Cette distinction est contraire aux arrests du Conseil des 2 octobre 1625 et 26 juillet 1634, et à la réponse de nos Cahiers de ladite année, qui portent en termes exprés que les Ecclésiastiques ne pourront estre imposez aux tailles pour leurs biens propres ou d'acquests, non plus que pour leurs bénéfices : ce que nous demandons estre ponctuellement exécuté.

Au Roy. Et en sont les Commissaires d'advis.

Pourront labourer les terres de leurs bénéfices seulement.

XXXVIII.

Vostre Majesté, sur l'article premier de nos Cahiers de 1629, avoit dispensé les curez de faire lecture en leurs prosnes des mandements, tant des Éleus qu'autres juges, en avertissant le peuple qu'il en entendroit la teneur à la fin et sortie de la messe parroissialle, n'estant pas juste qu'en la maison d'oraison et de paix, les esprits soient inquiétez des nouvelles de leurs impositions, dont l'appréhension les détourne de l'application qu'ils doivent au service divin. Néantmoins cet abus continuë encore, dont l'Église solicite vostre piété d'empescher la suite, et d'enjoindre à vos officiers d'ordonner lesdites lectures, non plus aux prosnes des messes, mais à l'issue et sortie des églises et hors lieu saint.

Au Roy. Et en sont les Commissaires d'advis,

Il ne sera rien inové à ce qui s'est tousjours pratiqué pour lesdites publications.

XXXIX.

Il y a longtemps que nous demandons que le revenu des léprosaries soit appliqué aux hospitaux des villes prochaines de leur scituation. La charité n'en peut davantage souffrir les abus en usages prophanes de personnes qui s'en accommodent comme de leur propre bien, et, le nombre de pauvres croissant de jour en jour par la multiplicité de nos charges et impositions, c'est par nécessité que le soin d'augmenter le bien des hospitaux solicite vostre charité de ne plus remettre nos requestes en conférence avec Monsieur vostre Grand Aumosnier, qui ne peut jamais mieux s'acquiter de ce pieux office, qu'en s'accordant, en ce qui le regarde, à l'effet d'un si juste dessein.

Au Roy. Et en sont les Commissaires d'advis.

L'administration des léprosaries dépendant de la charge de notre Grand Aumosnier de France, sa Majesté désire que le présent Article lui soit communiqué, pour ensuitte y estre par elle pourveu ainsi qu'il appartiendra par raison.

XL.

En 1634, nous avions obtenu que toutes les juridictions royalles d'Arques y seroient restablies, avec défenses aux officiers qui les tiennent d'en faire aucune fonction ailleurs, à peine de crime de faux. Monsieur de Miromesnil, lors maistre des Requestes, en exécuta le restablissement, depuis lequel ils y ont demeuré jusques en 1651, que, par une Déclaration, surprise sans connoissance de l'instance pendante au Conseil sur ce suject, et sans ouyr parties, ils se sont fait permettre d'exercer leurs charges aux fauxbourgs de la ville de Dieppe, qui est une des portions plus notables du domaine de l'archevesché de Rouen. La désolation qu'aporte audit bourg d'Arques l'exécution de cette Déclaration nous fait demander qu'elle soit révoquée et nos réponses exécutées selon leur teneur.

Au Roy. Et en sont les Commissaires d'advis.

L'instance, ci-devant intentée au Conseil avant la Déclaration mentionnée en cet article, sera incessamment poursuivie.

XLI.

La Noblesse a toute raison de croire que par erreur s'est glissée une clause en la Commission des tailles, qui porte qu'au payement d'icelles seront, avec les Collecteurs des parroisses, les Nobles, Exempts et Privilégiez, contraints par les voyes ordinaires, ainsi que les autres contribuables, pour ce que les tesmoignages qu'elle a des affections de vostre Majesté ne luy permettent pas d'en douter, non plus que d'espargner son sang dans les occasions de vostre service. Mais, comme elle est bien plus jalouse de son honneur que de son bien, elle réclame contre cette erreur, non par appréhension de son effet, trop asseurée qu'elle est de son droit et de vos bonnes grâces, mais pour ne dissimuler pas la moindre atteinte à son immunité, se promettant que vostre Majesté la maintiendra dans ses franchises, et l'exemptera non seulement des tailles, mais encore des tributs qui se lèvent, tant aux entrées des villes qu'en l'exemption des quatrièmes pour la vente de ses boissons.

Au Roy. Et en sont les Commissaires d'advis.

Cette clause ne regarde que les nouveaux anoblis, qui avoient esté révoquez par la Déclaration de 1640, et qui n'ont esté restablis.

XLII.

Quand la Noblesse vendique ses franchises, elle n'entend parler que pour la véritable, pour cette généreuse naissance, qui n'est pas plutost animée du sang que de la vertu des ancestres, ou de celle dont les tiltres scellez du sang que des actions héroïques ont fait épandre pour vostre service, ou que la fonction de charges, exercées dignement à la manutention de l'Estat et repos public, a rendu assez recommandable pour mériter en récompense cette glorieuse marque d'honneur ; mais non de ces mesnagers, qui, par leur trafic ou mesquinerie de leur espargne, ayans amassé quelque argent, se sont persuadez qu'ils pouvoient, au prix de leurs finances, achapter ce beau don de la nature ou de la grâce, et que, dessous le masque d'une peau de parchemin, sur laquelle paroist seulement leur prétenduë noblesse, ils passeroient pour autres qu'ils ne sont, non pour servir l'Estat, mais en affoiblir les forces par le meslange d'un sang impur et roturier avec le noble et généreux. Et nous sommes surpris qu'au temps que vostre Majesté nous énonce qu'Elle est obligée, à son grand regret, de continüer l'excez des levées qui se font en cette Province, par une grande multitude de lettres d'anoblissemens, elle exempte tous ceux qui en auroient porté la plus grande partie. Cet abus est si grand, et la prostitution de ce tiltre d'honneur fait à si vil prix, qu'il s'est vendu à qui en a voulu, sans enqueste d'autre mérite que du moyen d'en payer la finance, qui souvent s'est veuë au dessous de celle d'une lettre de bulle de quelque mestier: ce qui fait demander à la vraye Noblesse la révocation de tous ces anoblissemens achaptez par argent depuis 1610, et, s'il y en a quelques-uns qui prétendent les avoir acquis par services rendus à l'Estat, qu'il plaise à vostre Majesté ordonner que dedans les siéges royaux et parroisses où sont à présent leurs domiciles, et dedans celles où ils estoient lors de l'obtention desdites lettres d'anoblissement, elles seront leuës et mises au greffe, avec mémoires spécifiques des services prétendus rendus, signez d'eux ou de leurs enfans, s'ils sont décédez, et que durant trois mois tous gentilshommes de la Province et parroissiens dudit domicile pourront coucher opposition à la vérification desdites lettres, laquelle ne pourra estre faite qu'après lesdits trois mois et les opposans entendus.

Au Roy. Et en sont les Commissaires d'advis.

Accordé, sans que ladite recherche puisse estre tirée à conséquence avant ladite année 1610, pour quelque cause et occasion que ce puisse estre, quand mesme la vérification n'auroit esté faite en toutes ses formes avant ledit temps.

XLIII.

Nous sçavons bien que vostre Majesté avoit confirmé ces nouveaux anoblis moyennant une taxe portée par Déclaration du mois d'octobre 1650, qui est une marque qu'ils ne passoient pas pour nobles en vostre esprit, parce qu'aucune taxe ne les auroit pû cottiser. Et estoit assez naturel que, comme leur argent avoit fait le seul fondement de ce qu'ils prétendoient de noblesse, la confirmation de ce tiltre dépendist aussi de quelque contribution, dont ils ont esté assez récompensez par la jouyssance de l'honneur qu'ils en ont reçu, tant qu'il vous a plu le souffrir. Mais ceux qui dès le règne du roy Henry le Grand estoient en possession de l'engénüité n'ayans jamais, ny leurs prédécesseurs, payé les tailles, et qui ont veu leurs services, soit dans les armes, soit dans la robbe, récompensez de chartres d'anoblissemens vérifiées en vostre Chambre des Comptes, se plaignent avec raison d'un arrest de la Cour des Aydes, lequel, en vérifiant les taxes de ces anoblis, ordonne que ceux qui n'ont fait vérifier leurs lettres en ladite Cour seront tenus de ce faire dans deux mois, à peine d'en décheoir. Et sur ce prétexte le Partisan de ces taxes voudroit inquiéter ceux qui se reposoient sur la foi de la vérification de leurs chartres faite en la Chambre des Comptes, qui, par son enregistrement, avoit parfait et consommé toute la grâce que confèrent ces espèces de lettres à ceux sur qui la taille n'a jamais eu de prise, et par conséquent n'ont eu besoin de passer par la Cour des Aydes pour affermer la dignité de leur tiltre, pour lequel ils demandent que, sans s'arrester audit arrest, ils soient deschargez de ladite vérification en la Cour des Aydes, et que défenses soient faites au Traitant de les inquiéter sur ce suject, sur telles peines qu'il vous plaira.

Au Roy. Et en sont les Commissaires d'advis.

Feront vérifier lesdites lettres à la Cour des Aydes.

XLIV.

La dignité de cet ordre doit éviter une tache que luy feroit une clause, qui s'employe à présent presque dans tous les baux des fermes des Aydes et Gabelles: que les fermiers pourront associer avec eux en leurs baux les Nobles, sans que ladite association déroge à leurs qualitez, ny préjudicie à leurs priviléges. Ces fermes, qui assujettissent les corps et les biens de ceux qui s'y engagent, captivent trop la liberté d'une condition qui ne doit recevoir aucune contrainte que de son devoir au service de son Prince et à l'avancement de la gloire de son Estat. Les appas du profit qui se fait dans ces fermes n'allèchent point les ames nobles, qui n'ont autre objet que l'honneur, et la générosité d'un Gentilhomme ne se peut abaisser jusqu'au point que de tendre la main à la perception des tributs, de la prestation desquels il se tiendroit déshonoré. Pour quoy la demande est très-juste, que telles clauses soient distraites desdits baux, afin que la Noblesse se maintienne en sa pureté.

Au Roy. Et en sont les Commissaires d'advis.

Sa Majesté ne considère point lesdits Gentilshommes comme dérogeans, pour s'intéresser dans ses affaires.

XLV.

Autant de fois que s'anticipera la levée du droit des Francs-Fiefs et Nouveaux Acquests, nous aurons droit de réclamer l'ordonnance de son establissement, qui ne l'impose que de quarante en quarante ans. Mais, puis qu'on y travaille à présent, nous demandons, que défenses soient faites à celuy qui en a traité, d'inquiéter, par assignation ny aucune autre voye, ceux qui, en la Commission précédente, ont obtenu leur descharge, à peine de tous intérests, n'estant pas juste qu'il donne nouvelle peine à l'Église et à la Noblesse de produire de rechef leurs tiltres, et leur cause des frais, qui seroient la taille de l'un et de l'autre ordre, qui n'en peuvent souffrir.

AU ROY.

Se pourvoiront à la Chambre Souveraine des Francs-Fiefs; et, en cas qu'ils s'y trouvent mal assignez, le Traitant sera condamné aux dépens.

XLVI.

Une autre Commission, décernée à Sedan au mois de juillet dernier, pour taxer tous les détenteurs des biens et droits possédez à titre de cens ou rentes, ou possédez par inféodation, de quelque nature ou condition qu'ils soient, dépendant de vostre Domaine, en quelques lieux qu'ils soient scituez et assis, au douzième denier et depuis au vingtième de leur valeur et aux deux sols pour livre, pour estre maintenus en leur jouyssance, suivant l'évaluation qui en sera faite sur les tiltres qui en seront représentez, jette toute condition de personnes dans l'incertitude de la possession de leur bien. C'est le Party des Fieffes qui revient, et que le feu Roy révoqua sur la considération du préjudice qu'il eust fait. Et ces termes d'inféodation, désignans les fiefs, dont l'investiture est perpétuelle, font qu'il n'y auroit point de bien, soit noble ou roturier, de la teneur de vostre Domaine, qui s'en pûst exempter. Aussi, par arrest de vostre Conseil, donné en 1646, semblable Commission ayant commencé à s'exécuter dedans la vicónté de Domfront, elle fut aussi tost révoquée. Pour quoy nous demandons le révocation de celle-cy, pour les mesmes raisons qui furent alléguées contre la précédente.

Au Roy. Et en sont les Commissaires d'advis.

Accordé.

XLVII.

Le feu Roy nous accorda, dès 1611, la supression des Assesseurs des vicontez; et, néantmoins, ils subsistent encore. Ces Certificateurs de Décrets sont inutilles à la justice, et tous ces officiers, créés en 1635 et depuis dans les juridictions inférieures, la troublent plus qu'ils ne luy servent, et ne font qu'opprimer le peuple en rüinant les officiers anciens, ce qui nous en fait réquérir très-instamment la suppression.

AU ROY.

Ladite suppression est accordée pour les officiers non remplis, dont les gages seront payez, en attendant le remboursement, suivant le fonds qui sera laissé dans les Estats de sa Majesté, aux porteurs des lettres de provisions desdits offices non remplis.

XLVIII.

Et révocation d'un édict du mois de mars 1652, qui porte que toute création d'offices, droits et taxations y attribués, levées et impositions, suprimées par la Déclaration d'octobre 1648, seront exécutées.

Au Roy. Et en sont les Commissaires d'advis.

Ne se peut accorder, et sera ledit édict exécuté.

XLIX.

Vostre parlement par un arrest célèbre du 18 août 1653, donné en forme de règlement, à l'instance de Monsieur vostre procureur général, avoit pourveu au désordre que les Greffiers avoient causé en l'expédition des actes qu'ils délivrent, et la publication de ce règlement luy avoit attiré la bénédiction de tout le peuple. Mais un arrest de vostre

Conseil, du 24 avril dernier, en ayant empesché l'effect, sans avoir entendu les sujects d'un si saint ouvrage, ny examiné les motifs, nous demandons qu'en révoquant ledit arrest du Conseil, celuy du parlement soit exécuté, tant pour les juridictions ordinaires, que pour les extraordinaires.

Au Roy. Et en sont les Commissaires d'advis.

Après avoir entendu les parties intéressées et veu les motifs des arrests du parlement de Roüen, il y sera pourveu ainsi qu'il appartiendra ; et cependant l'arrest du parlement de Roüen sera exécuté.

L.

Nous demandons encor la révocation des édicts du Controlle des Greffes, du Quart en sus, des Présentations et Parisis, des deux sols pour livre des rapports, des Controlleurs des exploits, des quatre deniers pour livre du Controlle des consignations, qui ne sont pas seulement inutilles, mais ruineux, et déshonorent la justice.

Au Roy. Et en sont les Commissaires d'advis, pour le Controlle des exploits.

Pour les raisons contenuës en l'article précédent, sa Majesté ne peut toucher à cet article.

LI.

Le parlement avoit ordonné, par arrest du 17e jour de décembre 1648, que liquidation seroit faite de la finance des Notifications, comme aussi de la jouyssance qu'en ont euë ceux qui les ont acquis. Mais son arrest est demeuré sans exécution, les intéressez sçachant bien qu'elle tourneroit à leur confusion, quand elle feroit voir le profit immense qu'ils ont fait sur le peuple au delà de leur remboursement. Depuis lequel temps se sont encor écoulées huit années de jouyssance, dans telle vexation, que ceux qui en souffrent sont obligez d'aller souvent loin de leurs domiciles chercher ces Notificateurs, pour leur payer ce qu'ils demandent : ce qui nous fait crier à la suppression desdites Notifications pour l'obtenir de vostre Majesté.

Au Roy. Et en sont les Commissaires d'advis.

Seront les tiltres des acquéreurs présentez dans un mois par devant les Commissaires que sa Majesté députera pour vérifier leur finance, à faute de quoy, et ledit temps passé, défenses à eux de lever ledit droit.

LII.

Les formalitez des Décrets sont si longues, et les frais, si excessifs, qu'il n'y a point de créancier assez hardy pour entreprendre le Décret d'un fonds qui ne passera pas la valeur de la somme de cinq cens livres. Le moyen d'y pourvoir seroit qu'il plust à vostre Majesté ordonner, qu'après trois publications à l'issuë de la messe paroissialle du lieu où ledit fonds seroit assis, de valeur de cinq cens livres seulement, l'adjudication en fust faite par le juge des lieux, au plus offrant, sans autre formalité, trois mois après la dernière desdites trois proclamations.

Au Roy. Et en sont les Commissaires d'advis.

Sera expédiée Déclaration adressante au parlement, pour pourvoir sur le contenu en ces deux articles, ainsi qu'il appartiendra.

LIII.

La mesme appréhension des frais desdits Décrets nous fait encor requérir que les acquéreurs d'une personne, qui reste obérée après la discution de ses meubles, soient tenus de céder leurs acquisitions aux créanciers de leurs vendeurs antérieurs en hypotèques, ainsi qu'il se pratique à Paris.

Au Roy. Et en sont les Commissaires d'advis.

LIV.

Nous demandons qu'il soit enjoint, aux Secrétaires de vostre Chancellerie, de garder mieux l'ordonnance qui règle les Commitimus qu'ils n'ont fait par le passé, et qu'ils n'en délivrent qu'à ceux qui sont spécifiez par ladite ordonnance.

Au Roy. Et en sont les Commissaires d'advis.

Ne sera expédié de Commitimus qu'à ceux qui ont droit par édicts et Déclarations deuëment verifiez.

LV.

Nous supplions aussi très-humblement vostre Majesté de révoquer les deux sols d'augmentation du Seau, porté par l'une des Déclarations registrées en la Cour des Aydes au mois de mars dernier, et qu'il suffise de la taxe d'un Seau pour chaque Lettre, sans le multiplier autant de fois qu'il y a de parties dénommées auxdites Lettres.

Au Roy. Et en sont les Commissaires d'advis.

Sa Majesté ne peut accorder cet article.

LVI.

Le plus grand abus est en ces clauses, qui passent en stille de tous les traitez et baux de vostre Majesté, qui authorisent les fermiers de mener en vostre Conseil tous ceux qui contredisent leurs demandes, sçachant bien qu'il n'y a personne qui n'ayme mieux les contenter que de subir les peines de voyages fascheux et s'engager en frais qui passeroient cent fois le capital. Ce qui nous fait demander que ces Traitans ne puissent agir que devant les juges des lieux, et par appel aux Compagnies Souveraines, suivant les compétences de leurs establissements.

Au Roy. Et en sont les Commissaires d'advis.

Il sera fait droit sur les requestes des particuliers qui seront présentées au Conseil, ainsi que de raison; et, néantmoins, ne pourront les fermiers et leurs commis faire évoquer aucune instance audit Conseil, pour les choses concernans l'exécution des baux vérifiez en ladite Province de Normandie.

LVII.

Les particuliers dont le bien consiste en rentes assignées sur vos Receptes, et qui en ont souffert, les uns, des retranchemens à moitié, les autres, des supplémens, et tous ensemble, de grands frais pour la vérification de leurs tiltres, en sorte que leurs rentes reviennent plus qu'au denier trente, réclament la foy publique sous laquelle ils ont contracté avec un débiteur le plus solvable de son Royaume, et sur un fonds plus que suffisant pour les payer. Et supplient vostre Majesté qu'en attendant que la paix la mette en estat de les satisfaire entièrement de ce qui leur a esté retranché, il vous plaise leur faire fonds pour les payer, ceux des Gabelles et des Aydes, quoyque passans par la Recepte générale, de deux quartiers et demy, comme ils ont eu jusques en 1640; ceux des Traittes Foraines et Domanialles, après la perte qu'ils en ont soufferte, par dix années de suitte, de deux quartiers, ainsi que la Recepte généralle, suivant les Déclarations et estats de vostre Majesté envoyées aux années dernières; ceux des Aysez, du total; et pour ceux dont l'affectation est sur vostre Domaine, qu'il vous plaise leur en faire fonds, ou d'en ordonner le payement sur les engagistes qui en jouyssent, n'estant pas juste que, pour avoir aliéné vostre Domaine, après avoir constitué lesdites rentes, il soit deschargé de leur hypotèque.

Au Roy. Et en sont les Commissaires d'advis.

Sa Majesté y a satisfait.

LVIII.

Les octrois des villes, par la signification de leur nom, montrent que la levée ne s'en est faite qu'à la demande desdites villes, soit pour payer leurs tailles, soit pour subvenir aux ouvrages nécessaires, ou entretien des édiffices publics, et est juste que l'adjudication de leurs fermes se fasse par devant les baillifs et eschevins des lieux, et non par devant les Esleus qui sont juges extraordinaires.

Au Roy. Et en sont les Commissaires d'advis.

Il en sera usé suivant les arrests, réglements, et usages particuliers desdites villes.

LIX.

Le Traitant de la moitié de ces octrois ne s'est pas contenté de les faire estimer sur le pied des adjudications dernières, qui ne sont pas si fortes que le redoublement d'iceux a détourné grande partie des denrées qui en portoient l'imposition, mais sur le pied des adjudications anciennes qui estoient bien plus hautes, tellement qu'au lieu d'une moitié, il se trouve prendre près des deux tiers. Il commet encore un plus grand abus, en ce qu'en vertu du mesme Traité, il prend la moitié du tarif, fait pour payer la taille, que le peuple paye deux fois par ce moyen à un homme qui n'en a pas traité; et le redoublement de ce tarif redoubleroit la taille contre l'intention de vostre Majesté, que nous suplions nous rendre cette moitié d'octrois, afin de n'estre surchargez de leur redoublement.

Au Roy. Et en sont les Commissaires d'advis.

Sa Majesté ayant fait estat des deniers qui doivent provenir de l'aliénation de moitié desdits octrois pour les dépenses de la guerre, Elle ne peut accorder ladite descharge.

LX.

Plusieurs parroisses, pour s'acquitter des taxes que vostre Majesté leur a demandé, ont esté forcées de vendre, les unes, partie, les autres, toutes les communes qui leur servoient à la nourriture de leur bestail et à faire valoir leurs terres. Le préjudice qu'elles reçoivent de n'en jouyr plus les fait requérir qu'elles soient permises de rentrer en leur possession, en remboursant le prix qu'en ont payé ceux qui les ont achaptées, n'estant pas juste qu'ils profitent de la nécessité publique qui avoit extorqué cette aliénation.

Au Roy. Et en sont les Commissaires d'advis.

Accordé en payant, outre le prix, les améliorations, frais et loyaux cousts.

LXI.

L'université de Caen vous demande la continuation de ses priviléges et le restablissement du fonds de la subsistance, comme il estoit autresfois, afin que le public profite de son establissement en cette Province.

Au Roy. Et en sont les Commissaires d'advis.

Il y a esté pourveu par l'Estat du Roy de la Généralité de Caën.

LXII.

Il y a longtemps que nous demandons la supression du Prévost Général et de toute sa suitte, et cessation de la levée qui se fait sur nous pour ses appointemens, puisque non-seulement ils sont inutiles, mais à charge à nostre Province par les exemptions dont ils jouyssent. Mais au lieu d'entretenir nos espérances, nous voyons un édict de l'an 165o, qui porte l'establissement d'un Lieutenant en Courte-Robe dudit Prévost, à douze cens livres de gages, et d'un procureur du Roy en chacune compagnie des Prévosts, à cent livres de gages, et des Provisions expédiées ensuitte, sans aucune vérification en cette province de la création de ces charges, ce qui nous en fait demander la suppression.

Au Roy. Et en sont les Commissaires d'advis.

Lesdits offices ne peuvent estre establis qu'en vertu d'édicts deuëment vérifiez où besoin sera en ladite Province.

LXIII.

Le feu Roy, sur l'article 20 de nos plaintes de l'an 1617, défendit à toutes personnes d'empescher l'usage de la tangue, qui est une espèce de sable propre à engraisser la terre, que la nature offre à tout le monde, et qui n'est sujette à aucun tribut. Néantmoins depuis quelque temps, aucuns se seroient enhardis de contrevenir à cet ordre et ne permettre cette commodité qu'à ceux qui la veulent achapter d'eux à prix d'argent. Ce qui nous fait demander qu'itératives défenses soient faites, à qui que ce soit, d'empescher le dit usage, ny d'en tirer tribut sous prétexte de son fief, à peine de désobéyssance, et de commise des fiefs.

Au Roy. Et en sont les Commissaires d'advis.

Il en sera usé comme il a esté cy-devant bien et deuëment fait.

LXIV.

Puisque les plaintes et les remontrances sont les seuls moyens légitimes à des subjets fidelles de se défendre des imposts ou levées, qui se font à leur préjudice sous l'authorité de leur Prince, son accez leur doist estre libre, et leur séjour asseuré, quand ils sont à sa suitte, nos roys n'ayans jamais permis que les eschevins, sindics, ou députez des Communautez, dans la solicitation de leurs intérests, puissent estre arrestez par quelque Traitant que ce soit. Plusieurs arrests l'ont défendu, et notamment un du premier d'octobre 1649 pour les eschevins de Roüen. Néantmoins, depuis quelques jours, les sindics de Caën et de Dieppe, dans les fonctions de leurs charges, à la suitte de vostre Conseil, ont esté arrestez prisonniers, et sont encor de présent en la garde d'huissiers à grands frais : ce qui nous oblige à demander la main-levée desdits gardes, et que l'arrest obtenu par les eschevins de Roüen soit déclaré commun pour toutes les villes et communautez de cette Province, portant défenses à tous Traitans d'arrester lesdits eschevins, sindics ou députez, à tous huissiers de l'entreprendre, et geolliers de les recevoir, à peine de punition exemplaire.

Au Roy. Et en sont les Commissaires d'advis.

Sera fait droit sur les requestes qui seront à cette fin présentées au Conseil.

LXV.

Lesdits eschevins de Rouen continuent à demander, que les vingt sols pour muid de vin destinez aux ouvrages et réparations de leur pont, soient distraicts de la ferme à laquelle vostre Majesté les a unis ; et qu'ils leur soient rendus, ne pouvans autrement subvenir à son entretien, tout nécessaire à la facilité du commerce et commodité publique.

Au Roy. Et en sont les Commissaires d'advis.

Ces deux articles faisant partie de la ferme des Entrées, Sa Majesté n'y peut toucher.

LXVI.

Comme aussi les huit escus pour muid de sel destinez aux

fortifications de ladite ville, qui cesseront, si cet octroy, absolument nécessaire à la seureté et conservation de la capitalle de cette Province, ne luy est restitué.

Au Roy. Et en sont les Commissaires d'advis.

LXVII

Nous réïterons nos plaintes d'un nombre infiny d'huissiers et sergents, qui par leurs pilleries tourmentent le peuple sans qu'on en puisse avoir raison. Ce sont gens inconnus, la pluspart valets de Partisans, dont les charges ne durent qu'autant que les Traitez de leurs maistres, après lesquels finis ils retournent à leur premier mestier. Le remède à ce mal seroit que tous huissiers et sergents fussent tenus d'eslire domicile en la ville principalle de la viconté dans laquelle ils prétendent exercer, et de bailler caution de leurs déportemens ; autrement, qu'il leur fust défendu de faire aucuns exploits, à peine de faux, et à tous juges d'y avoir égard.

Au Roy. Et en sont les Commissaires d'advis.

Accordé.

LXVIII.

Et afin que la punition des voleries commises par ces sortes de gens serve d'exemple capable d'en empescher le cours, nous demandons que les informations qui en ont esté faites par aucuns de Messieurs de la Cour des Aydes, descendus sur les lieux pour ce subject, et qui sont au greffe de ladite Cour, soient délibérées, et les procez faits et parfaits à la diligence de Monsieur vostre Procureur général.

Au Roy. Et en sont les Commissaires d'advis.

Accordé.

LXIX.

Les tailles en Normandie affectent tellement les personnes, qu'en quelque province qu'elles s'aillent habituer, elles demeurent tousjours imposées aux lieux d'où elles sont sorties, pour éviter aux fraudes qui se pourroient commettre ausdites tailles, par la retraite des contribuables dans les provinces voisines; et demandons que cet usage soit inviolablement gardé.

AU ROY.

Les Règlements vérifiez en ladite province, seront exécutez suivant l'usage d'icelle et les arrests du Conseil du mois de novembre dernier.

. . . .
. . . . (1).

---

(1) A Rouen, de l'Imprimerie de Petit-Val et Jean Viret, Imprimeurs ordinaires du Roy, M.DC.LVIII. Avec Privilége dudit seigneur. — Ce Cahier, malheureusement incomplet, a été réimprimé, ainsi que les Cahiers précédents, d'après les exemplaires conservés à la Bibliothèque nationale.

DOCUMENTS
CONCERNANT
LES
ÉTATS DE NORMANDIE

ÉTATS DE SEPTEMBRE 1633.

I

Extrait des Registres de l'Hotel-de-Ville de Rouen.

Lettres du Roi au bailli fixant la réunion à Rouen au 6 août, Chantilly, 9 juillet 1633 ; — du gouverneur au même pour le même objet, Rouen, 14 juillet ; — de Messieurs du bailliage aux échevins de Rouen, 18 juillet.

Assemblée générale à l'Hôtel-de-Ville de Rouen, sous la présidence du lieutenant général, le 3 août. Prirent part à l'élection, le prieur de Jumièges, le prieur de Ste-Catherine de Grandmont, des religieux de Bonne-nouvelle, de Beaulieu, de St-Georges de Boscherville, le prieur des Deux-Amants, 74 curés (1), 6 nobles, 82 bourgeois dont le nom est indiqué. « Nota qu'il y avoit pluzieurs curez en ceste assemblée qui n'avoient ny robe ny bonnet, mais seulement

---

(1) Le chapitre de Rouen ayant été convoqué par le procureur commun de la ville, le 3 août, invita à se rendre à la réunion les deux chanoines Le Prevost et Delamare, inscrits sur la table *ad beneficia conferenda*, le premier pour la semaine dans laquelle on se trouvait, le second pour la semaine suivante. (Arch. de la S.-Inf. F. du Chapitre).

le manteau et chapeau, auxquels Mons. Auber, grand vicaire de Mons. l'archevesque, a remonstré qu'ils avoient tort de se présenter en ceste compagnie autrement qu'en habit séant à leur ordre et les a exhortez d'y satisfaire à l'avenir. Surquoy Mons. le lieutenant a adjouté que, s'ils se présentoient d'ores en avant sans avoir la robe et le bonnet, ils ne seroient plus receus en pareille assemblée. » On nomma, pour l'église, Charles Brasdefer, sieur d'Ouville, chanoine ; pour la noblesse, Léonor Du Bosc, sieur de Radepont; comme conseillers échevins, noble homme Robert Liesse, et Lucas Boulaye, conseiller et secrétaire du Roi.

Le lendemain M. Brasdefer, avocat à la cour, vint au Bureau remercier la compagnie de l'honneur qu'elle avait fait à son frère le chanoine, et la prier de l'excuser s'il n'acceptait point la députation, parce qu'une indisposition le contraignait à garder le lit. Le Conseil décida « qu'on ne pouvoit nommer autre que ledit Brasdefer, parce que l'assemblée étoit séparée et ne pouvoit se rappeler. »

Le même jour, au chapitre de la cathédrale, comparut « Gueuteville, procureur de l'hostel commun, lequel fit entendre que le jour d'hier M. Brasdefer, aiant esté nommé par le clergé du bailliage de Rouen affin d'assister en la prochaine assemblée des Estats de cette Province, s'estoit envoyé excuser, ce jourd'huy matin audit hostel, par le sieur son frère de ladite nomination, attendu la continuation de sa maladie, et qu'il seroit à propos d'en délibérer. Sur quoy ledit sieur Le Royer, chantre, et Delamare, furent priez de se transporter au logis dudit sieur Brasdefer et tascher de le persuader d'accepter ladite nomination et à son refus prendre la peine..... d'aller audit hostel et s'opposer à ce qu'il fust esleu autre personne que par les voies ordinaires et à pareille assemblée que celle de mercredi prochain. » (Registres capitulaires). En marge de la délibération de l'Hôtel-de-Ville : « Nota que ledit Brasdefer s'occupa depuis de ladite députation très-dignement. »

Proposition des Etats. — « Du mardy xve jour d'aoust 1633, en l'assemblée tenue en l'hostel commun de la ville de Rouen pour délibérer les articles qu'il convient employer au Cahier des Estats de Normandie, devant nous Artus Godard, escuyer, conseiller du Roy en ses Conseils d'Estat et privé, lieutenant général au bailliage dudit Rouen, en laquelle assemblée ont assisté MM. les advocat et procureur du Roy audit balliage, conseillers modernes, antiens, députez de l'église et noblesse et du tiers Estat des quatre vicontez de ce bailliage.

Le Roy sera très-humblement supplié d'interdire aux estrangers l'apport des marchandises manufacturées en leur pays, afin de restablir par ce moyen le commerce en ceste province et faire que ses pauvres subjectz puissent vivre du travail de leurs bras et payer les tailles et autres charges de l'Estat.

Le Roy sera très-humblement supplié d'accorder la révocation du nouveau droit de 45 s. pour muy de vin, parce que ceste levée ruineroit entièrement le commerce du vin en ceste ville, qui y est de grande conséquence. Car oultre la perte de ce négoce, qui a esté en cy-devant en cette ville plus grand qu'en autre lieu de ce royaume, il en arrivera encore une notable diminution sur les rentes de la solde, qui sont, pour la meilleure partie, assignées sur les fermes du vin, desquelles desjà à peine peut-on payer la moitié pour la non-valeur desdites fermes causée par plusieurs nouvelles impositions, ausquelles si on adjouste la levée des 45 s., il en fault attendre de nécessité une signalée perte ausdites rentes, au grand préjudice de plusieurs pauvres et misérables personnes, qui n'ont autre bien pour vivre que lesdites rentes.

Le Roy sera très-humblement supplié de nous conserver

la jouissance de vingt solz pour muy de vin destinez pour les ouvrages du pont et permettre qu'ils soient distraitz d'un bail et adjudication de plusieurs fermes faicte à un nommé Dupuys (1) par arrest de son Conseil. Sa Majesté considérera, s'il lui plaist, l'importance desdits ouvrages, auxquels il convient employer journellement de grands deniers, et qu'ilz sont absolument nécessaires, tant pour le passage ordinaire de la rivière que pour la facilité et commodité du commerce.

Il est certain que le droit de la nouvelle réaprétiation tirera le commerce hors de la Province pour le transférer aux autres lieux où il ne sera point levé, et qu'il ruinera toutes noz manufactures pour l'enchère qu'y apportera de necessité cette imposition, et partant sa Majesté sera très-humblement suppliée de la révoquer.

Et pour faire veoir la mauvaise foy des Partisans en la perception de ce droit, sa Majesté sera très-humblement suppliée de considérer qu'ilz ont fait employer, dans le nouveau tarif des appréciations et réapréciations, des marchandises qui n'ont jamais rien payé, ny pour l'entrée ny pour la sortie, et supposé de plus d'autres appréciations que celles qui sont dans les anciens tarifs, et afin de couvrir leur mauvaise volonté ont estimé à la livre les marchandises qui estoient estimées au cent, en quoy il y a des surhausses qui excèdent trois, voire quatre fois les antiennes estimations (2).

---

(1) Nota que ledit bail a esté depuis faict soubz le nom d'un nommé Mortier.

(2) Réappréciation pour la levée des droits de traite et imposition foraine, resve, domaine forain et haut passage sur les denrées et marchandises, drogueries et épiceries sortant du royaume pour être portées aux pays étrangers et dans les provinces où les aides n'avaient cours et des droits sur les dites marchandises venant des pays étrangers; des droits de traite domaniale sur les blés, vins, toiles, pastels,

Les foires franches sont priviléges concédez à la ville de Rouen par les Roys prédécesseurs de sa Majesté et confirmez par sa dite Majesté, tant pour y attirer le commerce que pour la récompenser des services qu'elle a continuellement renduz à l'Estat ; et néantmoins, si suivant les conditions de ladite réaprétiation, ce droit y estoit perceu pendant lesdictes foires, ceste ville perdroit ses priviléges, et partant le Roy sera très-humblement supplié de la maintenir en ses dits priviléges, acquis par sa fidélité, et ne luy laisser, par la perte d'iceux, les marques qui se donnent aux villes rebelles qui ont deservy son Estat.

Le Roy sera aussy très-humblement supplié d'interdire absolument toutes les monnoyes estrangères pour empescher par ce moyen le désordre qui menace son Estat et la ruine de ses subjectz. » (1)

II

Extrait du Registre du greffier-commis des Etats.

« Du mardy 10me jour d'aoust 1633, ouverture des Estats a esté faite au manoir archiépiscopal de l'archevesché de Rouen devant Mgr le duc de Longueville, pair de France, gouverneur et lieutenant général pour S. M. en la province de Normandie.

Après lecture faite des patentes de S. M. en l'assemblée,

---

laines sortant du royaume. Cette nouvelle réappréciation fut établie par Déclaration du Roi, du 14 août 1632, enregistrée à la Cour des Aides, le 19 juillet 1633. — Elle remplaça la réappréciation ordonnée par l'édit du mois de mai 1581, laquelle avait remplacé la réappréciation ordonnée par l'édit du mois d'avril 1542.

(1) Nous avons reproduit ici *in extenso* le Cahier de la ville de Rouen, de même que nous reproduisons *in extenso* plus loin le registre du commis-greffier, afin de suppléer, autant qu'il nous est possible, au Cahier des Etats de 1633 que, malgré toutes nos recherches, nous n'avons pu nous procurer.

les sieurs députtés se sont assemblés en la manière accoustumée pour nommer l'ung de Messieurs les députés de l'église qui présidera en la présente assemblée et fera la responce, et d'ung advis uniforme ont arresté que M. Charles Brasdefer, prestre, chanoyne en l'église cathédrale Notre-Dame de Rouen, présidera et fera la responce samedi prochain.

Et, ce fait, lesdits sieurs députtés ont esté appelés en la manière accoustumée, et a ledit sieur président prins et receu le serment en la forme ordinaire, qu'il ne sera par eulx revellé aucune chose de ce qui sera résolu et arresté en la présente assemblée, ce qu'ilz ont ainsy promiz.

Et, ledit jour après midy, a esté mis en délibération l'article concernant la manufacture des marchandises de draperies et autres venantes d'Angleterre, et arresté qu'il en seroit dressé article et employé les plaintes précédentes et joindre à icelluy qu'il sera fait veoir à S. M. par Monsr le procureur des Estats les concordats faits avec S. M. et le roy de la Grande-Bretagne.

Sera aussy demandé la révocation des 45 sous pour muid de vin ; et les 15 sous pour la construction du pont seront distraits.

Sera demandé la conservation des priviléges des foires franches.

Article pour la révocation des menus droits et des receveurs d'iceux.

Continuer à demander la révocation des évocations générales.

Article pour le sel blanc de la vicomté d'Aulge.

La révocation des assesseurs commissaires examinateurs et autres offices.

Qu'il sera dressé article pour faire ordonner que les visbaillifs et leurs archers assisteront les juges aux assises mercuriales à peine de privation de leurs gages.

Demander la révocation du controleur du régallement des tailles et controleurs des asséeurs des tailles.

Qu'il sera employé article des inondations et gresles arrivées en la vicomté de Vire et que le sieur Jouvin, depputé de lad. vicomté, baillera à Mons. le procureur des Estats le procés-verbal des juges dudit lieu.

Qu'il sera aussy employé article touchant les taxes des despens en roolle et deffendre de les taxer que par articles.

Qu'il soit deffendu aux receveurs des tailles de faire contraindre les collecteurs par divers sergents pour divers droits, et depuis ceste article a esté desclaré néant.

Demander la révocation des 4 deniers pour livre que les juges prennent sur le prix des décrets.

Du mercredy avant midy 17ᵉ dudit moys. A esté arresté qu'il seroit employé article par lequel S. M. sera suppliée de deffendre que l'on ne pourra appeler d'un décret après 10 ans entre majeurs et 10 ans après la majorité des mineurs.

Qu'il sera aussy employé article touchant les clameurs des contrats, et que 10 ans du jour du contrat serviront de lecture.

Qu'il sera demandé à S. M. qu'il ne se fasse aucune levée en la Province autre que des sommes mentionnées en la convocation des Estats, et que, s'il s'en fait aulcunes, elles ne pourront estre faites sans avoir auparavant conféré avec le procureur sindiq des Estats.

Qu'il soit deffendu aux fermiers généraux des gabelles d'empescher la vente du sel blanc aux lieux où il est en usage, à tel prix qu'ils pourront, sans qu'ils les puissent contraindre à le vendre à tel prix qu'ils voudroient limiter, ny qu'ils les puissent empescher d'en faire tant qu'ils pourront.

Que les pauvres prisonniers pour la taille auront le pain du Roy.

Qu'il sera employé article pour remontrer que, sur les rigoureuses poursuittes faites aux collecteurs, aucuns se sont précipités ou pendus, parce que les députés des lieux où cela est arrivé envoyeront en, dans trois semaines, les procès-verbaux que les juges en ont dressés.

Sera remonstré que les paroisses qui ont esté greslées ont esté déchargées, par le chapitre d'Evreux, du prix des fermages des dixmes qu'ils tenoient dudit chapitre.

Qu'il sera demandé que le sel ne soit distribué au peuple avant qu'il ait acquits son dépost.

Il a esté aussy arresté, par advis uniforme des sieurs députés, qu'il sera employé article pour demander la révocation de la commission de la réformation, adressée au s^r de Beauficel, des forests de Normandie et de ce que les appellations ressortent à la table de marbre du palais à Paris.

Qu'il sera employé article touchant les léproseries, en réitérant les articles employés aux Cahiers précédents.

Du jeudi matin, 18e dudit mois et an. Les sieurs députés ont arresté, d'ung advis uniforme, que Mgr de Longueville sera gratifié du don de 18,000 l. qu'ils ont accoustumé.

Et à l'instant est entré le s^r de Tourneville, secrétaire du Roy pour l'adjudication du sel, qui a promis d'envoyer demain à l'assemblée le rolle de ses archers.

Et ledit jour ledit s^r de Tourneville a mis ledit rolle ès-mains de M. le procureur syndiq.

Sur ce qui s'est présenté en l'assemblée la difficulté des depputations du sieur curé de la Magdeleine de Verneuil et du sieur curé de S. Martin de l'Aigle, nommés pour l'église du bailliage d'Alençon, et sçavoir s'ils debvoient estre tous deux admis en l'assemblée et y avoir voix délibérative, il a esté arresté que le sieur official de Coustances, député de l'église de Costentin, le sieur de Manneville, député de la noblesse de Caux, et le député du tiers Estat de Pont-l'évesque se transporteront par devers Mgr de Longueville pour luy remonstrer l'importance de l'affaire, et cependant que ledit sieur député de l'église demeurera en ladite assemblée.

Du vendredy matin, 19° dudit moys. A esté délibéré et arresté qu'il sera employé article touchant 10,000 l. accordées au sr de Vieulz, gouverneur du Chasteau-Gaillard, pour la démolition d'icelluy.

Pareil, pour le chasteau d'Evreux, de la somme de 30,000 l. accordées au sieur de Bellegarde, gouverneur du chasteau dudit lieu (1).

Autre article pour la perception des amendes après cinq ans.

Autre pour la perception des rapports.

A esté mis en deslibération une lettre de cachet de S. M. donnée à Mouceaux, le 7 de ce mois, signée: Louis, et plus bas: Phelippeaux, addressantes aux dits sieurs députés, par laquelle S. M. désire que Mgr de la Mailleraye, lieutenant-

(1) Vers le même temps, on s'occupa de la démolition des châteaux de Pontorson et d'Argentan. — « 22 juin 1632, M. Thomas a esté député au lieu et place de M. du Bouesle, pour informer sur les lettres obtenues par M. Gabriel de Cottignon, conseiller secrétaire de la maison et couronne de France et des finances et premier commis des sieurs de Gesvres et de Sceaux, secrétaire des commandements, du don de lieux et places, tant du chasteau de Pontorson, fossez d'icellui et de la ville dudit Pontorson, que des autres fortifications dettachées de la dite ville et dudit chasteau, ordonné estre démollies et les démolitions qui en proviendront, ensemble des maisons, jardins et autres lieux situés et assis au dedans de la dite ville qui appartenoient au comte de Montgommery. » — 26 juin 1633, on donne acte au comte de Montgommery de son opposition. — 10 juillet 1634, vérification du don obtenu par le sieur du Theil des Roziers, d'une place vague étant dans le château d'Argentan, nonobstant l'opposition du sieur de Médavy, 23 novembre 1634. (Arch. de la Seine-Inf. Plumitif de la Chambre des Comptes).

général pour le Roy en ceste Province (1), soit gratiffié de la somme de 6,000 l. ainsy que l'on avoit cy-devant fait au sieur de Villars. Lecture faite desdites lettres et lesdits sieurs députés assemblés par les bailliages, a esté arresté, par leur advis, à la plus grande partie, que ledit sieur de la Mailleraye sera gratifié de la somme de 6,000 l. pour ceste année seulement et sans tirer à conséquence.

Signé : Brasdefer, président en la présente assemblée, avec paraphe.

De par le Roy. Très-chers et bien amez, notre cousin le duc de Villars ayant cy-devant, en considération de sa charge de notre lieutenant-général en notre province de Normandie, esté par vous gratiffié de la somme de 6,000 l. à chacune tenue des Estats de nostre dit pays, et désirant

(1) Plumitif de la Chambre des Comptes. — 14 août 1632.. — « A esté présenté sur le Bureau par l'avocat général du Roy une lettre close de Mons. de la Mailleraye adressée à la Chambre, par laquelle il mande qu'ayant différé jusque au voyage qu'il a à faire en ceste ville, se donner le bonheur de veoir MM. de lad. Chambre et les supplier de la conservation ds leurs bonnes volontés, en leur laissant toutes sortes d'assurances des siennes, ne pouvant s'y acheminer qu'au XVIe de ce mois et qu'il a pryé quelqu'un des siens, en apportant le pouvoir qu'il a pleu au Roy luy donner en ce gouvernement, de la supplier en mesme temps de sa part trouver bon qu'il soit enregistré aux registres de lad. Chambre et l'asseurer qu'il ne pouvoit estre adressé à personne qui porte plus ses affections en général et en particulier à tous les contentements de Messieurs de lad. Chambre, et qui souhaite avec plus de passion servir lad. Chambre que luy, qui est et qui sera tous jours très-humble et très-affectionné serviteur : La Mailleraye ; escriptes de Betheville le 6e jour de ce mois, dont lecture a esté faite par le greffier. — Lundi 11 août 1632. — La Chambre a depputé MM. de la Barre, président, Le Seigneur, le Cornier, Anffrye et Duhamel, conseillers m^{es} des comptes, avec le procureur général, pour aller saluer Mons. de la Mailleraye, lieutenant général en ceste province, estant arrivé en ceste ville et dans le Vieil palais où est son logement, et ce de la part de la Compagnie. » (Arch. de la S.-Inf. F. de la Chambre des Comptes).

que le sieur de la Mailleraye, que nous avons pourveu de ladite charge reçoive ung pareil advantage, nous vous avons voullu faire ceste lettre pour vous dire que nous aurons à singulier plaisir que vous le gratiffiez de ladite somme de 6,000 livres, le traitiez en cela aultant favorablement que l'estoit notre dit cousin le duc de Villars, asseurés que, luy donnant, en ceste occasion, la satisfaction qui est bien deue au mérite de ses services, vous ferés chose qui nous sera très-agréable et que nous recongnoistrons, quand il s'en offrira subject. Donné à Mouceaux, le 7e aoust 1633. Signé: Louis, et plus bas: Phelippeaux. Et sur le dos est écrit : A nos très chers et bien amez les gens des trois Estats de notre province de Normandie.

Du samedy matin, 20e dudit mois. Sur la requeste présentée à l'assemblée par les députés du tiers Estat, disant qu'il y auroit des deniers revenans bons dans le fonds des Estats, attendu qu'il n'y eut d'Estats l'année dernière, et se sont lesdits sieurs assemblés par les bailliages, en la forme ordinaire, pour adviser de l'ordonnance dudit fonds, a esté arresté que, des deniers levés pour l'année 1632, attendu que l'on n'a point tenu d'Estats, après les charges, ordinaires et réglées, payées, seront employés au don ordonné par lesdits Estats à Monsieur de la Mailleraye, et Messieurs qui seront députés pour ouyr lesdits comptes chargés d'y avoir l'œil, et à eux ordonné commission pour cet effet, et, en cas que, par l'*exit* du compte, il ne restast point assez de deniers pour le payement dudit sieur de la Mailleraye, le surplus sera levé sans aucuns frais ny droits.

Signé : Brasdefer, président en la présente assemblée, avec paraphe, et au-dessous : Par mes dits sieurs, signé : Delacourt, avec paraphe.

Et ledit jour après midy, après que lesdits sieurs, à l'accoutumée, se sont transportés en l'hostel de S.-Ouen pour recevoir les advis de Mgr de Longueville et de MM. les

Commissaires sur les articles des plaintes mentionnées dans le Cayer des remonstrances, ce fait, ils se sont réassemblés en la chambre de leur assemblée pour nommer ceux d'entre eux de chacun ordre pour porter le Cayer des remonstrances et pour l'audition des comptes, et prins les advis en la forme ordinaire et arresté que le sieur Amyot, sieur de Saint-Pierre, chanoine de Lisieux, assistera M. Brasdefer, président en l'assemblée etc...

Fait et arresté en ladite assemblée l'an et jour que dessus.

Signé : Brasdefer, président en la présente assemblée, avec paraphe.

Du 22ᵉ jour dudit mois et an.

Nous soubs signés, délégués de l'assemblée des Estats de Normandie tenus à Roüen le 16ᵉ de ce présent moys et autres jours ensuyvants, pour estre présents à l'examen, closture et affinement des comptes des deniers desdits Estats rendus par noble homme maitre Constantin Heudebert, trésorier d'iceux, le samedy 20ᵉ de ce mois touchant le don de 6,000 l. fait par ladite assemblée à Monsieur de la Mailleraye, comme il est plus à plain contenu en ladite délibération, y recours.

Certiffions, après avoir examiné les comptes rendus par ledit sieur Heudebert, trésorier, pour la présente année 1633, et veu ceux de l'année dernière qu'il ne s'est trouvé aulcun fonds entre les mains dudit sieur trésorier, pour employer au don dudit sieur de la Mailleraye, et partant consentons, au nom desdits Estats, ainsy qu'il avoit esté arresté en ladite assemblée, que ladite somme de 6,000 l. soit levée, conjointement avec le don de Mgr le duc de Longueville, par les mesmes formes que se lève ledit don fait par nous. Signé et arresté au Bureau des finances à Rouen, le lundi 22ᵉ jour d'aoust 1633.

Signé : Le Cartel, François de Lambert, Beaucorps, F. Poret, Le Duc et Jouvin, tous avec chacun un paraphe. »

III

Nomination des deux Commissions pour le port du Cahier et pour l'audition des comptes.

« Du dimanche avant midy, 21e jour d'aoust 1633 à Rouen. Furent présens noble et discrète personne Me Charles Brasde fer, sieur d'Ouville, prestre, chanoine en l'église cathédrale N.-D. de Rouen, délégué pour les gens d'église du bailliage de Rouen, messire Léonor Du Bosc, seigneur de Radepont, Fleury-sur-Andelle et autres lieux, délégué pour les gens nobles dudit bailliage, n. h. Guill. Liesse, 1er eschevin de l'hostel commun de ceste ville et Lucas Boullaye, conseiller et secretaire du Roy, maison et couronne de France et de ses finances, aussi eschevin d'icelle, déléguez pour le corps commun de ladite ville; Toussains Drely, de la par. de S.-Germain-de-Blainville, député pour le tiers estat de la vicomté de Rouen; André Boyssaye, de la par. de Fatouville, député pour le t. e. de la vic. de Pont-de-l'Arche;— Me Pierre Le Forestier, presbtre, curé de la par. de Foucard, d. pour les gens d'église du baill. de Caux, messire Jacques de Maneville, sieur du lieu et autres terres, d. pour les nobles dudit baill., Nas Langlois, de la par. de Linetot, d. pour le t. e. de la vic. d'Arques, Ph. Laisné, de la par. de Cléville, d. pour le t. e. de la vic. de Caudebec; Jean Hérault de la par. de Mannevillette, d. pour le t. e. de la vic. de Montivilliers; Claude de Huitmille, l'aisné, d'Aumalle, d. pour le t. e. de la vic. de Neufchastel; Me Jean Langlois, procureur sindic de la ville de Gournay, d. pour le t. e. de la vic. dudit Gournay; — Me André Boeda, presbtre, licencié aux droits, docteur et professeur ordinaire en théologie, promoteur en cour ecclésiastique à Caen et curé de S.-Martin dudit lieu, d. pour les gens d'église dudit baill., n. h. Jacques de Guerville, sieur de Coulombières, d. pour les gens nobles dudit baill., Mᵉ Pantaléon Vausart, sieur de Fontené, l'un des eschevins de la ville de Caen, d. pour les habitans de ladite ville, Marin Pesnelle, d. pour le t. e. de la vic. de Caen; Jean Richer, d. pour le t. e. de la vic. de Baieux; ..... d. pour le t. e. de la vic. de Fallaise; Guill. Jouvin, d. pour le t. e. de la vic. de Vire; — Noble et discrette personne Mᵉ Gille Le Cartel, chanoine, pénitancier en l'église cathédrale de Coustances, d. pour les gens d'église du baill. de Constentin; François Poret, esc., sʳ et patron de Fresnes, d. pour les gens nobles dudit baill.; Jean Caillouel, d. pour le t. e. de la vic. de Coustances; Paul Perier, d. pour le t. e. de la vic. de Carenten et S.-Lo; Estienne Le Louey, d. pour le t. e. de la vic. d'Avranches; Laurent Le Got, d. pour le t. e. de la vic. de Mortaing; — Noble et discrette personne Mᵉ Jacques Amyot, presbtre, docteur ès droits, chanoine prébendé de S. Pierre as Ifz en l'église cathédrale S.-Pierre-de-Lisieux, d. pour les gens d'église du baill. d'Evreux; François de Lambert, esc., sʳ de Buisson-Falue, d. pour les gens nobles dudit baill.; Jean Doulcerain, d. pour le t. e. de la vic. d'Evreux; Nᵃˢ Le Mansel, d. pour le t. e. de la vic. de Beaumont-le-Roger; Denis Moullin, d. pour le t. e. de la vic. de Conches et Bretheuil; Louis Jouvin, d. pour le t. e. de la vic. d'Orbec; — Noble et discrette personne Mᵉ Michel Le Duc, presbtre, bachelier en droit canon, doien et chanoine de l'église N. D. d'Andeli, d. pour les gens d'église du baill. de Gisors; François de Caruel, esc., sʳ de Sᵉ Geneviefve, d. pour les gens nobles dudit baill.; Pierre Cousturier, d. pour le t. e. de la vic. et chastellenie de Gisors; Louis Jubert, d. pour le t. e. de la vic. de Vernon; Gabriel Du Boys, d. pour le t. e. de la chastellenie de Pontoise; Louis Fouet, d. pour le t. e. de la vic. d'Andely; Guill. Soulas, d. pour le t. e. de la vic. de Lyons; — Mᵉ Jacques Dandin, presbtre, curé de la Madeleine de

Verneuil, d. pour les gens d'église du baill. d'Alençon ; François Le Cornu, esc., sʳ du Buat, d. pour les gens nobles dudit baill.; Benjamin Mauduit, d. pour le t. e. de la vic. d'Allençon; Pierre Gravelle, d. pour le t. e. de la vic. d'Argenten et Exmes; Jean Pelerin, d. pour le t. e. de la vic. de Dompfront; Artur Maucorps, d. pour le t. e. de la vic. de Verneuil, Chaumont et Thimerais, et Pierre Gobillon, sindic des habitants de la ville de Mortagne, d. pour le t. e. de la vic. de Pontoise, chastellenie de Nogent le Rotrou, » nomment pour porter le Cahier, Brasdefer et Amiot, pour l'église;— de Sᵉ Geneviève et du Buat, pour la noblesse ; — Doulcerain et Bouleron, (1) pour le tiers Etat, avec Jacques Baudry, avocat au parlement, procureur syndic des Etats;— pour l'audition des comptes, Le Cartel et Le Duc, pour l'église ; de Fresnes et du Buisson-Falue pour la noblesse ; — Guillaume Jouvin et Maucorps, pour le tiers état, avec le même Baudry, procureur syndic.

IV.

Pièces diverses.

Lettres patentes du Roi, pour faire payer au trésorier des États, les fonds affectés aux affaires de la Province bien qu'il n'y eût point eu d'États en 1632.

« Louis. . . . à noz amez et feaulx conseillers les gens de noz Comptes à Rouen, présidens et trésoriers de France au Bureau de noz finances estably audit lieu, salut. Bien que nous n'ayons pas jugé à propos pour aucunes considérations importantes au bien de notre service de faire assembler et tenir les Estats ordinaires de notre province de Normandie en la présente année, notre intention n'a néant-

(1) C'est vraisemblablement le nom du député de Falaise, oublié dans la procuration.

moings esté pour cela d'apporter aucun changement aux affaires du pays et à l'ordre qui y a de tout temps esté gardé. Pour ces causes et autres à ce nous mouvans, nous voulons, ordonnons et nous plaist que les deniers destinez pour les affaires de ladite province, qui ont esté et seront levez en la diste présente année 1633, soient mis ès mains du Trésorier des Estats pour estre par luy employez au fait de sa charge, ainsy qu'il est accoustumé.

Si vous mandons et ordonnons que le contenu en ces presentes vous ayez à faire exécuter de poinct en poinct, sans permettre qu'il y soit contrevenu, nonobstant qu'il n'y ait point eu d'assemblée d'Estats en la dicte province pendant la dicte année et autres choses à ce contraires. Donné à Saint-Germain-en-Laye, le 26e jour de febvrier, l'an de grâce 1633, etc.

Vérifié en la Chambre des Comptes, 12 mai 1633. » *(Mémoriaux de la Chambre des Comptes,* année 1633, fo 93 vo.)

Arrêt du Conseil d'État maintenant la cour des Aides en la connaissance des Étapes, contrairement aux prétentions des Commissaires députés pour la tenue des États provinciaux.

« Sur la plainte faite au Roy en son Conseil par son procureur général de sa cour des Aydes de Normandie qu'au préjudice de la connaissance attribuée à ladite cour du fait des Estappes par édits et ordonnances faites pour leur institution, les Commissaires députés pour tenir les Estats dudit païs, par une entreprise manifeste, ont voulu establir une juridiction contentieuse, et connoistre des différens concernans lesdites Estappes de l'année présente en ladite province, mesmes des appellations des Éleus, et auroient fait deffenses aux parties de faire aucune poursuite en ladite Cour sur lesdites appellations. A quoy sa Majesté voulant pourvoir, veu l'édit de 1552, vérifié au grand Conseil et Parlement de Rouen, portant ladite attribution ; ordonnance desdits Commissaires du 5me may dernier, portant deffenses à maistre Charles Fontaine, greffier en l'Élection d'Arques et à tous autres de poursuivre maistre Jean Saunier receveur des Estappes de la Viconté et Élection dudit Arques pour raison de l'obligation y déclarée, ailleurs que par devant eux, et aux Éleus de ladite Élection, et tous autres juges d'en prendre connoissance à peine de nullité et cassation de procédures ; autre ordonnance desdits Commissaires du 12me juin ensuivant, portant deffences, à Pierre Gloria et à tous autres, de faire aucunes poursuites ailleurs que par devant eux, pour raison de la désertion obtenuë par ledit Gloria sur l'appel interjetté par ledit Saunier de la Sentence desdits Éleus d'Arques du 4me dudit mois de may, sur les peines au cas appartenant.

LE ROY EN SON CONSEIL, a maintenu et gardé ladite cour des Aydes de Roüen en la connoissance du fait desdices Estappes, fait deffenses ausdits gens des Estats de sa province de Normandie de s'en entremettre, et aux parties de s'y pourveoir, à peine de nullité, cassation de procédures et de tous dépens, dommages et intérests. Fait au Conseil d'Estat du Roy tenu à Paris le 27me jour de juillet mil six cens trente-deux.

Signé : LE RAGOIS, un paraphe.

(*Ordonnances, édits et déclarations concernant l'Autorité de la cour des Aydes de Normandie*, 1682, p. 106).

Procureur syndic des États invité par la Chambre des Comptes à faire des remontrances au Roi, au sujet du divertissement des fonds affectés aux ponts et chaussées. — « 3 mars 1632. Comparence du procureur des Estats. — Le garde-porte a adverty Messieurs que le procureur des Estats de Normandie demandoit à entrer suivant que luy avoit esté ordonné le xixe febvrier dernier (1), lequel estant au Bureau, M. le premier président luy a dit qu'il avoit esté mandé pour l'advertir qu'au rapport fait par M. Pradon, conseiller auditeur du compte des réparations des ponts et chaussées pour l'année 1626, il s'estoit trouvé que, des deniers à ce destinez, il en estoit employé, soubz le nom du trésorier de l'Espargne, la somme de cent tant de mil livres, et pour les affaires de la Province seullement cinq mil tant de livres. C'est pourquoy la Chambre auroit trouvé à propos qu'il feist remonstrance au Roy sur ledit divertissement ou bien s'opposer à la levée desd. deniers, ainsi qu'il avoit esté ordonné à son prédécesseur sur pareille affaire au compte de 1625. Ledit procureur des Estats a remercié M^rs du soing qu'ils avoient de ce qui concernoit le bien de la Province. Il a représenté qu'il avoit fait recherche des remonstrances faictes par ses prédécesseurs sur lad. affaire. Il avoit trouvé que depuis 1609, d'année en année, il avoit esté faict remonstrances, dont il n'estoit réussy aucun fruict; nonobstant, qu'il continueroit lesd. remonstrances suivant qu'il lui estoit ordonné par la Chambre. » *(Extrait du Plumitif de la Chambre des Comptes,* 1632).

Intervention du duc de Longueville pour obtenir la vérification de quelques édits à la Chambre des Comptes. — « 8 juillet 1633. — M^rs les gens du Roy mandez au Bureau, M. le président De la Place a représenté qu'ayant esté dernièrement avec MM. les députez saluer

(1) « 19 février 1632. Au rapport fait par M. de Genouville, conseiller auditeur du compte des ponts et chaussées, rendu par Me Mallebranche, la Chambre a ordonné que le procureur des Estats de ceste Province sera adverty de se trouver au premier jour en la Chambre pour l'advertir de se pourvoir au Conseil sur le divertissement des deniers destinez pour lesd. ponts et chaussées, à ce qu'ils soient ordonnez pour les effets accoustumez ou demander suppresion de la levée ».

M. le duc de Longueville (1), ledit s^r de Longueville auroit désiré parler à luy et à M. le procureur général, et l'ayant esté trouver, il leur auroit dit qu'il les voulloit advertir que le Conseil avoit opinion et trouvoit mauvais que, lorsque le Roy envoyoit des lettres en la Chambre pour les vérifier, lad. Chambre faisoit de sy grandes difficultez que S. M. n'en retiroit le service qu'il en espéroit. C'est pourquoy ledit Conseil avoit résolu d'envoyer quelques éedits en lad. Chambre pour les vérifier par des formes autres que les ordinaires. Surquoy ledit s^r président luy auroit remonstré qu'autrefois, ledit s^r duc de Longueville ayant esté chargé de faire passer quelques éedits outre les formes ordinaires, cela n'avoit pas accéléré le service du Roy, ayant esté besoing puis après de déclaration sur lesd. éeditz, lesquelles il avoit fallu faire passer en la Chambre par les veoyes ordinaires, supliant ledit s^r de Longueville de croire et asseurer S. M. que la Chambre avoit esté tousjours disposée de lui rendre tout service sans avoir refusé les éedits qui estoient pour son service. A quoy ledit s^r de Longueville répliqua qu'il avoit esté autrefois chargé de faire vérifier quelques éedits, ce qu'il avoit fait par le commandement du Roy, et avoit depuis recognu que icelle procédure n'avoit pas beaucoup advancé, et seroit marry sy à présent il lui falloit tenter icelle voye pour quelques éeditz qui se présentoient, tant à cause de la quallité qu'il tient en la Province, que pour les biens et inthérests qu'il y a; c'est pourquoy il les exhortoit de satisfaire à la volonté du Roy sans user des difficultez accoustumées. Et outre

---

(1) Il était arrivé à Rouen le 4 juillet. — Le lendemain la Chambre des Comptes députa vers lui quelques-uns de ses membres, « veu le long temps qu'il y a qu'il est hors. » — Vers le même temps Louis XIII était venu à Forges avec la Reine, M. de la Milleraye, le cardinal de Richelieu et M. de la Vrillière. (Voir *Plumitif de la Chambre des Comptes*, 28 juin 1633).

auroit dit ledit s^r que le Conseil estoit adverty qu'il estoit demeuré plusieurs éedits cy-devant présentez au greffe, sans avoir esté deslibérez, qui estoit au manifeste mespris du Roy. Surquoy ledit s^r président luy auroit dit qu'il ne croyoit pas qu'il y en eust qui concernassent le service du Roy; que, pour celuy des trésoriers de France, cela ne concernoit que leur faict particulier, et que l'on ne faisoit pas de difficulté pour le fonds dudit éedit, mais bien en la forme qui est dressée. Ensuite ledit s^r duc de Longueville, en les congédiant, les pria d'en advertir la compagnie. C'est pourquoy ledit s^r président avoit bien voullu en donner advis pour donner l'ordre requis sur une affaire très-importante, puisqu'il apparoissoit par le discours dudit s^r duc qu'il estoit résolu de venir en la Chambre pour faire vérifier quelques éedits d'autorité, ce qui estoit au préjudice du pouvoir dont la Chambre est en possession et mesmes sur le faux donné à entendre audit s^r et au Conseil que la Chambre se portoit contre le service du Roy, retenant des éedits sans les vouloir délibérer.

M. le président De la Place et M. le procureur général ont esté priez de veoir ledit s^r duc pour le prier de ne rien innover aux formes ordinaires et de croire que la Chambre a esté et est portée entièrement au service de Sa Majesté, et que c'est un faux donné à entendre qu'il y ait des éedits concernant le Roy et son service retenus en la Chambre sans avoir été délibérez ».

Vérification des lettres patentes pour les deniers de la Province. — « 12 mai 1633. — La Chambre a vérifié les lettres patentes du Roy portant que les deniers levez pour les affaires de la Province en ceste année seront mises ès-mains du trésorier des Estats. »

Dépôt au greffe de la Chambre des Comptes des Cahiers des États. — « 2 août 1633. — A esté rapporté par M. de Fondimare, conseiller maître, les Cahiers des Estats de ceste province, tenus en ceste ville les 12 de décembre 1630 et 11 de septembre 1631, présentez par Me Nicolas Baudry, procureur desd. Estats, et requeste par luy présentée à la Chambre à ce qui luy plaise ordonner que lesdits Cahiers seront mis au greffe d'icelle pour, aux occurrences, y avoir recours, ce qui a esté ainsy ordonné. » — *(Extraits du Plumitif de la Chambre des Comptes 1633).*

Arrêt du parlement pour les monnaies étrangères. — « 5 aoust 1633. A esté ordonné l'arrest qui ensuit. — Sur ce qui a esté remonstré par le Procureur général du Roy qu'il y a eu arrest donné au Conseil d'Estat, le 20ᵉ jour de juin dernier, envoyé pour estre publié en cette province, par lequel le prix des espèces d'or a esté réduit jusques au dernier jour de décembre prochain, sçavoir l'escu d'or à 4 l. 6 s., la pistolle d'Espagne à 8 l. 6. et la pistolle d'Italie à 8 l. 2 s., sans qu'il aye esté du tout pourveu aux Jacobus d'Angleterre et Albertus des Pays-Bas, Chevaliers et autres espèces d'or estrangères qui ont cours en ceste province à haut et excessif prix, auquel est nécessaire de donner ordre, pour le dommage qui en pourroit avenir, si lesd. espèces estoient receuës par cy-après comme elles ont esté par cy-devant.

La Cour, la Grande Chambre assemblée, a ordonné et ordonne que S. M. sera très-humblement suppliée de vouloir pourveoir pareillement au désordre des excès desdits Jacobus, Albertus, Chevaliers et autres espèces d'or estrangères, soit par un décry général d'icelles et réductions à leur juste valeur; et cependant a fait et fait inhibitions et défenses à toutes personnes, pour quelque cause et prétexte que ce soit, d'exposer ny prendre en payement lesdits Jacobus, Albertus, Chevaliers ny autres pièces d'or étrangères défendues par les ordonnances, ny de mettre et exposer les monnoyes blanches à plus haut prix que celui porté par lesdites ordonnances et déclarations de S. M., à sçavoir les quarts d'escu à 16 s., les testons à 15 s. 6 d., et les francs à 21 s. 4 d. » *(Extrait des registres du parlement).*

Bail des droits de péage et autres au sieur Mortier. — 19 mars 1633. — Bail fait à Pierre Mortier par le Roi, de l'avis du Conseil d'Etat, des droits mentionnés dans l'arrêt du 12 janvier précédent, à savoir : droit de 45 s. pour muid de vin montant et descendant en l'étendue de la rivière de Seine et autres y affluans jusques à Rouen, excepté pour le vin qui descendra par la rivière d'Yonne chargé au-dessus de Pont-sur-Yonne, pour lequel ne se prendra que 43 s. par l'adjudicataire et 2 s. pour l'octroi accordé aux pères Jésuites de Sens pour la construction de leur collège ; — la ferme de 3 écus pour tonneau de vin, 40 s. pour tonneau de cidre, 20 s. pour tonneau de poiré entrant et passant ès villes de Rouen et du Havre de Grâce dont jouissait alors Me Louis Guérin ; — la ferme des bastardeaux, ensemble la levée des 15 s. pour cent de plâtre, 6 l. pour chaque bateau chargé de marchandises dont jouissait Antoine De la Croix avec autres droits sur le vin ; — droit de lever sur les eaux-de-vie qui passeront et descendront aux bureaux de Paris, pour chacun quart de muid d'eau-de-vie, 4 l. 10 s., à Conflans, 105 s., à Rouen, 6 l. ; — levée et perception de tous les droits usurpés qui se lèvent sur les marchandises en l'étendue de toutes les dites rivières, pour la vérification desquelles usurpations ceux qui en jouissent seront tenus de représenter leurs titres par devant les commissaires qui seront députés par le Roi ; — permission de racheter les péages qui se lèvent en vertu de titres valables. Tous voituriers, marchands ou autres personnes qui feront charrier des vins, marchandises et denrées, de quelque province qu'elles viennent dessus, dessous ou à côté des villes de Paris, Conflans et

Rouen pour icelles charger sur lesdites rivières au-dessus, au dessous les bureaux dudit Mortier, pour les transporter et voiturer de lieu ou ville à autre.... paieront lesdits droits sur le pied de ce qui se paiera au plus prochain bureau du lieu. Les amendes appartiendront à Mortier. Les commis qu'il mettra aux bureaux ne seront imposés ni cotisés aux tailles, subsides ordinaires et extraordinaires desdites villes, ni sujets à guet, garde, logement de gens de guerre, tutelles, curatelles ; pourront porter toutes sortes d'armes à feu.. Seront tenus rendre compte à la Chambre des Comptes de Normandie, et par état au Conseil du Roi. S'associera telles personnes que bon lui semblera, tant nobles, officiers que autres, sans que pour raison de ce ils puissent être inquiétés, ni que les associations puissent déroger à leurs qualités et priviléges. Les différends qui interviendront pour la levée et perception de ces droits seront portés au Conseil avec interdiction d'en connaître à toutes les cours et autres juges. Prix de la ferme, 642,000 l. et la moitié des droits usurpés. De plus, l'adjudicataire paiera à Antoine Dupuis pour l'éviction qu'il avait soufferte, ayant été premier adjudicataire, 40,000 l., à De la Croix, comme dédommagement, 50,000 l., à l'adjudicataire général des fermes, une somme qui sera déterminée par le Conseil ; au Roi, pour ses menus plaisirs, 4,000 pistoles d'Espagne. Enregistré à la cour des Aides de Normandie le 4 novembre 1633. *(Extrait des Mémoriaux de la Cour des Aides).*

Rapport fait à la Chambre des Comptes par les députés après leur voyage en cour. — « 21 janvier 1634. — M. le président De la Place a représenté que la Compagnie ayant trouvé bon de le député, avec plusieurs de Messieurs, pour faire remonstrance au Roy sur plusieurs affaires, il avoit, avec les sieurs, veu et regardé ce qui estoit nécessaire pour lesdites remonstrances, dont il vouloit bien donner cognoissance à la Chambre ; premièrement qu'ils avoient résolu de remonstrer à S. M. l'inthérest qu'elle avoit aux prétencions d'un nommé le Plessis Garnier, soy-disant avoir traité avec le Roy de tout le Domaine et sur ce représenter ce qui s'est passé pour le Domaine engagé avec le feu s^r de Marillac et les arrests du Conseil cassants les arrests de la Chambre donnés sur ce subject.

Sur l'éedict de création des receveurs des menus droits, avec exemption de compte en la Chambre, et sur la possession desdits receveurs, sans que l'éedict soit vérifié et sans faire apparoir de leurs lettres de provision contre l'autorité où la Chambre est de tout temps.

Sur les arrests du Conseil obtenus par aucuns comptables de Normandie pour estre exempts de compter en ceste Chambre, d'autant qu'ils se disent avoir compté en la Chambre des Comptes de Paris.

Sur l'article qui descharge les fermiers des cinq grosses fermes de compter du tiers des amendes, comme ils faisoient autrefois, et par ce moyen empescher la cognoissance du gaing ou des rabais de leur ferme et leur donner subject de s'entendre avec les marchans pour le transport de l'or et l'argent.

Sur les arrests du Conseil donnez contre les privilléges de la Compagnie, prier S. M. d'y estre conservez et faire veoir que ceste Compagnie n'en a abusé, et suplié qu'il soit informé des contrevenans et sur ce veoir M. le Garde-des-Sceaux.

Sur l'imposition de 45 s. que l'on prend au Pont-de-l'Arche et sur l'imposition establie à Quillebeuf, sur tous lesquels points ledit s^r président, ayant représenté sommairement plusieurs raisons, a dit que luy et lesdits s^{rs} députés s'en remettoient à la Chambre d'augmenter ou diminuer, estant prestz de servir la Compagnie en ce qu'elle advisera bon.

M. le président Le Cordier a dit que la Compagnie ne pouvoit faire autre chose que le remercyer de la peyne qu'ils avoient prise, ayant sy bien préveu à tout ce qui regardoit le service du Roy et l'autorité de la Chambre, qu'il ne s'y pouvoit adjouter ny diminuer, ce néantmoins qu'il luy sembloit estre encore de besoing de parler de quelques affaires particulières, dont la cognoissance estoit venue depuis peu à la Chambre, principalement en ce qui touche les comptes du sel, pour laquelle on avoit cy-devant envoyé deux comptes à M. le président De la Barre à Paris, estant besoing de sçavoir sy Messieurs du Conseil les avoient veus et sur ce en faire quelque instance; que la Compagnie estoit sy asseurée de la prudence dudit s^r président, ensemble de Messieurs qui l'accompagnoient, qu'elle se promettoit bonne yssue de ceste députation ».

Commission de la tenue des Etats invoquée dans un procès, pour la préseance, entre la Cour des Aides et la Chambre des Comptes. — « 20 février 1634. — Pour envoyer à MM. les députez à Paris les Commissions de la tenue des Estats.

M. le premier président a représenté sur le bureau une lettre à luy escripte par M. l'advocat général, ensemble un arrest du Conseil (Il s'agissait de préséance entre la Cour des Aides et la Chambre des Comptes).

A esté ordonné au greffier d'envoyer auxdits s^{rs} députez, par l'homme de M. Pesant, venu exprès en ceste ville, toutes les Commissions pour la tenue des Estats de ceste province en original, qui luy seront baillées par Me Guill· Langlois, frère et héritier de feu Me J. B. Langlois, vivant greffier des Estats, desquelles ledit greffier baillera son récépissé audit Langlois. »

« 13 mars 1634. — Sur la sommation faicte, instance du procureur général, à Mᵉ Guill. Aubourg, greffier des Estats de cette province, de délivrer présentement certificat de la séance que M. de Mautheville, premier président de ceste Chambre, a prise lors de la convocation des Estats de ceste province, et sy, suivant l'ordre porté par les lettres de commission d'iceux, il a pas précédé le sʳ des Hameaux, président en la court des Aydes de ceste province, pour servir audit procureur général, ainsy que de raison, oy ledit Aubourg au bureau en la présence du procureur général, la Chambre a ordonné audit Aubourg de délivrer présentement, audit procureur général, ledit certificat pour luy valloir et servir qu'il appartiendra ». *(Extraits du Plumitif de la Chambre des Comptes* 1634).

Baudry, procureur syndic, mandé au Parlement à propos de la rédaction du Cahier. — « Le vendredy, 5ᵉ jour de mars 1634. — M. le président Bretel a proposé que, jeudy dernier, MM. de la Chambre des Requestes avoient demandé que les Chambres furent assemblées pour délibérer ce qui estoit à faire sur un certain art. employé au Cahier des Estats de l'année dernière, concernant l'exécution des rapports et espices, qui y est conceu en termes qui importent et offensent grandement l'honneur de ceste Compagnie et de toute la justice, comme il avoit esté représenté à ladite Chambre des Enquestes, mesme à celle de l'Édit.

Sur quoy délibéré, il avoit esté arresté que les Chambres seroient ce jourd'huy assemblées pour y aviser, mandez les gens du Roy; et venus Sallet, procureur général, et Le Guerchois, second avocat général, l'affaire mise en délibération, a esté mandé Mᵉ Jacques Baudry pour entendre de luy s'il estoit ainsy du Cahier desdits Estats affin de le voir. Luy entré, luy a esté dit par Monsʳ le président Bretel et demandé s'il estoit saisy du Cahier desdits Estats parce qu'il y avoit quelque article que la Cour désiroit voir.

A dit que, s'il estoit mandé en qualité de procureur syndic des Estats de la Province, il supplioit la Cour de déclarer à la requeste de qui, afin qu'il en puisse donner raison ausdits Estats, lesquels avoient arresté leur Cahier aux termes que chacun article est couché et employé aux Cahiers leus en la présence de Messieurs les députez, tant de ce parlement et autres, que de Monseigneur le duc de Longueville qui y présidoit, et ledit Cahier porté au Roy et respondu, et duquel il n'est saisy, l'ayant baillé à l'imprimeur pour l'imprimer, lequel luy en avoit baillé quelques feuilles pour les voir et corriger les fautes qu'il pouroit avoir faites en l'impression et orthographe, et ayant représenté une feuille imprimée en laquelle est employé l'article dont est question, a esté ledit Baudry fait retirer, et lecture faite dudit article, qui est le 14e article concernant l'exécution et payement desdits raports et espices, sur ce délibéré ;

A esté arresté que ledit Me Jacques Baudry sera fait rentrer pour estre ouy, et représenter les mémoires dont il peut estre saisy des députez des Estatz, sur lesquels ledit article a esté rédigé et employé audit Cahier.

Luy fait rentrer, après luy avoir remonstré par ledit sr président Bretel, que, ayant l'honneur d'estre avocat de la Cour, encores qu'il ait la charge de syndic des Estats, il devoit néantmoins retenir les Estats de n'user pas de termes offensifs de l'honneur, noncseulement des juges ordinaires qui exercent la justice, mais aussy de la Cour et juges souverains.

Dit que la Cour sçait que les députez des Estatz aportent chacun leurs mémoires de leurs demandes, qui sont veues et délibérées par devant celuy qui est nommé pour présider à l'assemblée, et les termes arrestés, qui sont sur le champ rédigez d'un commun consentement, et après représentez par devant Messieurs les Commissaires qui les voyent et délibèrent, et s'en fait lecture publiquement, et sur ledit article employé : *Renvoyé au Roy*, en quoy le syndic des Estats ne peut rien, et ne croit pas que l'intention des Estats ait esté de toucher en rien l'honneur des juges et seulement parler des huissiers et sergens, qui sont commis pour faire telles exécutions de taxes, et se délivrer des vexations qui sont par eux pour ce faites, et que ledit article n'est nouveau et est conceu en plus forts termes en des Cahiers précédens du temps de feu Monsr de Bretignières, son prédécesseur en ladite charge de syndic, supliant la Cour de ne luy en imputer la faute et croire qu'il ne se départira jamais du respect qu'il luy doit ; lui retiré,

Par Monsieur Sallet, procureur général, a esté dit qu'il ne peut pas présumer que ledit procureur des Estats, qui tient son principal honneur de la Cour, ait pensé à la vouloir offenser et que ce qui est employé audit article soit procédé de son mouvement ; qu'il est vray que ledit article fut fort concerté par devant MM. les Commissaires des Estats, et néantmoins fut résolu de le renvoyer au Roy et que luy procureur général, ayant esté l'un desdits Commissaires, il ne pourroit pas prendre de conclusions à l'encontre dudit syndic, et seroit plus séant en la bouche de Monsr Le Guerchois qui n'y estoit pas ; qu'il est vray que sur les assignations qui avoient esté cy-devant données, au Conseil privé, à l'instance de quelques particuliers, aux commis à la recepte des épices de la Cour pour raison de telles exécutions de taxes de rapports,

La Cour luy avoit fait l'honneur de le députer pour en faire remonstrance à Monsieur le Garde des Sceaux, mais depuis ayant obtenu le rapport de MM. Godart et de Gallentine, députtez pour autres affaires, qui avoient fait entendre le sentiment de mon dit s^r le Garde des Sceaux sur ce subjet, dont ilz luy avoient parlé et qu'ils n'aprouvoient telles exécutions, la Cour n'avoit plus insisté à ladite députation, et luy sembloit qu'il estoit plus à propos de se maintenir par la Cour à en user comme de coustume que non pas de tenter un reffus absolu (1) » *(Extrait des Registres secrets de Parlement, d'après la copie de la Bibliothèque de Rouen).*

ÉTATS DE DÉCEMBRE *1634.*

I.

Extrait des registres de l'Hôtel-de-Ville de Rouen.

Lettres du Roi au bailli fixant la réunion à Rouen, au 4 décembre, Monceaux, 2 septembre 1634; — du gouverneur au même pour le même objet, Paris 24 octobre; — de Messieurs du bailliage aux échevins de Rouen, 14 novembre.

Postérieurement le lieu de la réunion fut fixé à Gisors, moins sans doute à cause de la contagion dont on avait pu constater quelques cas à Rouen, qu'à cause des troubles qui avaient éclaté dans cette ville, pendant l'année 1634, par suite des nouveaux droits sur les cartes et sur les cuirs.

Assemblée générale à l'Hôtel-de-Ville de Rouen, en la grande salle ordinaire du Conseil, sous la présidence du

---

(1) On peut juger par cette pièce du peu de liberté que le Parlement entendait permettre aux assemblées des États. Tour à tour et suivant les circonstances, flatteur ou arrogant à l'égard de l'autorité royale, il eût volontiers réclamé pour lui-même tous les bénéfices du despotisme le plus absolu. Cette tracasserie du Parlement expliquerait peut-être la disparition du Cahier de 1633.

lieutenant-général (1). — Prirent part à l'élection 98 ecclésiastiques, 19 nobles et plusieurs bourgeois dont le nom est cité, sans compter « plusieurs en grand nombre. » On y nomma pour l'église, Nicolas Le Royer, chantre et chanoine de la cathédrale de Rouen, sieur de Pierreval et vice-gérant en l'officialité de Rouen; pour la noblesse, Joseph de Boniface, baron du Bosc-le-Hard, sieur d'Ectot-l'Auber, gouverneur du château d'Arques; comme conseillers échevins, Claude de Hanyvel, écuyer, sieur de St-Laurent de Castillon, et Jean Cotton, écuyer, sieur d'Esmonville.

Proposition des États. Dimanche 3 décembre 1634. — « Par la responce qu'il pleust au Roy donner à nos dernières plaintes des marchandises qui nous sont apportées, contrefaictes et manufacturées par les estrangers et nommément par les Anglois, les traictez et concordatz faicts avec la Couronne d'Angleterre debvoient estre représentez en son Conseil pour, iceux veus, estre ordonné ce qui seroit du bien de son service et du soulagement de ses subjetz. Le Roy sera très-humblement supplié de faire exécuter ses intentions suivant ladite response et d'ordonner que lesdits concordats seront inviolablement observez, afin d'arrester le cours des abus qui augmentent journellement au préjudice des droits du Roy et de ceste ville et au grand désadvantage de ses subjets que ceste souffrance réduit à la mendicité.

« Quelques marchands particulliers des villes de Rouen

(1) « Mardi 21 nov. 1634, sur l'advertissement donné au chapitre, de la part de MM. de l'hostel commun de ceste ville, qu'il y auroit ce jour d'huy, de relevée, à une heure, convention et assemblée audit hostel, pour nommer un ecclésiastique et un gentilhomme, M. Sanson, estant en la table *ad beneficia conferenda* la semaine dernière, et M. De Caux, pour la présente, ont esté priez de se trouver, au nom du chapitre, en ladite assemblée pour y délibérer des affaires qui y seront proposées. » — Le 22 novembre, le chapitre dispensa M. Le Royer « *per totum*, autant qu'il seroit en sa commission. » *(Arch. de la S.-Inf. Registres capitulaires)*.

et Dieppe ont obtenu l'année dernière des lettres de Mgr le cardinal duc de Richelieu, par lesquelles la traite du Sénégal, Cap-de-Vert, et rivière de Gambie, leur est accordée privativement à tous autres. Le prétexte qu'ils ont apporté à cette obtention a esté les pertes notables qu'ils disent avoir souffertes par les déprédations d'un nommé Compan et les grands frais ausquelz ils disent aussi avoir esté obligez pour faire les armemens de leurs navires affin de les mettre en estat de deffense contre les estrangers, en quoy ils ont fait paraître leur surprise d'autant que lesdites pertes et frais ont esté aussi portées par plusieurs autres marchands des dictes villes de Rouen et de Dieppe, qu'ils ont néantmoins exclus de ce trafic au moyen desdites lettres. S. M. considérera, s'il lui plaist, le préjudice que telles sociétés apportent à la liberté du commerce, et partant sera très-humblement suppliée de nous en accorder la révocation. »

II.

EXTRAIT DU REGISTRE DU GREFFIER-COMMIS DES ÉTATS.

« Du jeudy 7me jour de décembre 1634, ouverture desdits Estats a esté faite devant Mgr de Longueville, en la ville de Gisors, dans l'église de St-Ouen du prieuré de ladite ville (1).

Et après que l'ouverture a esté faite desdits Estats, MM. les députés se sont assemblés en la manière accoustumée, et arresté que discrète personne messire Nicolas Le Royer, prestre, chanoine, présidera en ladite assemblée et fera la responce lundi prochain.

(1) Prieuré de St-Ouen de Gisors, membre dépendant de l'abbaye de Marmoutiers, uni au collége de Rouen, en 1711. Le prieur était, en 1634, Philibert Robillart.

Et après ce fait, tous lesdits sieurs députés ont esté appelés ainsi qu'il est accoustumé, lesquels se sont comparus, excepté les députés de l'église et de la noblesse du bailliage de Caen et les députés du tiers estat de la vicomté de Fallaise, sur lesquels a esté prins deffault.

Et aussitôt ledit sieur président a prins le serment de tous lesdits sieurs, lesquels ont promis qu'il ne sera revelé aulcune chose de ce qui sera arresté et résolu pendant et durant ladite assemblée.

Et ledit jour après midy, lesdits sieurs députés estant assemblez, sur la plainte faite par plusieurs desdits sieurs députés que le député de Ponthoise estoit advocat, et qu'à ce moyen il debvoit estre délibéré suyvant ce qui a esté cy-devant arresté que ledit sindiq estoit de la qualité d'advocat, et après que ledit sindiq a esté ouy, qui a recongneu estre de ladite qualité, lesdits sieurs se sont assemblés par les bailliages, et arresté que ledit sindiq s'absentera de ladite Compagnie et qu'il luy en sera délivré acte.

Sur ce qui a esté représenté à l'assemblée par ledit sieur Le Royer, président en l'assemblée, qui a fait veoir ung arrest que la court de Parlement auroit donné le 2me de ce présent moys, par lequel elle auroit réduit le sallaire des huissiers emploiés pour la perception des rapports, et sur cette proposition lesdits sieurs députés se sont assemblés par les bailliages, et arresté, par leur advis uniforme, que ledit arrest sera exécuté et qu'il sera dressé article dans le Cayer pour supplier S. M. que ledit arrest soit exécuté, et la Cour suppliée d'ordonner que les receveurs des rapports envoyeront leurs exécutoires aux sergents héréditaux des lieux pour en faire sortir le payement, sans tenir par ladite assemblée à ce qui a esté ordonné par S. M. sur la responce du Cayer de l'an passé, qui deffend d'en faire auculne recherche ; et pour les amendes ordonné qu'il sera dressé article dans le Cayer pour supplier S. M. de deffendre de saisir par décret les héritages des condamnés en amende pour le payement d'iceluy (1).

Signé: Le Royer, président en la présente assemblée, avec paraphe......

Qu'il sera employé article pour demander la révocation des 45 s. qui se lèvent au Pont-de-l'Arche (2)

Article pour se plaindre des exactions que font les gens de guerre qui forcent les habitans des lieux par où ils passent de leur donner des certifficats comme ils ont payé ce qu'ils ont dépensé, encore qu'ils n'en ayent rien fait et au contraire tirent et exigent de l'argent desdits habitans...

Du 8ᵉ jour dudit mois, de matin. A esté arresté qu'il sera employé article dans le Cayer pour le previllége des ecclésiastiques, affin de supplier S. M. d'ordonner qu'ils seront maintenus dans leurs immunitez, et suyvant icelles qu'ils pourront labourer leurs terres, tant de leurs propres et acquests que de leurs bénéfices, sans estre imposés à la taille, et qu'à ceste fin il sera ordonné que les arrests du Conseil seront registrés à la cour des Aydes.

Et, ce fait, est entré en l'assemblée, ainsy qu'il est accoustumé noble homme Mᵉ Gabriel Du Boys, commis de l'adjudicataire général des gabelles, auquel a esté représenté les plaintes que la Province fait contre les archers du sel qui font des exactions en la recherche qu'ils font du faux sel, et outre que l'on prend 2 et 4 s. pour la voiture de chaque minot de sel; et après ce qui luy a esté représenté

---

(1). Art. XX et XXI du Cahier.

(2) Par déclaration du mois de janvier 1634, le Roi avait ordonné qu'il serait levé 45 sous pour muid de vin, et 6 livres pour quart de muid d'eau-de-vie qui descendrait depuis le port St-Nicolas de Paris jusqu'à Rouen, au lieu de tous les droits, péages et octrois qui se levaient antérieurement et qui étaient supprimés. Pour obtenir l'enregistrement de cette déclaration à la cour des Aides il fallut des lettres du jussion du 26 janvier 1634.

et qu'il est sorti, lesdits sieurs se sont assemblés par les bailliages pour délibérer; et, ce fait, il est rentré, auquel a esté accordé acte pour l'adjudicataire, et que quand il se présentera pareilles plaintes, il sera obligé d'en prendre le fait et charge et en faire rendre justice....

Article que les archers du sel ne pourront entrer dans les maisons des particuliers pour la recherche du sel que présence de deux voisins, ainsy qu'il a esté cy-devant respondu et accordé (1)....

Sur ce qui a esté représenté à l'assemblée que le depputé de la noblesse de Caen ne s'est comparu, et qu'au deffault de ce Mgr de Longueville auroit ordonné que le sieur de Rucqueville, gentilhomme du bailliage de Caen, debvoit estre receu en ladicte assemblée et y avoir voix deslibérative; suyvant laquelle ordonnance lesdits sieurs se sont assemblés pour en délibérer, et, ce fait, ils ont nommé le depputé de l'église d'Alençon, le depputé de la noblesse de Caux et (le depputé) du tiers estat du Pont-l'Evesque pour se retirer par devers mon dit seigneur, et à leur retour ils ont fait leur reffert de la volonté dudit seigneur. Lesdits depputez se sont assemblés par les bailliages et arresté que ledit sieur de Rucqueville demeurera en l'assemblée et aura voix deslibérative en icelle parce que l'advis de leur bailliage, en cas qu'ils se trouvassent my-partis ou contraires, leur advis ne seront à rien comptés....

Article pour représenter qu'en plusieurs villages de ceste province la paouvreté y est si grande, et le peuple réduit en tel point que les femmes sont privées d'oser aller à leurs

---

(1) D'après le bail des gabelles « les archers et commis de l'adjudicataire, aians serment de justice, pouvoient toutes fois et quantes et entre deux soleils faire les recherches dans les maisons des revendeurs de sel à petites mesures, charcuitiers et marchands de poisson salé sans aucun mandement de justice. » (Arrêt du 12 mai 1633 et lettres de jussion du 16 juin 1633).

messes paroissiales pour n'avoir le moyen de couvrir leur nudité....

Article pour la révocation de l'impost nouvellement mis sur les cuirs et autres nouveaux imposts (1).

Du samedy, 9ᵉ jour dudit mois, de matin. Sur l'ouverture faite en l'assemblée par le sieur Le Royer, a esté arresté qu'il sera dressé article pour demander la révocation des francs-fiefs et nouveaux-acquêts, et la révocation de toutes commissions et commissaires extraordinaires (2).

Et, ce fait (sont venus), le lieutenant-général du sieur Grand Prévost, assisté du vis-bailli de Caux, qui ont apporté une missive laquelle il supplie l'assemblée de le dispenser de comparoir en icelle ainsi qu'il y est obligé, et après que ladite lettre a esté déslibérée, il a esté arresté que ledit sʳ demeurera dudit sʳ Grand Prévost, de laquelle a esté fait lecture, par excusé, et à luy enjoint d'envoyer dans deux mois au greffe de céans les procès-verbaux qu'ils ont faits depuis les derniers Estats, à peine de suspension de leurs gages et que ladite lettre sera enregistrée.

« Messieurs, j'ay un regret extresme de ne pouvoir assister aux Estats, cette année, et d'estre privé de l'occasion de vous y servir. C'est le malheur de mes affaires qui me retient à la suitte du Roy où j'ai obtenu cassation de l'arrest que mes parties avoient injustement fait donner à Grenoble, et poursuis à présent d'autant plus ma réparation que j'ai le désir passionné de me voir en paix et liberté entière de rendre le service que je dois à la Province. Faites

---

(1) Cet article ne passa pas dans le Cahier, probablement par suite de l'opposition des Commissaires du Roi. Les droits dont on se plaignait avaient donné lieu à des révoltes contre lesquelles le Roi voulait sévir.

(2) Parmi ces Commissaires était principalement visé François Le Tonnelier, sieur de Condy, maître des requêtes de l'hôtel, Commissaire député par S. M. en qualité d'intendant de la justice en Normandie.

moy donc la faveur de m'excuser, s'il vous plaist, et de croyre que dans peu de jours, je serai de retour prest à vous servir tous en général et vous tesmoigner en particulier que je suis, et par inclination et par devoir, Messieurs, votre très-humble et très-affectionné serviteur, Du Buc, Prévost général. En cour, ce 28 novembre 1634. Et sur le dos est écrit : A Messieurs Messieurs les depputez des Estats de la province de Normandie. »

Sur la proposition faite par Messieurs du tiers Estat qu'à raison de la translation des Estats de la ville de Rouen en la ville de Gisors, et des doubles frais qu'ils ont esté obligés de faire à raison du retardement desdits Estats, il seroit juste qu'ils eussent double taxe de leurs voyages, l'affaire mise en délibération et les trois ordres assemblés par les bailliages, a esté résolu, de l'advis uniforme desdits trois ordres, que tous les (députés) desdits ordres et officiers desdits Estats auront le double des taxes qu'ils auroient eubs, s'ils avoient esté tenus à Rouen, à prendre lesdites taxes sur la somme de 6,000 l. qui a esté levée en la présente année dans la creue des garnisons, laquelle leur sera payée avec leur taxe ordinaire par le sieur Heudebert, trésorier.

Sur la représentation faite à l'assemblée par le sieur de Boniface, depputé de la noblesse de Rouen, des lettres de cachet de S. M. adressantes auxdits sieurs depputez, données à S. Germain-en-Laye, le 23 novembre dernier, signées, Louis, et plus bas, Phelyppeaux, par lesquelles S. M. désire que M. de la Mailleraye soit gratiffié de la somme de 6,000 l., ainsy qu'il avoit esté l'année dernière ; et à ceste fin se sont assemblés par les bailliages, après que les depputez du tiers estat ont soustenu que leurs voix doibvent estre singulières, à raison qu'il est question de levée de deniers, et arresté par leur advis à la pluspart que, suyvant l'intention de S. M., ledit s^r de la Mailleraye sera gratiffié de ladite somme de 6,000 l. pour l'année prochaine, et sans tirer à conséquence, ainsy qu'il fust arresté l'année dernière, et que desdites lettres il en sera laissé coppie enregistrée en ce greffe.

Copie. « De par le Roy. Très-chers et bien amés, les tesmoignages continuels que nous recevons de la fidélité et affection au bien de notre service, du sieur de la Mailleraye, l'ung de nos lieutenants généraulx en Normandie, nous donnant subject d'affectionner ses inthérests, et sachant que vous debvez bientost faire l'ouverture des Estats généraux de ladite province, nous vous avons voullu faire ceste lettre, comme nous l'avons déjà fait semblable aux précédents Estats qui ont esté tenus, pour vous exhorter de continuer, audit sieur de la Mailleraye, la grattiffication de 6,000 l. que vous avez accoustumé de donner à notre cousin le duc de Villars, pendant qu'il exerceoit ladite charge de notre lieutenant général. En quoy le traictant favorablement, vous ferez chose qui nous sera d'aultant plus agréable qu'il nous est en particullière recommandation, à cause du mérite de ses services. Et nous promettant que vous y satisferez, nous ne la ferons plus expresse. Donné à S.-Germain-en-Laye, le 23e jour de novembre 1634. Signé: Louis; et plus bas, Phelyppeaux. Et à la suscription est escrit : A nos très chers et bien amez les gens des trois Estats de nostre pays de Normandie. »

Du dimanche après midi, 10e dudit mois et an. Le sieur de Quenel, archidiacre et député de l'église d'Evreux, et autres qui furent le jour d'hier députés pour aller de la part des autres sieurs députés par devers Mgr. le duc de Longueville pour demander qu'il soit accordé double taxe à tous lesdits sieurs députés et officiers des Estats à cause de la translation des Estats en ce lieu de Gisors, lequel a fait entendre la volonté de mon dit Seigneur, qui est qu'il a ordonné que la double taxe soit faite, et que lesdits députés et officiers soient paiés par ledit sieur trésorier après qu'il aura représenté la taxe et l'ordre qui fut tenu à Évreux, lorsque les Estats tindrent audit lieu, et ce à prendre sur les 6,000 l. cy-devant mentionnées.

Les dits sieurs ont résolu, à raison de leur incommodité, que l'on offre au Roy, des sommes contenus en la Commission de S. M., la somme de 1,200,000 l. pour toutes choses, et supplier S. M. de les descharger de la grande creue et de toutes autres levées.

Et sur ce qui a esté proposé à l'Assemblée par le sieur de La Luserne, député de la noblesse de Costentin, de la part de M. de Matignon, (1) qui suplie la compagnie de gratiffier le dit sieur de pareille somme de 6,000 l. de laquelle elle a cy-devant gratiffier M. de la Mailleraye ; et sur ce ils se sont assemblés par les bailliages pour en deslibérer, et a esté arresté, par leurs advis à la plus part, que le dit sieur de Matignon sera gratifié de pareille somme de 6,000 l., de laquelle a esté gratifié le dit sieur de la Mailleraye, aux mesmes conditions portées par ladite gratification et sans tirer à conséquence, et ce pour cette fois seullement, lesquelles sommes seront levées avec le don de Mgr. de Longueville pour éviter à plus grands frais ny droits, fors ceulx du thrésorier des dits Estats. Signé : Le Royer, président en la présente assemblée, avec un paraphe.

Et, ce fait, ledit sieur de Boniface a représenté, de la part de Mgr. de Longueville, pour le gratiffier du don accoustumé de la somme de 18,000 l., et à ceste fin se sont assemblés par les bailliages et arresté que la dite gratiffication sera continuée, et que les deputés de l'église d'Évreux et d'Alençon, les nobles de Rouen et d'Évreux, le tiers estat de Pont-de-l'Arche et Gisors se transporteront par devers

---

(1) 24 mai 1634 registrement à la Chambre des Comptes des lettres patentes obtenues du feu Roi et de Louis XIII, par le sieur de Matignon, lieutenant-général au gouvernement des bailliages de Caen, Cotentin et Alençon.

mon dit sieur pour le supplier d'avoir agréable le dit don.

Signé : Le Royer, président en la présente assemblée ; ung paraphe.

Du lundy, 11ᵉ jour du dit moys, de matin. Sur ce qui a esté representé en l'assemblée par le sieur Durand, député de l'église d'Alençon, a esté mis en desliberation sy l'on debvoit supplier S. M. de permettre qu'il soit levé la somme de 2,000 l. pour la taxe de cinq de MM. les Présidents Commissaires extraordinaires des Estats, et, d'un advis uniforme, a esté arresté que S. M. sera suppliée de permettre que la dite somme soit levée en l'année prochaine, pour ung an seulement, et ce sans tirer à conséquence, et le tout à cause de la translation des Estats en ce lieu de Gisors, laquelle sera conformément au don de Mgr. le duc de Longueville pour éviter à plus grands frais.

A esté arresté qu'il sera employé article dans le Cayer pour supplier S. M. d'ordonner que, pour les responses qu'il plaira à icelle donner dans les dits Cayers, que, sans autre desclaration, les cours souveraines et autres juges de la Province en auront aultant (1) et les feront exécuter, comme si elles estoient levées en patentes.

Du dit jour après midy, viron 9 heures du soir. Après que les Cayers ont esté respondus par devant Mgr. de Longueville et MM. les Commissaires, les dits sieurs deputés se sont assemblés pour nommer lequel des dits sieurs ecclésiastiques debvoit assister le dit sieur Le Royer pour le port du Cayer, et ont nommé le sieur de Quenel, archidiacre d'Évreux ; pour les nobles, le sieur de Boniface, député de la noblesse de Rouen et le sieur du Mesnil Hardelay, député de la noblesse d'Évreux ; pour le tiers estat, Huet, sindic de Gisors, et Bouillon, député de Pont-l'Évesque. Pour les comptes, les ecclésiastiques, le sieur de la

(1) Copie.

la Bardoullyere député de l'église de Caen, et le sieur Durand, député de l'église d'Alençon ; les nobles, les sieurs de Bellefosse, député de Caux, et de Mansigny, pour Gisors; pour le tiers estat, Jouvin, député de Vire, et Landier, deputé d'Alençon. Signé : Le Royer, president en la présente assemblée.

12 décembre. Du mardi de matin, 12ᵉ dudit mois. Les dits deputés se sont assemblés par les bailliages pour délibérer sur les 4,000 l. faisant partie des 6,000 l. levées en la présente année pour la creue des garnisons, pour partie des taxations de MM. les Commissaires des Estats, et a esté consenti, par l'advis uniforme des trois ordres, que ladite somme de 4,000 l. soit distribuée par le trésorier des Estats, assavoir : 2,000 l. à M. de la Vrillière, Secrétaire d'Estat, ayant le département de la province de Normandie, et les autres 2,000 l. à M. du Houssay, Intendant des finances, les autres 2,000 l. faisant le reste desdits 6,000 l. ayant esté ordonnés par MM. les Commissaires qui ont tenu les dits Estats pour la taxe extraordinaire des deputés à raison du différement desdits Estats et translation d'iceux. Fait comme dessus.

Signé : Le Royer, président de la présente assemblée, Boniface, Giffard, Bellefosse, T. Bardouil, Labbé,....... Durand, Malheue, Petit, Louis Guillard, Jouvin, Duboys, Assillard, Baudry, A. Quesnel, J. Barbey, de Houetteville, S. Deschamps,....... Huet,...... V. Morant, Mancel, René Poisson, L. Boyvin,....... Regnouard, Cottart, Landier, J. Gouppil, Legrand, Louis Froment.

Et au-dessous : par mes dits seigneurs. Signé : De la Court avec paraphe.

III

Pièces diverses.

L'année 1634 s'ouvrit sous les plus favorables auspices, et l'on put croire, à s'en rapporter aux promesses du Roi et de son Ministre, que le pays allait enfin goûter les douceurs de la paix et trouver un remède à ses maux.

Ecoutons d'abord le *Mercure de France,* sorte de Moniteur officiel de l'époque.

« Il y avait apparence que la France, après avoir réduit le duc de Lorraine à la raison, deust demourer en repos, et joüir du fruit de ses travaux. C'estoit l'espérance du pauvre peuple et le désir du Roy, aussi bien que de tous les gens de bien ; il n'y avoit que l'absence de Monsieur, qui estoit entre les mains des ennemis de la Couronne, qui luy peust empescher la jouissance d'une pleine satisfaction. Sa Majesté désirant le ramener à son devoir, et cependant donner à son peuple quelques témoignages de sa bonne volonté, résolut d'aller à son Parlement de Paris, le mercredy 18 janvier, pour luy faire entendre elle-même ses intentions, en fit donner avis au Parlement, et vint le jour précédent de Saint-Germain-en-Laye à Paris, pour cet effet. »

Ce lit de justice fut tenu avec une grande solennité. Le cardinal de Richelieu, dans une longue harangue, fit l'apologie du gouvernement de Louis XIII, et indirectement celle de son ministère. Après avoir tracé le tableau de tous les succès du Roi dans la guerre et dans les négociations, il annonça l'intention bien arrêtée de ce prince, de s'appliquer à rendre son peuple heureux, « pratiquant à son avantage le dire des philosophes, qui enseignent que ce qui est le premier en intention est le dernier en exécution. »

« Dieu, dit-il, est trop bon pour permettre que la France, qui a tant pâty, souffre, et pâtisse davantage. Il ne reste plus qu'à soulager le peuple, pour la délivrance de toutes ses misères. C'est un dessein que le Roy a tousjours eu dans la pensée, et qu'il eust asseurément exécuté, sans les traverses qu'on luy a données. Si elle cessent, comme je le veux croire, le mal dont elles sont la principale cause cessera aussi indubitablement, et lors nous serons au comble de nos joyes.

« Dès cette heure nous avons grande raison d'estre contens sur ce sujet, puisque, outre le soulagement que le Roy procure à son peuple par le règlement et la réduction du droit des droits *(sic)*, et par la révocation de près de cent mil officiers de nouvelle création dont l'exemption estoit l'accablement de ceux qui portent le faix des levées, il lui remet encore un quartier du corps de la taille. »

« Nous désirons, disait à son tour le Roi dans sa Déclaration, afin de joindre, de plus en plus, au titre auguste de Fils aisné de l'Église, celui de Père de nostre peuple, de commencer à tesmoigner par de notables effets, la volonté constante et déterminée que nous avons, non-seulement de le soulager de ses misères, mais de le faire jouir, moyennant la grâce de Dieu, d'une entière félicité. C'est pourquoy nous avons résolu de supprimer dès à présent plusieurs impositions dont il est foulé, le descharger d'un quartier des tailles, et luy faciliter le payement du reste, en révoquant les priviléges de très-grand nombre de personnes, qui, estant les plus riches des parroisses, sont cause, par les exemptions dont ils jouissent, de la surcharge des plus pauvres ; de faire tenir les Grands Jours dans nos Provinces, afin de recevoir les plaintes, chastier les crimes, rendre les lois redoutables, et faire puissamment régner la justice ; de continuer à abolir le luxe qui ruine tant de familles, dont le merveilleux excez passe si avant, que les plus riches d'entre nostre Noblesse, que les plus grands de nostre Royaume en ressentent l'incommodité, et d'introduire ensuite l'abondance dans nos Estats par l'establissement d'un grand commerce, fortifié d'un puissant nombre de vaisseaux de guerre. » (1)

Par cette Déclaration, le Roi annonçait, non sans en exagérer la portée, quelques améliorations effectuées, et en promettait de nouvelles.

On avait vanté comme une mesure favorable, l'édit du mois de décembre 1633, portant réglement des droits aliénés sur les tailles qui avait deschargé les taillables de plus de 6 millions de livres annuellement imposés pour le paiement de ces droits, outre et par dessus les attributions faites aux acquéreurs, et avait ordonné qu'à commencer en l'année 1634, ces droits seraient liquidés à la somme de 13,800,000 l. suivant les départements et états qui en seraient arrêtés par le Roi. Un édit du mois de février 1634 compléta cette mesure, en supprimant, à quelques exceptions près, tous les droits aliénés sur les tailles et gabelles, et, du même coup, un nombre infini d'officiers dont la longue liste suffirait seule à donner une idée du système inextricable, imaginé par le génie fiscal de cette époque. Comme il fallait rembourser les acquéreurs de la finance qu'ils avaient payée pour l'acquisition de ces milliers d'offices, et que les affaires de l'État ne permettaient pas au Roi d'opérer le remboursement avec les deniers de son épargne, il fut jugé expédient d'aliéner au prévôt des marchands et aux échevins de Paris 8,000,000 l. de rente sur les tailles, et spécialement sur les 13,800,000 l. dont le Roi ordonna l'imposition en l'année 1634 et les suivantes, en les unissant et incorporant aux tailles, pour être à toujours imposées et levées conjointement, et par un seule rôle et département.

On aliéna en même temps 3,000,000 l. de rentes sur les

---

(1) *Le Vingtiesme tome du Mercure François*, p. 1, 19, 34.

gabelles, le tout, outre les anciennes et nouvelles rentes ci-devant constituées, notamment 500,000 l. de rentes, sur les tailles aliénées par un édit récent. Cet édit de février 1634, fut enregistré à la cour des Aides de Normandie, le 5 août 1634 (1).

A la suite de la Déclaration de janvier 1634, le Roi publia un édit sur le règlement général des tailles, par lequel, entre autres dispositions, il « révoqua tous les privilèges que s'étaient attribués aucuns de ses officiers, par l'authorité de leurs charges, et les exemptions dont jouissoient les plus riches et plus puissants des paroisses, qui avoient acquis des droits sous prétexte de certains offices imaginaires, fondez sur les clauses glissées dans les édicts, déclarations et arrests, commettant et députant, afin de remédier à ce dernier poinct, de ses principaux officiers, pour se transporter dans les élections et dans les paroisses, et imposer et faire comprendre ès rolles des tailles lesdits exempts et privilégiez, au soulagement des pauvres, afin que, chacun portant sa juste part et portion selon ses facilités et moyens, il n'y eût plus d'inégalité en l'assiette desdites tailles etc..... Or, d'autant qu'il y en avoit plusieurs qui se disoient nobles, et par ce moyen prétendoient l'exemption des tailles, itératives défenses furent faites à toutes personnes, de quelque qualité quelles fussent, d'usurper le titre de noblesse, prendre la qualité d'escuyer, et de porter armoiries timbrées, s'ils n'estoient de maison et extraction noble...... à peine de 2,000 l. d'amende (2). » Ce règlement fut vérifié par la cour des Aides de Normandie, le 30 juin de la même année, avec plusieurs modifications dont nous nous contenterons de noter les suivantes.

« Art. III. Seront taxez et imposez aux tailles tous ceux,

---

(1) *Mémoriaux de la Cour des Aides.*
(2) *Le vingtième tome du Mercure François*, p. 662.

lesquels, n'étant nobles de race, usurpent ledit titre, sous prétexte de quelques sentences et jugements, par eux ou leurs prédécesseurs obtenus, si elles ne sont confirmées par arrests contradictoirement donnez avec parties valables et interressées. »

Cet art. fut vérifié sous la modification « que tous ceux dont les qualitez de noblesse étoient disputées, et dont les procez étoient évoquez ou pendans en la cour, seroient imposez par provision, selon leurs biens et facultez, jusques à ce qu'ils eussent fait apparoir d'arrests de maintenue aux habitants des parroisses de leurs demeures, et aux substituts du procureur général. »

« Art. XXXIII. Les Nobles, Ecclésiastiques, Chevaliers de Malte, Officiers privilegiez et habitants de notre ville de Paris, pourront faire valoir par leurs mains, une de leurs terres et maisons, celles qui y sont adjacentes et contigues en dépendans. Et pour les autres terres et mestairies qu'ils feront valoir par receveurs ou serviteurs, les dits receveurs ou serviteurs seront taxez, tout ainsi que pourroient estre taxez leurs fermiers des dites terres et métairies. »

Cet art. fut vérifié sous la modification « que l'art. 129. de l'ordonnance d'Orléans seroit suivie, et que les Nobles, Chevaliers de Malte et Officiers privilégiez, joüiroient de leurs héritages, comme ils avoient cy-devant fait. (1) »

La promesse de tenir des Grands Jours dans les provinces reçut un commencement d'exécution par l'établissement des Grands Jours à Poitiers, en vertu d'une déclaration du 11 février 1634. Cette juridiction extraordinaire ouvrit sa session le 5 septembre et dura jusqu'à la fin de l'année. Elle se signala principalement par son zèle contre les religionnaires (2).

(1) *Mémoriaux de la cour des Aides, 1634.*
(2) *Le vingtième tome du Mercure François,* p. 812 et suiv.

Il est fait allusion à ces édits et déclarations dans le Cahier des États de 1634..

On sent par les premières lignes de ce document à quelle amère déception donnèrent lieu ces promesses solennelles qui furent sitôt oubliées. On avait espéré d'heureux changements, un allègement général des charges qui pesaient si lourdement sur le peuple, et en réalité il se trouva, vers la fin de l'année, que la situation s'était empirée plutôt qu'elle ne s'était améliorée. En 1638, encore, dans l'article XXX de leurs Remontrances, les États de Normandie rappelaient au Roi avec tristesse ses promesses de l'année 1634.

Pour se procurer de l'argent, on eut recours à la création de nouveaux offices.

Ainsi un édit du mois de février 1634 créa en hérédité plusieurs offices pour le mesurage et le contre-mesurage du sel : trois gardes, trois contrôleurs généraux du sel, un avocat, un procureur du Roi et un greffier en chacun des mesurages de Rouen et de Caen, avec attribution de gages fixes et de droits à prendre sur chaque minot de sel mesuré. — Un autre rétablit les trésoriers généraux et les receveurs généraux des ponts et chaussées et dans chaque Généralité les receveurs et les contrôleurs provinciaux. — Un troisième, du mois de décembre 1634, rétablit les siéges d'Élections supprimés par l'édit de décembre 1625 et créa, dans ces siéges distincts des Élections principales, des offices de président, lieutenant élu, procureur, greffier, et de 3 receveurs particuliers ancien, alternatif et triennal. — Un quatrième, de juillet 1634, avait déclaré que dans l'édit de suppression des droits aliénés sur les tailles et les gabelles n'étaient point compris les anciens droits de vérification, calcul et signature des rôles ordinaires et extraordinaires ci-devant attribués aux présidents, lieutenants, assesseurs, élus, contrôleurs, avocats et procureurs du Roi anciens, receveurs des tailles et taillon. Tous ces officiers durent financer, moyennant quoi Louis XIII leur promit de rechef en foi et parole de Roi, de les maintenir et conserver en toutes leurs exemptions, privilèges, préséances. — Un cinquième, du même mois, avait attribué aux trois receveurs du taillon en chaque Élection, en hérédité, outre les 9 deniers et autres gages, 3 d. pour livre sur tous les fonds de leur recette (1).

En même temps qu'on rétablissait les offices et qu'on en créait de nouveaux, on se relâchait de plus en plus pour les exemptions des tailles. On accorda, dès le 27 mai 1634, cette faveur aux nombreux officiers commensaux de la maison du Roi et de la Reine, à ceux des quatre compagnies des gardes du corps du Roi et autres (2).

Cependant le réglement général des tailles fut maintenu sauf modifications, et put être considéré, à certains égards, comme une amélioration. Il est compris dans le recueil intitulé : *Ordonnances, édits et déclarations concernant l'autorité, juridiction et compétence de la cour des*

---

(1) *Mémoriaux de la Cour des Aides,* 1634. — Par édit du mois de juin 1633, le Roi avait créé des offices héréditaires de contrôleurs, visiteurs et marqueurs de papier en chacune ville, bourg et bourgade et hameau du royaume où se faisoit, formoit, fabriquoit, vendoit et débitoit du papier, pour marquer et visiter tout le papier, tant celui qui se faisoit et fabriquoit dans le royaume que celui qui seroit apporté de dehors... où seroient empreintes les armes de France... auquel office était attribué 5 s. pour rame de papier du poids de 6 livres ; de 6 à 12 livres, 6 sous ; de 12 à 18, 7 sous ; de 18 à 24, 8 sous ; de 24 à 30, 9 sous ; et 3 sous pour chaque rame de papier bleu, gris et gris brun, de quelque poids qu'il pût être, et au marqueur 1 sou pour la marque, outre les anciens droits. Le 13 août, une commission fut nommée pour la vente de ces offices. Ces offices furent maintenus. Des lettres patentes interdirent à la cour des Aides de Normandie la connaissance des débats qui pourraient s'élever à l'occasion de ces nouveaux droits.

(2) Le *vingtième tome du Mercure françois,* p. 663.

Aydes, imprimé à Rouen, chez Eustache Viret, en 1682, p. 108 et suiv.

Les Grands Jours de Poitiers donnèrent lieu au vœu exprimé par les États dans l'article IV de leurs Remontrances.

Je crois que les États furent tenus à Gisors, et non à Rouen, en 1634, non point à cause des cas de contagion qui avaient pu être signalés en cette dernière ville, mais à cause des deux émeutes qui y avaient éclaté dans le cours de cette même année et dont la punition occupait alors le gouvernement. Un commissaire extraordinaire avait été nommé pour procéder à une enquête; le parlement était considéré comme suspect. C'est par un motif de discrétion imposée par les Commissaires du Roi que les députés des États de Normandie s'abstinrent de faire mention dans leur Cahier de cette grave affaire; on a vu par quelques mots du greffier-commis qu'il en avait été question dans leurs délibérations.

Nous croyons intéressant de rapporter ici un extrait du registre du parlement de Normandie qui concerne la répression de ces mouvements séditieux.

Des décrets de prise de corps avaient été donnés par François Le Tonnelier, sieur de Conty, maître des requêtes de l'hôtel, commissaire député par S. M. en qualité d'intendant de la police en Normandie, contre 30 ou 35 maîtres du métier de tanneur pour les faire appréhender et conduire prisonniers au Pont-de-l'Arche qu'il avait choisi comme siege de sa résidence pour l'exécution de sa commission. Le parlement craignait que ces mesures de rigueur n'occasionnassent de nouveaux désordres, et voyait d'ailleurs avec peine une juridiction extraordinaire substituée à la justice ordinaire. Elle écrivit dans ce sens au duc de Longueville, dès le 15 novembre 1634. Mais, malgré toutes ses remontrances, l'intendant avait été maintenu dans ses attributions et avait continué son enquête.

« 9 janvier 1635. — Sur l'avis que l'on a eu que le sr de Longueville venoit en la Cour assisté de M. de Conty Le Tonnelier, maître des requestes, ont esté toutes les chambres assemblées et mandés les huissiers de la Cour, ausquels a esté enjoint de prendre garde que, lorsque ledit sieur duc de Longueville et ledit sr Le Tonnelier entreront en la Cour, leurs gardes et archers, si aucuns y en a en armes, n'entrent point dans le parquet desdits huissiers et chambres de ladite Cour, ains se tiennent dehors. Et comme l'on a apperceu que ledit sieur duc de Longueville arrivoit dans son carrosse en la cour du palais, accompagné dudit sieur Le Tonnelier sans gardes ni archers, ont esté députez, pour aller au devant dudit sieur de Longueville le recevoir jusques au haut des degrés du parquet des huissiers, quatre des plus anciens conseillers de la grand'chambre, deux clercs et deux laïcs. Ledit sieur de Longueville, entré dans la chambre et ayant salué la compagnie, passa dans le parquet et conclave de ladite grand'chambre pour prendre sa place au banc du costé droit de Mrs les présidents lorsqu'ils sont en leur séance, sur lequel banc avoit esté préparé le carreau et drap de velours, ayant ledit sieur de Longueville, en passant pour prendre ladite place salué la compagnie, laquelle s'est levée et a salué ledit sieur de Longueville.

Et comme ledit sieur Le Tonnelier, maistre des requestes, qui suivoit, s'estoit voulu avancer et passer par devant le bureau par dedans ledit parquet, ainsi que ledit sieur de Longueville, pour prendre sa place au-dessous de luy, a esté averty que la forme de ce parlement en semblables occasions, estoit pour les sieurs maistres des requestes de prendre leurs séances au banc du costé de la cour du palais, vis-à-vis dudit sieur de Longueville, et au-dessus du plus ancien conseiller de la Cour.

Sur quoy ledit sieur Le Tonnelier a dit qu'il ne sçavoit pas bien les formes de ce parlement, mais qu'au parlement de Paris et autres parlements il en est autrement usé, et néantmoins qu'il suivra la forme de ce parlement ; et passant par devant M^{rs} qui estoient assis au banc du costé de ladite cour du palais, y a pris sa place au-dessus de M. Hue, ancien conseiller.

Luy a esté dit par le sieur de Longueville qu'il a toujours veu, quand il est venu à la Cour, que MM. les maistres des requestes ont pris leur séance vis-à-vis de luy au-dessus du plus ancien conseiller du costé où est de présent ledit sieur Le Tonnelier.

Le sieur de Longueville, assis au banc sur lequel luy avoit esté préparé le drap violet avec le carreau, et au-dessus de luy, hors l'étendue dudit drap, M. de Civile, ancien conseiller, après avoir de rechef salué la compagnie, a dit :

Qu'il n'avoit voulu retarder davantage de venir icy tant pour visiter la compagnie que pour satisfaire aux commandements du Roy pour tenir la main à l'établissement de ses droits, pour lesquels M. de Conty Le Tonnelier, maistre des requestes, a esté député par S. M., et aussi pour mettre les choses en tel estat qu'il ne puisse s'y rien passer et entreprendre au préjudice de son autorité; ayant à représenter à la Cour que S. M., sur l'avis qu'elle avoit eu du désordre arrivé en cette ville pour le sujet dud. establissement, avoit eu le dessein d'y envoyer des troupes et forces pour se faire obéir, ce que ledit sieur de Longueville avoit détourné par le témoignage qu'il avoit donné du devoir que cette compagnie y avoit rendu de ses bonnes et sincères intentions et de sa fidélité à son service, qu'elle avoit toujours fait voir pour maintenir ses sujets en son obéissance, et se promettoit tant d'elle qu'elle continueroit en cette occasion pour avec lui contribuer ce qui seroit chacun de son devoir, pouvoir et autorité pour le bien du service de S. M. et à faire obéir le peuple à ses volontés ; que c'estoit le sujet pour lequel il estoit venu icy et pour asseurer la compagnie qu'il ne manquera point de faire sçavoir au Roy le bon ordre et diligence qu'elle aura apporté en cette affaire; et que, de sa part, il continuera tousjours en sa bonne affection envers elle, laquelle il remercioit du témoignage qu'elle luy avoit le jour d'hier donné de la sienne envers luy par les députés qui l'estoient venus trouver à son arrivée.

Luy a esté dit par M. le président Bretel que la compagnie continueroit toujours en la fidélité qu'elle doit au service du Roy, qu'il est vray que depuis six ou sept mois il est arrivé deux assemblées de peuple, l'une au mois de juillet, la Cour du parlement estant séante, et l'autre pendant la Chambre des vacations, au mois de septembre dernier, la première sur le sujet de l'establissement de nouveaux droits sur les cuirs, et l'autre sur le fait du papier, à chacune desquelles assemblées et mouvemens, qui ne pouvoient estre préveus, la Cour a apporté tous les remèdes et devoirs que l'on pouvoit attendre de son pouvoir et autorité, par la publication de ses arrests et par l'assistance de M. de la Mailleraye qui avoit le commandement pour les armes en cette ville, en sorte que l'on avoit fait dissiper le peuple assemblé et dégagé ceux qu'il poursuivoit, en quoy mesmes M[rs] les présidents et conseillers de la Chambre des vacations s'estoient exposés, aux hasards et périls de leurs personnes, dans la fureur du peuple, ayant dégagé le lieutenant-général du bailly et mis en seureté celuy pour le sujet duquel le peuple s'estoit élevé ; l'on avoit informé des motifs, decretté et emprisonné quelques-uns, et contre eux procedé par toutes les formes et moyens qui se pouvoient tenir et exécuter pour approfondir le procès et par adjournement à ban contre les absens et les fugitifs (1) ; qu'il est à considérer que si l'on vouloit procéder contre une généralité de tous ceux qui se seroient trouvés auxdites assemblées populaires, il y auroit plus de 25 à 30,000 pauvres gens, tant de la draperie que du métier de cartier et papetier, qui ne vivent que de leur manufacture et travail, lesquels, par une appréhension de la peine, pourroient abandonner la ville et se réfugier en pays estranger et là enseigner leur industrie et invention, et par ce moyen en faire transférer le trafic et commerce, au préjudice des droits de Sa Majesté et de la commodité de ses sujets, comme il arriva en l'an 1584 pour le fait des cartes, dont les ouvriers prirent sujet de se retirer en Angleterre, à quoy néantmoins la Cour apportera toute la severité et rigueur des lois contre les auteurs et ceux qui se pourront découvrir avoir trempé auxdites émotions pour les juger selon sa conscience et en faire faire des exemples pour empescher et réprimer à l'avenir telles insolences; que la compagnie avoit une trèsgrande obligation au sieur duc de Longueville de ce qu'il lui avoit pleu témoigner à S. M. le devoir qu'elle avoit rendu pour son service en telles occasions, quand elles sont arrivées.

Sur quoy ledit sieur duc de Longueville a dit qu'il n'estime pas que le Roy veuille toucher au général, ains user de sa clémence ordinaire.

Par ledit sieur de Conty, maistre des Requestes, a esté dit qu'il avoit lettres de cachet du Roy concernant sa commission, lesquelles il avait présentées pour estre veues sur le bureau.

Et, sur ce que ledit sieur de Longueville a dit que c'estoit à la compagnie à délibérer, s'estant retiré et icelle

---

(1) Voir le récit de ces émeutes dans l'*Histoire du Parlement*, de M. Floquet, t. IV, p. 544, 548 et suiv.

salué, a esté conduit par lesdits sieurs députés, lesquels rentrés en la Chambre, ensemble M^rs les gens du Roy,

Par ledit sieur de Conty a esté dit qu'il avoit présenté lesdites lettres de cachet du Roy qui pouvoient estre leues en sa présence ou bien se retireroit, ce qu'il a fait, et, en son absence, lesdites lettres ouvertes sur le bureau et lecture faite d'icelles par le procureur général, a esté dit qu'estant les gens du Roy appellés aux chambres assemblées, ils ont accoustumé d'opiner et donner leur avis avec la compagnie et non pas requérir, ou bien luy représenter qu'estant interdits de la connaissance du fait des commissions dudit sieur de Conty, on ne peut pas entrer en délibération sur icelles.

Et sur ce que M^rs les conseillers en la pluspart ont demandé qu'il fust délibéré sur lesdites lettres,

Par M. le président Bretel a esté dit que la Cour n'a pas accoustumé délibérer sur les lettres de cachet, attendu les ordonnances, et s'est levé et retiré suivy de M^r le président de Franquetot, et demeurés M^rs les présidents Poirier, de Launoy et Turgot, ledit sieur président Poirier a dit qu'il ne seroit pas raisonnable qu'il mit l'affaire en délibération, qui s'estoit présentée devant M^rs les présidents les anciens qui se sont retirés.

Sur quoy a esté envoyé Me Louis Cusson, notaire de ladite Cour, par devers ledit sieur président Bretel pour le prier, de la part de la compagnie, de rentrer. Ledit Cusson a rapporté que ledit sieur président luy avoit fait réponce qu'il ne rentreroit, s'il n'y avoit arrest. M^rs les conseillers ont de rechef demandé qu'il en fust délibéré, ayant néantmoins retardé jusques à une heure après midy; s'est la compagnie retirée sans autre délibération sur lesdites lettres de cachet. »

Du Jeudy 1ᵉʳ mars 1635.

« Sallet, procureur général du Roy, dit que le jour d'hier M. de la Mailleraye luy avoit envoyé les lettres patentes de S. M. en forme d'abolition générale pour le fait des émotions naguère arrivées en cette ville et à Saint-Lô, et des lettres d'abolition pour le fait des tanneurs.

Retentum au registre que c'est sans aveu ny approbation de la qualité de Commissaire et de la commission extraordinaire dont est fait mention ès-dites lettres. »

Le 5 décembre 1634, les présidents étaient partis pour Gisors à l'occasion des États.

« La petite audience a esté tenue en la Chambre de Conseil à huis clos par M. Restout, conseiller, doyen de la grand' chambre pour l'absence de tous MM. les présidents qui sont ce jour d'uy partis pour aller à Gisors tenir les Estats avec M. le duc de Longueville (1). »

Élection de députés pour le bailliage de Caux. — « A tous ceulx qui ces présentes lettres verront ou orront, Pierre Cavelet, escuier, sʳ de Houquetot, conseiller du Roy nostre sire, président et lieutenant civil et criminel au bailliage de Caux, au siége présidial de Caudebec, salut. Sçavoir faisons que, ce jour d'huy lundi, vingtiesme jour de novembre 1634, pour l'exécution des lettres de cachet de Sa Majesté données à Chantilly, le dernier jour d'aoust dernier, signées : Louys, et plus bas : Phelyppeaux, par lesquelles il nous est mandé faire convocation et assemblée des personnes ecclésiastiques, de la noblesse et du tiers estat pour eslire quelques notables et apparents personnages d'entr'eux, sçavoir un ecclésiastique et un noble pour ce bailliage, et du tiers estat pour chacune vicomté, pour de leur part comparoir à la tenue

(1) Registres secrets du Parlement d'après la copie conservée à la bibl. de Rouen.

des Estatz ordinaires de ceste province, termez à tenir le quatriesme jour de décembre prochain, desquelles lettres lecture a esté judicièrement faicte et de celles de monseigneur le duc de Longueville, gouverneur et lieutenant pour sa dicte Majesté en ceste dicte province, dabtées du vingt-quatrième d'octobre dernier, en la présence du procureur du Roy en ce siége, ont esté, de la réquisition dudit procureur du Roy, faict appeler les gens des trois estats de ladite vicomté, adjournez à huy pour ledit effect, vertu de notre mandement, par Pierre Léger et François Le Febvre, pour eux, et Jehan Fouetel, sergents royaux en la sergenterie des Bancs le Comte, jouxte leurs exploitz par eux représentez et mis au greffe, lesquels, sur ce jurez, ils ont attesté véritable en tout leur contenu, du nombre desquels trois ordres plusieurs se soient présentez, les autres non, contre lesquels pour leur non-comparence deffaut a esté donné audit procureur du Roy, et suivant sa conclusion iceux défaillants condamnés, sçavoir les ecclésiastiques en chacun soixante sols d'amende, les nobles en chacun quarante sols, et ceux du tiers estat en chacun vingt sols, le tout envers Sa Majesté suivant les édits et ordonnances ; mesme se sont comparus discrette personne Me Jacques Le Conte, prebstre curé de la première portion de la paroisse de Normanville, Adrien Le Febvre, escuier, s^r de Grainville, et honorable homme Jehan Du Bois, laboureur, demeurant en lad. paroisse de Grainville, et ont dit avoir esté esleus et nommez par les personnes des trois estats du siége de Cany pour eux trouver et comparoir à ce jour d'huy par devant nous, sçavoir lesdits sieurs Le Conte, prebstre, et de Grainville, pour procéder à l'élection d'une personne noble resséant au district de ce dit siége, et pour confirmer l'élection qui a esté faite audit siége de Cany de la personne dudit Du Bois, pour eux trouver auxdits Estats, suivant l'intention de sa dite Majesté, ainsi qu'il est contenu en l'acte en forme de procuration dont ils ont fait aparoir, exercé par devant Mᵉ Isaac de Normanville, escuier, sʳ de la Pizaye, conseiller du Roy, lieutenant-général civil et criminel audit siége de Cany, dabté du quinziesme de ce mois. A aussy par ledit procureur du Roy esté dict que ladicte procuration n'estoit conforme aux règlements qui ont esté cy-devant donnez entre les officiers de ce siége et ceux dudit siége de Cany, notamment pour ce qui regarde l'élection dudit Du Bois, d'autant que par lesdits règlements il est ordonné que ceux dudit siége de Cany députeront personne des trois ordres de leur siége pour comparoir en ce lieu affin d'eslire et nommer avec ceux de ce dit siége les personnes à députer pour comparoir auxdits Estats, et non pas pour confirmer l'élection que ceux dudit siége de Cany vouloient faire en leur siége, pour quoy demandoient que ladite procuration fust déclarée cassée et que lesdits sieurs Le Conte, prebstre, de Grainville et Du Bois fussent sommez de déclarer s'ils vouloient tenir aux termes d'icelle procuration et s'ils vouloient pas eslire, nommer les personnes qui sont à député avec ceux de ce dit siége, pour et au nom de ceux dudit siége de Cany, pour de leur déclaration avoir acte à telle fin que de raison. Sur quoy après que lesdits sieurs Le Conte, de Grainville et du Bois eurent dit qu'ils ne se vouloient servir de ladite procuration, accordant nommer et procéder à l'élection qui est à faire, encor qu'ils n'ayent autre procuration, ainsi qu'ils ont juré et affirmé, sur ce astraints, nous avons icelle procuration déclarée cassée et ordonné qu'il sera présentement procédé à ladite élection, à laquelle fin les ecclésiastiques ont esté jurés en parolle de prebstre, et les autres par foy et serment solennel à dire vérité, et iceux ouys l'un après l'autre, pour ce qu'il nous est apparu que la plus grande partie ont nommé pour l'estat de la noblesse, comme estant le tour de ce siége à nommer iceluy, la personne de noble seigneur Anthoine

Des Mares, escuier, seul seigneur et patron de Bellefosse, Grainville-l'Allouel, Mellemont et le Flocquet, et ledit Du Bois, pour le tiers Etat, nous avons de ladite élection et nomination accordé acte audit procureur du Roy, et, veu icelle, nous avons ledit s^r de Bellefosse et Du Bois déclarez chargez de ladite charge, laquelle a esté acceptée par ledit Du Bois à ce présent, duquel par ce moyen a esté prins et receu le serment au cas requis et accoustumé. Et pour ce que ledit s^r de Bellefosse estoit absent, il a esté ordonné à Pierre De Lu (ou d'Au), sergeant de la querelle, de l'assigner à comparoir à bref jour par devant nous pour prester pareil serment, suivant quoy ledit s^r de Bellefosse, aiant comparu le 21e jour de cedit mois de novembre 1634, a dit qu'il acceptoit aussy ladite charge. Nous avons d'iceluy pareillement prins et recéu le serment au cas requis, auquel, ensemble audit Du Bois, il a esté donné plain pouvoir, puissance et authorité de eux présenter et comparoir auxdits Estats pour y faire les remonstrances, consentir et accorder ce qui sera nécessaire pour le service du Roy et le bien et utilité du public de la Province, ce qu'ils ont promis faire. En tesmoing de quoy, nous juge, lieutenant dessus nommé, procureur du Roy et greffier, avons signé ces présentes, l'an et jour dessus dicts. Signé : Cavelet, Le Picard et Le Maistre par un paraphe. » *(Arch. de la S.-Inf. F. Desmares de Trébons).*

Interruption des États en 1635 et 1636.

Il n'y eut point d'assemblées d'États aux années 1635 et 1636. Il n'y en eut point non plus en 1637; mais on peut dire que l'assemblée du mois de février 1638 tint lieu de celle qui régulièrement eût dû être convoquée dans les derniers mois de 1637, et qui avait d'abord été indiquée au 9 décembre de cette dernière année. Cette interruption est prouvée par la plainte des députés qui la considérèrent, non sans raison comme un présage de mort pour les États de la Province ; elle l'est encore par les documents suivants.

Lettres patentes de Sa Majesté pour les États de Normandie.— « Louis, par la grâce de Dieu, roy de France et de Navarre, à nos amez et féaux conseillers les gens tenant nostre Chambre des Comptes à Rouen, présidens et trésoriers généraux de France au Bureau de nos finances estably audit lieu, salut. Bien que *nous n'ayons pas jugé à propos, pour aucunes considérations importantes au bien de nostre service, de faire assembler et tenir les Estatz ordinaires de nostre province de Normandie en l'année dernière*, nostre intention n'a néantmoins esté pour cela d'apporter aucun changement aux affaires du pays et à l'ordre qui y a de longtemps esté gardé. Pour ces causes et autres à ce nous mouvans, voullons, ordonnons et nous plaist que les deniers destinez pour les affaires de ladite province, qui ont esté et seront levez en la présente année 1636, soient miz ez mains du trésorier desdits Estatz pour estre par luy emploiez au fait de sa charge, ainsi qu'il est accoustumé. Vous mandons et ordonnons que le contenu en ladite présente vous ayez à faire exécuter de pointen point *en nonobstant qu'il n'y ait point d'assemblée d'Estatz en ladite province en ladite année dernière*, et autres choses à ce contraires. Car tel est nostre plaisir. Donné à Chantilly, le 8ᵉ jour de septembre l'an 1636 et de nostre règne le 26ᵉ. Signé : Louis ; par le Roy, Phelyppeaux, et scellé du grand sceau de cire jaulne.

« Veu par la Chambre les lettres patentes du Roy données à Chantilly le 8ᵉ jour de septembre dernier, par lesquelles et pour les considérations y contenues ledit seigneur veut et luy plaist que les deniers destinez pour les affaires de ceste province, qui ont esté et seront levez en l'année précédente mil six cens trente-six, soient mis ez mains de Costentin Heudebert, thrésorier des Estatz de ladite Province, pour estre par luy emploiez au fait de sa charge, ainsi qu'il est accoustumé et que plus amplement lesdites lettres patentes le contiennent, requeste présentée à ladite Chambre par ledit Heudebert à fin de vérifficcation desdites lettres, conclusions du procureur général du Roy, et tout considéré, la Chambre a ordonné et ordonne que lesdites lettres patentes du 8ᵉ jour de septembre dernier seront registrées ez registres d'icelle pour estre excuttées selon leur forme et teneur, sans tirer à conséquence et parce que à l'advenir lesdites lettres seront obtenues en la forme antienne. Faict le 17ᵉ jour de juillet l'an 1637. » (*Mémoriaux de la Chambre des Comptes*).

« Lundi, 27 juillet 1637. Sur la requeste présentée par Mᵉ Constantin Heudebert, trésorier de cette province, à ce qu'il pleust au Bureau voir les lettres patentes du Roy données à Chantilly, le 8 septembre 1636, par lesquelles S. M. a ordonné que les deniers destinés pour les affaires de la Province qui ont esté levés en ladite année dernière soient mis ès mains du suppliant pour estre par luy employés au faict de sa charge, ainsi qu'il est accoustumé, *nonobstant qu'il n'y ait point eu d'assemblée d'Estats en ladite Province en ladite année dernière*, et ordonner que lesdites lettres seront registrées ès registres de ce Bureau pour estre exécutées selon leur forme et teneur, veu ladite requeste, lesdites lettres patentes et l'arrest de vérification d'icelles en la Chambre des Comptes de Normandie du 17ᵉ de ce présent mois, a esté ordonné qu'elles seront registrées ès registres de ce Bureau pour être exécutées selon leur forme et teneur. » (*Plumitif du Bureau des Finances de Rouen)* (1).

« 29 avril 1637. Sur le rapport faict au Bureau des lettres patentes du Roy données à Paris le 14ᵉ jour de janvier dernier, par lesquelles il est mandé au Bureau qu'il aye à faire asseoir, imposer et lever sur les contribuables aux tailles de ceste Généralité, par les esleuz d'icelle, la somme de 20,000 l. pour leur part et portion de la somme de 30,000 l. pour semblable gratiffication que les gens des Estats de ceste province accordèrent en la dernière assemblée à M. le duc de Longueville, gouverneur et lieutenant-général en ladite province, et aux sieurs de la Mailleraye et de Matignon, lieutenants-généraux audit gouvernement, comme aussy les fraiz ordinaires de ladite levée et le droit de recepte des trésoriers desdits Estats et la somme de 910 l. pour les frais de l'obtention desdites lettres patentes, » le Bureau ordonne l'enregistrement de ces lettres. (*Ibidem.*)

Lettres patentes par lesquelles Sa Majesté ordonne que les deniers qui seront levés pour le paiement des Commissaires des États soient mis ès mains du trésorier

---

(1) Mention, au même registre, 18 mai 1637, du don faict par le Roi aux Commissaires des États pour l'année 1636; 3 et 7 août, des plaintes de Costentin Heudebert contre le greffier des États, Aubourg.

général des États. « Louis, par la grâce de Dieu, roy de France et de Navarre, à nos amez et féaux conseillers les gens tenantz nostre Chambre des Comptes à Rouen, présidens et Trésoriers généraulx de France, au Bureau de nos finances estably audict lieu, salut. *Bien que nous n'ayons pas jugé à propos, pour aulcunes considérations importantes au bien de nostre service, de faire assembler et tenir les Estatz ordinaires de nostre Province de Normandie en l'année dernière,* nostre intention n'a néantmoings esté pour cela d'apporter aucun changement aux affaires du païs et à l'ordre qui a esté de tout temps gardé. Pour cès causes et autres à ce nous mouvants, voullons, ordonnons et nous plaist que les deniers destinez pour les affaires de ladicte province, qui ont esté et seront levez en la présente année mil six cent trente-sept, seront mis ès mains du trésorier desdits Estatz pour estre par luy emploiez au faict de sa charge, ainsi qu'il est accoustumé, au paiement des taxations des Commissaires desdits Estatz et autres despences, attendu qu'ilz s'estoient tenus prestz pour se trouver en l'assemblée desdits Estatz, comme s'ils eussent tenu, desquelles taxations, en tant que besoing est ou seroit, nous leur en avons faict et faisons don par ces présentes. Sy vous donnons et ordonnons que le contenu en icelles présentes vous ayez à faire exécutter de poinct en poinct, sans permettre qu'il y soit contrevenu, nonobstant qu'il n'y ayt point eu d'assemblées d'Estatz en ladicte année dernière et autres choses à ce contraires. Car tel est nostre plaisir. Donné à Fontainebleau, le 13e jour de juin l'an de grâce 1637, et de nostre règne le 18e. Signé : Louis ; et plus bas, par le Roy, Phelyppeaux, et scellé en queue de cire jaulne, et au doz est escript : enregistré au controlle général des finances par moy soubz signé, à Paris, le 20 octobre 1637. Signé : Malier.

« Veu par la Chambre les lettres patentes du Roy données

à Fontainebleau le 13ᵉ de juin dernier, obtenues par Costentin Heudebert, trésorier des Estatz de Normandie, par lesquelles, pour les considérations y contenues, Sa Majesté a ordonné que les deniers destinez pour les affaires de la Province qui ont esté et seront levés en l'année dernière mil six cens trente sept soient mis ès mains dudict Heudebert pour estre par luy employez au faict de sa charge, ainsi qu'il est accoustumé et que plus amplement lesdictes lettres le contiennent, requeste présentée à ladicte Chambre par ledict Heudebert affin de vérification desdites lettres, conclusions du procureur général du Roy, et tout considéré, la Chambre a ordonné et ordonne que lesdictes lettres patentes seront registrées ès registres d'icelle pour estre exécutées selon leur forme et teneur, sans tirer à conséquence, par ce qu'à l'advenir pareilles lettres seront obtenues soubz le nom des Commissaires des Estatz, et enjoinct au trésorier d'iceux de rapporter, dans trois mois, l'estat de la despence par luy faicte pour ladicte année. Fait le 5ᵉ jour de mars l'an 1638.» (*Mémoriaux de la Chambre des Comptes*) (1).

Non-seulement il y eut interruption des États, mais le Cahier des remontrances de l'assemblée de 1634 ne reçut de réponse qu'en 1638. Il faut voir là un indice certain du mécontentement causé au gouvernement par l'accueil défavorable fait en Normandie, notamment dans les cours souveraines, aux édits qui avaient été imaginés pour se procurer l'argent nécessaire aux grandes entreprises de Richelieu. La plupart de ces édits n'avaient pu être enregistrés, malgré des jussions répétées. La ville de Rouen à laquelle on voulait imposer une subvention extraordinaire de 400,000 l., refusait et se voyait soutenue par le parlement et par la Chambre des Comptes (2). Pour vaincre cette

---

(1) Les mêmes lettres furent présentées au Bureau des finances qui en ordonna l'enregistrement le 5 mars 1638, sous la même réserve.

(2) *Plumitif de la Chambre des Comptes*, dernier janvier 1637.

résistance, Louis XIII eut recours à un moyen violent ; il annonça son voyage à Rouen ; il y fit partir les gardes françaises et suisses, quelques régiments d'infanterie et 12 ou 15 compagnies de cavalerie. Les fourriers, arrivés dès le 3 mars, s'empressèrent de marquer les logis des soldats, sans égard pour les priviléges des officiers des cours souveraines, qui alléguèrent inutilement leur qualité de commensaux du Roi ; bientôt on annonça la venue du grand maréchal des logis le sieur de Fourilles. Louis XIII, le jeudi 5 mars, était parti de Saint-Germain et s'était rendu au château de Vigny ; peu de jours après il était à Gisors où il reçut les députations du parlement, de la cour des Aides et de la Chambre des Comptes. La soumission fut aussi prompte que complète, tant ce voyage du souverain effraya les esprits. Il fallut pour éviter le malheur dont on était menacé, qui devait entraîner, disait-on, pour la ville une perte de plus d'un million, se résoudre à satisfaire le Roi par la vérification de ces édits, dont le gouvernement espérait un produit de 24 millions (1).

En quatre jours, du 16 au 19 mars, la Chambre des Comptes vérifia à la hâte, sans discussion et du très-exprès commandement du Roi, tout un paquet d'édits bursaux, qui avaient provoqué les plus vives remontrances et dormaient entre les mains des rapporteurs : Rétablissement des officiers des gabelles en la jouissance de leurs droits, avec création d'un greffier hérédital en chaque grenier à sel ; — création en hérédité d'un grand maître triennal et de deux particuliers, alternatifs et triennaux, et de trois contrôleurs en chacune grande maîtrise et maîtrise particulière ; — création

La cotisation de cette subvention devait se faire sur tous les particuliers, tant privilégiés que non privilégiés. De là sans doute l'appui prêté à l'Hôtel-de-Ville par les gens de justice.

(1) V. M. Floquet, *Hist. du parlement de Normandie*, IV, 501 et suiv. — Griffet, *Hist. de Louis XIII*, II, 817.

de 11 nobles en Normandie, du mois d'août 1636; — attribution de 75,000 l. de taxations en hérédité aux receveurs des tailles et taillon, avec confirmation du droit de quittance, ci-devant à eux attribué, sept. 1635; — création en titre d'office formé et héréditaire de trois conseillers lieutenants généraux conservateurs provinciaux, anciens alternatif et triennal des gabelles; — suppression des élections particulières, Neufchâtel, mai 1635; — suppression du sol pour feu et attribution de 210,000 l. de gages aux greffiers, clercs des greffes, propriétaires du parisis et contrôle des bailliages, sénéchaussées, prévotés et autres juridictions royales; — suppression des receveurs collecteurs des droits aliénés, pour la rente en être faite par les receveurs des tailles; — révocation des lettres patentes de commission pour la recherche et liquidation de ce qui pouvait être dû au Roi à cause des surhaussements des espèces de monnaies par tous les officiers, receveurs, fermiers et autres ayant le maniement des deniers publics, moyennant attribution de six-vingts cinq mille livres d'augmentation de gages en hérédité, à départir entre lesdits receveurs suivant état arrêté au Conseil; — création de quatre présidents aux Bureaux des finances des Généralités de Rouen et Caen, mai 1636; — création d'un Bureau des finances à Alençon, mai 1636; — création d'un procureur et d'un greffier en chacune ville et communauté du ressort des cours de parlement et Chambre des Comptes de Rouen; — attribution de 3 d. pour livre aux receveurs du taillon, outre les 9 deniers; — attribution aux officiers comptables de 42,000 l. d'augmentation de gages héréditaires; — augmentation de gages à plusieurs officiers comptables jusqu'à la somme de 35,000 l. et décharge de la Chambre de justice; — attribution aux officiers comptables et autres de finance de la Généralité de Caen, de 3,000 l. de gages héréditaires pour être déchargés de la taxe de la Chambre de justice; — attribution d'hérédité aux officiers des 5 grosses fermes, douane de Lyon, traite foraine du Languedoc, Provence, etc. ; — augmentation de 80,000 l. de gages en hérédité, tant aux receveurs généraux des finances et du taillon qu'aux officiers des maréchaussées, sept. 1635 ; — attribution d'un denier pour livre en hérédité aux receveurs des deniers communs et d'octroi outre les 3 d. dont ils jouissaient, mars 1636 ; — création de seconds présidents présidiaux ; — attribution, par forme d'augmentation, de gages héréditaires aux présidents, lieutenants généraux et principaux, lieutenants particuliers, 'assesseurs, prévôts, vicomtes, leurs lieutenants, conseillers avocats et procureurs du Roi des sièges présidiaux, bailliages, sénéchaussées, prévôtés, vicomtés, nov. 1635 ; — création d'un office de conseiller honoraire et héréditaire en chacun des sièges présidiaux, bailliages et vicomtés, avril 1635 ; — création en chacun bailliage présidial, sénéchaussée, d'un lieutenant général, un criminel, un particulier, 4 conseillers, un procureur du Roi et un président en chacune des justices royales, nov. 1635 ; — création de 4 commis à l'audience de la chancellerie de Rouen ; — création de 3 contrôleurs généraux provinciaux héréditaires des fermes autres que des gabelles ; — désunion des vicomtés et érection des plaids des sièges particuliers en vicomtés principales et création de vicomtes auxdits siéges ; — augmentation de 260,000 l. de gages aux officiers des élections ressortissantes des Chambres de Paris, Rouen et Montpellier, avec autres attributions aux receveurs des tailles, greffiers des élections et grènetiers ; — création de 3 conseillers notaires secrétaires en la cour des Aides aux gages de 1,200 l. ; — création de 150 sergents des tailles et de 100 procureurs aux élections, Dangu, mars 1637. — La Chambre pria le Roi de la dispenser d'entrer en la vérification d'un édit du mois d'août 1636, portant création d'une chancellerie en chaque Bureau des finances, et le supplia de vouloir surseoir, pendant 3 mois, à l'exécution d'un autre édit du mois de mars 1637, qui portait augmentation de gages aux Trésoriers de France, procureur, avocat du Roi et autres officiers des Burèaux des finances. A cela se bornèrent ses demandes. Elle fut récompensée de son obéissance. Dès le 21 mars, elle put enregistrer une déclaration par laquelle le Roi continuait et prolongeait pour 6 années consécutives, à commencer en l'année 1639, le droit annuel (1) aux officiers de la Chambre des Comptes, en considération de leurs services, sans qu'ils fussent obligés de faire aucune avance. La cour des Aides et le parlement cédèrent de la même manière et pour les mêmes motifs. Le dernier ne fit de résistance que pour 90 charges de procureurs héréditaires et pour l'édit qui créait dans son sein 2 offices de présidents d'enquêtes, 5 conseillers, 4 substituts, 2 notaires secrétaires et 2 huissiers. — Quant à la ville de Rouen elle s'estima heureuse d'obtenir une diminution de 100,000 l. sur la subvention de 400,000 l.

Au mois de janvier 1638, Vallier, maître d'hôtel du Roi, présenta aux échevins de Rouen une commission qui l'autorisait à lever dans la Province, pour la subsistances des gens de guerre, la somme de 1,300,000 l., savoir 800,000 l. sur les Généralités de Rouen et d'Alençon, et 500,000 l. sur celle de Caen, avec pouvoir à lui donné, en cas de refus, de lever promptement lesdites sommes; et à défaut de paiement, d'envoyer des gens de guerre dans les villes et villages vivre à discrétion, et sans diminution de taxes.

---

(1) « Par l'édit de Paulet (déclaration du 12 déc. 1604), les officiers soit de finance, soit de justice, qui payaient au Roi, au commencement de chaque année, la soixantième partie du prix ou de la taxe de leur office, obtenaient pendant l'année le droit de survivance et la modération à moitié de la taxe de leur résignation. C'était là ce qu'on appelait le *Droit annuel*. » (Vicomte Rob. d'Estaintot, *Mémoires du président Bigot de Monville*, p. 274).

Les échevins s'empressèrent d'en donner avis aux compagnies et de solliciter leur appui (1). Leurs démarches furent inutiles. Rouen dut payer 150,000 l. Elbeuf avait été imposé à 10,000 l., 26 août 1637; Pont-Audemer, à 30,000 l., 28 novembre 1637; Orbec, à 35,000 l., 12 février 1638; le Havre à 30,000 l., 27 du même mois. Bernay le fut à 30.000 l., 10 juin; Dieppe à 30,000 l., 15 mars; Cany à 3,225 l., 23 novembre. Jacques Talon, maître des requêtes, fut envoyé en la Généralité de Rouen afin de faire le département de ces contributions, pour lesquelles les villes durent solliciter des octrois (2). Il est fait allusion à ces impositions dans l'art. XXVI du Cahier de 1638.

Une autre mesure qui donna lieu aux plaintes des États fut la recherche des droits de francs-fiefs et nouveaux-acquêts.

Par les anciennes ordonnances il était expressément défendu aux ecclésiastiques, communautés et gens de main-morte de posséder dans le royaume aucuns immeubles, nobles et roturiers, sans en avoir obtenu la permission par lettres bien et dûment vérifiées du Roi. — Faute de quoi, ils devaient en vider leurs mains dans l'an et jour à compter de leur acquisition, sous peine de voir ces biens réunis au Domaine de la couronne. Les mêmes ordonnances interdisaient à tous roturiers de posséder aucuns fiefs et arrière-fiefs, rentes, héritages et autres biens nobles sans la même autorisation. Depuis longtemps les gens de main-morte, les non-nobles et roturiers étaient maintenus dans la jouissance de ces biens, moyennant le paiement de droits dits de francs-fiefs et de nouveaux-acquêts. A diverses époques, des commissions avaient été nommées pour en faire le

---

(1) *Plumitif de la Chambre des Comptes*, 16 janvier 1638.
(2) *Mémoriaux de la cour des Aides.*

recouvrement. En 1635, Louis XIII traita de cette perception avec Charles Forger qui se subrogea, pour la Normandie, un nommé Ch. de la Mairie. En même temps, pour procéder, dans notre province, à la taxe et à la liquidation de ces droits depuis les dernières commissions jusqu'au dernier jour de décembre 1633, le Roi nomma une commission composée ainsi qu'il suit : de Faucon, président, de Gremonville, second président du parlement, Langlois, s^r de Mautheville, premier président en la Chambre des Comptes, du Fay, maître des requêtes ordinaires de l'hôtel; de Civille, de Brinon, Vigor, de Bonshons, conseillers au parlement, Leseigneur, sieur de Reuville, président au Bureau des finances, de Jouey, maître en ladite Chambre, Puchot, trésorier audit Bureau, Hébert et Le Pelletier, l'un procureur, l'autre avocat-général du Roi en ladite Chambre, avec le procureur général au parlement pour remplir les fonctions de procureur de la commission, et un procureur de la cour des Aides, pour y remplir celles de greffier.

La volonté du Roi fut publiée par toutes les villes, bourgs et villages, même aux prônes des paroisses. Dans un délai de 15 jours à partir de la publication, gens de main-morte et non-nobles durent remettre, entre les mains du greffier ou de ses subdélégués, des déclarations, en bonne et due forme, de leurs nouveaux-acquêts et de leurs fiefs, contenant la quantité, qualité et juste valeur du revenu annuel des choses contribuables, le tout justifié par contrats d'acquisition, baux à ferme, aveux et dénombrements. Quant aux exemptions, elles devaient être justifiées par lettres, priviléges, provisions, réceptions d'officiers, amortissements dûment vérifiés. Passé le délai fixé, si les biens n'avaient point été déclarés, il pouvait être procédé contre les détenteurs, à leurs frais et dépens, par informations, saisies et établissement de commissaires. Les biens recélés dans les déclarations devaient être réunis au Domaine.

La liquidation de ces droits devait être faite à proportion du temps écoulé depuis la dernière commission, sur le pied du revenu d'une année pour 25 années avec 2 sous pour livre de toutes les sommes contenues dans les taxes. Les commissaires chargés de cette liquidation, devaient procéder au jugement des différends qui en pourraient naître, souverainement et en dernier ressort. Mais aucunes requêtes ne pouvaient être rapportées, ni aucunes conclusions prises sur requêtes, qu'elles n'eussent été communiquées audit de la Mairie ou à ses commis, pour y répondre succinctement, ainsi qu'ils aviseraient.

Les commissaires durent se réunir à Rouen en la grande salle des Carmes.

Les rôles des taxes une fois arrêtés devaient être remis audit de la Mairie ou à ses commis, pour en faire le recouvrement sous les quittances de Jacques Daumalle, receveur des amendes du parlement.

Tous baillis, vicomtes, juges, greffiers, receveurs des Domaines, notaires, officiers et autres personnes publiques, reçurent l'ordre de fournir au traitant un état abregé de tous les fiefs, arrière-fiefs, des rôles du ban et de l'arrière-ban, et de tous papiers ou registres pouvant à servir à l'éclaircissement des droits en question (17 juillet 1635).

Ces lettres-patentes de commission furent enregistrées à la Chambre des Comptes sans modifications importantes, le 17 août 1635.

Plus tard, par lettres-patentes du 10 janvier 1636, M. des Hameaux, premier président à la cour des Aides, et Jean Bigot, conseiller doyen, furent adjoints à cette commission, dont les recherches effrayèrent un nombre infini de propriétaires et tous les gens de main-morte. Bien que la commission fût investie du droit de juger en dernier ressort, on voit que quelques causes furent portées au Conseil d'État. Nous citerons, à l'appui de cette remarque, un

« Arrest du Conseil d'État du Roy, du 3 juin 1636, portant descharge de la commission des francs-fiefs et nouveaux-acquests, avec main-levée des saisies qui auroient esté cy-devant faites pour raison des bénéfices payans et non payans décimes, mesmes les Fabriques, Hospitaux, Prestemonies, Monastères, Maladeries, Chappelles, Obits et Fondations pies et autres. » On voit par cet arrêt que sur sa requête, Pierre Acarie, chanoine, official de Rouen, syndic du clergé de la province de Normandie, « fut reçu opposant aux commandements, saisies faites par Me de la Mairie faute de paiement de ce que celui-ci prétendait lui être dû, à cause de son traité, par les marguilliers de la fabrique de l'église d'Aumale et autres lieux destinés à l'église, notamment par l'Hôtel-Dieu de cette ville. » Par autre arrêt, de la Mairie et autres furent assignés au Conseil, et cependant défenses lui furent faites de contraindre jusqu'à nouvelle décision les ecclésiastiques, marguilliers et fabriques, 4 juillet 1636 (1).

L'établissement de cette commission fut vu de fort mauvais œil par la Chambre des Comptes qui en sollicita la révocation ainsi qu'on le voit par le document suivant.

Réquisition du procureur général de la Chambre des Comptes touchant les francs-fiefs et nouveaux-acquêts. — « 1er juillet 1638. M. de Jouey a faict rapport de la remonstrance de l'advocat général pour le procureur général du Roy, suivant la remise du jour d'hier à ce jour que les semestres seroient assemblés. Suivant l'establissement et institution des fiefs, usage et coustume de France, le droict de francs-fiefz et nouveaux-acquetz est deub au Roy, tant par les roturiers, possédant fiefz nobles, que par les gens de main-morte et les communautez qui ne peuvent rien pos-

---

(1) Ces arrêts ont été imprimés.

séder en commun que par permission du Roy, pour estre reputé domanial, requérant, pour les raisons ỳ contenues que, reprenant l'ancien ordre, il soit ordonné que la recette desdits droictz de francz-fiefz et nouveaux-acquestz ne se fera pour l'advenir que par les receveurs ordinaires des Domaines en chaque vicomté du ressort de lad. Chambre, et que pour parvenir à la taxe et liquidation desdits droictz commissaires soient députez par lad. Chambre pour dresser estatz par chaque vicomté des terres et choses subjectes auxdits droictz suivant les déclarations qu'ils feront apporter, tant par les officiers du Roy en chaque siége que par les propriétaires desd. terres et droictz subjectz auxd. franczfiefz et nouveaux-acquestz, le tout sur le pied ordinaire et à proportion de la jouissance qu'ils en auront faicte, pour, par ce moyen, ledit droict estant aucunement fixé et arresté, les droictz du Roy en estre plus asseurez et ses subjectz en ceste province soulagez à l'advenir. Sur ce délibéré, la Chambre a accordé auditadvocat général les fins de sa réquisition et ordonné que commissaires seront députez de l'un et de l'autre semestre. » *(Plumitif de la Chambre des Comptes).*

ÉTATS DE JANVIER 1638.

Extrait des Registres de l'Hotel-de-Ville de Rouen.

Lettres du Roi au bailli fixant la réunion à Rouen, au 9 décembre, St-Maur, 25 septembre 1637; — du gouverneur au même, pour le même objet, camp de Verdun, 6 octobre. — Plus tard, par lettres du Roi, datées de St-Germain-en-Laye, dernier novembre, les États furent prorogés au 25 janvier 1638.

Assemblée générale à l'Hôtel-de-Ville de Rouen, sous la présidence du lieutenant général du bailliage, le 6 novembre. Prirent part à l'élection 121 curés, 2 nobles, et un certain nombre de bourgeois. On nomma pour l'église Adrien Behotte, prêtre, chanoine et grand archidiacre en la cathédrale de Rouen; pour la noblesse, Adrien du Bosc, chevalier, seigneur de Coquereaumont; comme conseillers échevins, nobles hommes Nicolas Pouchet et Charles Pavyot, premier et second échevins.

Proposition des États, — Samedi 30 janvier 1638. — Délibération des articles à employer au Cahier dans une assemblée présidée par M. Du Fay, bailli de Rouen. On demandera que le Roi rende à Rouen l'octroi des 24 l. pour muid de sel destiné à la fortification de cette ville. — Articles pour les monnaies, contre les offices, contre les aides, et contre les faux-monnayeurs.

« L'un des principaux moyens pour faire subsister le commerce est la liberté de traiter, et néantmoins ceste liberté est à présent tellement opprimée que la pluspart du négoce se met en parti, comme il se voit, entre autres pour les traictes particulières de charbon de terre et celles de Sénégal, Cap-de-Vert et rivière de Gambie, dont quelques habitants de Paris, Rouen et Dieppe ont surpris les lettres, privativement à tous autres, au grand préjudice du public. Sa Majesté sera très-humblement suppliée de nous en accorder la révocation. »

Extrait du registre du Greffier-Commis des États.

« Le samedy 30ᵉ jour de janvier 1638, MM. les députés des trois Estats du pays et duché de Normandie se sont convocqués et assemblés, par l'ordre du Roy et de Mgr le duc de Longueville, gouverneur de ladite province, en l'hostel archiépiscopal de l'archevesché de Rouen.

Auquel lieu, après l'appel fait desdits députés en la manière accoustumée, se sont trouvés deffaillir les députés de l'église du bailliage de Caux, celuy du tiers estat de la vicomté de Gournay, ceux du tiers estat de la prévosté de Ponthoise et de la chastellenie de Chaumont et Magny ; et sur ce que le sieur baron de Bully, député de la noblesse dudit bailliage de Caux, a représenté en ladite assemblée, que ledit député dudit bailliage de Caux estoit demeuré malade et que pour remplir sa place, tant luy sieur de Bully que les quatre députés du tiers estat des quatre vicomtés dudit bailliage, auroient trouvé convenable de prier noble et discrète personne Me Guillaume De Caux, chanoine en l'église de Rouen et chapelain de la chapelle de St-Eutrope de Pierreville, paroisse de Basqueville, vicomté d'Arques, tous lesdits députés ont esté d'advis que lesdits députés du bailliage de Caux se retireront par devers Mgr le comte de Guiche, lieutenant général au gouvernement de ladite province (1) et Messieurs les Commissaires assistant avec luy en ladite convention, pour leur représenter ce que dessus. Ce que fait, mesdits seigneurs les Commissaires ont agréé la substitution dudit sieur De Caux en la place et pour l'absence dudit député de l'église dudit bailliage, ce que refféré en ladite assemblée ledit s^r De Caux a pris place à l'ordre dudit bailliage.

Ce fait, mesdits s^{rs} les députez sont entrés en la grande salle dudit hostel de l'archevesché pour l'audience desdits Estats tenus par mon dit s^r le comte de Guiche, après laquelle mes dits s^{rs} les députez, rentrés en la chambre, ont pris le serment de Pierre Leleu, huissier de ladite assemblée,

(1) Maréchal des camps et armées du Roi, nommé à la charge de lieutenant-général, en remplacement du sieur de la Mailleraye, décédé, par lettres patentes datées de St-Germain-en-Laye, 16 nov. 1637. Il vint à Rouen et alla descendre au château du Vieux-Palais 3 jours avant l'ouverture des États, le 26 janvier 1638. Les lettres de provision furent enregistrées à l'hôtel-de-ville le 6 février, à la requête de M. de la Vigerie, lieutenant au château du Vieux-Palais (Archives de Rouen, Registre des délibérations).

pour servir de greffier en l'élection d'un président d'icelle, en laquelle charge de président tous, assemblés par les bailliages, ont nommé noble et discrète personne Me Adrien Behotte, prestre, chanoine et grand archidiacre de l'église de Rouen, lequel, ayant pris la séance, a mis en délibération la requeste présentée par Allain De la Londe à ladite assemblée, gendre feu Jacques De la Court, vivant greffier commis d'icelle assemblée, tendante à estre receu à l'exercice de ladite charge de greffier, veu l'absence de François De la Court, fils dudit Jacques De la Court, auquel lesdits Estats, le 18e jour de janvier 1620, avoient donné la survivance de ladite charge, et ce jusqu'au retour dudit François De la Court, ou tant qu'il plairoit à ladite assemblée, à laquelle deslibération ledit Leleu auroit aussi servy de greffier.

Sur quoy seroit entré Me Guillaume Aubourg, conseiller du Roy et greffier des Estats de ceste province, qui a demandé à faire la charge dudit défunt Jacques De la Court, par les moyens qu'il a représentés, et, luy retiré, après lecture faite de ses pièces, ensemble de la commission dudit défunt Jacques De la Court, commission de survivance dudit François De la Court, et requeste dudit De la Londe, mesme du registre desdits Estats pour les années 1627 et 1631, par lequel apparoit que ledit De la Court a esté maintenu en sa dicte charge, nonobstant les prétentions dudit Aubourg et depuis a toujours exercé jusques à son déceds, a esté arresté, sans avoir esgard à la demande dudit Aubourg, que ledit De la Londe sera receu en l'exercice de ladite charge de greffier commis de ladite assemblée, pour l'absence dudit François De la Court, son beau frère, et icelluy exercice faire tant qu'il plaira à mesdits sieurs les députés.

Ce fait, ledit De la Londe a presté le serment, en tel cas requis et accoustumé, entre les mains de noble et disorète personne Mᵉ Adrien Behotte, prestre, chanoyne et grand archidiacre en l'église de Rouen, président en ladite assemblée des Estats. Fait comme dessus. Signé : Behotte, président en la présente assemblée.

Et ledit jour, viron sur les trois heures après-midi, se sont assemblés lesdits sieurs députés, en la manière accoustumée, en la salle ordinaire de l'archevesché de Rouen, où a esté fait lecture par M. Baudry, advocat en la court et procureur sindiq des Estats, du dernier Cayer tenu à Gisors en l'année 1634.

A esté résolu à ladite assemblée, d'un advis uniforme, de poursuivre la responce dudit Cayer.

Et à l'instant a esté représenté par ledit sʳ Baudry la conséquence d'un viel procez pendant au Conseil, il y a plus de cent ans, entre Yollente Laysdier et les Estatz de ceste province.

A esté résolu, au mesme temps, après avoir mis l'affaire en délibération, d'un advis uniforme, que l'on députtera un ecclésiastique et deux du tiers estat pour icelluy procès consulter, en leur présence, assistés dudit sʳ Baudry, aux sieurs Lesdo, Coquerel et Deschamps, advocats au parlement, à quoy on auroit depputé noble et discrète personne Mᵉ Gilles Cartel, pénitencier à Coustances, pour les ecclésiastiques; pour les nobles, Nicolas Thomas, escuyer, sʳ de Lattainville, du bailliage de Gisors, et Charles de Roussel, escuyer, sieur de Breteville, pour le bailliage de Caen; pour le tiers estat, François Boullet, depputé du bailliage de Ponteaudemer, le depputé de Caen, Michel Ancelin, qui ont esté nommés par ladite assemblée d'un advis commun.

Et ordonné qu'ils se transporteront en la maison desdits sieurs advocats devant nommés demain neuf heures de matin pour, en leur présence, ledit procès consulter aux fins d'en faire le rapport à ladite assemblée.

A esté présenté par les sieurs depputés plusieurs mémoires audit sieur Baudry, dont lecture a esté faite à ladite assemblée.

A esté résolu à ladite assemblée d'employer article audit Cayer en forme de plainte de ce que l'on fait tenir les Estats après les commissions du Roy envoyées au Bureau des finances.

A esté aussy résolu d'employer article audit Cayer en forme de plainte, contre les commissions des francs-fiefs et nouveaux-acquêts et en demander la révocation.

Demander aussy que deffenses soient faites d'employer aux nouveaux-acquests les trésors, fabriques, hospitaux, maladeries et autres lieux pieux, obits, ny fondations.

Aussy demander audit Cayer qu'il soit deffendu de comprendre auxdits francs-fiefs, vollières, collombiers, presoüers, moulins à ban, et demander la descharge des taxes qui ont été taxées et faittes.

Plainte aussi à faire audit Cayer contre lesdits francs-fiefs, de ce qu'ils ont taxé les droits d'usage et pasturages que ont les vassaux sur les dommaines non fieffés de leurs dommaines et seigneuries, possédés en chacqun en particulier, au moyen des rentes seigneuriales qu'ils paient aux seigneurs, et que les taxes d'iceux soient cassées avec restitution.

A esté aussi résolu de se plaindre audit Cayer des personnes que l'on taxe, qui ne doivent rien auxdits francs-fiefs et se font descharger; et néantmoings on leur fait payer les deux sols pour livre des taxes dont ils sont deschargés.

Sera aussi employé audit Cayer, en forme de plainte, article touchant les comptes des levées de deniers qui se sont faites pour le ban et arrière-ban.

Sera aussi demandé par ledit Cayer la révocation de l'arrest du Conseil touchant les sergenteries héréditaires.

Autre article touchant les offices des lieutenants my-partis des vicomtes séparés en quatre et de la quantité des alternatifs et triennaulx, mesme demander la révocation et suppression du Bureau des Finances d'Alençon.

Sera aussy fait plainte audit Cayer touchant les évocations de l'Université de Paris et autres évocations générales, et demander les deffenses d'icelles.

Autres plaintes à faire aussy audit Cayer à ce qu'il soit fait deffence de faire ny commencer aucuns décrets en la cour de parlement ny à la cour des Aydes.

Se plaindre aussy du divertissement des deux sols pour boisseau de sel, destiné pour le payement des rentes des aydes à solder à Rouen.

Se plaindre aussy du divertissement des deniers pour minot de sel destinés aux réparations de la ville de Gisors et en demander le rétablissement.

Se plaindre aussy à ce que deffenses soient faittes de comprendre à la nouvelle réapréciation des marchandises l'or à masse et l'argent en barre.

Du 31 janvier audit an.

Et ce dit jour, dimenche, neuf heures de matin, se sont présentés M⁰ Gilles Cartel, pénitencier à Coustances, pour l'église dudit lieu ; pour la noblesse, Nicolas Thomas, escuyer, sieur de Lattainville, bailliage de Gisors, et Ch. Roussel, escuyer, s^r de Breteville...... en la maison du sieur Lesdos, assisté des sieurs Coquerel et Deschamps, en la présence desquels le s^r Baudry a fait lecture de plusieurs pièces concernant le procès de ladite Laysdier, ensemble de plusieurs arrests tant du Conseil que du parlement de Paris, et après avoir tout veu et leu et consulté, lesdits sieurs advocats, en la présence desdits sieurs depputés, ont esté d'advis que l'on resprendroit le procès, et le poursuivroit suyvant ung mémoire instructif qui a esté représenté, signé de feu M. Echard, cy-devant procureur sindiq desdits Estats, et ont lesdits sieurs signé leur advis avec lesdits sieurs depputés, qui est demeuré ès mains dudit sʳ Baudry.

Et ce dit jour se sont assemblés lesdits sieurs depputtés, viron 3 h. de relevée, en la manière acoustumée, où Mᵉ Gilles Cartel, pénitencier à Coustances, a fait rapport à ladite assemblée de la consultation qui faite avoit esté dudit procès de ladite Laysdier, et suivant son rapport lesdits sieurs de l'assemblée ont ordonné, d'un advis commun, que ledit sʳ Baudry reprendra ledit procès et continuer a la poursuite, et que MM. les depputtés, qui seront pour aller au Conseil, à la poursuite de la responce du Cayer desdits Estats, aideront, en ce faisant, à faire la poursuite audit sieur Baudry.

Demander aussy audit Cayer que deffenses soient faites de faire des compagnies d'association pour les traites de Sénégal, de Cap de Vert, et Gambye, mesme pour le charbon de terre.

Sera demandé la révocation de l'escu pour tonneau de mer.

Sera aussi demandé la suppression des parcs royaulx que l'on a establis dans les bailliages de Caen, Costentin et Allençon.

Demander aussy la révocation de la revente du Dommayne, attendu que l'édit n'en a esté vérifié aux cours souveraines de Normandie.

Demander aussy audit Cayer que deffenses soient faites de contraindre le peuple de prendre du sel aux Greniers à sel, plus qu'il n'en auroit de besoin.

Sera aussy fait plainte, contre l'adjudicataire du sel et ses archers, de ce qu'ils tiennent des personnes prisonnières deux à trois ans sans faire faire leur procès.

Sera aussy fait plainte des levées qui ont esté faites en vertu des ordonnances des commissaires du régallement des tailles, qui n'ont tourné qu'à la ruyne du peuple.

Et ce jour d'huy, lundy, premier jour de febvrier, se sont

assemblés lesdits sieurs depputés, en la manière accoustumée, viron huit heures du matin.

Où il a esté demandé aussy la révocation des 45 sous pour muid de vin, et que deffenses soient faites de les lever à Vernon et Andely.

Il sera aussy demandé la réduction des Eslus au nombre ancien, et qu'ils soient contraints de contribuer aux emprunts et taxes qui se sont faits.

Demander aussi la suppression des huissiers exploitant par tout le royaume, de nouvelle création.

Et ce dit jour, viron 3 heures de relevée, se sont assemblés lesdits sieurs depputés, en la manière accoustumée.

Et a-t-on ordonné, par advis uniforme, qu'il sera fait plainte de la grande charge que a ceste province des gens de guerre et des levées de deniers qui se sont faites pour cet effect, et qui se sont divertis ailleurs.

Sera aussi représenté qu'il se lève des gens de guerre dans ladite province qui y demeurent sans estre employés contre l'ennemy; et ce fait, lesdits sieurs ont différé, attendu l'heure tarde, et ordonné que l'on se représentera demain matin en la manière accoustumée.

Et ce jour d'hui, mardy, second jour du présent moys, se sont lesdits sieurs depputés assemblés viron 4 heures de rellevée.

Où estant, demander qu'il soit employé au Cayer que la somme de 3,000 l. qui ont esté payées de nouveau par la ville de Rouen soient employés à l'entrètenement des gens de guerre.

Demander aussy que deffenses soient faites aux gens de guerre de loger aux paroisses ny villages, qu'ils n'ayent fait voir leurs départements aux curés et trésoriers desdites paroisses.

Demander aussi descharge de la moitié des levées de deniers employés dans les commissions de l'année présente.

Demander que les receveurs des tailles demeurent saisis des deniers pour le paiement et entretien des gens de guerre.

Demander aussy que les deniers des Estats de Normandie soient levés et payés au trésorier desdits Estats sur les deux premiers cartiers.

Du mercredy, 3e jour de ce présent moys, se sont assemblés lesdits sieurs depputés en la manière accoustumée.

Demander aussy que les rentes constituées sur la recepte génégralle des aydes soient payées sans aucun divertissement de fonds, et que les arrests donnés sur ce subject soient révocqués.

Demander aussy la révocation d'une commission décernée à ung particulier touchant les gens de guerre et les levées de deniers que l'on veult faire.

Demander aussy la révocation du controlleur des ports et des droits à luy attribués.

Demander aussy changement d'octroy touchant les tailles.

Demander aussy la suppression de la charge de cappitaine du plat pays, estably en Basse Normandie, bailliage de Costentin.

Demander aussy que deffenses soient faittes de poursuivre le procès intenté soubs le nom de Yollente Laysdier et en descharger les Estats.

Demander descharge d'une moitié des sommes de deniers employés aux commissions de S. M.

Ledit sieur Cartel, pénitencier à Coustances, l'un des depputés pour aller trouver MM. les Commissaires pour S. M., au Vieux Pallais, pour conférer de plusieurs différents, entre autres, auroient fait rapport à ladite assemblée que, touchant les deniers que le sieur du Buisson doit avoir en ses mains, que MM. les Commissaires auroient ordonné que exécutoire seroit décerné à l'encontre du recepveur général de Caen, et qu'il en seroit payé par préférence à tout autre, pour estre lesdits deniers employés au fait de sa charge. Et de plus lesdits sieurs Commissaires ont ordonné que ledit Aubourg portera les commissions des levées lues à l'ouverture desdits Estats dans le jour.

Il a esté proposé par M. de Coquereaumont à lad. assemblée touchant le don que l'on a acoustumé faire à Mgr le duc de Longueville, gouverneur en lad. province, de 18,000 l. et pour M. le comte de Guiche, lieutenant pour le Roy en ladite province, de 6,000 l., et pareille somme de 6,000 l. à M. de Mattignon.

Lesdits sieurs depputés ont assemblé par les bailliages pour délibérer sur ce, et après la délibération faitte,

Ont ordonné que lesdites sommes cy-dessus seront levées conformément au don de mon dit sieur de Longueville.

Signé: Behotte, président en ladite assemblée, Du Bosc, Anne de Lestendart, De Caux, Tanneguy de Clinchamp, de Pommereuil, G. Hamel, Erard, Jean de Tourlaville, Bigot, Le Cartel, J. Duval, Ancelin, Heusebroc, de Villy, Le Got, Le Biais, Pouchet, Fousteau, C. Le Mareschal, etc.

4 février 1638. — Du jeudi, 4ᵉ jour de ce présent moys se sont lesdits sieurs depputés assemblés, viron 8 h. de matin, en la salle de l'archevesché, en la manière accoustumée.

Où estant ledit sieur Baudry a achevé de faire lecture du reste du Cayer qui estoit resté à cause de l'heure tarde du jour d'hier.

Ce fait, ledit sʳ Baudry a fait lecture du Cayer entier, présence de MM. les Commissaires pour le Roy, dans la grande salle de l'archevesché, présence de toute l'assemblée; et après lecture faitte, MM. les Commissaires pour le Roy ont assemblé pour délibérer, et, ce fait, ont ordonné que l'on se transporteroit, deux heures après midy, par devant eux au Vieux Pallais, pour estre réglés sur lesdits articles dudit Cayer.

Et sur les deux heures de rellevée, se sont assemblés lesdits sieurs depputés audit Vieux Pallais ; on a deslibéré sur tous les articles dudit Cayer, et mis sur chascun d'iceux les advis et responces de mes dits sieurs les Commissaires.

Ce fait, lesd. sieurs depputés se sont assemblés à la chambre de l'archevesché, où estant ont délibéré par bailliage pour depputter personnes pour présenter ledit Cayer de remonstrances au Roy et en poursuivre les responses, comme aussy pour examiner les comptes des deniers desdits Estats, et ont nommé et depputé, pour porter ledit Cayer, M. Behotte, grand archidiacre de Rouen, président à laditte assemblée et depputté des ecclésiastiques du bailliage de Rouen, et M. Cartel, pénitencier à Coutances, depputté pour les ecclésiastiques du bailliage de Cottentin ; pour la noblesse, M. de Coquereaumont, depputté pour le bailliage de Rouen, et M. le baron de Bully, depputté pour le bailliage de Caux ; et pour le tiers Estat, les depputtés des vicomtés de Gisors et Andely, Rollant Gazin, d'Andely, et Jean Robillard, de la ville de Gisors.

Et pour assister à l'audition des comptes ont été nommés noble et discrète personne Mᵉ Guillaume De Caux, depputté du bailliage de Caux, et le sieur de Hincourt, chanoine d'Escouis, depputté des ecclésiastiques du bailliage de Gisors ; pour la noblesse, M. de Tourlaville, sieur du lieu, depputé pour le bailliage de Cottentin, et M. de Lattainville, depputé du bailliage de Gisors ; et pour le tiers Estat, les depputtés des vicomtés de Rouen et Carentan.

Ce fait, lesdits sieurs depputés se sont retirés de ladite chambre.

Fait l'an et jour susdits.

Signé : Behotte, président de laditte assemblée. »

III.

Nomination des deux commissions pour le port du Cahier et pour l'audition des comptes.

« Du vendredy, 5ᵉ jour de febvrier 1638, à Rouen. — Furent présents noble et discrepte personne Mᵉ Adrian Behotte, chanoine et grand archidiacre en l'église cathédrale N. D. de Rouen, délégué pour les gens d'église du bailliage dudit Rouen, messire Adrian du Bosc, chevalier, seigneur de Cocquereaumont et autres terres, d. pour les gens nobles dud. baill., nobles hommes N. Pouchet et Ch. Pavyot, premier et second eschevins de lad. ville de Rouen, d. pour lad. ville, Pierre Dufour, de la par. de la Rue-S.-Pierre, d. pour le tiers estat de la vicomté de Rouen, Jean Cléon, de la par. de Tourville-la-Rivière, d. pour le t. e. de la vic. de Pont-de-l'Arche, François Bouillette, de la par. N. D. de Préaux, d. pour le t. e. de la vic. de Pontautou et Pontaudemer, Mᵉ Jean Visquesnel, procureur syndic des bourgeois de la ville de Pont-l'Évesque; d. pour le t. e. de la vic. de Pont-l'Évesque; — noble et discrepte personne Mᵉ Guill. De Caux, presbtre, chanoine en l'église cathédrale N. D. de Rouen et chapelain de la chapelle S.-Eutrope de Pierreville, doyenné de Basqueville, député pour la non-comparence du délégué des gens d'église du baill. de Caux, messire Anne de Lestendart, chevalier, seigneur et baron de Bully, gouverneur de la ville de Neufchastel, d. pour les gens nobles dud. baill., Ch. Le Mareschal, de la paroisse de S.-Martin-de-Petitville, d. pour le t. e. de la vic. de Caudebec, Jacques Duval, de la par. de S.-Martin-du-Manoir, d. pour le t. e. de la vic. de Montivilliers, Jacques Danet, de la par. d'Aubermesnil, d. pour le t. e. de la vic. d'Arques, Pierre Quentin, bourgeois d'Aumalle, d. pour le t. e. de la vic.

de Neufchastel; — discrepte personne Me Guill. Hamel, presbtre, curé de Guibray, d. pour les gens d'église du baill. de Caen, Adrien Bigot, escuier, sieur d'Outremont, d. pour les gens nobles dud. baill., Ch. Rouxel, escuier, sieur de Bretheville, l'ung des conseillers eschevins de la ville de Caen, Michel Ancelin, de la par. de Fonteney-la-Marmion, d. pour le t. e. de la vic. dudit Caen, Guill. Heusebroc, bourgeois de Bayeux, d. pour le t. e. de la vic. de Bayeux, Guill. de Villy, de Falaize, d. pour le t. e. de la vic. de Falaize, Jacques Perin, bourgeois de Vire, d. pour le t. e. de la vic. dudit Vire; — noble et discrepte personne Me Gilles Le Cartel, presbtre, chanoine, pénitencier en l'église cathédrale de Coustances, d. pour les gens d'église du baill. de Costentin, messire Jean de Tourlaville, chevalier, sieur dudit lieu, d'Esmonville et autres terres, gentilhomme de la chambre du Roy, d. pour les gens nobles dudit baill., Raoul Jourdain, de la par. de Chambye, d. pour le t. e. de vic. de Coustances, Me Louis Le Vavasseur, procureur syndic de la ville de Carenten, d. pour le t. e. de la vic. de Carenten, Michel Le Biais, de la par. de Camerville, sergenterie de Vallongnes, d. pour le t. e. de la ville de Vallongnes, Julien Turgot, d. pour le t. e. de la vic. d'Avranches, Julien Le Got, sieur de la Fontaine, d. pour le t. e. de la vic. de Mortaing; — discrepte personne Me Jean Fortin, presbtre, curé d'Orbec, d. pour les gens d'église du baill. d'Evreux, messire Tenneguy de Clinchamp, chevalier, sieur de Pommereuil, d. pour les gens nobles dudit baill., Raoulin Signol, du Neufbourg, d. pour le t. e. de la vic. de Beaumont-le-Roger, Guill. Roussignol, bourgeois de Bretheuil, d. pour le t. e. de la vic. de Conches et Bretheuil, Me Nas Mailloc, procureur syndic de la ville d'Orbec, d. pour le t. e. de la vic. d'Orbec; — noble et discrepte personne Me Antoine de

Hincourt, presbtre, chanoine d'Écouys et curé de Villers, d. pour les gens d'église du baill. de Gisors, N^as Thomas, escuier, s^r de Latainville, d. pour les gens nobles dudit baill., Jean Robillard, bourgeois de Gisors, d. pour le t. e. de la vic. et chastellenie de Gisors, N^as Acard, bourgeois de Vernon, d. pour le t. e. de la vic. dudit Vernon, Rolland Gazin, bourgeois d'Andely, d. pour le t. e. de la vic. d'Andely, N^as Lamaury, de la par. de Beauficel, d. pour le t. e. de la vic. de Lyons ; — noble et discrepte personne Me Michel Ledeme, presbtre, curé de S. Brice, official du Mans, d. pour les gens d'église du baill. d'Alençon, François Lesné, escuier, sieur de Longchamp, d. pour les gens nobles dudit baill., Me Jacques Erard, de la ville d'Alençon, d. pour le t. e. de la vic. d'Alençon, Jacques Carrey, bourgeois de Yesmes, d. pour le t. e. de la vic. d'Argentan et Yesmes, Hector Germont, d. pour le t. e. de la vic. de Dompfront, Arthur Maucorps, d. pour le t. e. de la vic. de Verneuil, Chaumont et Thimerais, et Me Denis Fousteau, eschevin de la ville de Mortagne, d. pour le t. e. de la vic. du Perche et chastellenie de Nogent-le-Rotrou, » nommentpour le port du Cahier, Behotte et Le Cartel, pour l'ecclésiastique ; de Coquereaumont et de Bully, pour la noblesse ; Robillard et Gazin pour le tiers estat ; — pour l'audition des comptes De Caux et de Hincourt, pour l'ecclésiastique ; de Tourlaville et Thomas, pour la noblesse ; Du Four et Le Vavasseur pour le tiers état. — Suivent les signatures, en tête desquelles celle de Behotte, président de l'assemblée.

IV.

Pièces diverses.

Dépôt à la Chambre des Comptes des Cahiers des États de 1634 et 1638. — Lundi 7 juin 1638. — « M. Cornier a faict lecture et rapport d'une requeste presentée à la Chambre par M. Jacques Baudry, procureur scindic des Estats, afin de recevoir les Cahiers des Estats de Normandie respondus pour les années 1634 et 1638, ouy lequel, la Chambre a ordonné que lesdits Cahiers seront mis au greffe pour y avoir tel esgard que de raison. » *(Plumitif de la Chambre des Comptes).*

Lettre de cachet pour le changement d'octroy. — « De par le Roy. Noz amez et feaux, par l'article 36e du Cahier à nous présenté par les députez des Estats de nostre province de Normandie de l'année présente, ils nous font instance pour le changement d'octroy, le représentant très utille au bien de nos subjects contribuables aux tailles de la dicte province. Mais avant que de rien résoudre sur cet article, nous avons jugé à propos de le vous renvoyer pour en avoir vostre advis comme bien connoissans en cette matière. Sur quoy nous vous avons bien voullu faire cette lettre par laquelle nous vous mandons et ordonnons de délibérer meurement et dilligemment sur le contenu audit article et nous donner advis de l'importance d'icelluy affin que nous y apportions par aprez les remèdes que nous estimerons convenables pour le bien et soullagement de nos dits subjects. N'y faictes donc faulte. Car tel est nostre plaisir. Donné à Chantilli, le dernier jour d'avril 1638. Signé : Louis ; et plus bas signé : Phelyppeaux, ung paraphe ; et à la subscription est escript : A noz amez et feaux conseillers les gens tenans nostre court des Aides en Normandie et seellé de cachet sur cire rouge. » *(Mémoriaux de la cour des Aides).*

Arrêt de la Chambre des Comptes contre Maldent et ses préposés (1). — « Dernier juillet 1637. Le sr Le Cornier a faict raport d'une réquisition du procureur général à l'encontre d'Anthoine Maldent, ayant ou prétendant avoir traicté avec le Roy pour la réunion, vente et revente de son Domaine de Normandie tendant à ce que commissaires soient députez par la Chambre pour, en la présence dudit procureur général, se transporter en toutes les forests pour dresser procez-verbal des abus qui se commettent en l'exécution du traicté dudit Maldent et commission du sieur Thierfault et se faire représenter tous les tiltres et enseignements dudit Domaine pour, ce faict, estre faictes itéralifves et certaines remonstrances à S. M. sur lesdits abus et malversations, et que cependant deffenses soient faictes audit Maldent et à ses préposez de faire faire la vente d'aucunes parts et portions dudit Domaine, non vendus jusques à présent, ny de fieffer aucunes terres, vaines, vagues ni bois rabougris et abroutis dedans lesd. forests, et que pour cet effect mandement luy soit accordé pour faire venir ledit Maldent en la Chambre, pour respondre à ses conclusions ouy lequel, l'affaire mise en délibération, la Chambre a ordonné qu'en la présence dudit procureur général, les commissaires par elle nommés et députés se transporteront dans toutes les forests et sur toutes les parts et portions du Domaine de S. M. au ressort de ladite Chambre, que ledit Maldent a faict, faict et prétend faire vendre ou réunir en conséquence de son prétendu traicté, dresser procès-verbal de la nature et importance desd. ventes avec un arresté du notable inthérest et dommage que le Roy en reçoit et peut recevoir, etc. » (*Plumitif de la Chambre des Comptes*).

Protection demandée à la Chambre des Comptes par la

---

(1) Du nombre de ces préposés était Bensserade, maître des eaux et forêts du bailliage de Gisors.

ville de Rouen, contre le traitant Maldent, 7 juillet 1638.
— « Le garde-porte est entré au bureau et dict que les eschevins de la ville estoient à l'entrée de la porte, lesquelz demandoient à entrer, auquel a esté commandé de les faire entrer. Et aussy tost sont entrez les s^{rs} Hébert et Poussin, deux desdits eschevins, lesquelz, estant debout devant MM. les présidentz, ont dit, parlant par ledit Hébert, que la ville les avoit depputez pour venir advertyr la compagnie qu'en vertu du traicté d'un surnommé Maldent pour la vente et revente du Domaine du Roy, ledit Maldent les avoit faict assigner pour porter par devant les commissaires de ladicte commission leurs tiltres pour raison de leurs halle et moullins de la ville, laquelle avoit résolu qu'ils se transporteroient en ceste compagnye pour demander la protection d'icelle, tant en ceste affaire comme en toute autre, comme ayant inthérest à la conservation d'icelle comme compatriottes et de qui elle a toujours receu toutes les assistances en cas pareil, et à considérer que lesdits moullins ne sont baillez à prix d'argent, ains en bled pour servir au publicq de lad. ville en cas de nécessité. Puis se sont retirez en l'antichambre, et ont esté mandez les gens du Roy par le greffier huissier, et aussy tost est entré le procureur général, auquel a esté faict entendre par M. le président De la Barre le subject de la venue desdits conseillers eschevins. Puis a dict qu'il estoit nécessaire d'assister la ville, ce que la compagnie pourroit, tant de ce qui est par devers elle que de ses bons advis, quand elle seroit requise; que pour son particulier il y contribueroit de tout son pouvoir. Aprez Messieurs séans au bureau ont advisé de dire ausdits conseillers et échevins que la Chambre assisteroit toujours la ville de ses bons advis et conseilz et protégeroit de son pouvoir tant en ceste affaire comme en toute autre, et que, sy ladite ville a besoin de coppies d'arrests du Conseil obtenus en conséquence des arrests de la Chambre, qu'elles

leur seront délivrées par le greffier d'icelle. Suivant quoy, lesdits conseillers eschevins faicts rentrer au bureau, leur a esté prononcé ce que dessus par M^r le président De la Barre, dont ils ont remercié la compagnie. Et sur ce qui leur a esté demandé s'ilz avoient esté aux autres compagnies, ont faict responce que lad. ville en avoit député d'autres, leurs confrères, pour aller au parlement et cour des Aydes pour le mesme subject, mais n'en avoient entendu le reffert, puis sont sortis. » (*Ibidem*).

Je dois signaler, sans assurer qu'il faille y voir un document officiel, un livret intitulé : « Les humbles protestations génèralles des Estats de la province de Normandie au Roy », imprimé à Paris, par Pierre Mettayer, imprimeur ordinaire du Roi en 1638. C'est une véritable rhapsodie, écrite dans un style ampoulé, où l'on ne trouve à citer ni un nom ni un fait. Le Roi y est traité de grand Hercule, d'astre benin ; on lui témoigne des regrets de la longue absence de Sa royale Majesté de la province de Normandie, beaucoup de joie et de l'allégresse en sa royale présence. On ne comprend guère ce style en voyant l'effroi que causait à la ville de Rouen la seule annonce de l'arrivée de Louis XIII, en 1637. Ce livret se trouve à la Bibliothèque nationale avec les Cahiers des États.

Interruption des États de 1638 à 1643.

Les États de février 1638 furent les derniers du règne de Louis XIII. Les émeutes qui éclatèrent l'année suivante, à Rouen et dans la Basse-Normandie, la répression à laquelle elles donnèrent lieu, expliquent suffisamment, avec la répugnance très-marquée de Richelieu pour les assemblées provinciales(1), cette suppression de réunions dont l'unique objet était de présenter au Roi les doléances des trois ordres de la Province. Pour un ministre aussi absolu, après des actes de rébellion contre lesquels il avait fallu si rigoureusement sévir, les doléances n'étaient plus de saison ; il ne restait qu'à obéir et à se soumettre. Le chancelier Séguier avait été envoyé en Normandie avec des pouvoirs très-étendus et tout-à-fait extraordinaires. Le parlement, la cour des Aides, le Bureau des Finances avaient été interdits. La ville de Rouen avait éprouvé le sort d'une ville conquise; elle avait été privée de ses canons, qui furent transférés au Vieux-Palais, de ses biens patrimoniaux qui furent réunis au Domaine, et de son administration municipale ; elle fut soumise à une contribution de 1,085,000 l., écrasée de troupes qui vécurent comme en pays ennemi, menacée de voir raser son hôtel-de-ville pour servir d'exemple à la postérité. On remplaça

---

(1) Il s'attaqua successivement aux États de Languedoc, de Bourgogne, de Bretagne, de Lorraine et de Provence. Voir M. Laferrière, *Mémoire sur l'histoire et l'organisation comparée des États provinciaux* (Extrait du t. XI de l'Académie des sciences morales et politiques, 1862, p. 64, 65).

l'ancien corps de ville par une commission de six bourgeois nommés par le Roi; la cour des Aides, le Bureau des Finances, le parlement furent aussi remplacés par des commissaires du Roi pris dans la cour des Aides, dans la Chambre des Comptes, dans le parlement de Paris. Au bout de quelques mois, le conseil de ville et ces grandes juridictions furent rétablis; mais le parlement fut fait semestre, c'est-à-dire, comme l'expose M. Floquet, partagé en deux fractions étrangères entre elles qui allaient siéger alternativement pendant six mois, d'où naissait la nécessité de créer une multitude d'officiers nouveaux, l'ancien nombre ne pouvant suffire au service des deux semestres » (Janvier 1641) (1). Ce fut sur le même pied que fut rétablie la cour des Aides, avec cette circonstance défavorable que l'on y réunit une cour rivale et hostile la cour des Aides de Caen, créée en 1638, dans un but purement fiscal et pour en obtenir la vérification, sans réserves, d'édits odieux au peuple et à la magistrature (16 avril 1641) (2).

Le récit des troubles de 1639 a été tracé par M. Floquet dans son *Histoire du Parlement de Normandie* et forme assurément une des parties les plus intéressantes de ce grand ouvrage. Le même savant a publié le *Diaire ou journal du chancelier Seguier en Normandie après la révolte des*

---

(1) *Hist. du parlement*, V. 89.

(2) Le semestre de février devait avoir pour présidents Jacques Morin, sr d'Escajeul, et Jacques Le Marchand, sr du Grippon, qui avaient été, l'un premier président, l'autre procureur général de la cour des Aides de Caen. L'irritation des conseillers anciens fut difficile à calmer. Ce ne fut pas sans peine qu'ils consentirent à recevoir en 1644, Gabriel Morin, ancien conseiller au parlement de Metz, nommé président à la cour des Aides, sur la résignation de son père. *(Mémoriaux de la cour des Aides)*. L'édit du Roi portant création d'une cour des Aides à Caen a été publié au 22e tome du *Mercure François*, p. 444.

Nu-pieds (1639-1640) et un *Choix de documents relatifs à ce voyage et à la sédition.* Comme contre-partie de ce journal, un de nos confrères, M. le vicomte Rob. d'Estaintot, a publié, pour la Société de l'Histoire de Normandie, les *Mémoires du président Bigot de Monville sur la sédition des Nu-pieds et l'interdiction du parlement de Normandie en 1639.* Grâce à ces deux publications, on peut dire que peu d'événements ont été aussi complètement éclaircis. Nous n'avons donc rien de mieux à faire que de renvoyer le lecteur à ces importants documents. Nous nous contenterons de rapporter ici, à la suite de quelques pièces relatives aux États, le compte-rendu de la séance où, par ordre de Louis XIII, en présence du duc de Mercœur et de Talon, la Chambre des Comptes de Normandie procéda à la vérification forcée de plusieurs édits fiscaux ; — le texte intégral ou par extrait d'édits relatifs aux mesures qui furent cause de la sédition : l'établissement du contrôle des teintures et les règlements de la gabelle. La publication de ces documents se justifie par les plaintes que se crurent autorisés à faire entendre au Roi les députés de Normandie, lorsqu'ils furent convoqués en novembre 1643 (1). Il y eut alors une sorte de réveil de l'opinion publique, et une réaction très-prononcée contre le gouvernement de Richelieu. Le Cahier des États de cette année en fournit un assez curieux témoignage.

Comptabilité des États de Normandie. — « Louis, à noz amez et feaux conseillers les gens tenantz notre Chambre des Comptes à Rouen, Présidents et Trésoriers généraux de France au Bureau de nos Finances estably audit lieu, salut.

« Bien que nous n'ayons pas jugé à propos, pour aucunes

---

(1) « La source de tous nos malheurs a esté ce funeste advis du prétendu contrôle des teintures. » (Voir p. 98 de ce volume.)

considérations importantes au bien de notre service, de faire assembler et tenir les Estats ordinaires de notre province de Normandye en l'année dernière, nostre intention n'a néantmoings esté pour cela d'apporter aucun changement aux affaires du païs et à l'ordre qui a de tout temps esté gardé. Pour ces causes et autres à ce nous mouvants, voulons et ordonnons et nous plaist que les deniers destinez pour les affaires de lad. province, qui ont esté et seront levez en la présente année 1639, soient mis ez mains du trésorier général des Estats, pour estre par lui employez au faict de sa charge, ainsy qu'il est accoustumé, et paiement des taxations des Commissaires desd. Estats et autres dépenses, attendu qu'ils s'estoient tenus prests pour se trouver en l'assemblée desd. Estats, comme s'ils eussent tenu, desquelles taxations, en tant que besoing est ou seroit, nous leur avons faict et faisons don par ces présentes. Sy vous mandons et ordonnons que le contenu en ces présentes vous ayez à faire exécuter de poinct en poinct, sans permettre qu'il y soit contrevenu, nonobstant qu'il n'y ait point eu d'assemblée d'Estats de lad. province en lad. année dernière et autres choses à ce contraire. Car tel est nostre plaisir. Donné à Grenoble, le 12e oct. l'an de grâce 1639 et de notre règne le 30e.

« Veu par la Chambre, la Chambre a ordonné et ordonne que lesd. lettres patentes seront registrées ès registres de ce Bureau pour en conséquence d'icelles les deniers destinez pour les Estats estre paiez à Constantin Heudebert, trésorier des Estats, pour estre employez au faict de sa charge suivant l'ordonnance. Faict ce 11e jour de may l'an 1641. Signé : De la Court. » (1)

« Extrait des registres du Conseil d'État. — Sur la

(1) Des lettres semblables furent expédiées le 28 avril 1641, le dernier juin 1642, le 19 mai 1643. Elles ont été enregistrées aux *Mémoriaux de la Chambre des Comptes*.

requeste présentée au Roy en son Conseil par Me Constantin Heudebert, trésorier général des Estats de la province de Normandie, par laquelle il remonstre qu'il est annuellement assigné, sur les 3 Générallités de Rouen, Caen et Allençon, de la somme de 28,650 l., assavoir sur celle de Rouen de 11,400 l., sur celle de Caen de 8,800 l., et celle d'Allençon de 8,450 l., pour employer chaque année au faict de sa charge et payement des Commissaires du Roy pour assister en la convention et assemblée desdits Estats, fraiz des déléguez et autres despences, et affaires communes d'iceux Estats; néantmoings, quelques poursuittes et diligences qu'il puisse faire contre lesd. receveurs généraux, il n'en peut tirer aucun paiement pour satisfaire au deub de sa charge, iceux receveurs s'excusant de ne pouvoir payer à cause de la préférence des deniers de l'Espargne, quoyque de tout temps lesd. deniers destinez pour les affaires desd. Estats ayent esté toujours payez sur le premier quartier desd. receptes générales par privilége à tous autres, attendu la modicité desd. sommes, eu esgard aux grandes sommes qui se lèvent en lad. province;

« A ces causes il pleust à S. M. ordonner auxd. trois receveurs généraux de Rouen, Caen et Allençon, chacun en l'année de leur exercice, de faire payement audit Heudebert, trésorier des Estatz, desd. sommes cy-dessus sur le 1er quartier de chacune année, à commencer en l'année 1640 et les suivantes...

« Le Roy, en son Conseil, ayant esgard à lad. requeste, a ordonné et ordonne que les deniers laissez en fondz dans lesd. estats des finances de S. M. pour les années 1640, 41, 42 et autres à l'advenir soient payez audit Heudebert, trésorier des Estatz, concurremment avec les parties de l'Espargne et qu'à ce faire lesd. receveurs généraulx des finances desd. Générallitez de Rouen, Caen et Allençon, chacun en l'année de son exercice, seront contrainctz comme pour les propres deniers et affaires de S. M. Fait au Conseil d'Estat du Roy, tenu à Paris, le 10e jour de janvier 1643. »

13 avril 1643. — « Me Jacques Baudry, procureur des Estats de la province de Normandie, est venu au Bureau, où estant il a supplié le Bureau qu'il lui pleust pourveoir sur le paiement tant de ses gages des années 1641, 1642, 1643 que des fraiz par lui faicts, durant lesdictes années, pour les affaires communes desdicts Estatz et ordonné qu'il en sera payé par Me Constantin Heudebert, trésorier des Estats... Sur quoy après avoir ouy Me Philippe du Resnel, commis de Me Jacques Rouillé, receveur général des finances en exercice, ès dictes années 1641, 1642, qui a dit qu'il est prest de mettre ès mains dudit Heudebert le fonds laissé dans l'estat du Roy de l'année 1641 pour lesd. Estatz à proportion de ce qu'il a... et que pour l'année 1642, il ne peult encore le payer, attendu que la partie de l'Espargne de la dicte année qui doibt estre payée par préférence n'est encore acquittée etc...

« Sur la requeste présentée au Roy en son Conseil par Me Constantin Heudebert, trésorier des Estats de la province de Normandie, tendante à ce qu'attendu que le suppliant a présenté par devant le sieur Tubeuf, intendant et contrôleur général des finances, l'estat et compte de la recepte et despence par luy faicte des deniers destinez pour les fraiz des Estatz dudit pays, depuis le dernier compte par luy rendu jusques à présent, et qu'à ce moyen il a satisfaict à l'arrest du Conseil du 28 sept. 1641, il pleust à S. M. descharger icelluy suppliant des condampnations et paines portées par ledit arrest et qu'il rendra ses comptes à l'advenir par devant quatre trésoriers de France, asscavoir deux du Bureau des Finances de Rouen., un de Caen et un d'Allençon, ainsy qu'il est accoustumé, ou trois d'iceux pour l'absence du quatrième, Veu au Conseil du Roy lad. requeste, coppie dudit arrest collationné du 28 sept. 1641, lesd. estatz et comptes présentez par le suppliant, et tout considéré, le Roy en son Conseil a deschargé et descharge ledit Heudebert, trésorier des Estatz de Normandie, des condampnations et peines portées par l'arrest cy-devant datté, et ordonne qu'il rendra ses comptes à l'advenir par devant les trésoriers de France, sçavoir deux du Bureau des Finances de Rouen, un de Caen, et un d'Allençon, suivant qu'il est dit cy-dessus, ou trois d'iceux pour l'absence du quatrième, dans lesquels comptes S. M. ordonne audit Heudebert d'employer en despence les taxacions des Commissaires desd. Estatz de lad. province de Normandie et autres desnommez en l'estat arresté au Conseil ce jour d'huy, lesquelles luy seront passées et allouées partout où il appartiendra sans aucune difficulté, comme les autres charges ordinaires et accoustumées d'estre paiées. Faict au Conseil d'Estat du Roy tenu à Paris le 6e jour de may 1643.

Estat des taxations ordonnées par S. M. estre payées par chacun an aux Commissaires par elle députez pour la tenue des Estatz de la province de Normandie, encore que lesd. Estats n'ayent point tenu, à commencer de l'année 1638, sur les deniers provenant du fonds employé ès estatz des finances des Générallitez de Rouen, Caen et Allençon pour le paiement desd. taxacions, lesquels deniers sa dicte Majesté veult et ordonne estre dellivrez ès mains des trésoriers desd. Estatz par les receveurs généraulx desd. Générallitez, chacun en l'année de son exercice, pour estre par luy employé ainsi qu'il ensuit :

Au sieur de Longueville gouverneur et lieutenant général audit gouvernement de Normandie, douze cens livres, cy. . . . . . . XIIc l.

Au sieur mareschal de Guiche, lieutenant général audit gouvernement . . . . . . VIc l.

Au sieur de la Vrillière, conseiller du Roy en ses Conseils, secrétaire des commandements de S. M., ayant le département des affaires de lad. province.. . . . . III^m l.

Au sieur du Houssay, intendant et contrôleur général des finances de S. M., ayant le département de lad. province, cy. . . . . . III^m l.

Au sieur de Rys, premier président en la cour de parlement de Rouen . . . . . V^c l.

Au sieur de Gremonville, second président audit Parlement . . . . IIII^c l.

Au sieur de Motheville, premier président en la Chambre des Comptes de Rouen. . . IIII^c l.

Au sieur des Hameaux, premier président en la cour des Aydes. . . . . IIII^c l.

Aux deux trésoriers générau1x de France de la Généralité de Rouen, chacun IIII^c l., cy. . VIII^c l.

A un trésorier général de France en la Généralité de Caen. . . . . IIII_c l.

A un trésorier général de France en la Généralité d'Alençon . . . . IIII^c l.

Au sieur premier commis du sieur de la Vrillière. . . . . VI^c l.

Au sieur premier commis dudit sieur du Houssay . . . . VI^c l.

Au sieur Sallet, procureur général dudit Parlement. . . . . IIII^c l.

Aux deux receveurs générau1x de France de la Généralité de Rouen et Caen, chacun en l'année de leur exercice, chacun trois cens livres, cy . . . . VI^c l.

Au trésorier desd. Estatz, pour ses fraiz et voyages, à cause de la création et augmentation du Bureau d'Alençon, où il est de nouveau as-

signé et faict le recouvrement de partie de sa
charge depuis la dicte année 1638 . . . . . VI^c l.

Au greffier desd. Estatz . . . . . . II^c l.

Somme quatorze mil cent livres.

Faict et arresté au Conseil du Roy tenu pour ses finances à Paris le sixiesme jour de may 1643. Signé : Boutheiller et Tubeuf. »

10 Juin 1643. — « Veu au Bureau l'arrest du Conseil du 10 janvier, par lequel S. M. auroit ordonné que les deniers laissés en fonds dans les estats des finance pour les années 1640, 41, 42 et autres à l'advenir pour les frais et affaires communes des Estats seront payées à M^o Constantin Heudebert, trésorier d'iceux, concurremment avec les parties de l'Espargne, et qu'à ce faire les receveurs généraux seront contraints comme pour deniers royaux ; lettres de commission de S. M. sur le dit arrest, autre arrest dudit Conseil du 6 may dernier, par lequel ledit Heudebert est deschargé des condamnations et peines portées par l'arrest du 28 sept. 1641 et ordonné qu'il rendra ses comptes, à l'avenir, par devant les trésoriers de France : savoir, deux du Bureau des Finances de Rouen, un de Caen, et un d'Alençon ou trois d'iceux pour l'absence du quatrième, dans lesquels comptes S. M. ordonne audit Heudebert d'employer en dépenses les taxacions des Commissaires des dits Estats de la province de Normandie et les autres dénommés en l'estat arresté au Conseil ledit jour 6e may, lesquelles leur seront passées et allouées partout où il appartiendra sans difficulté, comme les autres charges ordinaires et accoutumées estre payées, les lettres de commission sur icelluy dudit jour 6e may, ledit estat des taxacions ordonnées estre payées aux Commissaires députés par S. M. pour la tenue des Estats, arresté audit Conseil ledit jour 6e may dernier. A esté ordonné que

le tout sera registré ès registres du Bureau pour estre exécuté selon sa forme et teneur et que copies collationnées par le greffier en seront délivrées audit Heudebert. »

28 août 1643. — « Sur ce que le s^r de Hanyvel, trésorier de France au Bureau de Rouen, a représenté au Bureau qu'il avoit conféré avec Me Constantin Heudebert, trésorier des Estatz, touchant la rendition de ses comptes, et que ledit Heudebert luy avoit dit qu'il estoit prest de les lui rendre pour les années 1638 et 1639, et que les députez du Bureau de Caen estoient en cette ville, et qu'il en avoit escript aux sieurs trésoriers de France d'Allençon, et qu'estant commissaire avec le sieur Hallé pour l'audition du compte de l'année 1638, lequel sieur Hallé est absent de ceste ville et a mandé n'y pouvoir venir, ledit sieur de Hanyvel a remonstré qu'il estoit à propos de députer un commissaire pour procéder à ladite audition, au lieu et place dudit sieur Hallé, le sieur Romé a esté député commissaire pour voir et examiner ledit compte des Estats de l'année 1638, pour l'absence dudit Hallé. »

Sur la requête de Constantin Heudebert, le Bureau ordonne que Jacques Rouillé, receveur général, lui paiera 1,916 l. 8 s. pour les postes de l'année 1639. — On remet à Heudebert des lettres d'état pour se faire payer, par David Danviray, autre reeveur général des finances, 5,500 l. pour partie des taxations des Commissaires des États de l'année 1640, et 916 l. 8 s. pour le reste des gages des postes.

10 septembre 1643. — « Le sieur Romé représente que suivant la députation qui fut faite de sa personne... il avoit assisté à l'audition du compte des Estatz de ceste province de l'année 1638, et avoit touché du trésorier des dits Estatz la somme de 210 l., à savoir 150 l. à lui taxée pour avoir vacqué à l'audition dudit compte, et 60 l. au lieu d'une bourse de jetons, laquelle somme de 210 l. il a

représentée, et a esté ordonné icelle estre mise ès mains de De Melun, commis à la recepte des espices, pour estre partagée à la compagnie. »

6 novembre 1643. — « A esté résolu que le 12 du présent mois, il sera travaillé à l'examen des comptes des Estatz de cette province, des années 1640, 41 et 42, en exécution de ce qui a esté escript aux Bureaux des Finances de Caen et Allençon, à laquelle fin Mᵉ Constantin Heudebert, trésorier desdits Estatz, sera adverty de se présenter audit jour, ce qui a esté à l'instant enjoint de faire à Mᵉ Georges De Melun, premier huissier audit Bureau, pour ce faict entrer. » *(Plumitifs du Bureau des finances).*

Enregistrement d'édits fiscaux à la Chambre des Comptes de Normandie.— « Du lundi 6ᵉ jour de juin 1639, au matin. M. ...., huissier, est entré au bureau et a adverty Messieurs qu'un gentilhomme du duc de Mercœur (1) estoit venu en la court de la Chambre et lui avoit dit que ledit sieur duc estoit monté en carrosse pour y venir ; et peu de temps après on a ouy un carrosse a costé de la Chambre de devers St-Erblanc, et incontinent a paru dans la court d'icelle le sieur duc estant à pié : et au même instant sont sortiz du bureau MM. Leseigneur, doyen de MM. les conseillers maîtres, et Le Pesant, aussi conseiller maître ; et ledit sieur duc montant au degré, Le Fèvre et Cossart, huissiers, montant devant lui, estant parvenu au haut dudit degré, ledit sieur duc a esté salué par lesdits sieurs Leseigneur et Le Pesant, marchant devant, et après les huissiers. Puis ledit sieur duc est entré, ayant l'espée au costé et salué Messieurs estant au bureau, tous debout. Puis est entré M. Tallon, conseiller d'Estat, ayant robe et

---

(1) Louis duc de Vendome, de Mercœur, pair de France, prince de Martigues, gouverneur de Provence, fils de César, duc de Vendome, bâtard de Henri IV et de François de Lorraine ; devenu veuf de Laure Mancini il fut créé cardinal en 1667.

soutane de satin avec le bonnet carré ; et après luy est entré un huissier au Conseil, ayant sa chaîne d'or au col, au bas de laquelle est l'effigie du Roy, vestu de noir avec un manteau à manche et la toque de velours noir. Puis ledit sieur duc est passé devant le banc du costé gauche, tous Messieurs de la séance estantz debout, et a esté prendre sa place au banc de Messieurs les présidents au dessoubz de M. le président de Fumechon, lequel, pour cest effect, s'estoit retiré vers ledit banc du costé gauche pour faire place audit sieur duc, et ledit sieur Tallon a pris la place de M. le doyen audessus de M. Le Pesant, et M. Leseigneur a prins la première place du banc dudit costé gauche, et ledit Quiquebeuf, huissier, s'est tenu debout et teste nue devant le bureau du greffe. Ce faict, ledit sieur duc de Mercœur a derechef salué la compagnie ; et luy a esté aussitost présenté par ledit sieur Tallon une lettre close du Roy adressante à la Chambre, de laquelle a ordonné lecture estre faicte, ce qui faict a esté par le greffier, et de laquelle la teneur ensuit :

De par le Roy. Noz amez et féaux, nous envoyons notre très-cher et très-amé nepveu le duc de Mercœur, accompagné du sieur Tallon, conseiller ordinaire en nos Conseils, en notre Chambre des Comptes à Rouen avec quelques édictz et Déclarations que nous avons faict expédier pour en retirer quelque secours en l'estat présent de noz affaires ; et comme ils sont bien informés de notre intention et du grand besoin que nous avons de ce secours, ils s'estendront amplement sur ces subjects en notre dicte Chambre. C'est pour quoy nous n'en ferons icy aucune reditte, vous mandant et ordonnant par ceste lettre d'adjouster entière créance à ce que notre dit nepveu et ledit sieur Tallon vous diront en notre nom et tout ainsy que vous feriez à nous mesmes, nous tesmoignant au surplus, en l'enregistrement et exécution desdits édits et Déclarations, combien vous déférez à nos commandements et désirez notre satisfaction et contentement. N'y faictes donc faute. Car tel est notre plaisir. Donné à St-Germain-en-Laye, le 24ᵉ jour de may 1639. Signé: Louis, et plus bas, Phelyppeaux.

Puis ledit Quiquebeuf, huissier, a tiré d'un sac de velours noir des lettres patentes du Roy, lesquelles il a baillées audit sieur Tallon, qui les a présentées audit sieur duc de Mercœur, qui a commandé au greffier d'en faire la lecture, ce qu'il a faict et est aparu par icelles de la commission donnée audit duc de faire registrer en la dicte Chambre les édicts, jussions et déclarations qui ensuivent, assavoir : l'édict de création de six receveurs et six contrôleurs des rentes aliénées sur les Aydes, six commis desdits contrôleurs et trois contrôleurs généraux (1); — celuy de création d'une court des Aydes à Caen avec union à ladicte court du Bureau des Finances dudit Caen (2); — autre édict de création, en la court des Aydes, de deux présidents et augmentation de deux conseillers clercs, deux notaires, six huissiers et quatre procureurs postulants; — celui de création d'une élection en chef en la ville de St-Lô; — autre édict portant attribution de 65,000 l. de taxations aux receveurs généraux pour le maniement des 8 millions et suppression des receveurs et contrôleurs provinciaux desdits huit millions; — une jussion sur l'édit de création d'un advocat et procureur du Roy aux Bureaux des Finances; — arrest et lettres patentes pour faire jouir des gages les porteurs de lettres de provision en blanc des contrôleurs généraux et particuliers des eaux et forests; — autre édict portant augmentation de droict de quittance aux receveurs des tailles et du taillon (3); — arrest et lettres patentes pour passer les gages payez aux porteurs des provisions en blanc des vicomtes, lieutenants et autres officiers en Normandie, par édict du mois de janvier 1636; —

(1) De fév. 1639.
(2) De juillet 1638.
(3) D'octobre 1638.

Déclaration portant attribution de 90,000 l. de gages aux receveurs et contrôleurs généraux et provinciaux du Domaine et la Déclaration et interprétation de l'édict de création de contrôleurs généraux des grands maîtres des eaux et forests et maîtres particuliers en Normandie, tous lesquels édicts, jussions, arrests, Déclarations ont esté présentez et mis sur le bureau par ledit Quiquebeuf, huissier, lors de laquelle présentation M. le duc de Mercœur a dict à la compagnie qu'il avoit esté expressément commandé par S. M. de venir en ceste Chambre pour y faire registrer lesdits édictz, arrests, jussions et Déclarations et qu'il se remettoit audit sieur Tallon d'en représenter le peu d'importance à la Chambre et la nécessité que le Roy a d'estre secouru de la prompte exécution d'iceux. Sur quoy ledit sieur Tallon a faict un long et ample discours des urgentes nécessitez de l'Estat et combien il est besoin que S. M. soit secourue d'argent pour entretenir tant de diverses armées qu'elle a sur pied, tant dedans que dehors le royaume, pour la conservation de ses peuples et la protection de ses alliez, qu'elle est bien marrie de surcharger ses peuples, mais que, n'ayant pour le présent autre voye plus prompte que celle de ses édictz, il en avoit choisy quelque nombre, entre plusieurs qu'on luy avoit proposez, des moins dommageables à ses peuples, comme par la lecture d'iceux la Chambre le pourroit recongnoistre, ne consistant, à la plus part, que en créations d'offices et attributions de droictz aux officiers, dont le menu peuple ne reçoit aucune incommodité ou surcharge, Sa dicte Majesté n'ayant autre soin que de le descharger, autant et le plus tost qu'il luy sera possible, et luy assurer le repos et la tranquillité dont il jouist au dedans du royaume par une bonne et durable paix, qu'elle espère de la bonté de Dieu par les prières qu'elle luy faict tous les jours pour ce subject et par l'effort de ses armes contre les ennemys de son Estat et de sa couronne; qu'à ceste occasion luy estant nécessaire de quantité d'armées, tant en Italie et Allemagne, pour la protection de ses alliez, que sur la frontière de Picardie, pour empescher à ses ennemis l'entrée de son royaume et la désolation de ceste province, dont le contre-coup pourroit porter sur la Normandie, à cause de sa proximité, il luy estoit besoin d'argent pour les entretenir en vigueur, estant le nerf de la guerre, sans lequel les armées demeurent sans force et sans courage, et d'autant que l'effect en sera plus grand, que le secours en sera plus prompt, c'est pour ce subject que S. M., sans s'arrêter aux formes ordinaires, a trouvé bon d'envoyer en ceste Chambre led. sieur duc de Mercœur, son nepveu, duc et pair de France, dont la vertu et les bonnes qualitez ne le relèvent pas moins par dessus le commun que sa naissance, ce que la Chambre ne doibt pas trouver mauvais, et que S. M. lui communiquant un rayon de son authorité par la vertu et la force qu'elle donne à ses arrests, s'en réserve la meilleure partie et en use selon les occasions urgentes de ses affaires, comme en celle-cy, où il veut et entend que ledit sieur duc de Mercœur tienne sa place et que la Chambre luy ait telle créance qu'à luy mesme. Aprez laquelle harangue ledit sieur Tallon ayant remis le sac de velours noir, dans lequel estoient tous lesdits éditz ès mains dudit Quiquebeuf, huissier, iceluy Quiquebeuf les a baillez l'un aprez l'autre successivement à Me Guill. Auvray, greffier, qui en a faict la lecture, après laquelle ledit sieur Tallon, s'estant aproché dudit sieur duc de Mercœur, lui a dict quelque chose à l'oreille, et à l'instant ledit sieur duc a dict à M[rs] les gens du Roy qu'ilz eussent à prendre leurs conclusions. Sur quoy s'estant levez, l'advocat général ayant discouru sur les formes extraordinaires dont on a usé pour la présentation desd. éditz, veu que la Chambre s'est tousjours portée par une obéissance très-grande et prompte à l'exécution des volontez du Roy auquel elle n'a jamais désobéy, a par ses conclusions consenty le registrement desdicts édictz.

Après lesquelles conclusions ledit sieur Tallon, s'estant approché dudit sieur de Mercœur et luy ayant dict quelque chose à l'oreille et s'estant rassis, a prononcé ces mots :

Le Roy a ordonné que les dictes lettres en forme d'édictz et Déclarations seront registrées ès registres de la Chambre des comptes de Normandie et que sur icelles sera mis : leues et publiées et registrées, ouy et consentant le procureur général, pour estre exécutées selon leur forme et teneur.

Puis M. le duc de Mercœur se levant, et toute la compagnie et ledit sieur Tallon, icelui sieur Tallon a dict à la compagnie qu'il remporteroit les originaulx desd. édictz et Déclarations, et qu'il en bailleroit les copies au greffier pour en faire le registrement tout à loisir et de la commission dudit sieur duc, laquelle il a effectivement registrée avec tous lesdits édits, qu'à cet effect il avoit remys dans led. sac de velours noir, lequel il a remis ès mains dudit Quiquebeuf, greffier ; et à l'instant led. sieur duc est sorty, passant par le mesme costé du bureau, Messieurs estant debout, et a esté reconduit par lesdits sieurs Leseigneur et Le Pesant au mesme ordre qu'ilz l'avoient conduit au bureau jusques au haut du degrés, puis aussi est sorty ledit sieur Tallon et ledit Quiquebeuf. » *(Mémoriaux de la Chambre des Comptes).*

Le lendemain, 7 juin, le duc de Mercœur se présenta, accompagné de Tallon, à la cour des Aides, et y fit enregistrer d'autorité les édits suivants : Édit portant création en titre d'office formé héréditaire et domanial sur toutes les cours et juridictions royales de contrôleurs de toutes expéditions, tant en papier qu'en parchemin, mai 1639 ; — édit portant création d'un contrôleur des teintures, dans chaque lieu où il y avait des teintures, mai 1639 ; — édit portant création d'un intendant en chaque élection, et d'un procureur syndic en chaque paroisse, sept. 1638 ; — édit pour l'augmentation des droits de quittance des receveurs des tailles et taillon, oct. 1638 ; — édit portant union des offices de gardes des petits sceaux des Élections aux corps des officiers d'icelles, avril 1639 ; — édit d'un contrôleur des poids royaux de Normandie dans les villes et autres lieux, mars 1637 ; — édit portant attribution de la qualité et fonction de président aux présidents anciens des Élections, déc. 1638 ;— édit de création d'un receveur particulier des tailles en chaque paroisse, déc. 1638 ; — édit de création de 6 receveurs généraux, payeurs des rentes des Aides, 6 contrôleurs et 6 commis desdits contrôleurs et 3 contrôleurs généraux des Aides, fév. 1639 ; — édit de deux anoblissements en chaque Généralité du royaume, nov. 1638. Cette cour s'était mise en opposition avec le gouvernement par un arrêt tout récent. Elle avait fait rendre la liberté à des particuliers qui, après avoir payé leurs impôts, avaient été emprisonnés à raison de l'insolvabilité d'autres particuliers des mêmes paroisses, en vertu du principe, véritablement inique, de la *solidarité* ou *solidité* en matière de tailles, de taxes et de subsides (1).

Edit de création d'un contrôleur des teintures en chacune ville et bourg du royaume où il y a des teintures. — « Loüis, par la grâce de Dieu, roi de France... Combien que nous ayons faict plusieurs ordonnances et reiglemens, tant sur le faict du commerce de la drapperie et autres estoffes de laynes, que sur celuy des teinctures, et que nous ayons taché d'establir ung bon ordre, pour empescher que les estrangers ne se servent des advantages que nos subjects

(1) Arrêt de la cour des Aides du 4 juin 1639. Voir M. Floquet, *Hist. du Parlement*, IV, 559.

ont sur les peuples voisins, soit pour la manufacture desdites estoffes, soit pour la bonté des drogues qui croissent en notre royaume, pour leur donner la bonne et loyalle teincture, sy est-ce que nous recevons tous les jours diverses plainctes de l'entreprise desd. estrangers et des profficts immenses qu'ils font en la vente desdictes marchandises, au préjudice de nos subjects, qui, estant néantmoings plus capables de faire et façonner lesdits draps et estoffes, et aians en plus grande abondance des matières plus excellentes et des drogues plus naturelles qu'en aucun autre païs, debvroient seuls proffitter de ces grands advantages. Mesme l'inexécution de nosdits reiglemens et l'avarice d'aucuns teinturiers desdictes estoffes a causé ce désordre. Nous avons résolu d'y apporter ung remède convenable et empescher que doresnavant lesd. teincturiers ne meslent parmy les bonnes drogues, comme pastel, guesdes, voisde, et autres croissans en cestuy notre royaume, les fausses et deffendues, telles que sont le nil, bois d'inde, tournesol, vert-de-gris et autres, qui corrompent non-seulement les teinctures et en ostent et ternissent le lustre et l'éclat, mais encores bruslent et gastent lesdites estoffes, en ostent la durée et, par delà le dommage qu'en reçoit le publicq, causent encore ce préjudice d'avoir transmis le commerce de la drapperie aux Anglois, Flamans et autres estrangers qui, s'estans prévallus de ce deffault, se sont emparez dud. commerce par le moien de leurs meilleures teinctures, et incommodent non-seulement ung nombre infiny de personnes qui gaignent leurs vies à manufacturer lesd. estoffes et cultiver les terres où croissent le pastel, guesde et voisde, mais encores privent nos dits subjects des proffictz qu'ilz retiroient du commerce de ladicte drapperie, lorsqu'elle estoit recherchée à cause du bon teinct. C'est pour quoy, après avoir ouy plusieurs des plus notables marchands desdictes estoffes des meilleures villes de notre royaume, qui nous ont remonstré que ce désordre ne procedde que de la mauvaise teincture qui est donnée auxdictes estoffés, par le meslange qui est faict desdictes mauvaises drogues avec les bonnes et loyalles, et après mesmes nous estre faict informer de la diminution qui se trouve en nos antiens droicts sur lesdictes marchandises à cause du dépérissement du commerce, nous avons résolu d'y apporter le remède nécessaire, et de créer des officiers pour prendre garde ausdicts abus, faire observer nos ordonnances et reiglemens et que par l'expérience qu'ilz auront au fait desd. teinctures ils empeschent que lesdicts teinturiers ne continuent à gaster et à corrompre à l'advenir lesdictes estoffes. A ces causes, après avoir mis ceste affaire en deslibération en nostre Conseil, où estoient plusieurs princes de notre sang et autres grandz et notables personnages, de leur advis et de notre certaine science, pleine puissance et authorité royalle, nous avons, par cestuy notre présent édict perpétuel et irrévocable, créé et érigé, créons, érigeons en tiltre d'office formé, en chacune ville et bourg de notre royaume où il y auroit des teinctures, ung controlleur visiteur essayeur héréditaire desdictes teinctures des drapperies et estoffes de layne, (pour) par ceux qui seront pourveus desdicts offices faire visite en toutes les teinctures, boutiques et magasins desdicts marchands à ce que lesdictes marchandises et estoffes soient bien et loyalement teinctes et que les antiens reiglemens faits sur ce subject, tant par nous que par nos parlemens, cours des Aides et autres juges, soient gardez et observez, lesquelz, en tant que besoing seroit, nous avons confirmé et confirmons, enjoignant pour cest effect à tous teincturiers et marchands, vendant en gros ou en destail lesd. estoffes de laine, de faire ouverture de leurs dictes teintures, bouticques et magasins, lorsqu'ilz en seront requis, et faire monstre ausd. officiers ou leurs commis de leurs dictes marchandises pour estre visitées par eux et à icelles apposé ung plomb ou marque, où d'un costé seront imprimées les armes de la ville où lesd. marchandises auront esté teinctes et de l'autre la marque particulière desd. officiers ou commis, après qu'elles auront esté essayées avec l'eschantillon de chacune bonne couleur que lesd. officiers ou commis seront obligez d'avoir en ung bureau qu'ilz establiront en chacune desdictes villes et bourgs, sans que lesd. teincturiers puissent vendre ausd. marchands ou autres personnes aucune des marchandises qu'ilz auront teinctes, qu'elles n'aient esté visitées par lesdicts officiers ou commis, à peine de 500 l. d'amende pour chacune contravention; ny (qu'il soit permis) ausdicts marchandz, vendant en gros ou en destail, d'exposer en vente aucune desdictes marchandises, que ledict plomb et marque n'y aict esté appozé, à peine de confiscation et d'amende; et aux tondeurs, presseurs et applaneurs de les apprester qu'elles ne soyent en la forme susdicte. Et où lesdictes marchandises ne seroient trouvées bien teinctes par ledict visiteur, par l'essay qu'il en aura faict avec lesdicts eschantillons, lesdictes marchandises seront réamandées, aux frais et despens de ceux qui les auront teinctes, appelé avec luy ung des jurez dudict mestier, pour estre tesmoing de ladicte mauvaise teincture. Et affin aussi que lesdictes marchandises et estoffes de layne qui sont de présent ès bouticque et magasins desdicts marchands vendeurs d'icelles, et celles qui seront cy-aprez apportées des païs estrangers soient de la qualité susdicte pour la teincture d'icelles, nous voulons et entendons qu'elles soient pareillement visitées par lesdicts officiers ou commis, et à icelles apposé aussy ledict plomb, incontinent au plus tard dans les 24 heures que lesdictes marchandises auront esté amenées, et auparavant que d'estre exposées en vente, enjoignant, aux marchands vendeurs d'icelles, d'en envoyer dénoncer la quantité et quallité ausdicts officiers ou commis en leurs bureaux, à peine de confiscation de ce qui se trouvera avoir esté par eux recelé et non déclaré, permettant pour cest effect ausdicts officiers ou commis de faire lesd. visites, ès dictes bouticques et magasins desdicts marchands, pour vérifier les fraudes qu'ils pourroient avoir commises contre ce qui est porté par notre présent éedict. Et pourront lesd. officiers ou commis establir ung bureau proche de ceux des traictes foraines, douannes et autres lieux où descendent lesd. marchandises pour y paier nos anciens droits, desquelz sera tenu registre par eux, qui sera exécutoire pour (paiement) des droictz cy-après attribuez ausdicts offices, nonobstant opposition ou appellation, auxquelz controlleurs visitteurs essayeurs, présentement créez, nous avons attribué et attribuons par ces présentes pour tous gaiges, salaires, vacations et autres frais qu'il leur conviendra faire, et pour leur donner moien d'exercer lesdictes charges fidellement, et qu'ilz aient soing par leur propre utilité de faire observer exactement l'ordre susdict, les droits qui ensuivent : assavoir 2 s. pour aulne sur les draps de Carcassonne, du Seau, de Berry, de Rouen, Dieppe, Dernestal, Pont-St-Pierre, d'Elbeuf, Cherbourg, St-Aignan, Beedriou, serge de Limestre, façon de Florence et d'Espagne et tous autres portant largeur d'une aune ou environ ; un sol pour aune des draps de Dreux, Chasteauroux, Aubigny, Meaux, Vendosme, Soulongne, St-Lo, Falaise, estamas et serges de Beauvais, Valence, Linioux, Argentan, serges à deux envers, ratines fines sur la largeur de trois quartiers ou environ et autres estoffes de laine de pareille largeur, de quelque façon ou fabrique qu'elles soient ; 6 deniers pour aune de ratines de Beauvais, revesches, baguettes, frises croisées, frocs de Rouen et Lisieux, serge de Caen, estamets, cordillats, façon de Guienne et d'Albigeois, Haut et Bas Languedoc, serges de Mouy, d'Aumalle, d'Uzès, Bacqueville, Amiens, Chartres, feraudines, camelots, estamines, bouracans, ras et autres estoffes de laine, de quelque largeur et fabricque qu'elles soient ; 6 deniers pour aune de draps de couleur de bure et meslangées, serges, estamets et autres estoffes de laine que l'on faict blanchir pour estre usées en blanc ; 6 sols sur chaque catalongne ou couverture de lict passe-grande ; 4 sols sur les moyennes, et 2 sols sur les petites ; ung sol sur chacune petite couverture appelée mante ; 2 deniers sur chacune paire de bas d'estame ; 3 deniers sur chacune livre de laine à coudre ou faire tapisserie ; 3 sols pour aune des draps d'Hollande, d'Espagne et d'Angleterre, serge de Florence et d'Espagne ; 2 sols pour aulne sur les autres estoffes de layne qui sont apportées hors le royaume, de quelque largeur qu'elles soient, et le double desdicts droictz sur toutes lesdictes marchandises et estoffes teinctes en cramoisy ou escarlatte, lesquels droictz nous voulons estre pris et levez, tant sur lesdictes marchandises qui auront été faictes et teinctes en ce royaume que sur celles qui sont apportées desdicts païs estrangers, et qui sont à présent ès bouticques et magasins desdicts marchands, et paiées par ceux auxquels appartiendront lesdictes marchandises, sans néantmoins qu'elles puissent estre enlevées desdicts lieux où elles auront esté descendues, qu'elles n'ayent esté contremarquées desdicts officiers et paié lesdicts droictz, ny exposées en vente qu'en justiffiant et faisant apparoir de l'acquict desdicts commis ; et pour cest effect seront establis des bureaux en tous les lieux et passages, où lesdictes marchandises ont accoustumé de passer et descendre. Et attendu que lesdictes laynes ne peuvent être contremarquées dudict plomb, à cause qu'elles sont vendues en destail par les marchands d'icelles, nous voulons qu'il en soit faict des pacquetz de chacune couleur, de 5 à 6 l., à la corde, au lien desquelz sera attaché la marque desdicts officiers ou commis. Voulons au surplus que les concordats qui ont esté faictz avec les princes estrangers nos voisins, pour le transport et rapport desdictes marchandises et sur le faict desdictes teintures, soient entièrement gardez et observez, faisant deffences aux jurez et gardes des mestiers de troubler lesdicts officiers et leurs commis en la fonction de leurs offices, lesquelz nous avons pris et mis en notre protection et sauvegarde et des gouverneurs, maires, eschevins des lieux et villes où ilz seront establis. Et, d'autant qu'il ne seroit pas possible qu'une seulle personne peust faire controlle en aucunes villes de notre royaume, à cause de l'estendue d'icelles et de leurs fauxbourgs et de la quantité des marchands qui y trafficquent, affin aussy que l'ordre susdict soit mieux gardé en icelles, nous voulons qu'en vertu de notre présent éedict il soit estably, en chacune desdictes grandes villes, comme Paris, Rouen, tel nombre desdicts officiers qu'il sera nécessaire, qui prendront ensemble tel quartier et département qu'ils adviseront bon estre, suivant le roolle qui en sera arresté en notre Conseil, lesquelz offices establis en une mesme ville ne prendront, tous ensemble, plus grands droictz sur lesdictes marchandises que ceux cy-devant spéciffiez, lesquels seront partagez entr'eux par esgalles portions et d'iceux faict bource commune. Et en attendant qu'il aye esté pourveu ausdicts offices, nous voulons qu'il y soit commis personnes expérimentées au faict desdictes teintures et négoces, en vertu de nos lettres qui leur seront à cest effect expédiées pour en faire l'establissement, avec pouvoir de subdéléguer, en toutes les villes et bourgs, personnes capables pour faire l'exercice desdicts offices et recevoir, eux et leurs subdéléguez et commis, les droictz y attribuez sur leurs simples quittances. Et seront toutes personnes et marchands tenus d'accepter lesdictes subdélégations et de faire la fonction desdicts offices, attendant qu'il y aict esté pourveu, à peine de tous despens, dommages et inthérests et de respondre desdicts droictz en leur propre et privé nom, ausquelz subdéléguez nous avons accordé un sol pour livre des deniers qu'ils recevront pour tous salaires et vacations, lequel sol pour livre ilz retiendront par leurs mains, sans que lesdicts subdéléguez soient tenus de faire enregistrer leurs dictes procurations en aucuns greffes ni par devant aucuns juges, dont nous les avons deschargez et dispensez. Et attendu que nous avons créé lesdicts offices héréditaires, nous permettons aux acquéreurs d'iceux de les posséder par contractz d'adjudication, qui leur en sera faicte par les commissaires députez pour la revente de notre Domaine ou autres que nous commettrons à cest effect, ou par nos lettres de provision, lesquelz contracts ou lettres de provision leur seront expédiez sur les quittances de la finance qu'ilz justiffieront avoir paiée pour lesdicts offices, sans néantmoins que, pour raison de lad. hérédité, lesd. offices puissent estre déclarez domaniaux ny subjectz à aucune revente, pour quelque cause ou occasion que ce soit, ny obligez de prendre aucunes lettres de ratification ou confirmation, dont nous les avons dispensez. Sy donnons en mandement à nos amez et féaux conseillers les gens tenans notre cour des Aydes à Rouen, que notre présent éedict ils facent lire, publier et enregistrer, etc. Car tel est notre plaisir. Donné à St-Germain-en-Laye, au mois de may, l'an de grâce 1639.... Leu et publié et registré du très-exprès commandement du Roi, porté par M. le duc de Mercœur, assisté du sieur Tallon, conseiller au Conseil d'Estat de S. M.... le 7e jour de juin 1639. » *(Mémoriaux de la cour des Aides)*.

*Commission au s*r *de la Rembergerie, pour la gabelle.* — « Louis, par la grâce de Dieu, roy de France, etc. à nostre amé et féal conseiller Jacques Nigleau sr de la Rembergerie, prévôt des mareschaux à Ste Suzanne. La liberté et la licence que la plus part de toutes sortes de personnes, de quelques qualitez et conditions qu'ilz soient, tant ecclésiastiques, gentilshommes, officiers qu'autres, se sont données depuis quelques années, non-seulement de se dispenser de prendre du sel en nos Greniers, pour les provisions de leurs maisons et familles, ainsy qu'ilz y sont obligez par nos ordonnances et celles de nos prédécesseurs Roys, mais aussi aucuns, tant desdits ecclésiastiques, gentilshommes, officiers que aultres (1) se sont immiscez à faire le faux saunage et en faire trafficq, et les autres à donner retraict aux faux sauniers et les protéger contre les officiers de nos Greniers, comme capitaines et archers préposez pour empescher le cours et usage du faux sel ; et ce désordre est venu à tel point (spécialement depuis la déclaration de la guerre, que nous nous sommes trouvez obligez de faire de nouvelles impositions pour en supporter la despense pour la manutention de cet Estat), que, s'il n'y estoit promptement pourvu, il causeroit la ruine entière de la ferme de nos gabelles, les ventes de nos dits Greniers estant tellement diminuez à cette occasion que nous nous trouverions non-seulement frustrez du secours que nous avons espéré desdites nouvelles impositions, mais encore il n'y auroit fonds à beaucoup prez pour paier les rentes, gages et autres charges assignez sur lesdictes gabelles. A ces causes, estant nécessaire de remédier promptement ausdits abus, nous vous avons commis et député, commettons et députons par ces présentes pour commander aux lieutenants, gardes et archers qui vous seront donnez, les mener et conduire en l'estendue des Généralitez de Tours, Orléans, Rouen et autres lieux que besoing sera, pour empescher tout passage, trafficq, vente et commerce de faux sel, tant par eau que par terre, courir aux faux sauniers, les prendre et appréhender, leur faire et parfaire

---

(1) On retrouvera cette accusation contre les ecclésiastiques, les nobles et les officiers dans l'Ordonnance de la gabelle.

leurs procez, voulans que ceux à port d'armes contre les prohibitions et défenses portées par nos ordonnances, les bannis qui n'auront gardé leurs bans, les essorillez ou flestris, ceux qui se trouveront convaincus de voleries, meurtres ou autres crimes et gens sans adveu, dont la connoissance est attribuée aux prévosts des mareschaux, soient par vous jugez prévostallement et en dernier ressort, sans estre tenu d'y appeler les officiers des Greniers, encore qu'en effect ils soient pris pour le faux saunage, appelé avec vous le nombre de juges porté par nos ordonnances. Ceux qui seront pris en flagrant délict, eslongnez de nos Greniers, seront par vous jugez sur-le-champ sans les mener devant les officiers desdits Greniers, de crainte que l'occasion ne se perde d'en arrester plus grande trouppe, defférant néantmoins à l'appel, s'ilz ne sont de la qualité susdite ou faux sauniers ordinaires jà sentenciez. Et pour le regard des autres qui ne seront prévenus que de faux saunage et qui n'auront esté sentenciez, vous procéderez à l'instruction de leur procez pour estre par vous jugez avec nos officiers de nos Greniers et, à leur reffus ou delayement, avec le nombre des graduez porté par nos ordonnances. Informez-vous aussi diligemment des lieux où se faict la retraicte du faux sel et où, pendant la liberté et licence des faux sauniers, on en a faict amas, et en faictes les perquisitions et recherches tant ès villes, bourgs, maisons fortes que monastères et aultres endroitz, que nous voulons vous estre ouverts, sur peine de rébellion, et en cas de reffuz, vous y procèderez par toutes veoyes, vous servant à cette fin de toutes armes, mesme du pétard et eschelle. .... Que sy les propriétaires des maisons, chasteaux et places fortes se trouvent coupables dudict trafficq ou autheurs et consentans la rébellion, nous voulons lesdits chasteaux, maisons et lieux où le recellement dudict faux sel se trouvera estre déclaré, à nous acquis et confisquez ». 13 oct. 1638. —

Enregistré en la cour des Aides de Paris, 27 octobre même année, à la cour des Aides de Rouen, 2 mai 1642.

Une commission analogue fut donnée à François Du Bosc d'Hermival, conseiller à la cour des Aides de Normandie, 16 nov. 1642.

Ordonnance pour les gabelles. — « L'inexécution des ordonnances causée, par la négligence des officiers de nos Greniers à sel, lesquels se seroient dispensés de juger et condampner les faux sauniers selon la rigueur des éditz...' et se seroient contentez de les condampner à de si légères amendes qu'au lieu de réprimer les désordres et empescher le faux saunage, ils l'auroient aucthorisé pour ceste impunité, ce qui a donné une telle licence et liberté à plusieurs de nos subjets de faire le faux saunage, et à aucuns des gens d'église et gentilshommes de les favoriser, leur donner retraicte, ayde et confort et s'intéresser dans le trafficq sordide, déshonnête, indigne de leur condition, au mespris des lois, édicts et ordonnances, alléchez par le grand gain et proffict qu'ils en reçoivent à cause des nouvelles impositions et augmentations que avons, à nostre grand regret, esté contraincts de mettre sur le sel, tant pour supporter les frais de la guerre que pour faire fondz nécessaire pour le payement des rentes... et ce mal est venu à tel excès que, s'il n'y estoit promptement pourvu, il causeroit la ruyne entière de nos droicts.

2. Défendons très-expressément à toutes personnes, tant ecclésiastiques, nobles, officiers, marchands, habitans des villes, bourgs, villages, de quelques estats et conditions qu'ils soient, d'achapter aucun sel, soit blanc ou gris, de quelque personne que ce soit, et d'user d'autre sel que celuy qu'ilz prendront dans nos Greniers, aux peines, etc.

6. Défendons à tous noz subjects de notre pays de Coutentin, à qui l'usage du sel gris est deffendu, sinon en le prenant dans nos Greniers, d'apporter ou amener aucun

sel blanc dans l'estendue des ressorts de nos Greniers pour l'y vendre, débitter et consommer, ny d'en faire amas à deux lieues proches des limites des dernières paroisses ou hameaux de nos Greniers, pour l'y vendre à nos subjects des païs subjects à nos droits de gabelles ou aux faux sauniers pour le porter vendre ausdicts païs où nos dicts droicts de gabelles ont cours, et à toutes personnes demeurans dans notre dit païs, subjects à gabelles, d'y en aller achapter, sur les peynes... Et d'autant que nous sommes bien adverti que, soubz prétexte de quelque liberté, concédée par nos prédécesseurs à ceulx de la vicomté d'Aulge, d'user du petit sel blanc qui se cuit aux salines de Toucques, il se commet de tels grands abus qu'ils diminuent la vente qui se doibt faire aux Greniers de Caen, Falaise, Argentan, Yiesmes, Bernay, Pontaudemer, Honnefleur et Lisieux, qui cause une très-grande et notable diminution en la ferme de nos gabelles, nous voulons lesdites salines et usage dudit sel blanc estre réglez sur l'ancienne concession qu'ils en doibvent jouir ; et pour ce faire seront les propriétaires desdites sallines et les paroisses qui prétendent avoir liberté d'en user tenus de rapporter ès mains de l'intendant de nos finances, ayant le département de nos gabelles, les titres et renseignements, en vertu desquels ils prétendent lesd. jouissance et privillége, pour, le tout veu et rapporté en nostre Conseil, estre ordonné ce qu'il appartiendra par raison ; et cependant faisons deffences à toutes personnes de vendre et débiter dudit petit sel blanc en autre lieu qu'au bourg de Toucques, à jour de marché ordinaire et non à autres jours et autres lieux, en quelque sorte et manière que ce soit, à peine de confiscation et d'estre puni comme faux sauniers ; et défendons à toutes personnes d'en user, synon pour le pot et salière et menues salaisons de la sepmaine seullement, suivant et conformément aux arrestz et reiglemens de notre dit Conseil, lesquelz nous voulons estre gardez et conservez jusqu'à ce que, les dictes pièces et privilèges raportez en notre dit Conseil, il en ayt esté par nous autrement ordonné.

15. Et comme il est notoire que lesdits faux sauniers ont retraictes et font amas de sel en plusieurs abbayes, chasteaux, maisons et places fortes, caves, celliers et autres endroitz où ils espèrent que le respect des lieux et les maisons d'iceux les mettront à couvert, voulons et ordonnons que recherche et visitte sera faicte, ès lieux suspects, par les officiers de nos Greniers et archers préposez pour la conservation de noz droictz de gabelles ; enjoignons aux maistres des maisons, chasteaux et places fortes ou à ceux qui y résident, de quelque qualité et condition qu'ils soient... d'en faire l'ouverture... à peine d'estre punis comme participans aux crimes desdits faux sauniers, et où ils en seront refusans ou dillayans, permettons auxdits officiers, prévosts des mareschaux, commis, capitaines et gardes, se servir de touttes sortes d'armes, mesme d'échelles et pétarts, pour faire lesd. ouvertures... Et sy les propriétaires des dites maisons, chasteaux... sont convaincus d'avoir permis la retraicte aux dits faux sauniers, ... que leur procez leur sera fait et parfait et qu'ils seront punis des mesmes peynes ordonnez contre les faux sauniers, et leurs maisons, chasteaux et places fortes, où ledit sel aura esté trouvé, rasées pour servir d'exemple à la postérité.

16. Et sur ce qui seroict venu à nostre congnoissance qu'au mespris de nos éedictz et ordonnances, plusieurs gentilshommes font ledit faux saunage, mesme à port d'armes et assemblées illicites, se rendans de bendes des dits faux sauniers et aussy fauteurs de leur rébellion et désobéissance, nous les avons déclarés et déclarons déchus du tiltre et privilége de noblesse...

17. Comme aussi, nous ayant esté donné advis qu'aucun de nos officiers, mesme de ceux de nos dits Greniers, se sont

tellement oubliés contre le deub de leurs charges qu'au lieu de tenir la main à l'exécution de noz éedictz... ilz fournissent les dits faux sauniers, s'intéressent avec eux... ordonnons qu'il soit procédé extraordinairement contre nos dits officiers.

19. Et estant aussi deubment advertis que aucuns des gouverneurs, cappitaines, lieutenants des villes frontières et autres places fortes se meslent dudit trafficq, protègent et donnent retraicte aux dicts faux sauniers, avons déclaré et déclarons ceux qui sy laschement se sont adonnez à un trafficq si infâme, roturiers et taillables.

20. Faisons aussi très-expresses inhibitions et deffenses à tous maîtres de camp, capitaines, lieutenants, enseignes et sergeans, estans en garnison en nos dites villes et places frontières, de laisser sortir les soldatz des dites garnisons avecq armes et bastons à feu pour faire le faulx saunage, assister et escorter les dits faux sauniers, ainsy qu'ilz font ordinairement.

23. Et voullans pourvoir aux plainctes qui nous ont esté faictes que plusieurs seigneurs et gentilshommes empeschent les recherches et visittes nécessaires pour la conservation de noz droictz dans les villes, bourgs et villages dont ilz sont propriétaires, et que nos officiers des gabelles, commis, capitaines, gardes, archers en facent la fonction de leurs charges, jusques à deffendre aux habitans desdits lieux de les loger, retirer et leur administrer vivres, qui est en effect par une rébellion manifeste s'opposer directement à notre authorité, à ceste cause faisons très-expresses inhibitions et deffences à tous seigneurs, gentilzhommes... de troubler... les officiers... à peine de confiscation de leurs fiefs.

27. S'estant aussy introduit depuis quelque temps un très-grand abus, qui est que quelques personnes vont quérir de l'eaue de mer, laquelle ilz emportent et voicturent dans

leurs maisons et la vendent au peuple, les abusant du prétexte qu'elle peult servir à saller leurs potages, ce qui apporte une diminution à nos droits de gabelles, cause des maladies contagieuses, flux de sang, et autres dont quantité en sont morts et meurent journellement, à quoy estant nécessaire de pourveoir, tant pour la conservation de nos peuples que de nos droictz, nous avons faict et faisons très-expresses inhibitions et deffences à touttes personnes, de quelque qualité et condition qu'ilz soient, d'aller quérir de la dicte eaue de mer, la vendre, achapter et en user, à peyne contre les vendeurs d'estre punys des mesmes peynes ordonnées contre les faux sauniers par notre présent éedict et ordonnance, et contre ceux qui en achapteront et yront quérir et useront, de 100 l. d'amende pour chacune fois.

28. Et, attendu qu'aucuns capitaines, gardes et archers des gabelles s'intéressent avec les délinquans, mesme font ou font faire le faux saunage par personnes interposées... avons ordonné qu'ils soient condampnés à estre pendus et estranglez, et leurs biens acquis et confisquez, sans que lesd. peines puissent estre modérées. St-Germain-en-Laye, janvier 1639. » — Enregistré en la cour des Aides de Paris, le 14 avril 1639 ; — en la cour des Aides de Normandie, le 5 mai 1642 (1).

(1) *Mémoriaux de la cour des Aides.* — Deux années après, les soldats de la garnison du Havre « faisaient encore un continuel faux saunage, vendant et débitant leur sel à plusieurs faux-sauniers. » Pour mettre un terme à cet abus, Jacques Dattain, adjudicataire général des gabelles, établit une brigade au bourg d'Ingouville, près de la chaussée du Havre. Cette brigade arrêta quelques soldats. Un sergent de la garnison les arracha des mains des archers du sel ; plusieurs de ces derniers furent battus et blessés ; l'un d'eux fut enfermé dans la casemate de la citadelle. Le sieur d'Hermival fut commis par le Roi pour faire le procès des soldats coupables et pour informer contre le baron de Saulgeon, le sieur de Beauplan et autres officiers. — Information du 24 août 1644 (*Ibidem*).

ÉTATS DE NOVEMBRE 1643.

I.

Extrait des Registres de l'Hôtel-de-Ville de Rouen.

Lettres du Roi au bailli fixant la réunion à Rouen au 18 novembre, Paris, 10 octobre; — du gouverneur au même pour le même objet, Paris, 17 octobre; — des gens du bailliage aux échevins de Rouen, 21 octobre.

Assemblée à l'hôtel-de-ville de Rouen sous la présidence du lieutenant général du bailli pour l'élection des députés. Prirent part à l'élection 7 prieurs, 84 curés, 24 nobles, 16 bourgeois dont le nom est cité, sans compter les autres. On nomma, pour l'état ecclésiastique, maître Charles Dufour, protonotaire du Saint Siége, curé de Saint-Maclou et prieur de Beaussault; pour la noblesse, messire Jean du Fay, comte de Maulévrier, bailli de Rouen, capitaine de cent hommes d'armes des ordonnances du Roi, mestre de camp d'un régiment d'infanterie; comme conseillers échevins, nobles hommes François de Brèvedent, sieur de Sahurs, et Thomas Auber, sieur de Heudebouville.

« L'ordre de la séance de la dicte assemblée a esté, à sçavoir : M. le lieutenant général, MM. le premier advocat général du bailliage, procureur du Roi audit lieu et les conseillers eschevins en leur bureau en leur rang accoustumé, M. le grand vicaire de Mons. l'archevesque sur un siége au bout dudit bureau, MM. les deux députés du chapitre (1) aux deux premières places du banc de MM. les antiens, lesdits sieurs antiens, pensionnaire et quarteniers en leurs bancs ordinaires, les prieurs et autres ecclésiastiques sur des formes placées derrière le bureau vers la cheminée, les nobles sur le banc des pensionnaires, les députez des vicomtez sur une forme derrière lesdits sieurs quarteniers, et les autres ecclésiastiques, qui n'ont pu avoir séance sur les dites formes derrière le bureau, l'ont prise avec les bourgeois de ladite ville sur des formes disposées au travers de ladite salle.

Et pour recueillir les suffrages a esté suivy l'ordre accoustumé, c'est à sçavoir qu'il a esté commencé par MM. les gens du Roi, du bailliage et MM les conseillers échevins du bureau, continué à M. le grand vicaire de M. l'archevesque, puis à MM. les députés du chapitre, conseillers antiens, procureur syndic, pensionnaire, quarteniers, ecclésiastiques, nobles, notables bourgeois et autres bourgeois, et a esté finy par les députés des vicomtés.

Et en procédant par le sergent à l'appel des (personnes) assignées, après la lecture par luy faicte des lettres du Roy et de M. de Longueville et des procurations des députés des vicomtés, sur la non-comparence de plusieurs, il a esté arresté que les défaillans demeureroient condamnés en 60 s. d'amende. »

Proposition des États. — Mercredi, 18 novembre 1643. — Assemblée pour délibérer les articles qu'il convient d'employer au Cahier des remontrances.— Jean Mausavoir, de la paroisse de Rully, député pour le tiers état de la vicomté de Pont-de-l'Arche, présente sa procuration.

---

(1) Lundi 2 nov. 1643, le chapitre avait nommé deux députés pour aller à la ville nommer un ecclésiastique et un noble pour les États, le mercredi suivant sur les deux heures, suivant l'avertissement donné au nom de l'hôtel-commun par deux officiers. *(Registres capitulaires).*

« Rendre à la ville les octrois pour le pont de Rouen, lesquels avoient été réunis aux fermes de S. M. — Prier S. M. de conserver le fonds des rentes, et d'ordonner que doresenavant elles seront payées sans aucun divertissement et avant toute autre assignation.

La ville de Rouen, capitale de ceste province, est abatue d'une si prodigieuse quantité d'impositions et subcides qu'il ne luy reste plus que les foibles apparences de ceste franchise dont elle se glorifioit en ses plus beaux jours, comme des plus advantageux tesmoignages de sa fidélité et des longs services qu'elle a rendus à ceste Couronne : elle s'est veue remplie de gens de guerre ; il n'y a sorte de denrée qui s'y consomme qui ne porte les marques de son infortune ; la rigueur a passé jusques aux personnes de ses habitans, qui ont esté exposez à la honte des emprisonnemens ; et le souvenir des sommes que l'on a levées sur son hôtel-de-ville depuys ces derniers temps luy donne de l'étonnement lorsqu'il luy représente qu'elles excèdent trois millions. On l'a veue encores accablée d'étappes, comme la plus vile paroisse du plat pays, et elle est venue jusqu'à ce point de malheur que les victoires mesme du Roy luy tournent à charge pour la nourriture qu'on l'oblige de fournir aux prisonniers espagnols. On la menace de Subsistance et d'Équivalent, et il semble que la réputation qu'elle s'est acquise d'affectionnée au service de S. M. par le grand secours qu'elle a donné ne luy doibve servir que pour l'oppresser. Elle supplie très-humblement S. M. de prendre compassion de ses calamitez et de donner quelque soulagement aux restes de sa vie languissante en la deschargeant de toutes ces levées.

Sa Majesté ayant voulu, à l'exemple du feu Roy son père d'heureuse mémoire, restablir l'ordre ancien de la province de Normandie, effaçant, par une bénignité toute royale, les marques de ses dernières afflictions, elle aura aggréable, s'il luy plaist, affin qu'il n'en demeure aucuns vestiges, de faire rendre aux eschevins de Rouen les canons qui ont esté tirez de leurs magasins et dont les rois prédécesseurs de S. M. leur ont toujours confié la garde.

Les traictans, qui ne mettent point de bornes à leurs mauvaises intentions, ont osé attaquer, soubs des noms de franc-alleu et franche bourgeoisie, le droit de propriété, le plus ancien bien de la société des hommes, et contreint les eschevins de la ville de Rouen, pour se délivrer de leurs vexations, de s'obliger au payement de 303,000 l. que S. M. leur a permis de lever par forme de taxe sur les propriétaires des maisons et autres biens tenus en ceste franchise. Depuys il a plu à S. M. descharger de ces taxes, par arrest de son Conseil, Messieurs les officiers de ses compagnies souveraines, en considération de leurs services et de la dignité de leurs charges. N'estant pas raisonnable que la grâce qu'ils ont méritée porte préjudice aux autres subjects de S. M., elle ordonnera, s'il luy plaist, que déduction sera faicte de la valeur de leur descharge sur ce que lesdits eschevins doibvent de reste desditz 303,000 l., si mieux n'ayme S. M., ayant égard à l'extrême misère de lad. ville, la descharger absolument de lad. somme, et celuy qui a respondu pour eux, de la payer à son Espargne.

Le Commerce dont les Rois ont toujours pris grand soin, par la connaissance qu'ils ont eue que le bonheur de leurs peuples dépendoit de sa conservation, n'a plus d'autre soutien que celuy qu'il espère de la protection de S. M.; les traictans lui ont donné des atteintes dans les parties les plus sensibles, et leurs convoitises désordonnées ont porté la désolation dans toute ceste province; l'establissement du Controlle de teintures a ruiné la meilleure et la plus notable de nos manufactures, et réduit à l'aumosne plus de cinquante mil familles de pauvres artisans, pour satisfaire à l'avarice de celuy qui, depuis quatre années que nous souffrons ceste levée, s'est remboursé au double de la finance qu'il en debvoit fournir aux coffres de S. M. On ne voit plus en France d'autres drapperies que les estrangères, au mépris de l'authorité des anciennes ordonnances, et le peu de celles qui s'y fabriquent se trouvent surchargées encore d'un nouveau droit de six livres pour cent de garence venant des pays estrangers, et de 60 s. pour cent de celle que l'autheur de cette imposition a proposé au Conseil de faire croistre en ce royaume, sans autre expérience que celle que sa vanité lui promet de forcer le climat, mais par le seul dessein d'establir le droit sur l'estranger sur ceste fausse couleur de bien public. Le trafic des toiles a perdu sa liberté par la création d'un nombre de courtiers qui donnent mille traverses aux marchands, affin de les obliger de se servir d'eux dans leurs achats et d'en faire dépendre tout leur négoce. Nous voyons ce droit prodigieux de quatre sols de cent poisant de toutes marchandises avoir passé dans une famille particulière, et plus de 150,000 l. se lever annuellement de cet impost sur le pauvre peuple, sans que S. M. en reçoive aucun advantage en ses affaires ; et bien esloignez de la révocation que nous attendions de cette grande augmentation de droits contre la quelle nous réclamons, il y a si long temps, soubz le titre de réapréciation, le nouveau fermier des douanes de S. M. a faict, sur ce dangereux exemple, surhausser de moitié l'escu pour tonneau de mer dont nous avons tant de fois demandé la suppression, et, par un attentat qui luy est commun avec tous les autres fermiers, il exige de nous deux sous pour livre de tous les droits qui se lèvent. Sa Majesté aura esgard, s'il luy plaist, à nos très-humbles supplications, et, touchée de la justice de nos plaintes, nous accordera la révocation de tous ces establissemens et levées, comme très-préjudiciables à son service, très-ruineux au commerce et très-contraires, au bien général de ses subjets. »

Contre l'établissement de 60 jurés revendeurs.

Il n'y avait jamais eu que sept bailliages en Normandie. Contre un particulier qui a bien osé poursuivre en la ville de Dieppe l'établissement d'un huitième bailliage avec un siége présidial auquel il a fait joindre la sergenterie de S.-Victor qui comprend 25 ou 30 paroisses et s'étend près de Rouen. — Demande de la suppression de ce bailliage et présidial.

Qu'il soit permis aux bourgeois de Rouen et à ceux qui y passent de prendre des chevaux de louage quittes à Paris, sans être forcés d'en prendre à la poste.

Contre le transport des blés dans les pays étrangers.

« Fait et délibéré en l'hostel commun de la ville de Rouen, le mercredi 18 novembre 1643.

Soit noté que lad. assemblée a esté tenue le jour de l'ouverture des Estatz après un disner fait à l'hostel-de-ville, auquel sont invitez Messieurs les députez de l'église et de la noblesse du bailliage de Rouen, et les députez des quatre vicomtez dudit bailliage, avec MM. le bailly, lieutenant général, premier advocat général au parlement, premier advocat du Roi au bailliage, procureur du Roy audit lieu, conseillers et eschevins en charge, antiens conseillers et les quatre officiers de lad. ville ;

Et que le jour de la Responce desdits Estatz, il se fait aussy un disner audit hostel-de-ville, auquel sont conviez Messieurs les députez ecclésiastiques et nobles des sept bailliages de la Province avec Messieurs les membres du Conseil et officiers de ladite ville cy-dessus spécifiez, mesmes qu'audit festin de la Responce sont invitez le procureur des Estatz, le trésorier des Estatz et le député de Caen, mais que les députez des quatre vicontez dudit bailliage de Rouen ne sont point appelez audit banquet de la Responce.

Sera aussy noté que les pentionnaires et quarteniers de lad. ville ne sont point appelez auxd. deux banquets. »

II.

Extrait du Registre du Greffier-Commis des États.

« Du mercredy 18ᵉ jour de novembre 1643. Les sieurs députés des trois Estats du pays et duché de Normandie sont convoqués et assemblés, par l'ordre du Roy et de Mgr le duc de Longueville, gouverneur de ladicte province, en l'hostel de l'archevesché de Rouen, où l'ouverture desdits Estats a esté faitte.

Après laquelle ouverture faitte, lecture a esté faitte des lettres-patentes de S. M., présence de la dicte assemblée, en la manière accoustumée, où a esté par moy appellé tous lesdits sieurs depputés, ainsi qu'il suit, et se sont, les personnes cy-après présentées, hors et excepté ceux du Perche et Nogent-le-Rotrou, assavoir :

Bailliage de Rouen.

M. Dufour, curé de S.-Maclou, pour l'ecclésiastique.

M. le comte de Maulévrier, baillif de Rouen, pour la noblesse.

MM. de Sahurs et de Heudebouville, conseillers échevins de laditte ville de Rouen.

Vicomté de Rouen. — Jean Jullian, de la paroisse de Quèvreville-la-Millon, pour le tiers estat (1).

Vicomté de Pont-de-l'Arche. — Mᵉ Jean Mausçavoir, de la paroisse de Rully, pour le tiers estat.

Vicomté de Pont-Audemer. — Richard Marye, demeurant à Hauville (2).

---

(1) Nommé le 3 novembre.
(2) Nommé le dernier octobre.

Vicomté d'Auge. — Jean Farey, demeurant à .... (1).

Bailliage de Caux.

Messire Jacques Bertin, prestre, curé de Compainville, pour l'ecclésiastique, demeurant audit lieu.

Mons. de Grosmesnil, depputé pour la noblesse.

Vicomté de Caudebec. — Antoine Simon, de la paroisse d'Otellont (S.-Maurice-d'Ételan), pour le tiers estat.

Vicomté de Montivilliers. — Charles Maillard, demeurant en la paroisse d'Épouville, pour le tiers estat.

Vicomté d'Arques. — Antoine Verdier, demeurant en la paroisse de Longueville, pour le tiers estat.

Vicomté de Neufchâtel. — Thomas Vincent, demeurant audit lieu, pour le tiers estat.

Vicomté de Gournay et la Ferté-en-Bray. — Estienne Senglier, demeurant à Gournay, pour le tiers estat.

Bailliage de Gisors.

Messire Robert Deslandes, prestre, curé de Saint-Vigor-des-Monts, pour l'écclésiastique.

Michel de Bauville, escuyer, sieur de Pierre, y demeurant, vicomté de Vire (2).

Pierre de Hellandel, escuyer, dudit lieu, député pour les sieurs échevins de la ville de Caen, y demeurant.

Vicomté de Caen. — Claude Blanel, demeurant en la paroisse de Hermanville, pour le tiers estat.

Vicomté de Bayeux. — M. Nouel Le Savoureux, demeurant en ladite ville de Bayeux, pour le tiers estat.

Vicomté de Fallaize. — Engueren Delange, demeurant audit Fallaize, pour le tiers estat.

(1) Nommé le 29 octobre.
(2) Qualifié dans la procuration notariée de chevalier et de seigneur, patron de Pierrecourt.

Vicomté de Vire. — M⁰ Richard Maze, demeurant audit Vire, pour le tiers estat.

Bailliage de Costentin.

Messire Louis Le Bourgeois, sieur de Heauville, grand doyen et chanoine en l'église cathédrale dudit lieu (Avranches).

Messire Robert de Franquetot, escuier, sieur dudit lieu et de Carquebu, et messire Jean Le Prévost, sieur de la Fertey, depputés pour ledit bailliage, pour la noblesse.

Vicomté de Coutances. — Charles Foubert, demeurant à ladite ville de Coustances, pour le tiers estat.

Vicomté de S.-Lô. — Pierre Ravend, demeurant à Saint-Lô, pour le tiers estat.

Vicomté de Carenten. — Jean Touchard, demeurant audit Carenten, pour le tiers estat.

Vicomté de Valogne. — Pierre Le Rossignol, demeurant en la paroisse de Portbail, pour le tiers estat.

Vicomté d'Avrenches. — Jean Gaudin, de la paroisse Notre-Dame-des-Champs, de laditte vicomté, pour le tiers estat.

Vicomté de Mortain et chastellenie de Tinchebrey. — Jean Baujard, demeurant à S.-Berthellemy, pour le tiers estat.

Bailliage d'Évreux.

Messire Pierre Le Franc, escuier, curé de la paroisse de Vielles, y demeurant,

Messire François Morainville, chevalier, sʳ d'Orgeville, y demeurant, pour la noblesse.

Vicomté d'Évreux. — M. Jacques De Beauce, demeurant en ladite ville d'Évreux, pour le tiers estat.

Vicomté de Beaumont-le-Roger. — Jean Goubert, demeurant audit Beaumont, pour le tiers estat.

Vicomté de Conches et Breteuil. — Jacques Benard, demeurant audit Breteuil, pour le tiers estat.

Vicomté d'Orbec. — M. Jean Le Portier, demeurant à Orbec, pour le tiers estat.

Bailliage de Gisors.

Messire Louis de Roncherolles, haut doyen de N.-D. d'Écouis, pour l'ecclésiastique.

Messire Louis Le Pelletier, escuier, sr de Longuemare, pour la noblesse.

Vicomté de Gisors. — Jullien Le Couturier, demeurant en ladite ville de Gisors, pour le tiers estat.

Vicomté de Vernon. — M. Simon Le Tellier, demeurant audit Vernon, depputé pour le tiers estat.

Ville et chastellenie de Pontoize, Chaumont et Maigny. — M. Sébastien Gruel, syndic de la dicte ville de Pontoize.

M. Pierre Audou, marguillier et sindic de ladite ville de Maigny, y demeurant.

Vicomté d'Andely. — François Duval, demeurant en la paroisse de Hanesy, pour le tiers estat.

Vicomté de Lyons. — Guillaume Collas, demeurant à Lyons, pour le tiers estat.

Bailliage d'Alençon.

Messire Pierre Duval, doien d'Allençon, et curé de Forge (1), pour l'ecclésiastique.

Messire Guillaume Desportes, chevalier, sieur du lieu et de Champ-Fremont, demeurant en la ditte ville d'Allençon, pour la noblesse.

Vicomté d'Allençon. — Guillaume Duval, demeurant audit Allençon, pour le tiers estat.

---

(1) Dans la procuration notariée.

Vicomté d'Argenten. — Mᵉ Nicolas Cheradame, demeurant en la paroisse de Goullet, pour le tiers estat.

Vicomté de Domfront. — François Le Chevalier, demeurant en la paroisse de Saint-Fraimbault, pour le tiers estat.

Vicomté de Verneuil. — Guillaume Le Cousturier, demeurant audit Verneuil, pour le tiers estat.

Vicomté du Perche et chastellenie de Nogent-le-Rotrou. — Deffaulx.

Ce tait, lesdits sieurs se sont assemblés par les bailliages, ainsy qu'il est accoustumé faire, pour deslibérer et arrester entre eulx qui debvoit présider en laditte assemblée, et, à la pluspart desquels advis, ont arresté que messire Louis de Roncherolles, hault doien de N.-D. d'Écouis, du bailliage de Rouen, présideroit à ladite assemblée ; et à l'instant a pris sa séance, et fait prester le serment auxdits sieurs depputés, ainsy qu'il est accoustumé faire, de tenir le segret de ce qui seroit résolu et arresté en laditte assemblée, ce qu'ils ont tous promis et juré. Ce fait, attendu l'heure tarde de une heure après midy, ont levé la séance et remis l'ensemblement à 4 heures de rellevée.

Signé : Louis de Roncherolles, président en ladite assemblée.

Et ce dit jour de mercredy, 18ᵉ jour dudit mois et an, se sont lesdits sieurs depputés assemblés en ladite archevesché, viron sur les 4 h. après midy, où a esté proposé par M. de Sahurs, l'un desdits sieurs conseillers eschevins de la ville de Rouen, qu'ils doivent avoir en laditte assemblée deux voix deslibératives, ce qu'ils ont de tout temps eub suivant leur privilége ; ce qui a esté contredit par aucuns desdits sieurs de laditte assemblée, lesdits sʳˢ de Sahurs et Heudebouville demandant que acte leur soit accordé de la protestation qu'ils font.

A esté proposé d'ung advis uniforme et résolu que l'on demanderoit la descharge, par le Cayer, des augmentations qui sont faites par les commissions du Roy, tant sur les tailles, subsistances, sol pour livre que ung denier pour livre pour les greffiers des Ellections.

A esté fait lecture d'un mémoire baillé par le sieur sindic du clergé de la ville de Rouen, par lequel mémoire on demande la suppression du présidial du bailliage de Dieppe. L'affaire mise en délibération par bailliages, les bailliages de Rouen et de Caux demandent la révocation dudit présidiale bailliage entièrement, ensemble la suppression de la maréchaussée de la ville de Dieppe.

Lesdits sieurs eschevins de la ville de Rouen demandent le rétablissement des 20 sous pour muid de vin et de 24 l. pour muid de sel.

Demandent lesdits sieurs eschevins de laditte ville de Rouen à estre déchargés des subsistances et étappes, ensemble de la nourriture des Espagnols qui sont à Rouen (1).

Demandent lesdits sieurs eschevins de la ville de Rouen et iceux de la ville de Caen à estre restitués de leurs canons qui ont esté pris, lorsque Monsieur Gassion est venu ès

---

(1) Un arrêt du Conseil du 3 août 1643, ordonna que la somme à laquelle reviendrait la dépense qu'il conviendrait faire pour les prisonniers de guerre espagnols pris en la bataille de Rocroy, seraient portés par chacune des Généralités où ils avaient été envoyés, et qu'à cette fin les Intendants de justice ou l'un des trésoriers de France se transporteraient aux lieux où étaient les prisonniers. Il faut reconnaître que le gouvernement n'eut point pour eux les égards que commandait le droit des gens. Le 20 déc. 1647 on se résolut à faire quelques réparations au Château du Vieux-Palais, où beaucoup de ces malheureux languissaient ; plusieurs capitaines et gens de condition avaient été renfermés dans les tours, exposés à la pluie et à d'autres incommodités, qui en avaient poussé quelques-uns à des actes de désespoir. (*Plumitif du Bureau des Finances*, 28 août. 1643, 20 déc. 1647).

dittes villes de Roüen et Caën, et qu'il en soit fait mention d'un article au Cayer (1).

Demandent lesdits sieurs eschevins de ladite ville de Rouen que la descharge obtenue de MM. des Cours souveraines par Nosseigneurs du Conseil soit en pure perte touchant le droit de franc-alleu, et qu'il en soit employé article au Cayer aux fins d'icelle.

Demandent en général mesdits sieurs de laditte assemblée la suppression du droit de 2 sous pour livre des teintures, comme aussy la suppression du droit de garence.

Demandent aussi la suppression du droit de courtier de toille.

A esté demandé, par le général de laditte assemblée, la révocation du droit nouvellement érigé de 4 s. pour cent de toutes les marchandises qui se poisent en la vicomté, ledit droit possédé par un particulier (2).

Demandent aussi la révocation de 2 s. pour livre qui se lèvent sur les traites foraines et l'escu pour tonneau de mer.

Demandent la révocation des courtiers vendeurs jurés de vin, sidre, poiré, des deniers qu'ils lèvent sur ledit vin, sidre, poiré, et qu'il en soit fait mention audit Cayer pour en obtenir la descharge (3).

Demander la révocation de l'escu pour muid de vin qui passe debout par devant laditte ville de Rouen.

Qu'il sera dressé plainte au Cayer, par un article, de l'exaction que font les soldats de la garnison du Pont-de-

---

(1) V. M. Floquet, *Hist. du parlement*, V. 2.

(2) Édit de création d'un contrôleur héréditaire des poids royaux, dans les villes de Normandie, mars 1637 ; enregistré à la cour des Aides le 7 juin 1639.

(3) Édit de création de 60 jurés vendeurs et contrôleurs de vins et de boissons à Rouen ; Amiens, sept. 1641 ; enregistré à la cour des Aides de Normandie, le 6 nov. même année.

l'Arche aux vins des marchands, quand ils passent par le dit Pont-de-l'Arche.

Demandent lesdits sieurs de ladite assemblée, d'un advis uniforme, que deffenses soient faites à toutes personnes, de quelque qualité et condition qu'elles soient, de enlever ny faire enlever aucuns blés hors du royaume.

Ce fait, attendu l'heure de 7 heures du soir, mes dits sieurs ont levé la séance et remis les affaires à demain huit heures à laditte assemblée.

Signé : Louis de Roncherolles, président de laditte assemblée.

Du jeudy 19° jour de novembre 1643. Et ce dit jour, sur les huit heures du matin, lesdits sieurs depputés se sont assemblés en la salle ordinaire de laditte archevesché.

Demandent Messieurs du Tiers Estat la remise du reste des tailles depuis 35 jusques à 41 y compris.

Demandent Messieurs de laditte assemblée en général la révocation du parti de la taille, et qu'elle ne puisse estre exécutée que par les commissaires ou seigneurs des lieux, et que les chevaux, bœufs, et autres meubles servant au labourage ne pourront estre pris ny exécutés pour laditte taille.

Demandent la révocation des offices créés depuis 1618.

Demandent mesdits sieurs, d'un advis uniforme, que les deniers destinés pour les ponts et chaussées y soient employés, pour le grand péril qui se rencontre journellement, et que article soit donné audit Cayer pour ce subject.

Demandent la révocation de l'impost sur le vin, cidre, poiré et la bière.

Demandent mesdits sieurs de laditte assemblée, d'un commun advis, la révocation du greffe des notifications, et outre qu'il sera dressé plainte contre les greffiers ou receveurs qui font ces contraintes.

Demandent la révocation d'un arrest du Conseil donné au proffit des partisans contre les officiers de police.

Demandent mesdits sieurs de laditte assemblée, d'un advis commun, par un article général, qu'il sera employé au Cayer la révocation de tous les nouveaux offices d'huissiers que les partisans employent au recouvrement de leurs deniers, et prennent de 14 à 15 l. pour chaque exécution, et qu'il plaise au Roy et Nosseigneurs de son Conseil depputter commissaires pour informer des exactions, concussions qu'ils ont exercées en laditte Province, tant pour la taxe des aisés (1), amortissements, réformation de bois, francs-fiefs, nouveaux-acquêts que taxe sur plusieurs offices, et que un article soit à part mis audit Cayer.

Demander la révocation des offices créés depuis 30 années.

Demandent la révocation de la commission de Monsieur de Montbar (2) avec plaintes des exactions qui ont esté faites pendant sa commission.

Demandent mesdits sieurs de laditte assemblée à estre deschargés des Espaignols prisonniers en laditte province.

Demandent mesdits sieurs, d'un commun advis, que les deniers des amendes soient mis ès mains du receveur des lieux pour éviter plus grands frais.

Messieurs du clergé demandent que plainte soit portée au Cayer de ce que les huissiers, employés au recouvrement des deniers des décimes, prennent 4 livres et 100 sous, et ne leur appartient suivant le réglement que 30 sous pour chaque exécution.

(1) « Dès le mois d'août (1640), plusieurs taxes d'aisés furent signifiées aux villes du pays de Caux, comme Dieppe, Eu, Caudebec, même aux laboureurs de la campagne... Les dites taxes sont en suite d'un arrest du Conseil et Déclaration du Roy des mois de janvier et febvrier 1640. » *(Mémoires de Bigot de Monville,* p. 355, 356).

(2) Grand-maître des eaux et forêts.

Demandent tous mesdits sieurs de laditte assemblée la révocation toutes les évocations accordées aux partisans, commis ou autres personnes par eux préposées.

Demandent que Monsieur le procureur général de la Chambre des Comptes face assigner les possesseurs de fiefs par les sergents des lieux pour esviter à plus grands frais.

Demander qu'il soit permis de prendre de l'eau à la mer à toute personne (1).

Les habitants du bailliage de Caux demandent à estre déchargés de l'impost du sel, à quoy ils sont taxés, au Grenier et gabelle des lieux, et estre permis en prendre selon leur pouvoir.

L'on demande par mesdits sieurs de laditte assemblée, d'un commun advis, que commissaires soient depputtés pour faire une exacte revue des personnes taxées aux aisés, des sommes qu'ils ont payées aux partisans suivant leur taxe.

Demandent les depputtés du tiers estat qu'il plaise au Roy ordonner qu'ils ne seront imposés que en une paroisse, quoiqu'ils puissent posséder du bien en plusieurs paroisses, et estre présents à l'assiette des tailles et avoir voix délibérative, aux fins d'empescher l'autorité des Esleus qui taxent quelquefois le contribuable à telle somme qu'il leur plaist.

Pour les parroises de la vicomté de Mortain, demander la révocation de quelque levée qui se fait dedans ledit bailliage sans aucun fondement.

Demandent mesdits sieurs de laditte assemblée la révocation du droit que l'on lève des 4 deniers par livre du prix des décrets, et que mention en soit faite audit Cayer.

Demander la révocation de la commission des francs-fiefs et nouveaux-acquêts.

---

(1) Cet article vise un article de l'Ordonnance des gabelles, rapporté plus haut, p. 284.

Demandent aussi mesdits sieurs de la ditte assemblée la révocation des deux sols pour livre des rapports, et qu'il en soit fait mention par article audit Cayer.

Demandent mesdits sieurs du tiers ordre que deffenses soient faites aux huissiers, employés au recouvrement des deniers de la taille, de n'emprisonner aucun des dits contribuables, ains s'addresser aux collecteurs qui sont en charge, ou sur le bien des delaïans de payer, pour leur cotte-part seulement.

Demander la révocation de Messieurs les Intendants de la Province, et que l'appel de leurs jugements aille aux cours souveraines des lieux, et que article sera dressé au Cayer pour cet effect.

Ce fait, attendu l'heure tarde de douze heures de matin, mesdits sieurs ont levé la séance, et ont remis laditte assemblée à 3 heures après midi.

Le cappitaine des archers du sel n'ayant compareu, comme il est obligé, pour rendre raison des actions de ses archers, et comme il a toujours fait, a esté arresté que Messieurs les Commissaires seront suppliés de le condamner en l'amende portée pour les Réponses du Roy sur le Cayer précédent.

Et, ce dit jour et an, viron sur les 3 heures, se sont réassemblés mesdits sieurs en la salle de laditte archevesché, ainssi qu'il est accoutumé, où est comparu Monsieur de Foville, grand prévost général de Normandie, avec aucuns des lieutenants, aux fins de faire sa comparence, et recepvoir les plaintes, tant contre luy, que contre ses lieutenants et archers, de ne faire assez soigneusement le deub de leur charge. Luy retiré et après fait rentrer, on luy a ordonné de faire tenir demain, 2 heures après midi, sa compagnie preste à monter à cheval hors le pont, aux fins de faire revue, et si tout est en estat, hommes, armes et chevaux, de rendre service à quoy ils sont obligés. Icelluy sieur grand prévost auroit obéy et se seroit retiré. Après quoy mes dits sieurs auroient déllibéré de depputter deux desdits gentilshommes de ladite assemblée, pour aller voir et faire la montre et revüe de la ditte compagnie, à la ditte heure de demain deux heures hors le dit pont; à quoy on auroit depputté messire Michel de Baüville, escuyer, sieur de Pierre, du bailliage de Caen, et messire Guillaume Desportes, chevalier, sieur du dit lieu de Champfremont, demeurant audit Allençon. Après quoy a esté enjoint audit sieur grand prévost de arrester et faire le procès au sieur d'Auchy dit Béthencourt, demeurant en la paroisse de Millemont proche de Aumalle, pour plusieurs excès et homicides par luy commis.

Signé : Louis de Roncherolles, président en l'assemblée.

Messieurs du clergé, demandent à estre maintenus dans leurs priviléges, et qu'il en soit fait mention au Cayer desdits Estats, par article.

Demandent mes dits sieurs de l'assemblée révision des Comptes arrestés des années 1640, 1641 et 1642 ; l'on a assemblé par les bailliages pour desliberer sur ce, et après la délibération faitte, d'un advis commun, l'on a arresté que l'on depputteroit par devers Monseigneur de Longueville, aux fins d'avoir réglement pour la révision des dits Comptes, à quoy l'on a depputté messire Louis le Bourgeois, haut-doyen de l'église cathédrale d'Avranches, pour l'ecclésiastique, et pour la noblesse, messire Robert de Franquetot, escuyer, sieur du lieu, et pour le tiers estat, Jean Jullian, de la vicomté de Rouen, et M. Guillaume Duval, du bailliage d'Allençon.

Demandent les dits sieurs de l'assemblée qu'il soit représenté au Cayer l'importance que fait la communication que l'on fait des procès-criminels au procureur du Roy, aux parties, et que deffenses soient faites qu'ils n'auront aucune communication que après l'instruction faite des dits procès.

Demande le bailliage de Caen la révocation des gardes de Monsieur l'Intendant de la Généralité du dit Caen.

Demandent mes dits sieurs de l'assemblée, d'un advis uniforme, la révocation du droit de prud'homme sur le cuir et l'impost sur le papier et cartes, et qu'il en soit dressé article au Cayer des dits Estats.

Les habitants de la vicomté de Mortain, demandent à estre permis de prendre des mandements de dolléances, des juges des lieux, attendu qu'il n'y a de présidial.

Demandent les sieurs depputtés des bailliages de Caen et d'Allençon, la révocation de la vente des palluds et marests, landes, communes et mielles, et qu'il en soit fait mention par article au Cayer des dits Estats; la ditte commission addressée à Monsieur de la Poterie, Intendant de la ditte Générallité de Caen, et à la Montaigne le Patou, président en l'Élection de Bayeux (1), et procureur du Roy en la ditte commission, demandant surséance.

Demandent les dits sieurs de l'assemblée, d'un commun advis, la révocation de la dernière augmentation faitte sur les lettres de sceau de la chancellerie.

Qu'il soit employé article pour les fieffermes au Cayer, contenant révocation.

Demandent lesdits sieurs de l'assemblée qu'il soit employé article au Cayer des dits Estats, que dix ans après un décret fait, quoi qu'il y ait quelque faute ou formalité aux

(1) Jean Patouf, sieur de la Montagne, président en l'élection de Bayeux. Il est question de ce personnage sous le nom de la Montagne-Petouf, dans les *Mémoires* de Bigot de Monville, p. 4. — Il avait été maltraité par les émeutiers ds Vire en 1639. Bigot de Monville nous apprend qu'il eut grand accès près du chancelier Séguier. Il obtint des lettres de dérogeance de noblesse, au mois de janvier 1642, après avoir fait valoir les services qu'il avait rendus au Roi, tant au fait de sa charge que pour la conduite, logement et subsistance des gens de guerre, l'antiquité de sa famille, dont un membre Philippe Patouf avait assisté comme gentilhomme aux Etats de Normandie, en l'an 1231 *(sic). (Mémoriaux de la cour des Aides).*

dilligences qui en auront esté faittes, cela ne pourra troubler l'acquéreur ny l'inquietter en façon quelconque, après les dix ans passés.

Demandent la révocation des compagnies que les traitans envoyent par les parroisses, aux fins de faire payer la taille.

Demandent que la rente soit partagée suivant l'ordre du créancier et le lieu de son domicile.

Le bailliage d'Allençon demande que deffences soient faittes aux huissiers ou sergents, de faire aucuns exploits aux habitants de la Belle-Croix et Verneuil, et aux ports de France, ains s'adresser à personne à domicile.

Ce fait, l'on a levé la séance, attendu l'heure tarde de 7 h. du souer.

Signé : Louis de Roncherolles, président de laditte assemblée.

Et ce jour d'hui, vendredy 10ᵉ jour dudit mois de novembre audit an,

Se sont assemblés mesdits sieurs, en laditte archevesché, en la manière accoutumée, viron 9 heures de matin.

Où a esté mis en deslibération ung édit et Déclaration du Roy portant nouvelle création d'huissiers audienciers, greffiers porte-sacs, et autres y enoncés en la dite Déclaration, estant une charge extraordinaire au peuple; l'on a demandé, d'un advis commun, qu'il en sera employé article au Cayer touchant la révocation de la ditte Déclaration et édit.

Demande l'ordre du tiers estat à estre au département des tailles, lorsqu'on fera les assiettes et avoir voix deslibérative, et que, à ceste fin, il en doit estre fait mention aux charges employées pour les tailles.

Demandent les sieurs du tiers ordre à estre remboursés des estappes par eux advancées aux soldats, suivant les ordres qu'ils ont reçus de MM. les Intendants de la Province.

ÉTATS DE NOVEMBRE 1643.

Ce fait, attendu l'heure tarde de 12 heures, mes dits sieurs ont levé la séance, et ont arresté de s'assembler en laditte archevesché, en la manière accoutumée, viron sur les 4 heures de rellevée.

Et ce dit jour de vendredi, viron sur les 4 heures après midy, se sont rensemblés mesdits sieurs, à la salle ordinaire de ladite archevesché.

Où mesdits sieurs de Sahurs et de Heudebouville, conseillers eschevins de la ville de Rouen, ont demandé que acte leur soit accordé de ce que on ne veult leur accorder les deux voix par eux demandées en ladite assemblée, aux fins de leur pourvoir, ce qui leur a esté accordé.

Toutes les villes demandent la remise de l'octrouey sur le sel, et que mention en soit faitte par article au Cayer des Estats.

Demandent mes dits sieurs députés en général la révocation de l'Équivallent, et qu'il en soit fait mention par article au Cayer.

A esté proposé par le député du tiers estat du bailliage de Costentin, à laditte assemblée, qu'il seroit raisonnable de demander le changement d'octrouey, et a-t-on résolu, à l'advis de la pluspart, qu'il seroit demandé par l'autorité du prince, sans que le peuple soit adverti.

Ce fait, attendu l'heure tarde, mesdits sieurs ont levé leur séance, et ont remis ladite assemblée à lundy prochain, à 3 h. après midy.

Signé : Louis de Roncherolles, président en laditte assemblée.

Du lundy, 23e jour de novembre 1643. Se sont assemblés mesdits sieurs les députés, en la salle de l'archevesché du dit Roüen, viron sur les 3 heures après midy, en la manière accoustumée, ainsy qu'il ensuit.

A esté demandé par les sieurs députés du bailliage de Caen, faire employer la révocation de 12 sous qui se lèvent par la Montaigne le Patou, président, en l'Élection de

Bayeux, pour la signature et sceaux aux actes portant mandement, outre 3 sous pour le sceau royal, attendu que le dit édit n'a jamais esté vériffié, et que deffense soit faite à tous officiers des Élections de prendre laditte somme.

A esté proposé par mesdits sieurs de laditte assemblée, que plainte seroit couchée au Cayer desdits Estats contre Mᵉ Guillaume Aubourg, greffier de Nos seigneurs les Commissaires pour le Roy tenants les Estats, comme icelluy Aubourg fait, contre le deub de sa charge, la fonction de partisan, à la foulle du peuple, suivant les exploits représentés et escrits de sa main et faits exploicter à sa requeste.

A esté aussy proposé à laditte assemblée, que le sieur de Nouveau, général des postes, et ses commis préposés veullent empescher le publicq de prendre chevaux quittes de Rouen, ainsy que des autres villes de la Province, qui est une liberté qui a esté de tout temps permise au publicq : a esté arresté qu'il en seroit fait mention au Cayer, aux fins de faire révoquer cest empeschement.

Ce fait, mesdits sieurs se sont retirés, et ont remis laditte assemblée à mercredy prochain, 2 heures après-midy.

Signé : Louis de Roncherolles, président en l'assemblée.

Du mercredi 25ᵉ novembre 1643. Se sont mesdits sieurs de ladite assemblée assemblés en ladite salle de l'archevesché, à ladite heure de 2 heures après midy, [ainsi qu'il ensuit.

Où est entré le segrétaire de Mgr le marquis de Beuvron (1), et après a proposé à mesdits sieurs de laditte assemblée venir, de la part de mon dit sʳ le marquis et de Mgr de Matignon, demander à mes dits sieurs de laditte assemblée s'ils auroient agréable de voulloir grattifier mes dits seigneurs de Beuvron et de Matignon de la somme de 3,000 l.

(1) Il avait été nommé à la charge de lieutenant-général, en remplacement du maréchal de Guiche, démissionnaire, par lettres du Roi datées de S.-Germain-en-Laye, 10 mars 1643. V. Reg. des délibérations de la ville de Rouen, 21 juin 1643.

chascun pour employer au payement des gardes qu'il leur convient avoir près d'eux aux fins de pouvoir empescher le désordre que les soldars et coureux font à ladite Province. Ce fait, ledit segrétaire retiré, après luy avoir dit que l'on alloit deslibérer sur ceste demande, se seroient mesdits sieurs rensemblés par bailliages, et après laquelle deslibération lesdits sieurs ont déclaré, d'un advis commun, que la misère du temps, l'impuissance du tiers Estat ne peul quant à présent souffrir aulcune levée, et qu'il sera depputé commissaire de laditte assemblée aux fins d'aller par devers mon dit seigneur le marquis luy faire l'excuse de laditte assemblée, tant pour luy, que pour mon dit seigneur de Matignon, de l'impuissance du tiers Estat, et a-t-on député messire Louis Le Bourgeois, grand doïen et chanoine de Notre-Dame d'Avranches, messire Pierre Duval, doïen de l'église cathédrale de la ville d'Allençon, pour ecclésiastiques, et, pour la noblesse, messire Guillaume Desportes, seigneur dudit lieu, et, pour le tiers Estat, M. Guillaume Duval, du bailliage dudit Allençon, et François de Mausçavoir, de la vicomté de Pont-de-l'Arche.

A esté représenté à laditte assemblée par M. de Sahurs, ancien conseiller eschevin de la ville de Rouen, ung extrait d'arrest du Conseil d'Estat, donné en conséquence de leur privillège d'avoir deux voix desliberatives à laditte assemblée, dont lecture a esté faite par M. Baudry, procureur sindiq desdits Estats; et ledit sieur de Sahurs, au nom de laditte ville de Rouen, en a demandé acte, et ont lesdits sieurs députés contredit que mesdits sieurs eschevins doivent avoir qu'une voix deslibérative à ladite assemblée.

Ce fait, attendu l'heure tarde de six heures de souer, mesdits sieurs ont levé la séance, et ont remis laditte assemblée à demain, huit heures du matin, à laditte archevesché, au lieu ordinaire.

Signé : Louis de Roncherolles, président en l'assemblée.

Du jeudy, 26ᵉ jour de novembre 1643. Se sont rensemblés mes dits sieurs les députez en la salle de laditte archevesché.

M. Baudry, avocat et procureur sindiq de laditte province, a présenté le Cayer de Response à mesdits sieurs les députez, et après l'avoir veu et entendu la lecture ont tous signé.

Il a esté proposé à laditte assemblée qu'il seroit raisonnable d'augmenter le don de Mgr le duc de Longueville, pour le service qu'il rend à lad. Province; et voïant le soin qu'il y prend, l'affaire mise en deslibération par bailliages, l'on a résolu de luy payer la somme de 22,000 l. d'augmentation, ce qui fait avec les 18,000 l. la somme de 40,000 l., et que l'on députteroit 2 ecclésiastiques, 2 nobles et 4 du tiers Estat pour iceux aller voir mon dit seigneur, aux fins de le prier d'avoir agréable ladite augmentation de ladite somme de 22,000 l., ce qui a esté fait.

A quoy on auroit député messire Louis Le Bourgeois, grand doyen d'Avranches, et messire Pierre Duval, doyen d'Allençon, pour ecclésiastiques ; et, pour la noblesse, messire Guillaume Desportes, escuyer, sieur dudit lieu, et messire Jean Le Prévost, escuyer, sieur de la Ferté, y demeurant, et, pour le tiers Estat, M. Guillaume Duval, du bailliage d'Allençon, et De Beauce, du bailliage de Gisors.

Ce fait, l'on est entré dans la grande salle de l'archevesché, où mon dit seigneur le duc de Longueville est arrivé avec Nos seigneurs les Commissaires députez par le Roy, où a esté fait par M. de Roncherolles, grand doyen de Nostre-Dame d'Escouys et député pour l'ensemble des trois ordres et nommé pour président à laditte assemblée, une représentation de la misère du peuple à nos dits seigneurs les Commissaires. Ce fait, monsieur Jacques

Baudry, advocat en la court et procureur sindiq de laditte Province, a fait lecture, devant nos dits seigneurs les Commissaires et toute l'assemblée, du Cayer et des articles y mentionnés, l'un après l'autre, après laquelle lecture faitte, mondit seigneur de Longueville a pris advis desdits seigneurs les Commissaires, et après icelluy pris a ordonné de se trouver à 2 heures après midy avec ledit Cayer en son hostel à Saint-Ouen, et que l'on deslibéreroit sur chaque article ainsi que de raison et qu'il est accoustumé faire.

A laquelle heure de deux heures mes dits sieurs depputés se sont comparus, avec ledit sieur Baudry, à Saint-Ouen, où l'on a travaillé jusqu'à 7 heures du soir. Attendu laditte heure, l'on s'est retiré et après que mondit seigneur de Longueville a remis l'assemblée à demain, à 2 h. après midy.

Signé : Louis de Roncherolles, président en l'assemblée.

27 novembre 1643. Et ce jourd'huy, vendredy 27e jour dudit mois et an, se sont comparus mesdits sieurs les depputés audit hostel de mon dit seigneur de Longueville, viron sur les 2 heures après midy, où estant l'on a travaillé jusqu'à huit heures du soir ; après laquelle heure, on a remis lad. assemblée à demain 8 heures à laditte archevesché, en la salle ordinaire, pour délibérer du port du Cayer et audition des comptes.

Du samedy 28 novembre 1643, viron sur les huit heures de matin, se sont assemblés mesdits sieurs depputés en la salle ordinaire de laditte archevesché.

A esté fait par mon dit sieur Baudry, procureur sindiq, lecture de deux arrests donnés en la Chambre des Comptes de Normandie, instance de M. le procureur général de laditte Chambre, et par iceux arrests est enjoint au substitut du procureur général de laditte Province de faire lire et publier lesdits arrests par les bailliages et vicomtés desdits lieux, affin que aucune personne n'en prétende cause d'ignorance, portant lesdits arrests deffenses aux huissiers de laditte Chambre de faire aucune concussion contre les receveurs et comptables, et que, faute par le procureur du Roy, substitut dudit sieur procureur général, de faire certain, des diligences qu'il aura faittes, mon dit s^r le procureur général de laditte Chambre dans le temps porté par lesdits arrests, que les gaiges dudit procureur du Roy de chaque vicomté seront raiés à ladite Chambre. Ce fait, ledit s^r Baudry a dellivré à chaque depputé desdits bailliages et vicomtés ung vidimus desdits arrests aux fins de le bailler aux juges des lieux pour le faire lire et afficher aux marchés des vicomtés, ce que lesdits depputez du tiers ordre ont promis faire.

M. d'Orgeville, depputé de la noblesse du bailliage d'Évreux, a proposé à laditte assemblée que, en considération des peines et services que rend ledit s^r Baudry, procureur des Estats à la Province, il estoit raisonnable de luy augmenter ses gaiges et taxations, ce qui a esté approuvé par la voix géneralle de toute l'assemblée, à quoy par ledit s^r Baudry a esté fait response qu'il remercioit mesdits sieurs des tesmoignages de leur bonne vollonté, et ne leur demandoit point d'augmentation, laditte assemblée persistant à dire qu'il demandast ce qu'il désiroit et qu'on (le) luy accorderoit.

Sur ce que ledit s^r Baudry, procureur sindiq, a représenté à lad. assemblée qu'il n'estoit payé des frais par luy faits, droits, gaiges et taxations des années 40, 41, 42 et présente année 43, à raison qu'il ne se seroit voullu présenter à l'audition des comptes desdites années 40, 41 et 42, à cause que les sieurs trésoriers de France auroient examiné lesdits comptes de 40, 41 et 42, depuis la convocation desdits Estats, et partie des depputés estant en ceste ville, en l'absence desquels ledit s^r Baudry n'a pas voulu assister auxdits comptes, affin qu'il ne luy fust imputé d'avoir connivé aux articles d'emploi de gratiffication, taxations (1) et droits d'augmentation qui ne sont aux comptes précédents, et qui n'ont jamais esté consentis ni par mesdits sieurs des Estats ni par luy sieur procureur sindiq; et où la compaignie consentiroit auxdits emplois nouveaux, demande ledit s^r Baudry à estre payé de ses dits gaiges, frais, mises par luy faits pour laditte Province, privillégement à toute autre charge.

A esté arresté par mesdits sieurs de laditte assemblée que, touchant les 1,200 l. employés à l'Estat du Roy pour les premiers commis de MM. les secrétaires d'Estat et Intendants chargés des affaires de la Province, ils leur seront payés, mais que, à l'advenir il ne leur sera payé aulcune chose, si ce n'est par l'advis de mesdits sieurs les depputez desdits Estats.

Ce fait, l'on a derechef assemblé par bailliages touchant l'augmentation du don de Mgr le duc de Longueville, après quoy l'on a arresté que l'on lui paieroit, outre la somme de 18,000 l. qu'il avoit de coustume avoir, la somme de 22,000 l., qui fait en tout la somme de 40,000 l.; et ont, lesdits sieurs des Estats, outre laditte somme de 40,000 l., consenti vollontairement et accordé estre levé sur eux la somme de 12,000 l. par les voies et formes accoustumées, de laquelle somme ils font présent à MM. le marquis de Beuvron et de Matignon, lieutenants généraux en ceste Province, à raison de 6,000 l. chascun, pour leur estre présentées de la part desdits Estats par le trésorier desdits Estats.

Signé : Louis de Roncherolles, président de l'assemblée, J. Martin, P. Duval, Besnard, etc., etc.

Ce fait, l'on a assemblé par bailliages aux fins de depputer aucuns desdits sieurs de laditte assemblée pour

---

(1) Voir l'état des taxations, pages 260-261 de ce volume.

porter le Cayer, à quoy on auroit arresté et nommé lesdits sieurs cy-après nommés, assavoir :

Messire Louis de Roncherolles, président en laditte assemblée porteroit ledit Cayer avec messire Charles Dufour, curé de S.-Maclou, pour ecclésiastiques ;

Et pour la noblesse, M. le comte de Maulévrier, baillif de Rouen, messire Robert de Franquetot, escuyer, s^r de Carquebeuf, demeurant vicomté de Coustances ;

Pour le tiers Estat, Jean Mauscavoir, de l'Élection de Pont-de-l'Arche, Me Guillaume Duval, demeurant à Allençon.

Pour le compte :

Messire Pierre Duval, doïen d'Allençon, messire Robert Deslandes, curé de Saint-Vigor-des-Monts, bailliage de Rouen, pour ecclésiastiques ;

Pour la noblesse, Michel de Bauville, escuyer, sieur de Pierre, demeurant en la vicomté de Vire ;

Messire François de Morainville, sieur d'Orgeville, du bailliage d'Évreux ;

Me Richard Maze demeurant à Vire, pour le tiers Estat et Me Jacques De Beausse, d'Évreux, y demeurant (1).

Après laquelle nomination, MM. de Sahurs et de Heudebouville, conseillers eschevins de laditte ville de Rouen ont protesté contre lesdits sieurs de laditte assemblée en ce que l'on ne leur accorde les deux voix par eux demandées, avec acte.

Ce fait, a esté proposé par M. Du Buisson, trésaurier des Estats, de la part de Mgr de Longueville, qu'il eut esté bien aise qu'on eust nommé M. de Grosmesnil pour un

---

(1) Les procurations furent passées suivant l'usage devant les notaires de Rouen. Nous les avons publiées dans le *Précis analytique des travaux de l'Académie de Rouen*, année *1874*. Nous nous dispensons de les reproduire ici, comme faisant double emploi avec le procès-verbal du Greffier-Commis des États.

3ᵉ gentilhomme à porter le Cayer ; ce qui a esté mis en deslibération à laditte assemblée, à quoy mesdits sieurs les ecclésiastiques et de la noblesse et du tiers Estat se sont opposés, à la réserve de Caux et Allençon, disant que s'il y avoit 3 gentilshommes nommés, qu'ils désirent qu'il y en ait autant d'écclésiastiques et du tiers Estat, raison pour quoy les nominations sont demeurées comme elles sont.

Signé : Louis de Roncherolles, président en l'assemblée, Pierre Le Franc, Besnard, etc. »

III.

Pièces diverses.

Notes sur les États de Normandie de 1643, tirées des Mémoires du Président Bigot de Monville (1).

« Les Estats de Normandie, n'estans plus qu'une ombre de l'ancienne liberté, n'avoient point esté tenus depuis plusieurs années, n'estans plus nécessaires au Roy qui est en possession de faire toute sorte de levées de deniers sans le consentement desdits Estats. Quand le comte de Guiche, à présent mareschal de Gramont, fut pourveu de la charge de lieutenant de Roy en la haute Normandie, il désira, pour son installation, de les tenir, ce qui fut en janvier 1638 ; et depuis, cette assemblée avoit esté intermise ; mais M. de Longueville désira les tenir en cette année et en fit sceller les commissions dès le mois d'octobre et termer la convocation à la fin de novembre, ne désirant venir en la Province qu'aprez que le restablissement du parlement en son ancienne forme lui auroit concilié les affections du peuple.

(1) Bibliothèque de Rouen, Y. 63, B. Je dois la connaissance de ce document à mon ami M. le Vᵗᵉ Rob. d'Estaintot.

Les changements arrivez depuis l'an 1638 donnèrent lieu à changement du nombre des Commissaires. Car outre M. de Saint-Jouin, maître des Requestes, on employa pour Commissaires MM. Le Roy, sieur de la Potterie, et Dyel, sieur de Miromesnil, conseillers d'Estat, et Favier, sieur du Boullay, maître des Requestes, ces trois derniers en qualité d'Intendants de justice des trois Généralités de Normandie, et ce nonobstant les remonstrances que nous en avions faittes, ainsy qu'il est dit cy-dessus. On y adjousta aussi les trois présidents du parlement de la création du semestre. D'ailleurs, M. de Plainbosc, premier président de la Chambre des Comptes qui, selon l'ordinaire, fut employé comme Commissaire, se trouva absent, et, M. des Hameaux, premier président de la cour des Aides estant à Venise comme ambassadeur, fut commis le sieur de Boisolivier Colardin, comme plus ancien président de la cour des Aides. Le surplus des Commissaires estoient en mesme nombre de l'Assemblée de l'an 1638.

Au jour destiné pour faire l'ouverture des Estats, nous nous rendismes, ainsi qu'il est usité, en la maison abbatiale de Saint-Ouen où estoit logé M. de Longueville, où d'abord les maîtres des Requestes et conseillers d'Estat, prenant occasion de leur nombre et de celui des présidents du parlement, demandèrent que MM. les présidents du parlement prissent tous séance d'un costé et leur quitassent l'autre costé, au lieu qu'il estoit ordinaire que, le lieutenant général de S. M. en la haute Normandie estant à la droite du gouverneur et le P. P. du parlement à la gauche, les autres présidents ensuite, selon l'ordre de leur réception, occupoient les premières places de l'un et de l'autre costé. Ils offroient mesmes en cas que...... le lieutenant du Roy fût absent, de céder aux présidents du parlement tel costé qu'ils voudroient choisir, et disoient qu'ils eussent peu demander la mesme séance que le Roy avoit fait observer en sa présence au Conseil tenu pour le jugement des ducs de la Valette et de Vendosme, où les conseillers d'Estat occupoient les premières places.

Mais les présidents du parlement soutinrent qu'il n'y avoit aucun subject d'innovation, qu'il ne s'agissoit pas de tenir le Conseil du Roy, où les conseillers d'Estat sont en leur fonction ordinaire et où les présidens du parlement, estans appelez extraordinairement, n'ont autre place que celle qu'il plaist au Roy leur assigner, qui en sa présence règle ses subjectz comme bon lui semble, mais d'une assemblée réglée et ordinaire, où il ne faloit rien innover, leur estant assez avantageux que des Intendans de province fussent introduits où jamais ils n'avoient assisté.

Ainsy les conseillers d'Estat et maîtres des Requestes se réduisirent à dire qu'ils ne debvoient céder la préséance qu'aux présidents de l'ancienne érection et non à ceux de la création du semestre, qui n'avoient été encor admis aux Estats et augmentoient nouvellement le nombre des Commissaires, à quoy les anciens présidents respondirent que c'estoit à ceux de la création du semestre à démesler cette difficulté à laquelle ils ne prenoient point d'intérest.

Et déjà les nouveaux présidents, après que cette contestation eût duré quelque temps, se résolvoient à se mettre tous du côté droit et céder la gauche aux Commissaires et maîtres des Requestes, lesquels craignirent que l'on ne trouvast mauvais au Conseil qu'ils eussent ainsi déprimé les nouveaux officiers, les distinguant d'avec les anciens, et ainsi ils déclarèrent qu'ils le cédoient à tous les présidents du parlement et qu'ils se contentoient d'employer leur protestation au registre, et les présidents y employèrent leur protestation contraire.

M. de Plainbosc, premier président de la Chambre des Comptes fut employé au nombre des Commissaires, quoyqu'il ne fût pas à Rouen ; mais au lieu de M. des Hameaux, premier président de la cour des Aides, qui estoit destiné ambassadeur à Venise, on y employa M. de Boisolivier, lequel, en ordre de réception, précédoit les autres présidens de ladite cour des Aides. On fit quelque difficulté de l'admettre au nombre des Commissaires, tant à cause que sa charge estoit odieuse, estant l'une de celles de la cour des Aides de Caen, que parce qu'il estoit accusé de fabrication de fausse monnoye, dont on disoit qu'il n'estoit pas... justifié. Il en fut parlé pour lors à St-Ouen ; mais M. de Longueville, à la recommandation de M. de Miromesnil, amy dudit sieur de Boisolivier, fit cesser ce discours, et ledit sieur de Boisolivier se contenta de prendre séance au dessoubs des maîtres des Requestes et conseillers d'Estat, qui, aux Estats précédents, avoient eu leurs séances au dessoubs des premiers présidents de la Chambre des Comptes et cour des Aides et s'estoient contentez de faire leur protestation.

Les séances des Commissaires des Estats estans ainsi réglées, l'ouverture en fut faite par les harangues de M. de Longueville et de M. le P. P., qui parlèrent chacun selon leur style ordinaire ; et ensuite le sieur Dufour, curé de Saint-Maclou de Rouen, député du clergé dudit bailliage, par un discours fort éloquent, remercia M. de Longueville, au nom de toute la Province, des soings qu'il avoit pris de faire rendre au parlement son ancienne forme, et compara ceux qui en avoient désiré la division à cette femme que Salomon avoit jugé n'être pas la vraye mère, parce qu'elle avoit dit *Dividatur*.

Cette harangue estoit conforme à ses sentimens, et au contraire le sieur Baudry, procureur des Estats, employa en son Cahier la demande de la révocation des édits qui avoient esté vérifiez pour rembourser le party du semestre. Tardif et ses associez s'en plaignirent à l'instant à M. de Longueville et demandèrent que cet article fût osté du Cahier, comme tendant à empescher l'establissement de ce qui leur avoit esté accordé pour cause favorable et agréable à la Province. Mais ledit sieur Baudry dit qu'il avoit dressé son Cahier par ordre des députés des divers Estats de la Province et qu'il estoit au pouvoir de MM. les Commissaires, en l'examinant, de dire sur chaque article ce que bon leur sembleroit. Mais le désir qu'il avoit toujours faict paroître de butter les intérests du parlement et les habitudes qu'il avoit très-estroictes avec ceux qui avoient fomenté le semestre firent croire qu'il estoit premier et principal autheur de cet article (1).

MM. les Commissaires sur cet article mirent seulement : *Au Roy*, et sur tous les autres concernant le soulagement de la Province, ils mirent : *Au Roy et en sont les Commissaires d'advis*. Mesme sur celui de la commission des Palus et Marais et sur quelques articles ils firent, par provision, deffense d'exécuter lesdictes commissions, et quoyqu'ils ne pussent rien faire depuis pour ledit Tardif, si est-ce qu'il ne laissa pas, en l'année suivante, de leur imputer faussement que le procureur des Estats n'avoit agy en cela que par leur induction, ainsy qu'il sera remarqué cy-après.

Aux festins qui se firent aux jours de l'ouverture et closture des Estats, les anciens présidents ne purent empescher les nouveaux d'y assister ; mais ceux-cy y furent traitez de telle sorte qu'ils n'en tirèrent aucun avantage. »

---

(1) Nouvelle preuve à noter des dispositions défavorables du parlement à l'égard du procureur des États.

Misère de la Normandie d'après la Muse normande.

Dix-neuviesme partie de la Muse Normande, 1644.

Ce chant Royal s'explique assez par la Ligne, c'est pourquoy il n'a fait de commentaire dessus sinon qu'en entrant dans la boutique d'un Drapier, il dit:

Cant Ryal.

Bon sair, Drien et votte compagnie,
Denis, Robert, le ptit et grand Colas.
Je vo vais loq comme en melancolie.
Ly a ty du hen dans notte drapperie,
Ou si vou zest venu queuque tracas ?
 Non, Dieu mercy, Bertren men bon compere,
Sais bien venu, mais je pallions n'a guere
Du temps, o pris du sien de noz ayeux.
Un chequ'un prend queu neu sans quo le rende ;
C'hest qui no fait dire, bien marmiteux :
Pu no ʒespère et mains y no ʒ'amende.

Tu pale bien selon ma fantazye.
Les pu hupais ne tendent quo goumas ;
Biaucoup avest dedans leur frenaisie
Que queuqu'un mort pour aver la pepie
Tous les Buriaux et imposts serest bas.
 Dieu semble avair, escoutant leu priere,
Voulut oster chen qui estet contraire.
Mais pour chela en est t'y biaucoup mieux ?
Le mieux quien est, est chen que j'aprehende.
Vayon nous pas chaque jour à noz ieux
Pu no ʒ'espere et mains y no ʒ'amende ?

Notre curay (1) que le bon Dieu bénie !
Que ne dit ty, n'ouvrant lez'Estats (2),

---

(1) M. de Roncherolles, doyen de Notre-Dame-d'Écouis.
(2) Discours prononcé par le président des États, et que l'on appelait

ÉTATS DE NOVEMBRE 1643.

Monsieur (1) présent à sa queremonie ?
Y renonchit, palant pour Normandie,
Que tout y allest tresbuchant haut en bas.
 Y leur prosnit qu'en sa franchise entière
Ne luyset pas l'Église notte mère,
Qu'on z'oppressoit la Noblesse en tous lieux.
Le Tiers Estat n'a rien qui le deffende.
Pis y conclud comme un homme pieux :
Pu no ʒ'espère et mains y no ʒ'amende.

Huit jours après, oyant la mangerie
Mise o Cayers faits par no Magistrats,
Que maints gripeux fezest dans ste patrie
Sans aver dret, adveu ny signeurie
Je devredais en fesant chent hélas,
 Disant : Faut ty qu'une si bonne mère
Ayt engendré st' engeance de vipère
Qui la dépiche à sen mal ennuyeux,
Que nos moyens de ces vautours dépende (2) ?
Ayez esgard à nos clameurs, ô Cieux.
Pu no ʒ'espère et mains y no ʒ'amende.

Y n'y a cachots, prisons, conciergerie,
Où no n'ayt mis lez ommes comme à tas (3).
Pour assouver de ces gens la furie,
L'iau de la mer, mesme o poure est ravie (4) ;
Prins, on l'y fait pire qu'à des forçats.
 Aussi ce Duc, ce Prince débonnaire.
Promit qu'o Roy y diret tout st'affaire

---

la *réponse*. C'était, en effet, la réponse à la harangue des Commissaires du Roi et à la Commission de S. M.
 (1) Le duc de Longueville.
 (2) Voir les art. XVI, XVII, XX, XXI, XXII du Cahier.
 (3) Voir l'art. XXVIII du Cahier.
 (4) Voir l'art. LVII du Cahier.

Et qu'il feret punir tels factieux.
Le Saint-Esprit dans leur Conseil descende,
Afin qu'en pleurs no ne die douteux :
Pu no ʒ'espère et mains y no ʒ'amende !

Droit de vingtième pour le franc-alleu. — « Extrait des registres du Conseil d'État. — Sur ce qui a esté représenté au Roy en son Conseil par Mᵉ Jacques Baudry, procureur syndic des Estats du duché de Normandie, qu'encor que, par la disposition de la coustume du pays, les terres de franc-alleu et les héritages tenus en bourgage ne soient subjets à payer aucuns droits seigneuriaux, non par grâce ou privilége, mais par l'essence et qualité desdits biens, néantmoins, par Déclaration du 4ᵉ décembre dernier, S. M. auroit ordonné que toutes personnes, nobles et roturiers, eux et leurs successeurs, possédans héritages allodiaux en franc bourgage et franche bourgeoisie, demeureront à perpétuité confirmées en leur allodialité en payant le 20ᵉ de la valeur desdits biens, destiné, par arrest du onzième dudit mois, à la fourniture du pain de munition des armées et garnisons en Italie, duquel 20ᵉ liquidation seroit faicte à la requeste de Mᵉ Jean-Baptiste Paléologo, munitionnaire général desdites armées et garnisons... Ouy ledit Baudry, syndic, le Roy en son Conseil, ayant esgard ausdites remontrances et y faisant droit, a maintenu et maintient ses subjets de ladite province de Normandie en leurs droits suivant leurs dites coutumes et les a dechargez et décharge de droit de 20ᵉ... Ordonne qu'en remplacement il sera levé 810,000 l. sur les trois Généralitez de la province de Normandie par forme de prest, savoir : sur la Généralité de Rouen, 371,666 l. dont pour la ville de Rouen, 215,830 l.; sur la Généralité de Caen, 280,000 l.; sur celle d'Alençon, 150,333 l. » Le Roi commet, pour connaître des procès qui interviendraient au sujet des taxes et pour faire les rôles, les conseillers d'État Colmoulins, La Poterie, Saint-Jouin, Morant et Miromesnil. Lyon, 22 août 1642. » (*Registre des délibérations de l'hôtel-de-ville de Rouen,* p. 504.)

« Extrait des Registres du Conseil d'État. — Sur la requeste présentée au Roy en son Conseil par les officiers des cours souveraines establies à Rouen, contenant qu'encor que tous les habitans des villes et autres lieux de la province de Normandie, les ayent recongnus exempts de contribuer à la somme ordonnée par S. M. estre levée sur les propres des héritages tenus en franc-alleu et exempts des 13e et ne les ayent compris aux taxes qui sont faites pour la répartition de ladite somme, si est-ce que les habitans de la ville de Rouen ont voulu les comprendre à cause des maisons qu'ils baillent à louage et exempter seulement celles qu'ils occupent, requérant S. M. qu'il lui plaise les en descharger, n'estant juste qu'ils soient plus rigoureusement traictez en ladite ville qu'en tout le reste de la Province, ni qu'il se face différence entre les maisons qu'ils occupent et celles qu'ils afferment, et considéré que les habitans de lad. ville ont esté plus modérément taxés, en considération de l'exemption des officiers des cours souveraines, » décharge accordée en conséquence aux officiers des cours souveraines, sauf aux maire et échevins de Rouen, de faire le rejet des taxes des officiers sur les autres bourgeois de la ville, 28 septembre 1643. *(Mémoriaux de la cour des Aides).*

« 26 oct. 1643. A esté escript à MM. de Longueville et de la Vrillière et au sieur du Buisson, trésorier des Estats, sur le subject d'estre employez deux commissaires du Bureau des Finances de Rouen à la tenue desdits Estats. »

« 7 déc. 1643. Me Guill. Aubourg, greffier des Estats, est venu au Bureau, suivant l'advertissement qui luy en avoit esté donné par Questel, huissier, où estant, il luy a esté ordonné de dresser une minute de la commission qu'il convient envoyer aux Eslections de ceste Généralité, de la part des Commissaires desdits Estats, pour la levée des tailles de l'année prochaine et de la présenter au Bureau mercredi prochain. » *(Plumitif du Bureau des finances.)*

Interruption des États de Normandie de 1643 à 1655.

Au début de la régence d'Anne d'Autriche, les plaintes éclatèrent librement; l'on s'abandonna, partout, aux plus chimériques espérances. Mais quand on s'aperçut, ce qui ne tarda guère, qu'elles ne pourraient être réalisées, une sorte de désenchantement et une irritation secrète succédèrent aux illusions et à la joie. Richelieu n'était plus; sa rude main ne se faisait plus sentir. Mais on obéissait encore à l'impulsion qu'il avait donnée, ses vastes entreprises se poursuivaient, elles nécessitaient toujours les mêmes dépenses. On avait compté sur le développement paisible des libertés publiques, sur une notable diminution des impôts, sur le retranchement de cette incroyable superfluité d'offices inutiles, aux noms bizarres et ridicules; sur la suppression des partisans, depuis si longtemps chargés des malédictions des contribuables. Rien de tout cela ne fut accordé. Les États de la Province ne furent plus réunis bien qu'il dut s'écouler encore plusieurs années avant que les troubles de la Fronde fournîssent au gouvernement un prétexte plausible pour suspendre la convocation de ces assemblées(1). Les impôts, levés en vertu de commissions du Roi, furent aussi onéreux, si non plus, que sous le dernier règne; les anciens offices furent maintenus; le génie inventif du surintendant d'Émery trouva même le moyen d'en imaginer de nouveaux, afin de fournir aux frais de guerres ruineuses. On continua de traiter avec des étrangers pour la levée de droits de toute sorte, qui paraissaient d'autant plus intolérables qu'ils avaient pour plus clair résultat la fortune rapide de financiers cupides, devenus à tous un objet de haine et d'envie. A ces griefs généraux s'en joignait un autre, particulier aux cours souveraines. Un instant supprimés, les semestres furent rétablis dans les parlements et les cours des Aides. L'irritation excitée par ce rétablissement inopportun contribua sans doute plus que tout le reste à faire entrer la haute magistrature de la Normandie dans la révolte de la Fronde, qui fut moins un mouvement populaire sérieux qu'une intrigue de magistrats et de grands seigneurs intéressés et ambitieux.

Après une lutte humiliante pour la dignité royale, il fallut céder, donner raison aux parlements, sacrifier les agents les plus dévoués du gouvernement, justifier ou pardonner les actes de rébellion les plus scandaleux et les moins excusables (2). Mais ces concessions arrachées par la

(1) On ne saurait guère admettre, comme explication valable de l'interruption des États, l'absence du duc de Longueville de son gouvernement de Normandie. Plus d'une fois pourtant ce motif, futile et presque injurieux pour la Province, avait été allégué par le Roi pour justifier le retard apporté à la réunion des États. A défaut de gouverneur ne restait-il pas assez de Commissaires du Roi pour soutenir les intérêts du gouvernement devant des députés qui n'avaient guère de liberté que celle de leurs plaintes.

(2) Par Déclaration du 19 juillet 1648, toutes commissions extraordinaires furent révoquées, même celles d'Intendants de la justice, police et finances. — Une chambre de justice fut établie pour procéder à la recherche et à la punition des violences, extorsions et exactions qui

nécessité furent de courte durée, et à mesure que l'autorité royale reprit le dessus, on vit renaître les commissions d'Intendants, se multiplier les offices et croître les impôts; le pouvoir des gouverneurs de provinces fut diminué, et bientôt après, à la majorité du Roi, les grands corps judiciaires, qui avaient porté si haut leurs prétentions, furent privés du droit de remonstrances et contraints à enregistrer sans mot dire les édits. Du moins il resta, comme consolation à la nation, d'être délivrée de l'horrible fléau des guerres civiles, au parlement de Normandie, d'avoir obtenu la révocation de son semestre, à charge toutefois de conserver un président et quinze conseillers de la nouvelle création (1).

Une remarque importante à faire, c'est qu'à l'époque de sa puissance et de son triomphe éphémère, le parlement de Normandie ne songea point aux États de la Province. Sentant combien il eût été ridicule, lorsqu'il s'attribuait la mission de défendre même par les armes les libertés publiques, de borner ses négociations à l'affaire du semestre, il demanda et obtint, il est vrai, dans les conférences de St-Germain-en-Laye, « l'envoi aux cours de tous édits fiscaux, de tous baux, adjudications, contrats et partis; la révocation de

avaient été commises, tant en l'imposition qu'en la levée des deniers royaux, tailles, taillon, subsistances... 19 juillet. La Déclaration du 22 octobre accorda une diminution de 10 millions sur les tailles, qui se montaient à 50 millions pour les pays d'Élections en l'année 1649, la suppression du droit de maubouge, des droits de marque sur les cuirs, de la réappréciation, etc...

(1) La Déclaration du Roi du mois de mai 1649, supprima le semestre du parlement, à la réserve d'un office de président, de 13 offices de conseillers laïcs et de conseillers aux Requêtes du palais qui devaient être réunis au corps de la cour. La même Déclaration supprima le semestre de la cour des Aides, à la réserve de ceux qu'il faudrait retenir pour composer ladite cour de 3 présidents et de 27 conseillers en tout. (*Mémoriaux de la cour des Aides*).

plusieurs édicts contraires au bien de la justice, rendus à la foule du peuple, ceux notamment des Notifications, du Controlle des greffes, du Quart en sus (1), une notable remise de la taille, la diminution du prix du sel, le renvoi aux frontières des troupes répandues dans la Province ; pour le commerce, l'interdiction de certaines marchandises étrangères, la diminution du droit de sortie, mis sur les toiles ; pour Rouen et sa banlieue l'exemption à jamais de toute garnison suivant les anciens priviléges de la commune ; pour les gentilshommes, les magistrats et le clergé, leur rétablissement dans leurs anciens priviléges auxquels dans les années précédentes avaient été portées de notables atteintes (2). » Mais dans les rapports et les lettres des députés du parlement, on ne trouve pas la moindre allusion aux Remontrances des députés de la Province, comme si

(1) « En ce qui regarde la suppression qui nous a esté demandée par notre Cour de parlement de Rouen des édits des Notifications, Quart en sus, Controlle des greffes de toutes les juridictions de la province de Normandie et des 2 sols pour livre des espices, voulons... que tous les édits, lettres patentes, adjudication des droits provenants des dits édits et les quittances des acquéreurs d'iceux soient mis dans deux mois ès mains de notre procureur général au parlement, pour à sa diligence nous être sur ce donné avis pour y estre pourveu. » Déclaration du Roi du mois de mai 1649. (*Mémoriaux de la cour des Aides*).

(2) M. Floquet, *Hist. du Parlement*, V, 359-361. — Archives de la ville de Rouen, A. 26. Rapport fait par les députés de la ville, au retour de leur voyage à St-Germain-en-Laye, touchant les négociations faite en lad. ville, avec les autres députés des cours souveraines de Rouen, ceux du parlement de Paris, les ministres et les princes, pour le rétablissement de la paix, 8 avril 1649. On trouve aux archives de l'Académie de Rouen de nombreuses pièces de correspondance concernant les démarches des députés du parlement. — L'art. 10 de la Déclaration portait « que les départements des tailles ne se feroient plus sur un simple brevet, mais sur des commissions adressées aux trésoriers de France, suivant les anciennes formes et comme auparavant l'année 1643 ».

les vœux du parlement n'avaient aucune force à leur emprunter et qu'elles dussent être considérées comme de nulle autorité et de nulle valeur; pas la moindre réclamation non plus pour obtenir le rétablissement de ces assemblées et leur réunion habituelle et en temps opportun, conformément à l'ancien droit public de la Province; pas la moindre plainte au sujet de leur interruption, interruption si prolongée qu'elle équivalait presque à une suppression.

Ce silence ne saurait s'expliquer que par l'antipathie profonde qu'inspiraient au parlement les États de la province, même avec les attributions réduites qu'ils conservaient dans les derniers temps. Le parlement se considérait comme le véritable organe, comme l'interprète accrédité des vœux légitimes du pays, comme l'intermédiaire naturel entre le Roi et le peuple. Une assemblée provinciale, issue de l'élection, représentant directement les trois ordres, n'eut pu qu'affaiblir le prestige des magistrats et leur disputer la popularité à laquelle ils aspiraient et qui faisait leur force contre l'autorité souveraine.

Des motifs de la même nature leur inspirèrent les sentiments qu'ils manifestèrent à l'égard d'une forme encore plus élevée de la représentation nationale.

Une première fois les États généraux avaient été indiqués par une Déclaration royale pour être tenus en la ville d'Orléans au 15 mars 1649. Le parlement accueillit non-seulement sans enthousiasme, mais avec défaveur cette mesure, annoncée pourtant comme une satisfaction donnée à l'opinion publique et comme le remède le plus naturel aux malheurs de l'État. C'est ce que témoignent deux lettres adressées par lui le même jour, le 22 février 1649, l'une au parlement de Paris, l'autre au parlement de Bretagne. Nous donnons ici le texte de la première et une analyse de la seconde.

« Lettre du parlement de Rouen envoyée au parlement de Paris.

« Messieurs, vostre dernière dépesche nous a fait voir la continuation de vostre fidélité par vos Remonstrances, de vostre générosité par vos arrests, et de vostre correspondance par vos lettres. Nous avons donné ces actes au public afin que toute la France ayant reconnu vos submissions, vostre justice et vos raisons, se dispose à suivre vos jugemens et à se joindre à nous pour s'opposer à l'injuste oppression d'une compagnie dont toute l'Europe a souvent consulté les oracles. Nous prenons part à vos plaintes, et nous y pouvons adjouster le misérable estat de ce parlement que l'on avoit rigoureusement déchiré sans autre crime que d'une obéissance aveugle. Les désordres de cette province, le désespoir des femmes violées, la misère des villages pillez, et les feux de nos maisons bruslées éclattent assez partout le royaume pour justiffier les deffenses légitimes que nous préparons contre ces violences. Et néantmoins, dans les tumultes du temps et dans la confusion des armes, nous redoublons nos vœux et nos respects envers notre Prince, et nous protestons avec vous que la seule passion de lui conserver son auctorité, son Estat et la liberté publique, nous oblige avec autant de nécessité que de douleur à nous servir des derniers remèdes, dont l'amertume passera quelque jour dans une agréable douceur. Nous vous envoyons les arrests que nous avons donnez, pour vous faire connoistre les soings que nous avons d'imiter vostre conduite et d'avancer le secours que vous avez désiré. M. le duc de Longueville employe continuellement son courage, son crédit et ses peines pour un si juste dessein, et les autres compagnies souveraines n'oublient rien pour le faire réussir. Nous espérons enfin que dans peu de jours les troupes de la Normandie seront en estat de nous ouvrir les passages et nous rendre une libre communication dans laquelle nous tascherons de vous donner autant de satisfaction pour l'union inviolable et sincère dont nous vous asseurons, que nous avons de ressentiment de celle que vous nous promettez et des arrests que vous avez donnez. Nous n'avons pas voulu rien arrester *sur la convocation des Estats*, que nous n'ayons appris ce que vous en aurez ordonné. Les affaires plus pressantes nous ont empesché jusques icy de donner l'arrest que vous souhaittez. Ce sera le subjet de l'une des premières assemblées, dont vous pouvez attendre une résolution conforme à vos sentimens, puisqu'ils sont pleins de justice et que nous voulons vivre avec vous dans une intelligence qui ne souffre jamais aucune division. Nous sommes, Messieurs, vos frères et bons amis les gens tenans le parlement de Normandie. Signé : Vaignon, greffier en chef de ladite Cour, le 22 febvrier 1649 ».

Dans la seconde lettre adressée au parlement de Bretagne, le parlement de Normandie indique plus nettement son opinion sur la Déclaration du Roi qui publiait l'assemblée des États généraux à Orléans, au 15 mars. Les lettres qui invitaient à la réformation de l'État et qui promettaient des remèdes aux maux qui l'avaient affligé, rejettaient, à l'en croire, la cause de ses malheurs sur les personnes les plus capables de l'en garantir. L'on accusait le parlement de Paris d'intelligence avec les ennemis et de rébellion envers le prince. De là l'hésitation du parlement de Normandie à donner son approbation à une mesure de cette importance, et la démarche qu'il faisait auprès du parlement de Bretagne pour avoir son avis (1).

Une seconde fois les États furent convoqués à Tours pour le 8 septembre 1651.

(1) *Lettres et arrests pour la jonction des parlemens du Royaume et affaires présentes*. A Rouen, chez David Du Petit-Val et Jean Viret, M.DC.XLIX, p. 31-36.

Il est vrai que les députés de cet ordre avaient été nommés à part et dans des assemblées particulières présidées par les lieutenants du bailli.

Au dernier moment, il y eut contre-ordre : les députés restèrent chez eux ; il n'y eut point d'assemblée d'États généraux.

Les parlements applaudirent à cette décision. Les États généraux réclamés par la noblesse leur avaient semblé une menace pour leurs prérogatives encore plus que pour l'autorité royale (1).

la troisième, Hervé Duchemin, de la Chapelle-Hainfray. (Archives communales de Rouen. *Registre des Délibérations*).

Au bailliage de Gisors, Nicolas Paris, docteur en théologie, archidiacre de l'église de Rouen au Vexin-Normand, connu par ses relations avec le cardinal de Retz, avait été nommé pour l'ordre ecclésiastique. Le 27 novembre 1651, le chapitre de Rouen lui accorda, pour se rendre aux États, une dispense de résidence à commencer du jour que MM. les députez de la Province partiraient. (*Registres capitulaires*).

A Dieppe, ce ne fut que le 29 juillet que la ville nomma M. Dablon, premier conseiller échevin, pour se rendre à Caudebec par devant le bailli de Caux, afin de prendre part, au nom des bourgeois de Dieppe, à l'élection des députés ecclésiastiques, nobles et roturiers. (Archives communales de Dieppe).

(1) Peut-être la défiance du parlement dans cette circonstance eut-elle pour cause les assemblées séditieuses de la noblesse qui s'étaient formées à Paris et dans les provinces et particulièrement dans la Basse-Normandie, dans les premiers mois de l'année 1651. Un arrêt du parlement du 23 mars 1651, avait interdit les conciliabules des gentilshommes. (M. Floquet, *Histoire du parlement*, V, 498). — « Dans l'assemblée de Paris, la noblesse, parlant avec regret du temps où d'illustres barons rendaient la justice eux-mêmes à leurs propres sujets, s'indignait qu'à la honte du siècle et pour le renversement des anciennes lois du royaume, de jeunes écoliers devinssent, au sortir du collége, les arbitres de la fortune publique, par la vertu d'un parchemin qui leur coutoit 60,000 écus. » (Bailly, *Histoire Financière de la France*, I, 401.) — M. Arthur Desjardins dans son livre des *États généraux* (1355-1614), p. 783, a sévèrement jugé la conduite des parlements à l'égard des assemblées nationales : « Pendant la minorité

Dans l'intervalle de temps qui s'écoula entre l'assemblée de 1643 et celle de 1655, nous n'avons à citer, en fait de documents concernant les États, que quelques notes relatives aux officiers qui les représentaient, le greffier, le trésorier et le procureur syndic ; — à la gestion des fonds affectés aux affaires de la Province ; — aux édits, lettres patentes et arrêts du Conseil qui furent publiés et qui firent l'objet des plaintes des États de 1655. — C'est sous ces trois chefs, que nous présenterons les notes que nous avons pu recueillir.

Officiers des États.

Guillaume Aubourg, auquel les députés avaient déjà reproché d'être entré dans les partis, traita d'un office de receveur des tailles (1), qu'il cumula avec la charge de greffier des États. Il décéda au mois de juin 1654 et fut remplacé par Jean Lespeudry, en vertu d'une commission du Roi, cette charge étant un véritable office auquel le Roi avait toujours nommé et non les députés de la Province.

Le trésorier Constantin Heudebert décéda dans le courant de l'année 1647. Il fut remplacé pendant quelques mois par le nommé Claude Burin, avec lequel il avait traité de sa charge. Mais celui-ci, n'ayant pu fournir

---

de Louis XIV, dit ce savant magistrat, la noblesse insista pour la réunion des États généraux. C'était aux yeux des Cours souveraines un véritable anachronisme. Le parlement de Bretagne alla jusqu'à contester à la couronne le droit de convoquer les trois ordres sans la permission des magistrats et à défendre les premières assemblées électorales prescrites par la lettre royale du 23 janvier 1649. Les corps judiciaires triomphèrent de notre ancienne représentation nationale. Ce fut un grand malheur. » Voir aussi le beau livre de M. Georges Picot, membre de l'Académie des sciences morales et politiques, sur les États généraux.

(1) 13 nov. 1648, Aubourg demande au Bureau des Finances une commission pour exercer ledit office.

la caution de 6,000 l. requise, cette charge sur la demande de la veuve d'Heudebert (1), Catherine Guéroult, fut donnée (26 juin 1648) à Guillaume Duhamel, qui l'exerça provisoirement jusqu'à l'assemblée des États de 1655, où elle lui fut attribuée en vertu d'une commission régulière.

La commission de Guillaume Duhamel fut successivement renouvelée chaque année par le Bureau des Finances. Il avait pour aide trésorier, le 9 septembre 1651, Me Malharel. Ses cautions étaient, le 23 novembre 1654, Robert Eschart, sieur de Commanville, secrétaire du Roi maison et couronne de France, et Jacques Le Diacre, écuyer, sieur du Mesnil des Essarts.

Jacques Baudry, procureur syndic des États, fut enveloppé dans la disgrâce du duc de Longueville. Issu d'une famille que les charges et les faveurs attachaient depuis longtemps à la famille de ce prince, Baudry paraît avoir été honoré par lui d'une confiance toute particulière, et semble avoir été même son avocat et son homme d'affaires. — Ce fut lui, qui dès le 7 nov. 1637, présentait aux maîtres de la Chambre des Comptes, les lettres que le duc, devenu veuf, leur adressait pour les remercier de la part qu'ils avaient prise à son affliction. Le 1er décembre 1649, il paraît à l'hôtel-de-ville, chargé par le duc, d'une mission plus honorable et plus délicate. Il vient présenter aux échevins, pour les faire enregistrer, les lettres patentes qui accordaient au duc de Longueville, la survivance du

(1) Il était frère de Me Heudebert du Buisson, chanoine de Rouen, chancelier de la Cathédrale, aumônier du duc de Longueville. Le 12 décembre 1650, le chapitre avait dispensé ce chanoine de la comparence qu'il devait au chapitre, et lui avait accordé qu'il jouirait de la «mesme pension que l'année précédente, en considération qu'il estoit obligé d'estre continuellement auprès de Mlle de Longueville pendant la disgrâce du sieur de Longueville, suivant la lettre qu'il avoit escrite à la compagnie. » (*Registres capitulaires*).

gouvernement de Normandie, en faveur de MM. les comtes de Dunois et de Saint-Paul, ses deux fils (St-Germain-en-Laye), celles qui octroyaient au même duc l'état et l'office de bailli de Rouen, vacant par la résignation de messire Jean du Fay, comte de Maulévrier (Paris, 10 novembre 1649). Eu égard à la *dignité de ces lettres,* les conseillers accordèrent à Baudry place au-dessous de Messieurs les anciens, sans tirer à conséquence (1).

Ces faveurs qu'il venait d'obtenir du Roi ne satisfirent pas l'ambition du duc de Longueville, déjà maître de Caen et de Dieppe. Il demanda et obtint encore la place de Pont-de-l'Arche, qui le rendait maître du commerce entre Rouen et Paris, et alla jusqu'à réclamer le gouvernement du Havre. Partout, il avait eu soin de placer des hommes dévoués à son parti. A Rouen, notamment, il avait donné le fort de

(1) « Lecture des lettres du duc de Longueville de remerciement à la Chambre des Comptes, 7 nov. 1637. L'huissier Cossart est entré au Bureau, et a dict à la Compagnie que M. Baudry, procureur des Estats, demandoit à entrer, sur quoy luy a esté enjoinct d'en advertir le procureur général et de monter au bureau. Ce faict, a esté faict entrer ledit Baudry, lequel a dict à la Compaignie que, Mgr de Longueville luy ayant envoyé un pacquet qu'il a receu ce matin, il y avoit trouvé un mot de lettre adressée à la Compaignie, et qu'il croit que c'est pour remerciement des lettres que la Chambre a trouvé bon de luy escrire sur la mort de Mme la duchesse de Longueville, et au mesme temps a présenté lesdictes lettres sur le bureau, et les a mises ès mains de M. le président du Tronc, qui a tesmoigné audit Baudry que la Compagnie avoit pris une très-grande part à l'affliction de M. de Longueville, et qu'aux occasions elle lui tesmoignera le zèle et l'affection qu'elle a eu tousjours à son service, et aussitôt s'est retiré ledit Baudry et ensemble a esté commandé au greffier de faire la lecture desdictes lettres. » (*Plumitif de la Chambre des Comptes*).

Archives communales de Rouen. *Registre des délibérations.* — Les paroles de Baudry et la réponse du sieur de Guenonville prouvent que Baudry était, en effet, très-partisan du duc et fort accrédité auprès de sa personne.

la Porte-Cauchoise à Plenoche, l'un de ses gentilshommes ; le petit château de Bout-du-Pont à Montenay, conseiller au parlement, son cousin ; la charge de sergent-major, à une autre de ses créatures, le sieur de la Fontaine-du-Pin. Les prétentions du duc et de ses deux beaux-frères, les princes de Condé et de Conti, ne connaissant plus de bornes, Mazarin se décida à les faire arrêter, et pour couper court aux intrigues de la duchesse de Longueville, qui se flattait d'exciter dans la Normandie un mouvement insurrectionel, le Roi se rendit en personne à Rouen, avec la Régente, Mazarin et toute la cour (1).

Il n'y eut pas de résistance ; ni la ville ni le Parlement ne s'étaient prêtés aux desseins des princes.

Le Roi s'empressa de destituer tous ceux dont la fidélité paraissait suspecte.

Le comte de Harcourt fut établi commandant en Normandie, en remplacement du duc de Longueville (2). Le sieur de la Fontaine-du-Pin fut remplacé par le sieur de Lignerolles ; le fort du boulevard Cauchoise et le Petit Château furent remis aux conseillers de l'hôtel-de-ville, qui y rétablirent M. Pouchet et M. de Sahurs, au lieu de Plenoche et de Montenay.

Jacques Baudry fut destitué le 15 février et remplacé par Pierre Corneille, en vertu de ce brevet qui fut enregistré dans le registre des délibérations de l'hôtel-de-ville, et qui a été publié, pour la Société des Bibliophiles de Normandie, dans un opuscule intitulé : *Discours de l'entrée de Louis XIV en la ville de Rouen*.

« DE PAR LE ROY.

« Sa Majesté, ayant pour des considérations importantes à son service, destitué par son ordonnance de ce jour d'huy,

(1) M. Floquet. *Histoire du Parlement*, V, 404-441.
(2) Par lettres du 7 février 1650.
(3) Notice de M. Edouard Frère, 1863.

le sieur Baudry, de la charge de procureur des Estats de Normandie, et estant nécessaire de la remplir de quelque personne capable et dont la fidélité et affection soit connue, Sa dicte Majesté a faict choix du sieur de Corneille, lequel, par l'advis de la Reyne Régente, sa mère, elle a commis et commet à ladicte charge au lieu et place dudit sieur Baudry, pour doresnavant l'exercer et en faire les fonctions jusques à la tenue des Estats prochains et jusques à ce qu'il en soit autrement ordonné par Sa dicte Majesté, laquelle mande et ordonne à tous qu'il appartiendra de reconnoistre ledit sieur de Corneille, en ladicte qualité de procureur desdits Estats, sans difficulté. Faict à Rouen, le 15e jour de febvrier 1650. Signé Louis, et plus bas, de Loménie. »

Cette destitution fut notifiée au Bureau des Finances avec des ménagements et dans des termes qui montrent que le gouvernement n'était pas sans quelque inquiétude sur la manière dont serait envisagée cette destitution.

« 16 février 1650. Le sieur de Saintot, maître des cérémonies, a demandé à entrer au Bureau, et a dit qu'il venoit de la part du Roy et de la Reine, nous donner avis que, pour le bien du service de S. M., on avoit estimé à propos de destituer Me Jacques Baudry, de sa charge de procureur sindic des Estats de cette province, auquel il étoit chargé d'en porter la lettre de cachet de révocation de la part du Roy, et que par une autre lettre on donneroit avis à cette compagnie des motifs qui y auroient porté leurs Majestés, dans laquelle il seroit fait mention de la personne choisie pour exercer cette charge, attendant la convocation desdits Estats, à laquelle le Bureau ne feroit aucune difficulté d'en délivrer la commission, et qu'il renvoyeroit son ordonnance par les bailliages et vicomtes du ressort de cette province, afin que cette destitution soit notoire, et deffenses à toutes personnes de la reconnoitre en cette qualité, et qu'il étoit chargé de donner advis de ces ordres à la compagnie, afin de considérer s'ils n'alloient point contre la forme, voulant conserver l'authorité du Bureau, contre laquelle la Reine ne désiroit rien innover. Sur quoy il lui a esté dit que nous attendrions l'ordre du Roy touchant la charge de procureur sindic des Estats. » *(Plumitif du Bureau des finances).*

Voici en quels termes il est question de ce changement, dans un libelle intitulé : *Apologie particulière pour M. le duc de Longueville, ou il est traicté des services que sa maison et sa personne ont rendus à l'Estat, tant pour la guerre que pour la paix... Par un gentilhomme Breton. A Amsterdam, 1650.*

« Mais leur rage (la rage des favoris), ne s'est pas seulement attachée à la personne et aux parents de M. le duc de Longueville, mais encor à toutes ses créatures, et à des personnes mesme qui n'en avoyent que des dépendances bien éloignées. Témoin le sieur Baudry, fameux advocat au Parlement de Normandie, qui ayant esté sindic des Estats l'espace de dix-sept ans, après avoir été nommé par le peuple et tousjours fort estimé de toute la Province, aussi bien que du Conseil et du Parlement, s'est veu démis de sa charge pour ce qu'il estoit considéré de M. le duc de Longueville, et que le lieutenant-général Roques n'a pu lui pardonner la belle faute qu'il fit en présentant à la Maison de Ville les lettres de Bailly en faveur de Son Altesse, comme les ministres luy veulent mal pour la harangue qu'il fit sur le subject de la survivance accordée par la reine à M. le comte de Dunois (1), qui n'en jouyt pas à la vérité, mais qui en devroit jouyr dans l'éloignement de Monsieur son père, si les promesses du Conseil d'en haut n'estoient tousjours violées par des infidélitez manifestes.

(1) La survivance lui est donnée en cas de mort ou d'éloignement de M. le duc de Longueville. (Note marginale).

« Il est vrai que le sieur Baudry a cette consolation dans sa disgrâce qu'on ne luy a osté la protection du peuple que pour qu'on le veut impunément opprimer, et qu'il n'a pas failly dans sa charge, mais qu'on la creu incapable de faillir. En effect on lui a donné un successeur qui sçait fort bien faire des vers (1), mais qu'on dit assez mal-habile pour manier de grandes affaires ; bref, il faut qu'il soit ennemy du peuple, puisqu'il est pensionnaire de Mazarin. La faveur encor, par une irrégularité pareille, oubliant le soin des affaires importantes pour s'attacher à des observations de néant, fit oster au sieur Roquette, procureur au mesme Parlement, le soin des affaires de la ville de Roüen, pour ce qu'il manioit celles de la maison de Longueville ; comme si le service du public et d'un prince estoyent des choses incompatibles, et qu'un fourbe comme Bazin fust plus propre aux intentions d'un ministre corrompu, que Roquette, dont l'adroite intégrité est connue de tout le monde. »

Au commencement de l'année suivante, la réconciliation se fit entre le Roi et le duc de Longueville, et Jacques Baudry fut rétabli dans sa charge de procureur syndic des États, le 15 mars 1651 (2). On ne voit pas que Pierre Corneille ait eu l'occasion de rien faire pour la Province en qualité de procureur syndic. Il se contenta de toucher une demi-année de gages ; c'était là vraisemblablement la faveur que voulait lui faire Mazarin et le châtiment qu'il prétendait infliger à Jacques Baudry. Mais ce paiement de gages, qui n'étaient justifiés par aucun service, donna lieu à quelques difficultés dont nous trouvons la trace dans les Plumitifs du Bureau des Finances de Rouen.

« Dernier juillet 1651. Sur la requeste de M. Jacques

---

(1) Le sieur Corneille, poète fameux pour le théâtre. (Note marginale).

(2) M. Floquet, *Histoire du Parlement*, V, 505.

Baudry, procureur des Estats de la Province, a esté faict entrer M. Guill. Duhamel, trésorier, qui a dict n'avoir faict aucune responce à la sommation dudit Baudry, attendu qu'il avoit payé à M. Pierre Corneille 900 l., pour première demie-année des gages dudit Corneille, suivant la quittance en bonne forme dont il est porteur. Avant que faire droict, sera la requeste communiquée audit Corneille, pour estre oy avec Baudry, au premier jour du Bureau, avec ledit Duhamel, lequel fera apparoir de ladicte quittance dudit payement. »

« 4 aoust. Ont été faictz entrer M⁰ Pierre Corneille sur la requeste de Baudry... A esté donné temps audit Corneille de venir respondre à la requeste dudit Baudry mercredi prochain. »

« 11 aoust. Sur la requeste du sieur Corneille et Baudry, procureur des Estatz, veu les ordres d'icelui du 4 de février et 27 mars, les parties sont renvoyées pour leur estre pourveu sur les fraiz de compte par devant les sieurs commissaires et au regard des gages (1). »

GESTION DES FONDS AFFECTÉS AUX ÉTATS DE LA PROVINCE.

« 10 septembre 1643. — A esté receu un pacquet dans lequel a esté trouvé le brevet de la taille pour l'année prochaine 1644, accompaigné d'une lettre de cachet du Roy et des lettres de MM. de Bailleul, surintendant, et de Moncharville, intendant, par lesquels il est mandé au Bureau procéder au département des sommes contenues audit brevet, sur quoy a esté résolu qu'il en sera escript à M. de Longueville et audit sʳ de Moncharville, et que il luy sera envoyé une copie de la commission du Roy qui a accoustumé d'estre adressée au Bureau pour la levée des tailles, quand

---

(1) 18 août, autre ordonnance relative à la même affaire et qui n'est pas plus explicite.

il n'y a point d'Estats, et une autre copie de la commission qu'on a de coustume d'adresser aux Commissaires des Estats, quand les Estats tiennent. »

Lettres patentes du Roi ordonnant que, bien que les États ne tiennent pas, les deniers destinés pour les affaires de la Province seront employés au fait de la charge du trésorier des États et aux taxations des Commissaires, Paris, 25 déc. 1645.

Pareilles lettres pour l'année 1646, Paris 9 juillet 1646. (Enregistré au Bureau des Finances, 23 mars 1647.)

19 février 1646. — On vérifie au Bureau les lettres données à Paris, le 13 décembre 1645, mandant de lever, sur les Élections de la Généralité de Rouen, 22,000 l. pour leur part des gratifications de 52,000 l. accordées par les États de Normandie, au duc de Longueville (40,000 l.) et aux sieurs de Beuvron et de Matignon, lieutenants généraux de la Province (à chacun 5,000 l.), avec 900 l. pour frais de l'obtention des lettres patentes. Ordonnance du Bureau pour la levée de cette somme : les deniers reçus par les receveurs des Élections seront versés aux mains du receveur général des finances en exercice l'année présente et par celui-ci remis au trésorier des États qui en fera le paiement aux dits seigneurs.

11 mars 1647. — On vérifie d'autres lettres en même forme et pour le même objet, du 16 déc. 1646.

21 février 1648. — On vérifie d'autres lettres, en même forme et pour le même objet, du 3 janv. 1648. Le Roi ordonnait d'imposer en outre sur les Élections, à proportion des tailles et au sou la livre de ce que chacun en devait porter, la somme de 2,000 l. pour la part et portion que la Généralité de Rouen devait porter de la somme de 4,500 l. accordée au sieur Faucon de Ris, premier président au parlement de Rouen, suivant l'arrêt du Conseil d'État du 11 déc. 1647. — Un autre arrêt du même

Conseil, du 1er août 1648, ordonna que dorénavant, à commencer en la présente année, il serait imposé sur toutes les trois Généralités de Normandie, conjointement avec les frais des États, gratifications et appointements des gouverneur et lieutenants généraux de la Province, la somme de 38,153 l., savoir : sur la Généralité de Rouen 15,000 l.; sur celle de Caen 1,200 l., outre et par dessus les 6,000 l. qui s'imposaient sur ladite Généralité pour une compagnie extraordinaire de 50 hommes destinés au château de Caen, et 11,153 l. 8 s. sur celle d'Alençon, le tout pour la dépense des garnisons de Caen et de Dieppe, places très-importantes à la sûreté de la Province. — D'autres lettres du 15 juin 1650 ordonnèrent qu'à commencer en l'année suivante 1651, il serait imposé sur les trois Généralités la somme de 3,000 l., à savoir : sur celle de Rouen 1,500 l., sur celle de Caen 800 l., sur celle d'Alençon 700 l., laquelle somme de 3,000 l. serait comprise dans la commission de la levée qui se ferait pour les gratifications du gouverneur et des lieutenants généraux de la Province, et payée au sieur de Motteville, premier président en la Chambre des Comptes de Normandie. Ces lettres furent vérifiées au Bureau le 6 fév. 1651.

Plaintes du Procureur Syndic des États contre le Trésorier, 5 oct. 1645. — M. Jacques Baudry, procureur des États de Normandie, ayant demandé à entrer au Bureau, remontre que le trésorier des États ne rend compte de sa recette, bien que, selon les ordonnances dudit Bureau, il soit obligé à compter tous les ans; qu'il n'y avait point de comptes pour les années 1643 et 1644, et que les députés de la Province à la réunion de 1643 n'avaient point encore été payés.

9 avril 1646. — « Me Jacques Baudry, procureur syndic

des Estatz de Normandie, a demandé estre ouy au Bureau. Icelluy, faict entrer, a dit que, encore que par l'arresté faict en l'année 1643, lors de la séance des Estatz, il avoict esté dit que le trésorier desdits Estatz rendroit ses comptes en la fin de chacune année, et qu'au mois de décembre dernier il avoit esté depputé des Commissaires pour l'audition des comptes des années 1644 et 1645, ledit procureur scindic n'ayant peu obtenir que ledit trésorier ayt rendu son compte de l'année 1644, en la fin de ladite année 1644, quelque instance qu'il en ayt faicte, néanmoings ledit trésorier s'estoit contenté de rendre le compte de ladite année, sans avoir présenté celuy de l'année 1645, quoyqu'il deust en avoir receu les fonds, veu les arrests donnez au Conseil qui portent le privilége desdits deniers de préférence à toute charge; mesmes qu'il seroit deu au procureur syndic par ledit trésorier des Estatz plus de 5,000 l., tant pour les frais du port de Cahier de l'année 1643 que pour ses gages et frais par luy faicts des années 1644 et 1645, sans préjudice de ce qui luy pourroit estre deu des années antérieures, dont il est besoing qu'il compte avec ledit trésorier, estant encore saisy de ses cahiers de frais des années 1640, 41, 42 et 43..... et veu le subject qui se présente encor d'une instance au Conseil à luy (procureur scindic) formée par le sieur marquis de Courtanvaulx et de Monfreville touchant la commission des aydes chevels, à laquelle instance il est nécessaire que ledit procureur scindic donne ordre, ce qui ne se peult faire sans grands frais, et ne seroit juste qu'il en feist les poursuites à ses frais, luy estant deu sy grande somme, demande qu'il soit depputé Commissaires devant lesquels ledit trésorier donne raison. »

Le Bureau donne acte à Baudry de sa remontrance et ordonne qu'il lui sera payé, par provision, la somme de 2,000 l.

Plaintes de Guillaume Aubourg, greffier des États, contre Heudebert, trésorier desdits États, 27 avril, 7 mai, 22 déc. 1646, 9 janvier 1647. A cette dernière date il était dû à Aubourg 2,546 l. pour gages et taxations des années 1640, 41, 42, 43 et 44. Heudebert ne résidait pas à Rouen et n'y avait point de commis, contrairement aux ordonnances du Bureau des 20 déc. 1632 et 22 nov. 1645. — Autres ordonnances des 8 et 17 janv. 1648.

7 nov. 1646. — « Sur la requeste présentée par dame Catherine de Brevedent, veuve de feu mons. maître Gilles Eudes, vivant escuier, sieur de Berengeville, conseiller du Roy et trésorier général de France en ce Bureau, contenant qu'il lui est deu, en sa qualité de tutrice principale des enfants mineurs dudit feu s^r Eudes et d'elle, par Me Constantin Heudebert, trésorier des Estats de Normandie, la somme de 400 l. pour l'assistance de son défunt mary aux Estats de l'année 1643, sans préjudice de l'examen du compte de l'année 1642, qu'elle se réserve de demander, jusques à ce que ledit Heudebert ayt représenté l'acquit dudit feu sieur son mary, Heudebert sera sommé derechef d'avoir à payer ladite somme. »

Plaintes des maîtres des postes contre Constantin Heudebert, trésorier des États, 27 avril, 5 déc. 1646. — Fournel, maître de la poste de Tostes, à la date du 27 avril n'avait point été payé de ses gages des années 1640 et 1641; — le 5 décembre, il était dû au maître de la poste du Havre tous ses gages à partir de 1640.

15 sept. 1649. — « Sur ce qui a esté représenté par M. Hallé, président, que, estant en tour pour l'audition des comptes des Estats de l'an 1646, et ayant assisté auxdits Estats ledit an, les héritiers de feu Me Constantin Heudebert, trésorier desdits Estats, seroient morosifs de rendre le compte pour ledit an et de plus que, pour son droit d'assis-

ter auxdits Estats, il doibt estre payé pour ledit an 1646 sur les deniers de l'année 1647, dont Mᵉ Guill. Du Hamel, commis à lad. charge de trésorier des Estats en l'année 1647, a fait la recepte; » demande de paiement.

Plaintes du trésorier des États contre les receveurs généraux des finances. Janvier 1646. — Requête de Constantin Heudebert, trésorier des Etats. Il lui était dû par les receveurs généraux des finances de la Généralité, Jacques Rouillé et David Danviray, les fonds affectés à l'ordinaire des États (11,400 l. par an) et aux gages des postes et courriers (2,916 l. 8 s. par an), des années 1640, 1641, 1642, 1643, 1644 et 1645, bien que ces fonds fussent payables de préférence à toutes parties, même à celle de l'Épargne, suivant les arrêts du Conseil d'État, registrés aux registres des Bureaux des Finances de Rouen, Caen et Alençon. — Il est probable que les receveurs généraux des Généralités de Caen et d'Alençon n'avaient rien payé non plus de ce qui était dû sur leurs recettes pour le même objet. Le Bureau des Finances de Rouen ordonna que Philippe Du Resnel, commis à la recette générale au lieu de Jacques Rouillé, décédé, et David Danviray seraient avertis d'avoir à faire droit à la demande du trésorier des États.

14 août 1652. — Guill. Duhamel, commis à la charge de trésorier des Etats pour l'année 1651, se plaint de ce que, malgré toutes ses instances auprès de Mᵉ Jean Dufour, receveur général des finances de la Généralité de Rouen en exercice en l'année 1651, il n'avait pu se faire payer de la somme de 3,438 l. 16 s. contenues aux lettres d'état de ladite année pour les postes de la Généralité et courriers de Rouen à St-Malo et au Havre; il obtint du Bureau une ordonnance pour y faire contraindre ledit Dufour.

4 mars 1653. — Plainte du même contre Mᵉ Jean-

Antoine Ranchin, receveur général des finances en exercice, qui refusait de lui payer 11,400 l. et 3,516 l. pour l'année 1652, contenues aux lettres d'état qu'il avait obtenues du Bureau. Le 30, mai on reconnut que la somme de 5,700 l., employée pour moitié de 11,400 l. pour les frais des Commissaires des États, avait été rayée par arrêt du conseil du Roi; que quant à cette somme il ne pouvait être pourvu à la requête de Duhamel, sauf à lui à se retirer par devers le Roi en son Conseil.

Autres plaintes de Duhamel contre Jean Ranchin, 15 juin 1654, 23 nov. 1654 (1).

Édits et Lettres patentes enregistrés a la cour des Aides.

Édit de création d'office de contrôleur des actes et expéditions des greffiers, notaires et tabellions, juil. 1636; enregistré à la cour des Aides le 19 déc. 1643, à la suite de lettres de jussion du Roi du 6 octobre.

Édit de création d'un intendant en chaque Élection pour présider, à l'instar des présidents des présidiaux, à tous jugements civils et criminels, à l'assiette et département des tailles, sept. 1638; enregistré le 22 novembre 1644 (2).

Attribution aux receveurs des tailles de la recette des droits des Élus et de 12 d. pour livre de leurs taxations du maniement desdits droits, Abbeville, juin 1641; enregistré le 28 nov. 1643, à la suite de lettres de jussion.

Édit portant décharge, aux officiers des Élections, de la Chambre de justice, et attribution qui leur est faite d'un denier pour livre des sommes qu'ils imposent, oct. 1643.

Édit de création d'huissiers audienciers en chacun des

---

(1) Tous ces documents sont extraits des Plumitifs du Bureau des Finances de Rouen.

(2) Attribution de la qualité de premier président aux présidents des Élections, déc. 1638; enregistré 22 nov. 1644.

présidiaux, bailliages, vicomtés, Greniers à sel, Eaux-et-Forêts, maréchaussées, juges consuls et autres juridictions, Lyon, juillet 1642; enregistré le 19 déc. 1643, à la suite de lettres de jussion.

Édit portant attribution de 3 s. pour minot de sel aux greffiers des Greniers à sel, avec décharge du droit royal, janvier 1644.

Déclaration portant attribution aux officiers des gabelles de 3 s. pour minot de sel avec décharge du droit annuel, fév. 1644.

Attribution de 2 s. pour l. aux engagistes des Aides, mai 1644.

Déclaration portant augmentation des droits sur les cinq grosses fermes, 15 juin 1644; enregistré le 7 juil. 1644.

Édit de création de greffiers garde-sacs et contrôleurs des taxes de dépens, anciens, alternatifs et triennaux en chaque siége d'Élection et Grenier à sel, août 1644; enregistré le 22 nov. 1644 (1).

Rétablissement des officiers des Élections, receveur des tailles et du taillon, receveurs et payeurs de leurs droits, en la jouissance de l'exemption de toutes tailles, taillon, etc... avec attribution à chacun de 5 s. par paroisse pour droit de vérification et signature des rôles, déc. 1644; enregistré le 15 juillet 1645.

Édit portant création des offices de payeurs des rentes des aisés (2), joints et unis aux offices de receveurs des tailles, avec attribution de 60,000 l. de gages, déc. 1644; enregistré, 7 mai 1646.

Édit portant création, en titre d'offices formés, des offices quatriennaux qui suivent : un receveur et un contrôleur général des finances en chaque Généralité, un receveur et

(1) Commission pour la vente de ces offices en Normandie, 30 sept. 1644.

(2) Il avait été aliéné 600,000 l. de rente aux aisés.

contrôleur général provincial du taillon, et un trésorier et un contrôleur des ponts et chaussées en chaque Généralité, un contrôleur et un receveur général des restes en chaque Chambre des Comptes, un receveur et un contrôleur provincial des rentes constituées sur les gabelles en chaque département, un receveur et un contrôleur général provincial des rentes constituées sur les recettes générales des finances, aides et autres de chacune nature, un receveur payeur et un contrôleur des gages en chaque cour de parlement, Chambre des Comptes, cour des Aides..., et généralement un office quatriennal en chaque nature d'office où lesdits anciens alternatifs et triennaux ont esté créés, à chacun desquels offices quatriennaux sont attribués les mêmes qualités, fonctions, gages, etc... attribués auxdits anciens alternatifs et triennaux, août 1645 ; enregistré le 5 mars 1646.

Édit portant création de lieutenants et procureurs du Roi, alternatifs et triennaux, des Eaux et forêts de Normandie, août 1645 ; enregistré le 8 mars 1646.

Édit portant création de quatriennaux des offices des forêts de Normandie, receveurs et contrôleurs des consignations au Conseil, cours, juridictions où les anciens alternatifs et triennaux sont créés, sept. 1645 ; enregistré le 4 mai 1646..

Édit portant création de 50 nobles en toutes les villes franches de Normandie, oct. 1645 ; enregistré le 19 janvier 1646 (1).

Édit portant création, en titre formé et héréditaire, d'un commissaire conservateur des deniers des tailles et autres impositions en chaque ville, bourg et paroisse taillable du

---

(1) Déclaration sur cet édit, du 27 avril 1646; enregistrée le 8 mai 1646.

royaume. Ils devaient assister en toutes les assemblées qui se feraient pour les élections et nominations des personnes aux charges de collectes et levées des tailles, empêcher que ceux qui étaient les plus capables et solvables ne s'exemptassent, dresser procès-verbaux, etc....., oct. 1645; enregistré le 5 fév. 1646.

Édit pour les asséeurs et collecteurs des tailles. Les habitants contribuables aux tailles, aussitôt qu'ils auraient reçu les commissions et départements, devraient procéder à la nomination des asséeurs collecteurs et choisir les plus riches et aisés d'entre eux pour en faire les fonctions, oct. 1645; enregistré le 6 février 1646.

Édit portant création d'un conseiller du Roi auditeur en chaque Élection, mars 1646; enregistré le 25 mai 1647.

Édit portant création d'offices quatriennaux des gabelles et Greniers à sel, 10 avril 1646; enregistré le 13 août 1647.

Édit d'augmentation des droits à la Romaine, sept. 1647; enregistré le 21 août 1648.

Déclaration du Roi portant augmentation du double des octrois des villes et bourgs de la Province, pour les frais de la guerre et pour tout le temps que la guerre durera, 21 déc. 1647; enregistré le 14 février 1654.

Édit de création de plusieurs officiers des maréchaussées, chevaliers du guet et autres, juin 1650; enregistré le 7 déc. 1655.

Édit portant augmentation de 34 s. sur chaque minot de sel, mars 1653; enregistré le 13 août 1654, à la suite de lettres de jussion du 20 déc. 1653 et du 8 juin 1654.

Jussion sur l'édit portant aliénation de 200,000 l. sur la Romaine et la ferme des Aides, 31 oct. 1653.

Commission du Roi (23 mars 1654) au duc de Longueville, pour se transporter à la cour des Aides de Rouen, avec les sieurs de Miromesnil et Paget, aux fins de faire lire, publier et enregistrer plusieurs édits, savoir :

L'édit du Roi portant rétablissement des offices tant anciens, alternatifs, triennaux que quatriennaux et autres droits supprimés par la Déclaration du mois d'octobre 1648; vérifié au Parlement de Paris, le Roi y séant le dernier déc. 1652;

L'édit du mois de janvier 1654 concernant l'imposition de 2 s. pour l. sur les dentelles et autres marchandises étrangères, passemens, pied fourché, augmentation du sceau, droit sur les exploits;

L'édit concernant la réduction du nombre des officiers des Élections, mars 1654;

L'édit d'augmentation d'un sol pour l. sur les droits de toutes les fermes du royaume et autres droits aliénés et non aliénés, à l'exception de la ferme générale des gabelles de France, mars 1654;

Les lettres de jussion sur les modifications apportées par la cour des Aides de Normandie à l'enregistrement du bail général des Aides, du 18 mars 1654.

Par modification aux 2e et 17e articles de ce bail, la cour des Aides avait ordonné « que les ecclésiastiques, nobles, officiers des cours souveraines jouiroient de leurs priviléges et exemptions, combien que le Roi les eût révoqués, par édit du mois de sept. 1641, pour les vins qu'ils vendroient en déail, et eût ordonné qu'ils ne pourroient jouir que de l'exemption du droit de gros ou 20e des vins et boissons de leur creu, en quoy nous estimons, avait dit le Roi, avoir satisfait à ce qu'ils pouvoient désirer de nous, d'autant que, ledit droit d'ayde estant deub originairement par tous nos subjets, sans distinction de leur naissance et qualité, nous pourrions faire payer aux ecclésiastiques, nobles, officiers de nos cours souveraines ledit droit de 20e, n'estoit que pour les traicter plus favorablement, nous leur avons laissé la liberté de vendre les vins de leur creu en gros, sans payer aucune chose ; » mais comme la vente desdits vins et boissons à taverne en détail était reputé, par les anciennes ordonnances de Charles VI, vile et indigne de leur condition, le Roi ne pouvait souffrir qu'ils le privassent des droits qu'il eût reçus de ses autres subjets qui vendraient lesd. vins et boissons.

Bail des entrées de la ville de Rouen, notamment des « 46 sous pour muid de vin montant et descendant en l'étendue des rivières de Seine, Marne et autres y affluantes depuis les sources desdites rivières jusqu'à Rouen, et des 9 l. pour tonneau de vin, 40 s. pour tonneau de cidre et 20 s. pour tonneau de poiré entrant, issant et passant aux villes, faubourgs et banlieues de Rouen, Dieppe et le Havre-de-Grâce, dernier avril 1651. »

L'art. II de ce bail était ainsi conçu :

« Lesdits droicts seront payés indifféremment par toutes sortes de personnes, de quelque qualité et condition qu'elles soient, ecclésiastiques, nobles, officiers, religieux et religieuses, hospitaux et tous autres généralement quelconques, exempts et non exempts, previlégez et non previlégez, sans distinction de terroir, nonobstant et sans avoir esgard aux priviléges, exemptions, franchises et gratifications cy-devant accordées, lesquelles nous avons révocquées et révocquons, nonobstant aussi et sans avoir esgard à l'arrest de notre-cour de parlement de Rouen du 21e février 1650, par lequel est ordonné que les compagnies souveraines et le chapitre N.-D. dudit Rouen demeureront exempts du paiement dudit droict de 9 l. pour tonneau de vin. »

La cour des Aides avait modifié quelques articles de ce bail, et il est à remarquer qu'elle ne se fit pas faute d'invoquer les réponses faites par le Roi aux 6e et 24e articles des remontrances des Cahiers des États de 1633 et de 1638, et que même elle sollicita le procureur syndic de se retirer vers le Roi pour présenter ses observations et obtenir la suppression des péages. Des lettres de jussion furent adressées à cette cour le 27 octobre 1653, et ces lettres furent enregistrées le 2 décembre de la même année.

Par édit du mois de mars 1654, le Roi avait supprimé plusieurs Élus en Normandie, « dont il avait reconnu la fonction préjudiciable à ses sujets, tant par la multiplicité d'iceux et de leurs priviléges et exemptions, que par les fraudes et abus que commettoient la pluspart de ceux qui en étoient pourveus. » Il n'y avait point d'officiers dont le nombre fut plus grand et moins nécessaire que ceux des Élections. Leur augmentation n'avait servi « qu'à soustraire et exempter les plus riches taillables des provinces, par le privilége de leurs charges, et sous l'autorité d'icelles à descharger les pauvres et les faibles. » Le Roi se décidait donc à leur réduction « pour soulager le peuple et lui rendre le fardeau des tailles plus supportable. » En conséquence les Élections, où il y avait 100 paroisses et plus, durent avoir 2 présidents, 1 lieutenant, 1 assesseur, 4 élus, 1 procureur, les greffiers, 1 receveur des tailles et 1 receveur du taillon; celles où il y avait moins de 100 paroisses ne devaient avoir que 1 président, 2 élus, etc...... Un an après, le Roi reconnaissait que les officiers qu'il avait réservés ne suffisaient pas pour faire les chevauchées nécessaires et rendre la justice, partie étant déjà vieux et caducs et l'autre ne faisant résidence actuelle. Il fallait d'ailleurs consulter les nécessités de l'État, et se procurer de l'argent, au moyen de nouveaux offices, motif plus réel que le prétendu soulagement du peuple allégué en mars 1654. Donc en mars 1655, le Roi donnait un autre édit par lequel il créait dans les Élections, 1 lieutenant civil criminel ou particulier, 1 contrôleur, 1 élu faisant fonction de commissaire examinateur et garde-scel, 1 avocat élu et un directeur des tailles (1) Une année après, le même besoin d'argent faisait rétablir, moyennant finance *volontaire* tous les officiers des Élections supprimés par l'édit de mars 1654, et les Élections se trouvèrent de nouveau composées, de 2 présidents, 3 lieutenants, (1 civil, 1 criminel, 1 particulier), 1 assesseur, Élus d'ancienne création et autres, 3 contrôleurs Élus, 1 commissaire examinateur, un premier et un second avocats, 1 procureur ancien, 1 procureur alternatif, 3 greffiers (1 ancien, 1 alternatif, 1 triennal), et pour la recette 4 receveurs des aides, 4 receveurs des tailles, 4 receveurs du taillon, 4 payeurs des gages, 4 payeurs des droits des officiers, 2 intendants et les substituts des procureurs.

ÉTATS DE FÉVRIER 1655.

Extrait des Registres de l'Hôtel-de-Ville de Rouen.

Lettres du Roi au bailli fixant la réunion à Rouen au 26 nov., Paris 21 sept. 1654; du gouverneur au même pour le même objet, Dieppe, 27 sept. Ces États furent différés, en vertu de nouvelles lettres du Roi, jusqu'au 25 janv. 1655.

Assemblée générale à l'hôtel-de-ville de Rouen, sous la présidence du lieutenant-général, pour l'élection des députés, le 3 nov. — Prirent part à l'élection 131 ecclésias-

---

(1) Par arrêt du 7 juin, la cour des Aides avait vérifié cet édit en le modifiant. Des lettres de jussion pour lever ces modifications furent adressées à cette cour, le 13 juillet; elles furent enregistrées le 24 du même mois.

tiques (1), 37 nobles, 20 bourgeois dont le nom est indiqué. On note que la plupart des bourgeois s'étaient retirés avant la nomination à laquelle ils auraient dû prendre part, « à cause que l'heure estoit fort avancée. » On constata la non-comparence des députés des vicomtés de Pont-de-l'Arche, Pont-Autou et Pont-Audemer et Auge. — Le sergent de la ville procéda à l'appel des notables bourgeois, sur les procès-verbaux des semonces faites par les quarteniers avec les semonces des centeniers. Les défaillans furent condamnés à 6 l. d'amende. L'archevêque avait été informé de l'heure de l'assemblée; il fut reçu par deux quarteniers à la première porte de l'hôtel-de-ville, « sa croix portée devant lui par un de ses aumôniers, laquelle avoit été portée en la chapelle dudit hôtel-de-ville, où il avoit été faire sa prière. » Il avait ensuite pris sa séance dans une chaire de velours placée au coin du bureau.

« Mon dit seigneur, lisons-nous au registre des délibérations municipales, a dit qu'il avoit eu grande joye de trouver l'occasion présente pour venir en ceste célèbre assemblée, rendre sa reconnaissance publique à ceste grande ville des témoignages d'amitié et de bienveillance qu'elle

---

(1) « 31 octobre 1654. S'est présenté à la barre du chapitre le procureur syndic de la ville, lequel a représenté qu'il se tient mardi prochain, une assemblée en la maison de la ville, pour nommer un homme noble et un ecclésiastique, aux fins d'assister aux Estats provinciaux qui se tiendront le 25e jour de janvier ; et pour cest effect en venoit donner advis à la Compaignie de la part des sieurs les Conseillers pour y députer deux de Messieurs, ainsi qu'il est accoustumé. Il est dit que MM. de Moy et Romé sont commis et députez, suivant le rang de la table *ad beneficia conferenda*, pour assister à ladicte assemblée de ville, pour, et au nom de la Compagnie, en leur âme et conscience, nommer un ecclésiastique digne et capable d'assister aux Estats. » Le 5 nov. suivant, M. de Moy rendit compte de l'élection à laquelle il avait pris part avec son confrère M. Romé. (*Registres capitulaires*).

luy avoict faict paraître en toute rencontre et luy porter, comme il faisoit de grand cœur, les assurances de son affection et service . » — Après quelques *mots de civilité* du lieutenant-général, l'archevêque reprit « qu'il se sentoit obligé de représenter que la Province estoit très-redevable aux bontés du Roy de ce qu'il luy plaisoit la restablir dans ses priviléges, et luy rendre les marques de son ancienne liberté par la convocation de ses Estats, que S. M., ayant esté eslevée à la piété avec grand soin, ne pouvoit donner de preuves plus sensibles de la compassion qu'elle avoit des misères de son peuple, qu'en luy permettant de s'approcher de luy et porter ses plaintes pour y donner les remèdes par une bonté paternelle et toute royale, ce qui devoit faire concevoir à tous de grandes espérances d'un succès bien advantageux ; qu'il s'offroit de bien bon cœur d'y contribuer en tout ce qu'on pourroit désirer de luy, n'estimant rien de bas où il s'agissoit du service et du soulagement de la Province; qu'il avoit appris que feu Monsieur son grand oncle et illustre prédécesseur, qui avoit donné toute sa vie à son peuple, avoit, avec grande satisfaction, receu la nomination qui avoit esté faite de sa personne en pareille assemblée, ayant suivy en cela l'exemple d'un Roger, archevesque de Rouen, qui avoit depuis été pape sous le nom de Clément VI, lequel s'estoit chargé des plaintes de la Province et les avoit esté présenter au Roy avec les évesques de Bayeux, etc. » (1). On nomma pour l'église, l'archevêque ; pour la noblesse, messire Ch. de Fouilleuse, chevalier, marquis de Flavacourt, châtelain de Villers ; pour conseillers échevins, Jean Prieur, écuyer, sieur de Mezenguemare, ancien conseiller et premier échevin, et François de Lemperière, écuyer, sieur de Montigny, premier échevin moderne.

(1) Voir t. II, p. 326.

Proposition des États. « Mercredi 3 fév. 1655, en l'assemblée de Messieurs le premier advocat général au parlement, premier advocat du Roy au bailliage, procureur du Roy audit lieu, conseillers eschevins, députez de l'Estat ecclésiastique et de la noblesse du bailliage dudit Rouen, antiens conseillers de ladite ville, procureur syndic d'icelle et des députez du tiers Estat des quatre vicomtez dudit bailliage de Rouen, tenue en l'hostel commun de lad. ville, après le disner faict en icelluy, en la manière accoustumée, devant Monsieur Le Baron, conseiller du Roy, lieutenant particulier audit bailliage,

« Pour délibérer des articles à proposer, au nom de la ville, aux Estats de ceste Province, dont l'ouverture a esté faicte ce matin en la forme ordinaire en la grande salle du palais archiépiscopal de ladicte ville,

« Lecture faicte du Cahier dressé par lesdits eschevins,

« Il a esté arresté qu'il seroit présenté ausd. Estats par les sieurs députés de lad. ville, et qu'il y seroit adjousté un article touchant l'aliénation des forests du Roy.

« Ce faict, ayant esté demandé aux députez du tiers Estat des quatre vicomtez qu'ils eussent à représenter leurs mémoires pour estre veus en ceste assemblée, et ayant esté par eux respondu qu'ils les avoient mis entre les mains du sieur Baudry, procureur syndic desd. Estats qui les leur avoit demandez dans les conférences qui s'estoient tenus les jours précédens, à cause de la remise desdits Estats pour l'indisposition arrivée à Mgr le duc de Longueville, il leur a esté dit qu'ils avoient manqué à leur debvoir d'en avoir ainsy usé, et qu'on ne leur faisoit l'honneur de les appeler en ceste compagnie qu'à cause de la communication qu'elle prenoit de leurs dits mémoires, pour les ayder de ses advis et conseils, à y employer tout ce qui pouvoit estre utile et profitable au tiers ordre dudit bailliage; et il a esté arresté que lesd. sieurs députez de lad. ville en feroient instance en l'assemblée desd. Estats, à ce que cest ordre fût gardé à l'advenir sans pouvoir estre interrompu, soubz prétexte d'aucunes conférences particulières, qui sont contraires à l'usage de tout temps observé à la tenue desd. Estats provinciaux.

« Il sera remarqué que ladicte assemblée a esté tenue à l'issue du disner qui a esté faict à la manière accoustumée, auquel ont assisté Mgr l'archevesque de Rouen, député de l'Estat ecclésiastique, pour le bailliage, M. le marquis de Flavacourt pour la noblesse, et les quatre députez des quatre vicomtez dudit bailliage, avec MM. le premier advocat général du parlement, premier advocat du Roy au bailliage, procureur du Roy audit lieu, conseillers eschevins et antiens, ainsy qu'il est dit cy-devant, et les quatre officiers de lad. ville seulement, les sieurs pensionnaires et quarteniers n'y estant point invitez;

« Que la scéance a esté sçavoir : mon dit seigneur l'archevesque au bout de la table, dans une chaire de tapisserie, sur laquelle il y avoit un carreau de velours, au costé de devers la cheminée, MM. Le Baron, lieutenant particulier, Le Grand, avocat du Roy, de Neufmoulin, procureur du Roy, deux de MM. les eschevins et un desd. sieurs antiens; et à l'autre costé de ladicte table estoient M. de la Trouerie, premier advocat général au parlement ; au dessoubz de luy, ledit sieur marquis de Flavacourt, et ensuite quatre desd. sieurs eschevins, et un desd. sieurs antiens; qu'à la seconde table placée le long de la muraille de la salle, estoient le reste desd. sieurs antiens, les quatre officiers de lad. ville et les quatre députez des quatre vicomtez;

« Que Mgr l'évesque de Sez, député pour l'Estat de l'église du bailliage d'Alençon, ayant esté amené audit hostel-de-ville par mondit seigneur l'archevesque, il luy a esté donné place d'honneur dans une chaire de tapisserie, sur laquelle il y avoit un carreau de velours, du mesme costé et au-dessus dudit sieur Le Baron, lieutenant particulier ;

« Que mon dit seigneur l'archevesque est entré dans son carrosse audit hostel-de-ville, et est venu descendre à la porte de la grande salle, à l'entrée de laquelle il a esté receu par lesd. sieurs eschevins, deux d'iceux, sçavoir MM. de Mezenguemare et de Lamperière, députez de lad. ville aux Estats, l'ayant accompagnez et étant venus dans son carosse audit hostel-de-ville ;

« Qu'en la délibération mon dit seigneur l'archevesque, ledit seigneur évesque de Séez et ledit sieur de Flavacourt, sont demeurez dans leurs scéances avec MM. les gens du Roy et lesd. sieurs eschevins, et que lesd. sieurs antiens sont venus prendre leurs places accoustumées, les députez des quatre vicomtez ayant esté mis sur une forme derrière lesd. sieurs eschevins, au lieu où est le banc desd. sieurs quarteniers ;

« Que la table et les bancs ordinaires du bureau avoient esté ostez et qu'en leur lieu et place on avoit mis une table plus basse, avec les formes de lad. ville servant, à Nostre-Dame, aux cérémonies publiques, qu'on avoit envoyé quérir pour cest effect.

« Plus il sera remarqué que lesd. Estats ayant esté termez au lundi 20e jour de janvier et n'ayant peu estre ouverts ledit jour, à cause d'une indisposition survenue à Mgr le duc de Longueville, mais remis à ce jour d'hui 3e de febvrier, que lesd. sieurs eschevins ont envoyé à l'hostel-Dieu une partie des viandes qui avoient esté achetées et préparées pour le festin dudit jour 25e janvier, et qu'ils en ont faict distribuer une autre partie à quelques pauvres de la ville.

« Pour la scéance tenue en la grande salle de l'archevesché à l'ouverture desd. Estats, elle a esté en cet ordre, sçavoir : Mgr le duc de Longueville, gouverneur et lieutenant général pour le Roy en la province de Normandie, dans une chaire de velours, un carreau dessus et un à ses pieds, de mesme étoffe de velours, sur un marchepied couvert d'un tapis eslevé de sept à huict pouces et large et long de huit à neuf pieds, soubz un daiz de velours cramoisy; à la droite de Son Altesse et à costé dudit marchepied, Mgr le marquis de Beuvron, lieutenant général pour le Roy au gouvernement de Normandie, et à la gauche M. le premier président du parlement; au dessoubz, desd. deux costez, MM. d'Amfreville, Turgot, de Franquetot, Bigot, de Mesgrigny, d'Estalleville et de Couronne, présidens au parlement selon leur ordre; ensuite M. le premier président de la Chambre des Comptes, M. le premier président de la cour des Aydes, troys de MM. les trésoriers de France, un de chacune des trois Généralitez de Rouen, Caen et Alençon, M. le procureur général au parlement et le sieur receveur général des finances en la Généralité de Rouen; au dessoubz dudit sieur procureur général estoit le bureau du greffier de MM. les Commissaires, et à l'opposite estoient placés au mesme rang desdits sieurs Commissaires, MM. de Miromesnil, Favier et Morant, Intendants auxd. Généralitez de Rouen, Caen et Alençon, ayant obtenu commissions particulières du Roy pour assister auxd. Estats.

« Ensuitte de toutes ces scéances desdits sieurs Commissaires, estoient placez MM. les députés des trois ordres de la Province : à droite Mgr l'archevesque de Rouen, pour l'Estat ecclésiastique du bailliage de Rouen, dans un fauteuil de velours; au dessoubz de luy, Mgr l'évesque de Séez, député pour l'ordre ecclésiastique du bailliage d'Alençon, aussy dans une chaire de velours, ceste seconde place luy ayant esté donnée à cause de la dignité de son caractère et sans tirer à conséquence, d'autant que par l'ordre des bailliages il devoit estre le dernier. Suivoient les autres députez ecclésiastiques selon ledit ordre des bailliages, assis sur un banc couvert de tapisserie. Au costé gauche estoient aussy, sur un banc couvert de tapisserie, les sept députez de la noblesse des sept bailliages, suivant le rang desd. bailliages, sçavoir : Rouen, Caux, Caen, Costentin, Évreux, Gisors et Alençon. Au bout desd. deux bancs estoit un troisième banc placé de travers, couvert de tapisserie, sur lequel estoient lesd. sieurs de Mezenguemare et de Lamperière, conseillers eschevins de lad. ville de Rouen et députez d'icelle, vestus de leurs robbes et tocques, et au milieu d'eux le sieur Baudry, procureur desd. Estats. Derrière estoient deux petits siéges, l'un occupé par le greffier desd. Estats, et l'autre vacant et destiné pour le député de la ville de Caen, lequel n'a pas esté admis, attendu qu'il estoit trésorier de France, quoyque premier eschevin de lad. ville, et que la qualité d'officier du Roy est incompatible avec celle de député. Et au dessoubz desd. siéges estoient plusieurs formes, sur lesquelles estoient placez les députez du tiers Estat des vicomtez, chacun selon l'ordre de son bailliage et de sa vicomté, à sçavoir pour le bailliage de Rouen, les vicomtez de Rouen, du Pont-de-l'Arche, du Pont-Autou et Pont-Audemer et la vicomté d'Auge;

« Pour le bailliage de Caux, les vicomtez de Caudebec, Montivilliers, Arques, Neufchastel et la vicomté de Gournay et la Ferté ;

« Pour le bailliage de Caen, les vicomtez de Caen, Bayeux, Falaise et Vire ;

« Pour le bailliage de Costentin, les vicomtez de Coustances, Saint-Lô, Carentan, Avranches, Mortain et Valoingnes;

« Pour le bailliage d'Évreux, les vicomtez d'Évreux, Beaumont-le-Roger, Orbec et la vicomté de Conches et Breteuil ;

« Pour le bailliage de Gisors, les vicomtez de Gisors, Vernon, la ville et chastellenie de Pontoise, la prévosté de Chaumont et Magny et les vicomtez d'Andely et Lyons;

« Et pour le bailliage d'Alençon, les vicomtez d'Alençon,

Argentan, Dompfront, Verneuil et la vicomté de Perche et chastellenie de Nogent.

« Les services que la ville de Rouen a rendus à l'Estat en toutes les occasions ayant porté les trois prédécesseurs de S. M. à la conserver dans les franchises et libertés qu'elle s'estoit acquises dès son origine, soubz les antiens ducs de Normandie, et mesmes à luy accorder de nouveaux priviléges qui la rendissent autant célèbre que l'honneur, qu'elle a d'estre la capitale de la Province, la relève au dessus des autres, elle avoit subjet de se promettre de la continuation de sa fidélité la jouissance de tous ces advantages. La dureté des temps et les désirs insatiables des gens d'affaires luy donnent aujourd'huy des atteintes dans ses parties les plus sensibles; elle a leu dans les commisions qui ont esté envoyées pour le payement des Subsistances et des tailles qu'on prétend assubjettir les bourgeois au payement du quart du revenu des terres qu'ils feront valoir par leurs mains, et, pour dernier malheur, qu'aprez trois ans ilz seront imposez comme naturels taillables. Elle se voit employée dans les rolles des Subsistances et des estappes comme le plat païs, et on la prive de la franchise de ses foires. Le Roy considérera, s'il luy plaist, que par les antiennes chartres, confirmées par tous ses prédécesseurs, les bourgeois de lad. ville de Rouen ont la liberté de labourer leurs terres en quelques lieux de la Province qu'ils soient situez, qu'ils ont inviolablement jouy de ce droit jusques à l'année 1597, qu'on les a obligez de se pourvoir par requeste à la cour des Aydes, lorsqu'il leur estoit nécessaire de tenir leurs fermes par leurs mains, sans pour ce payer aucune indemnité; qu'un de leurs priviléges est l'exemption des Subsistances et des estappes, et que le prétexte que les fermiers des douanes prennent pour violer les franchises desd. foires est la différence qu'ils veulent faire de l'antienne imposition et traicte foraine d'avec la nouvelle réapréciation, qui ne peut estre qu'un mesme droit; et partant S. M. sera très-humblement suppliée de vouloir maintenir lad. ville de Rouen dans ses antiens priviléges et franchises des tailles, ainsy qu'elle a jouy jusqu'à présent, et ne pas permettre qu'elle soit réduitte à une condition pire que les villes abonnées, et d'ordonner qu'elle jouira de l'exemption entière desd. traictes et imposition foraine antienne et de réapréciation durant le temps des foires qui luy ont esté confirmées par S. M.

« Entre tous les moyens qui peuvent contribuer au bonheur d'un royaume, celuy des manufactures ayant esté jugé un des plus importans, les plus grands politiques ont tousjours recherché avec soin tout ce qui pouvoit servir à leur établissement et conservation. Ceste province, qui donnoit de l'employ à un très-grand nombre de ses habitants dans l'appareil des drapperies, et faisoit subsister presque toute sa campagne par la fabrique des toilles, auroit participé à cette félicité, si les estrangers et l'excès des subsides ne l'avoient arrestée. Le Roy, ayant recognu le préjudice que recevoient ses pauvres subjets de l'apport des drapperies de Hollande et d'Angleterre, avoit eu la bonté d'en deffendre l'entrée suivant les concordats faits entre ceste couronne et l'Estat d'Angleterre; mais depuis un an, en vertu d'un arrest surpris, les Anglois et les Hollandois ont recommencé leurs premières licences et remplissent ce royaume de leurs drapperies toutes teintes et apprestées; et le droit qui se prend à présent pour la sortie des toilles ayant esté augmenté de plus de moytié et de douze livres que payoit un ballot de 225 livres pesant estant monté jusques à 36 livres, ceste surcharge en a diverty le commerce et donné occasion aux estrangers et, entre les autres, aux habitants de la province de Silésie en Allemagne, d'entreprendre ceste manufacture. Les Anglois, pour la transmettre chez eux, tirent les familles entières des ouvriers, et les Hollandois, dans ce mesme dessein, enlèvent tous les fils de lin qu'ils peuvent trouver. Sa Majesté sera très-humblement suppliée de vouloir réitérer ses deffenses sur l'apport desd. drapperies estrangères, faire réduire ledit droit de sortie pour les toilles et deffendre l'enlèvement du fil soubz peine de confiscation, et ainsy, en rétablissant les manufactures de son royaume, conserver la vie à quantité de ses pauvres subjets qui n'ont d'autre travail et subsistance que dans l'appareil et fabrique desdits ouvrages.

« Le port de Rouen ayant esté de tout temps jugé très-nécessaire pour la commodité du païs, le deffunct Roy, d'heureuse mémoire, avoit octroyé à la ville de Rouen trente mil livres, à prendre annuellement sur les Généralitez de Rouen et Caen, pour employer au restablissement dudit pont, et les habitans de Rouen ne s'estans pas voulu montrer moins affectionnez à cest ouvrage public avoient consenty de lever sur eux vingt sols pour chaque muid de vin entrant en lad. ville. La nécessité des affaires ayant faict retirer ceste levée de trente mil livres, on ne s'est pas contenté de ceste révocation, et on y a depuis adjousté le divertissement dudit octroy des 20 sols qu'on a osté à la ville et uny aux fermes des entrées du Roy. Sur les plaintes qui en furent faictes aux dernières Remonstrances, on avoit promis de luy donner une assignation pour l'entretien dudit pont, et l'effect de ceste promesse ayant esté différé jusques à l'année 1649, on luy accorda seulement 4,000 l. à prendre sur les ponts et chaussées ; mais comme on luy a présentement retiré ce secours, et que les despenses publiques augmentent, S. M. sera très-humblement suppliée de vouloir rendre à lad. ville de Rouen son antien octroy des 20 sols d'entrée destinez pour l'entretien dudit pont et de la vouloir remettre en la jouissance des 24 l. pour muid de sel, qui luy avoient esté accordez pour les ouvrages de la fortiffication, entretien de ses fonteynes et autres despenses communes, dont elle a esté privée depuis quelques années par l'envie des adjudicataires des gabelles qui ont fait joindre ledit octroy à leur bail.

« Les disgrâces arrivées en la Province en 1640, ayant ouvert aux traictans le chemin d'y tout entreprendre, ils y firent establir le droit de subvention du 20ᵉ du sold pour livre sur toutes sortes de marchandises et denrées. L'évaluation de ce droit, montant à un prix excessif, obligea les habitans de Rouen à réclamer la bonté du Roy, et, luy ayant remonstré que la ville de Rouen estoit un lieu d'estappe et de première descente d'où les marchandises et denrées se distribuoient par toutes les autres villes, S. M. fit réduire au centiesme ledit droit de subvention et régla celuy du vin à quatre sols pour muid, ce qui ayant fait perdre aux traictants les espérances du grand profit qu'ils avoient projetté de faire dans ceste levée les porta à la faire révoquer et donna subjet à d'autres, aussy mal intentionnez pour le bien public, de faire imposer 20 sols pour muid de vin, 10 sols pour muid de cidre et 5 sols pour muid de poiré, qui furent levez durant quelque temps soubz le nom de droit de *maubouge*, avec ceste restriction qu'il ne seroit perçu qu'aux entrées des villes et lieux où les antiens cinq sols estoient establis. L'oppression que souffroit le peuple de ceste levée extraordinaire fit avoir recours au Roy, qui fit la grâce à la Province de l'en descharger. Depuis six mois on l'a fait restablir soubz son premier nom de subvention, et on prétend le faire payer à toutes sortes de personnes, sans distinction ny différence, bien qu'il n'y ait vente ny achapt, et que lesdites boissons viennent de leur creu et soient pour leur provision et pour l'usage de leur maison ; mesme on le veut exiger à tous les lieux où on a mis des bureaux, quoyque le vin et les autres boissons n'y facent que passer ou n'y repostent que pour attendre la commodité du transport. S. M. sera très-humblement suppliée de vouloir accorder la révocation de ce droit qui va à l'entière ruine du commerce, à la foule de ses subjets et à la diminution de ses antiennes fermes.

« Le prétexte qui fut pris pour la levée de 45 sols pour muid de vin qui se voicture par la rivière de Seine fut la réunion de tous les péages qui se payoient le long de lad. rivière à divers particuliers que le Roy se chargea de rembourser et d'en descharger le vin passant par ces lieux. Lesd. péages ne laissant pas de se percevoir encore, S. M. aura agréable de pourvoir à leur suppression par le remboursement qu'elle a fait espérer ou de révoquer ledit droit des 45 sols. »

Contre les daces et impositions.

Assurer la liberté du commerce sur mer.

Révoquer la nouvelle fabrique de liards (qui n'est ni d'or ni d'argent).

En faveur des manufactures de cartes.

Droits sur le vin ; suppression réclamée.

Régler le droit de quatrième des boissons.

Contre l'aliénation proposée des 4 forêts du bailliage de Rouen.

Samedi 13 février 1655. — *Dîner des États.* — « Le samedy treizième jour de février 1655, Messieurs les conseillers eschevins de la ville de Rouen ayant fait inviter, par le concierge de ladite ville, Messieurs les députez de l'Estat ecclésiastique et de la noblesse des sept bailliages de ceste province, comme aussy Messieurs le lieutenant général, gens du Roy, antiens conseillers de lad. ville, l'eschevin député de la ville de Caen, le procureur syndic des Estats et les quatre officiers de lad. ville de Rouen de se trouver au disner qui debvoit estre faict ledit jour, en l'hostel-commun de cette ville, après la response et closture des

Estats, ainsy qu'il est accoustumé, et ayant donné tous les ordres convenables pour la préparation du festin et disposition de la salle, qui avoit esté tendue d'une tapisserie de haute lice, incontinent après midy, lesd. sieurs députez et autres personnes conviées se sont rendues audit hostel-de-ville, où monseigneur l'archevesque de Rouen, député pour l'Estat ecclésiastique du bailliage dudit Rouen, estant arrivé le dernier et ayant esté reçeu à l'entrée par deux desdits sieurs eschevins, sa croix estant portée devant luy par un de ses aumôniers, laquelle a esté depposée dans la chappelle dudit hostel-de-ville, en laquelle mon dit seigneur l'archevesque a esté faire sa prière, ledit seigneur estant entré en la salle et ayant esté salué de la compagnie, le disner a esté servy et les scéances prises en cest ordre, à sçavoir : mondict seigneur l'archevesque au bout de la table dans un fauteuil, sur lequel il y avoit un carreau ; au costé droit mon dit sieur le lieutenant général dans une chaire ; ensuitte Messieurs l'advocat et procureur du Roy au bailliage, et après eux lesd. sieurs députez ecclésiastiques, tous en robes et bonnets, sur une forme ; de l'autre costé avoit esté placée une chaire pour monseigneur l'évesque de Séez, député pour l'Estat ecclésiastique du bailliage d'Alençon, laquelle a esté vacante, ledit seigneur évesque estant venu luy-mesme audit hostel-de-ville s'excuser sur quelques expéditions qu'il avoit à faire. Au dessoubz de ladite chaire estoit une forme, sur laquelle ont pris place les députez de la noblesse, suivant l'ordre de leurs bailliages, et après eux estoient deux places pour deux desdits sieurs eschevins, lesquelles ont esté vacantes, lesd. sieurs eschevins en charge ayant pris leur scéance à l'autre table disposée le long de la muraille de lad. salle, en laquelle estoient lesd. sieurs antiens conseillers, ledit sieur député de Caen, le sieur Baudry, procureur syndic des Estats, et avec luy le sieur Aveline, son nepveu, reçu à sa survivance en lad. charge, le sieur Duhamel, reçu dans ladite scéance des Estats à la charge de trésorier d'iceux, et les 4 officiers de ladite ville, ayant esté aussy donné place à lad. table à l'aumosnier de mon dit seigneur l'archevesque. Et le dîner ayant esté pris, lesdits sieurs députez et officiers des Estats ont esté à Saint-Ouen pour y entendre les responses qui debvoient estre données par MM. les Commissaires au Cahier des plaintes desd. Estats, et lesd. sieurs eschevins antiens et officiers se sont séparez et retirez chacun à leurs affaires particulières ».

Mardi 16ᵉ fév. 1655. — M. de Mesenguemare, ancien conseiller et 1ᵉʳ échevin, tant pour lui que pour M. de Lamperière, aussi conseiller et échevin, rend compte de ce qui s'est passé aux États.

Ils ont demandé à être maintenus dans la prérogative d'avoir deux voix, l'une avec les députés du bailliage et l'autre pour la ville, conformément à deux arrêts du Conseil d'État du Roi des 12 oct. et 8 nov. 1614. Ce privilége leur avait été contredit, comme ne leur étant accordé qu'aux États généraux. On s'était borné à leur donner acte de leur demande.

Ils s'étaient plaints de ce que les députés du tiers État de la vicomté du bailliage de Rouen eussent manqué à leur représenter leurs quatre Cahiers le jour de l'ouverture des États; Baudry, procureur syndic avait prétendu qu'ils n'y étaient pas tenus ; on avait décidé qu'il en serait usé comme par le passé.

M. de Mezenguemare expose ensuite que « la plupart des députés des villes et communautez du plat païs, ayant fait instance pour faire employer, dans le Cahier des plaintes, un article touchant les emprisonnements rigoureux qu'on faisoit de leurs députez qu'il envoyoient à la suite du Conseil pour leurs affaires communes, ils les avoient aydez d'une copie d'arrest que la ville avoit obtenu en faveur de ses députez, pour en demander un semblable sur leur exemple ou s'en pouvoir servir aux occurrences, en attendant qu'ils eussent eu response sur ledit article ; qu'en toutes les autres occasions qui s'estoient offertes ils y avoient conservé la dignité de la ville, ayant fait nommer un d'eux deux qui estoit luy dit sieur de Mezenguemare, pour porter le Cahier au Roy, dont lesdits sieurs de Mezenguemare et de Lamperière ont esté remerciez, et arresté qu'il seroit faict registre de ladite relation, et le sieur Brice a rapporté une copie du procès-verbal de tout ce qui s'estoit passé auxdits Estats, laquelle a esté mise au Chartrier pour servir aux occasions. »

4 juillet 1656. — Élection de nouveaux conseillers, en présence du duc de Longueville, gouverneur et bailli de Rouen. — M. de Mezenguemare, ancien conseiller et premier échevin, parlant en son nom et au nom de ses confrères, prend congé et rend compte de ce qui s'était passé pendant leur échevinat :

« Monseigneur, Votre Altesse nous permettra, s'il luy plaist, de commencer ce discours par une espèce d'estonnement ou plutôt d'admiration, voyant icy, en ce jour, un si grand concours de peuple, une si grande multitude de personnes, et avec une telle affluence qu'il est quasi comme impossible que ceste maison en puisse contenir la moindre partie. Sur quoy il nous semble fort à propos d'appliquer, en ce rencontre, les paroles du prophète Jérémie, quand il s'escria sur la ville de Jérusalem en ces termes : *Quomodo sedet sola civitas, plena populo?* attendu que nous avons veu autrefois, Monseigneur, que s'il faloit faire quelque assemblée en la ville, s'il estoit question d'y convoquer le peuple pour y entendre les volontés du Roy ou pour y délibérer de quelques affaires concernant le bien de la Province, du public et de la ville, aucuns n'y comparaissoient, et la plus part s'en dispensoient, en sorte que l'on estoit le plus souvent contraint et obligé de remettre ou différer les assemblées en un aultre jour, mesmes mulcter ou menacer d'amende le peuple pour l'y faire convenir; et si pour lors peu de personnes s'y rencontroient, *et tunc temporis facta erat civitas vacua, quasi vidua gentium....*

« Par le moyen de V. A., Monseigneur, les Estats provinciaux ont esté tenus en ceste ville, pour lesquels nous avons satisfait, tant aux dépenses ordinaires qu'extraordinaires qui se font par la ville en pareil cas, où ayant eu l'honneur d'estre l'un des députez de la ville avec Monsr de Montigny, nous avons maintenu les intérests de la ville et tasché de la conserver dans ses priviléges, prérogatives et prééminences, dans lesquels Estats, par quinze ou seize séances tenues, a esté faict plusieurs beaux règlemens et plusieurs belles ordonnances, et qu'à l'advenir un des conseillers eschevins, députez, accompagneroit les députez du clergé et de la noblesse pour porter en Cour les Cahiers au Roy, desquels règlemens nous en avons extraict copie, laquelle nous avons faict mettre au greffe de la ville, pour y avoir recours en pareilles rencontres. »

II

Extrait du registre du Greffier-Commis des États.

« Du troisième jour de février 1655 et autres jours ensuivants.

Le très-chrestien Roy de France et de Navarre, duc de Normandie, Louis quatorzième du nom, ayant ordonné la convocation des trois Estats de ce duché de Normandie affin de deslibérer sur les choses qui leur seroient proposées de la part de S. M. et autres concernant le bien et utilité de ceste province et luy faire les remonstrances qu'ils estimeroient nécessaires, et hault et puissant prince Monseigneur Henry d'Orléans, pair de France, duc de Longueville et d'Estouteville, souverain de Neufchâtel et de Vallengin en Suisse, comte de Dunois et gouverneur pour le Roy en Normandie, ayant envoyé aux sept baillifs dudit pays, assavoir de Rouen, de Caux, de Caen, de Cotentin, d'Évreux, de Gisors et d'Alençon, les lettres de cachets que S. M. leur adressoit, par lesquelles il leur estoit mandé de faire assembler les ecclésiastiques nobles et gens du tiers Estat de leurs bailliages pour eslire quelques notables personnages pour se trouver à l'assemblée desdits Estats, termée à tenir en la ville de Rouen le 25e jour du mois de janvier de la présente année 1655, et y en depputter ung de l'ordre de l'église et ung du corps de la noblesse pour chaque bailliage seullement, et du tiers Estat ung de chacune desdites vicomtés, leurs ressorts, et autres toutesfois que les officiers du Roy, et lesdits baillifs ayant convoqué les trois ordres de l'estendue de leurs charges et pays voisins dépendant des Généralités de Normandie et fait faire les depputations requises et ordinaires, Messieurs les depputés du clergé, de la noblesse desdits bailliages et du tiers Estat des vicomtés qui les composent se rendirent en la ville de Rouen au jour qui leur avoit esté assigné; mais l'indisposition dudit seigneur duc de Longueville fit différer l'ouverture de ces Estats jusqu'au mercredy 3e jour de febvrier, et affin de ne perdre inutillement le temps de ce délay, lesdits sieurs depputés assemblèrent journellement chez Mgr l'archevesque de Rouen, primat de Normandie, qui avait accepté la depputation faite de sa personne par le clergé du bailliage de Rouen, et là conféroient entre eux sur les mémoires dont ils avoient esté respectivement chargés, sans néantmoins rien arrester ni résoudre.

Ledit jour, troisième de febvrier 1665, Messieurs les depputés des trois ordres des Estats de cette province se sont rendus chez Mgr l'archevesque de Rouen, primat de Normandie, en son palais archiépiscopal, environ huit heures du matin, et peu après sont sortis de la chambre dudit seigneur, précédés des quatre huissiers ordinaires desdits Estats, et sont allés en celle de la juridiction des Hauts Jours, lieu ordinaire de leur séance, chaque bailliage marchant séparément et à part selon l'ordre de son appel, conduit par le sieur depputé de l'église en robe et bonnet, excepté nos seigneurs les prélats qui estoient en rochet.

L'ecclésiastique estait suivi du depputé de la noblesse, vestu à l'ordinaire, avec l'espée à son côté.

Après lequel venoient les depputés du tiers Estat en leurs habits ordinaires, à la réserve des sieurs conseillers et échevins de ceste ville de Rouen, qui estoient en courte robe et tocque de velours, et entre eux marchoit le procureur syndic desdits Estats, en court habit et tocque de vellours, et après lui moy Allain De la Londe, greffier de mes dits sieurs des Estats.

Là Messieurs les depputés ayant reçu advis de l'arrivée dudit seigneur duc de Longueville (1) et de Messieurs les Commissaires ordonnés par S. M. pour la tenue desdits

---

(1) Le duc de Longueville était arrivé à Rouen dès les premiers jours de janvier 1655. Il était accompagné de sa jeune femme, la sœur du grand Condé, à laquelle il désira que l'on rendît des honneurs particuliers, comme on le voit par cette délibération du Bureau des Finances. « 11 janvier 1655 : Le Bureau, ayant eu advis que M. de Longueville avoit tesmoigné à quelques-uns des conseillers du parlement qu'il eust désiré que MM. du parlement et d'autres compagnies de cette ville députassent pour saluer Mme de Longueville arrivée en lad. ville depuis peu, et que ledit parlement en faisoit difficulté, n'y ayant aucuns exemples, mais seullement qu'il avoit approuvé que MM. de Faucon de Ris, premier président en icellui, de Franquetot, autre président, et Dambray, conseiller de la grande Chambre, l'alassent voir comme particuliers, sur quoy MM. Leseigneur, Puchot, et de Hannyvel ont esté nommez pour faire semblable et comme d'une visite particulière. »

Estats, ils passèrent, en mesme ordre que celuy qui vient d'estre descrit, en la salle de l'audience dudit pallais archiépiscopal, tendue de la tapisserie et préparée pour la cérémonie de ladite ouverture.

Messieurs les depputés de l'église prirent séance à la droite, et Messieurs de la noblesse à la gauche, en des siéges endossés et couverts de tapis, excepté Mgr l'archevesque et Mgr l'évesque de Séez, depputé du bailliage d'Alençon, auxquels l'on donna deux fauteuils de vellours.

Et les uns et les autres furent assis, suivant l'ordre des bailliages qu'ils représentaient, à la réserve dudit seigneur l'évesque de Séez, auquel, pour la dignité de son caractère, lesdits sieurs ecclésiastiques accordèrent séance près dudit seigneur archevesque, depputté du premier bailliage, sans tirer à conséquence ny préjudicier aux droits de leurs bailliages, les rangs desquels ils ont conservé en leur marche et en opinant, n'ayant ledit seigneur évesque marché ny opiné que au tour dudit bailliage de Allençon.

Vers le bas de ladicte salle, entre les siéges destinés pour Messieurs de l'église et de la noblesse et au dessous d'iceux, estoit un banc couvert d'un tapis non endossé, où ledit procureur syndic a eu séance, et à ses costés les deux sieurs conseillers et eschevins depputés de laditte ville de Rouen, seuls.

Derrière eux estoient deux tabourets, l'un à la droite pour moy greffier susdit, et l'autre à la gauche pour le sieur eschevin depputé du corps de la ville de Caen, qui est demeuré vaccant, par le reffus fait par Messieurs les depputés d'admettre l'eschevin envoyé par laditte ville, attendu qu'il avoit la qualité d'officier du Roy, incompatible avec telle depputation.

Ensuite estoient assis les depputés du tiers Estat des vicomtés des sept bailliages de ceste province sur autant de bancs disposés les uns après les autres, ayant en leur séance gardé l'ordre de leur appel.

Tost après est entré Mgr le duc de Longueville et MM. les Commissaires après luy. Ledit seigneur duc a pris la séance vers le hault de ladite salle, sous un dais de vellours tendu exprès, en un fauteuil de pareille étoffe, posé sur un marchepied couvert d'un tapis, eslevé de six à sept poulces, long et large de huit à neuf pieds.

Messieurs les Commissaires estoient assis des deux costés en des chaises à bras, descendant depuis ledit marchepied jusques audit siége de Messieurs les députés et en l'ordre,

Assavoir :

A la droite,	A la gauche,
Monsieur le marquis de Beuvron, lieutenant général pour le Roy en laditte Normandie.	Monsieur Me Jean-Louis de Faucon, chevalier, seigneur de Ris, premier président en la Cour du parlement de Rouen.
Monsieur Me Jacques Poerier, comte d'Amfreville et de Suzai, second président audit parlement.	Monsieur Me Nicolas Turgot, seigneur de Lanteuil, et président audit parlement.

Messire Me Robert de Francquetot, seigneur dudit lieu, président audit parlement.

Messire Me de Mesgrigny, seigneur de ......, président audit parlement.

Messire Me Robert de Bonshons, seigneur de Couronne, président audit parlement.

Messire Me Pierre de Becdelièvre, premier président en la cour des Aides de Normandie.

M. Gaspard Le Duc, seigneur de Chetebouville, trésorier général de France au Bureau des Finances de Caen.

Messire Me Philippe Maignard, sieur de Bernières, procureur général du Roy, en la cour de parlement de Rouen.

Messire Mᵉ Alexandre Bigot, seigneur de Monville, président audit parlement.

Messire Mᵉ Charles Bretel, seigneur d'Estalleville, président audit parlement.

Messire Mᵉ Georges Langlois, seigneur de Motteville, premier président en la Chambre des Comptes de Rouen.

M. Richard Osmont, trésorier général de France au Bureau des Finances de Rouen.

M. Pierre Pecqueult, trésorier général de France, au Bureau des Finances d'Allençon.

M. Jean Antoine Ranchin, receveur général des finances en la Générallité de Rouen.

Au-dessous dudit sieur procureur (1) général, estoit ung bureau pour Mᵉ Jean Lespeudry, greffier desdits sieurs Commissaires, à l'opposite duquel ont pris séance MM. Dyel, seigneur de Miromesnil, Favier, seigneur du Boullay, et Morant, maistres des Requestes de l'hostel du Roy, Intendants des finances aux Générallités de Rouen, Caen et Allençon, ayant obtenu commissions particulières, pour assister auxdits Estats en quallité de Commissaires.

Le reste de la salle estoit remply de plusieurs personnes considérables, de tous les ordres, et d'un grand nombre de peuple.

Les séances prises et sillence fait, Monseigneur le gouverneur a commandé audit sieur Lespeudry, greffier, de faire lecture de la Commission de S. M. donnée à Paris, le premier jour d'octobre dernier, signé : Louis, et plus bas par le Roy, Phelippeaux, et scellée du grand sceau de cire jaulne sur double queue avec un contrescel, par laquelle S. M. ordonne de l'imposition des deniers qu'elle désire estre levés sur les contribuables aux tailles et subsistances de ceste province pour la présente année 1655, laquelle lec-

---

(1) *Lisez* receveur.

ture a esté faitte à haute et intelligible voix, après quoy ledit seigneur gouverneur a exposé les intentions du Roy.

Ensuite, Mgr le premier président a fait une docte harangue pour en exposer la justice, fondée sur les nécessités urgentes de l'Estat.

Ce fait, ledit seigneur duc de Longueville a commandé au greffier de Messieurs les Commissaires de donner à Messieurs les depputés des trois Estats les lettres de cachet que S. M. leur adressoit. Ce greffier, les ayant receues de la main dudit seigneur duc, les a apportées et mises ès mains dudit procureur sindic, lequel en a fait lecture, présence de Messieurs les députés desdits trois ordres, qui se sont assemblés à ceste fin en la place qui demeuroit vuide entre les siéges de Messieurs de l'église, de la noblesse et du tiers Estat, lesdittes lettres tendantes à porter lesdits sieurs depputés à consentir aux choses qui leur estoient demandées par S. M., et qui leur seroient proposées par lesdits sieurs Commissaires, escriptes à Paris, le vingt-huitiesme de décembre dernier, signé : Louis, et plus bas, Phelippeaux, ayant à la suscription : A nos amez et féaux les gens des trois Estats de nostre pays et duché de Normandie.

Messieurs les depputtés ayant conféré entre eux, tant sur les dictes lettres que sur la Commission à eux lue et propositions à eux faittes, Monseigneur l'archevesque a esté prié de demander en leur nom la communication de la Commission et ung temps compétent pour y venir respondre, ce que ledit seigneur a fait, ung chacun ayant repris sa place.

Monseigneur de Longueville duc, de l'advis de Messieurs les Commissaires, l'a ainsy accordé et donné temps jusques au samedy 13ᵉ des présents mois et an pour ce fait, et s'est retiré, ensemble les dits sieurs Commissaires. Le semblable a esté fait par Messieurs les depputtés, et lesquels, estant de retour, à mesme ordre que dessus, en laditte chambre de la jurisdiction des Haults Jours, a esté procédé à l'appel de mes dits sieurs les depputtés par moy De la Londe, greffier susdit, en la manière ordinaire, ainsy qu'il ensuit.

Premièrement.

Messieurs les Depputés du Bailliage de Rouen

Monsieur le député du clergé dudit bailliage. Illustrissime et religiosissime seigneur messire François de Harlay, par la grâce de Dieu, archevesque de Roüen et primat de Normandie, conseiller du Roy en ses Conseils d'Estat et privé, abbé de Jumiéges, présent.

M. le depputé de la noblesse. Messire Charles de Fouilleuse, chevalier, marquis de Flavacourt, chastellain de Villers, Barentin et autres lieux, présent.

Les sieurs conseillers eschevins de Rouen, députés des autres. Jean Brice, escuier, sieur de Mesenguemare, ancien et premier conseiller de laditte ville de Rouen, présent, et François de Lamperière, escuyer, sieur de Montigny, conseiller et premier échevin moderne de la ditte ville, présent.

Messieurs les deputtés du tiers estat des vicomtés dudit bailliage. Le sieur Vincent Savary, de Sierville-en-Caux, sergenterie de Pavilly, présent (1).

Vicomté de Pont-de-l'Arche. Le sieur Guill. Corde, de la paroisse de Crétot, présent.

Vicomté de Pont-Audemer et Pont-Autou. Le sieur Guill. Le Cat, de St-Denis-des-Monts, présent.

Vicomté d'Auge. M⁰ Ezéchiel Leseigneur, tabellion en ladite vicomté, bourgeois de Pont-l'Évesque, présent.

Messieurs les Députtés du Bailliage de Caux.

Église. Noble et vénérable personne M⁰ Michel Doublet, prêtre, prieur de Pubel, curé de Torcy et l'ung

---

(1) Nommé le 20 octobre.

des sindiqs du diocèse de Rouen, et vénérable et discrète personne M⁰ Antoine Rasset, curé d'Arcanville, présents, tous deux prétendant respectivement la ditte députation.

Noblesse. Messire Adrien de Canouville, escuyer, sieur de Grosmesnil, présent.

Tiers état. Vicomté de Caudebec. Le sieur Jean Henry, de la paroisse de St-Arnoult, présent.

Montivilliers. Le sieur Jean Cavelier, de la paroisse de Bordeaux, présent.

Arques. Le sieur François Papin, du hameau Pucheux, paroisse de Douvrent.

Neufchastel. Le sieur Pierre Anceaume, de la paroisse de Beaubec, présent.

Gournay et la Ferté. M. Thomas Malheue, eschevin de Gournay, présent.

Messieurs les Depputés du Bailliage de Caen.

Église. Caen. Noble et discrète personne M⁰ Nicolas Le Conte, official de Bayeux, pour le siége de Caen, doyen et chanoine de l'église collégiale du Saint-Sépulcre de Caen, et prieur commendataire de Notre-Dame de Moullins, présent.

Noblesse. Messire Bénédicq de Fouilloine, escuier, sieur d'Anctoville, présent.

Messieurs les depputtés du Tiers-Estat assavoir : Le sieur eschevin de la ville de Caen depputté d'icelle ;

Messire Nicolas Benard, escuyer, seigneur de Routot, chastelain de Maisons, trésorier général de France au Bureau de la Généralité de Caen, premier échevin de la ditte ville, rejetté, attendu la quallité d'officier du Roy, incompatible avec tels depputtés.

Vicomté de Caen, tiers-Estat. Le sieur André Osmont, de la paroisse de Bretheuil sur le Dun, présent.

Bayeux. Le sieur Guillaume Heusebrocq, sieur de la Poterie, faubourg de Baieux, présent.

Falaize. Le sieur Charles Corbel, bourgeois dudit lieu, présent.

Vire. Le sieur Michel Le Pelletier, sieur de la Gilleterie, bourgeois de Vire, présent.

MESSIEURS LES DEPPUTTÉS DU BAILLIAGE DE COSTENTIN.
Costentin.

Église. Noble et discrète personne M. Olivier de La Luserne, sieur de St-Hilaire, chanoine en l'église cathédrale et promoteur de l'évesché de Coustances, présent.

Noblesse. Laurent Du Chemin, escuyer, seigneur et patron de la Vausselle, présent.

Messieurs du tiers-estat, assavoir :

Vicomté de Coustances. M⁶ Jacques de Levilly, recepveur des tailles audit lieu, lequel n'a esté admis, attendu sa qualité d'officier du Roy, qui ne peult compatir avec les depputés.

St-Lô. Le sieur Nicolas Duhamel, bourgeois de St-Lô, de la paroisse de Notre-Dame, présent.

Carenten. Deffault, nul n'ayant comparu.

Avrenches. Le sieur Guillebert Le Morin, de la paroisse de St-Quentin, présent.

Vicomté de Mortain et châtellenie de Tinchebray. Aucun n'ayant comparu, deffault a esté donné.

Valongne. Le sieur Jacques Gréard, sieur des Moullins, bourgeois de Vallongne, s'estant présenté au greffe et depuis excusé par malladie.

MESSIEURS LES DEPPUTÉS DU BAILLIAGE D'ÉVREUX.
Évreux.

M. le depputé de l'église dudit bailliage. Noble et discrette personne messire Jehan Paulmier, chanoine en l'église cathédrale de Lisieux, sieur de la Plouvière, patron de Rocques et Ouillye-le-Vicomte, présent.

Noblesse. Messire Charles Leconte de Nonant, baron de Ferrière, chastellain de Chambraye, présent.

Messieurs du tiers-Estat.

Vicomté d'Évreux. Le sieur Jacques Fordos, ancien eschevin de la ditte ville, et Jacques Cheron, bourgeois de Passy, contredit, et Pierre Jean, bourgeois d'Ivry-la-Chaussée, vicomté de... tous se prétendant respectivement députés de la dicte vicomté, présents.

Vicomté de Beaumont-le-Roger. Le sieur Raullin Dieusie, de la paroisse de Combon, présent.

Vicomté d'Orbec. Mᵉ Martin Foucquet, sieur d'Orville, eschevin de Bernay, présent.

Vicomté de Conches et Breteuil. Le sieur Louis Roussel, bourgeois de Conches, présent.

Messieurs les Depputés du Bailliage de Gisors.

M. le depputé de l'église. Noble et discrète personne messire Nicolas Paris, abbé de Pleineselve, chanoine en l'église métropolitaine de Rouen, archidiacre du Vexin-Normand et prieur de Beaumont, présent (1).

M. le depputé de la noblesse. Henry Thomas, escuyer, sieur de St-André, présent.

Messieurs les depputés du tiers-Estat.

Vicomté de Gisors. Le sieur Gervais Dehors, bourgeois de Gisors, présent.

Vicomté de Vernon. Le sieur Simon Delavigne, bourgeois de Vernon, présent.

---

(1) Dispensé *per totum* par le chapitre, pour tout le temps qu'il assisterait aux États, 23 janvier 1655.

Le depputé de la ville et chastellenie de Pontoise. Deffault pour non-comparence dudit depputé.

Le depputé du tiers-Estat de la vicomté de Chaumont et Magny. Pareil deffault que dessus.

Vicomté d'Andely. Le sieur Louis Desmoulins, bourgeois de Andely, présent.

Vicomté de Lyons. Le sieur François Chedeville, bourgeois de Lyons, présent.

Messieurs les Depputés du Bailliage d'Allençon.

M. le depputé de l'église. Illustrissime et révérendissime père en Dieu Messire François Rouxel de Médavy, évesque de Séez, abbé de Cormeilles, présent.

Noblesse. Messire Pierre de Montaigu, chevalier, marquis d'O, présent.

Messieurs les depputés du tiers-Estat.

Vicomté d'Allençon. Le sieur Raoul du Bois-du-Chemin, dudit Allençon, présent.

Argentan. Le sieur André Le Brun, sieur de Grosny, bourgeois dudit lieu, présent.

Donfront. Mᵉ Guillaume Duval, sieur de la Sebaudière, demeurant audit lieu, présent.

Verneuil. Mᵒ Pierre Thierry, procureur sindic dudit Verneuil, présent.

Vicomté du Perche et Chastellenie de Nogent. Le sieur Guillaume Chouet, sieur de Mirabon, bourgeois de Mortaigne, présent.

S'est aussi présenté Thomas Bouet, sieur du Faux, bourgeois de St-Silvin, député du tiers Estat de la vicomté dudit lieu, bailliage d'Allençon, lequel a esté admis à laditte qualité, sans néantmoings que pour cette admission aucun nouveau droit ne demeurera attribué à ladite vicomté, laquelle il ne paroit point par les registres avoir député ʃaux Estats précédents.

L'appel de messieurs les depputtés achevé, il a esté procédé à l'appel des officiers ordinaires des Estats de ceste province qui sont :

Le sieur procureur sindic des Estats. Noble homme Mᵉ Jacques Baudry, advocat au parlement, présent.

Le trésorier des Estats. Nul n'est comparu, l'office estant de présent vacant par le décès de Mᵉ Costentin Heudebert, sieur du Buisson et trésorier dernier.

Le greffier de mes dits sieurs les dépputés. Moy, dit Allain De La Londe, présent.

Les quatre huissiers. Maistre Pierre Le Leu, maistre Jacques La Roche, maistre Jean Baudouin, maistre Pierre Marc, tous présents.

Semblablement a esté appellé le prévost général de Normandye, tenu de comparoistre aux Estats et faire comparoistre tous et ung chascun les vis-baillifs, officiers et archers de la dicte prévosté générale en estat deub et pour rendre raison des plaintes qui pourroient estre contre eux faittes, ensemble pour représenter les procès-verbaux des exécutions et captures par luy et eux faittes.

Lequel, n'ayant compareu ny personne pour luy, deffault a esté donné, saouf la séance de la présente convocation.

Pareillement a esté fait appel de l'adjudicataire des gabelles de ceste province, tenu de comparoir, luy ou son commis général, pour rendre raison aux Estats de ses faits et des plaintes qui peuvent estre faittes contre les archers de sa charge; et, pour non-comparence semblable, deffault a esté donné contre luy, saouf laditte séance.

Après cest appel, ledit sieur procureur sindicq ayant remontré que la coustume est de commencer par l'élection d'un président qui soit de l'ordre de l'église, mais que Mgr l'archevesque primat de ceste province est en ceste qualité chef du premier des trois ordres d'icelle ayant..... (1) »

(Le registre est imparfait, ne contenant rien outre les mots ci-dessus employés).

III.

Pièces Diverses.

Délibération relative au Cahier d'Alençon. — « Vendredy, 8ᵉ jour de janvier 1655. — Sur autre proposition faicte qu'il est à propos de nommer quelques personnes de capacité pour dresser les articles de ce que l'on trouvera à propos, affin de le proposer lors de l'assemblée des Estats provinciaux, a esté arresté que les sieurs procureur du Roy (Pierre Le Hayer, écuyer) et Le Noir, eschevins, avecq Mᵉˢ Jérémie Quillet, président au Grenier à sel, Jean Le Rouillé, César Collet, advocatz, Nicolas Balieve, Esleu, Guill. Duval, sieur du Couldré, et Pierre Du Bois, sieur du Hamel, s'assembleront pour, en notre présence, dresser les articles et mémoires de ce que l'on trouvera à propos de proposer, pour ce faict, estre mis entre les mains dudit Raul Du Bois, eschevin, qui a esté députté pour le tiers Estat de cette ville, affin de le présenter lors de l'assemblée desd. Estats. Signé: de la Fournerie (2) ». *(Archives du département de l'Orne).*

Extrait des articles des Remonstrances faictes en la

---

(1) Il n'est pas douteux que le résultat de la délibération provoquée par le procureur syndic fut de reconnaître à l'archevêque le titre de *président né* des États.

(2) Antoine de la Fournerie, sieur du Plessis-Bochard, conseiller du Roi, lieutenant particulier au bailliage et siége présidial d'Alençon.

Convention des Estats de Normandie tenues à Rouen le douzième febvrier 1655 et respondus par le Roy estant en son Conseil le 29ᵉ décembre 1657.

XV.

Qu'aux prisonniers pour la taille qui sont si misérables qu'ils ne s'y peuvent nourrir, vostre pain soit donné par advance de huictaine en huictaine, autrement les prisons leur soient ouvertes.

Au Roy. Et en sont les Commissaires d'advis.
Accordé.

XVI.

Il est très-juste que les ordonnances de reject et roolles qui se font en conséquence d'icelles soient expédiées sans sallaire des Esleus, ainsy que les principaux roolles, lesdits Esleus ayants assez de subject de se contenter de leurs gaiges et autres droicts.

Au Roy. Et en sont les Commissaires d'advis.
Accordé.

XVII.

Et que les greffiers des Eslections soient tenus de deslivrer aux collecteurs toutes sentences qui concernent leur collection en papier, avec deffences auxdicts greffiers d'exiger desdits collecteurs aucun droict de présentation desdites causes puisque elles ne regardent pas leur inthérest particulier, mais celuy de vostre Majesté qui leur donne des gaiges pour luy rendre service.

Au Roy. Et en sont les Commissaires d'advis.
Accordé.

XVIII.

Comme aussy il soit enjoint à tous juges, tant des Eslections, Greniers à sel que jurisdictions ordinaires de vuider sur le champ toutes causes qui ne consistent qu'en l'exploict de la demande et pièces de l'instruction sans les mettre vers justice non pour les mieux entendre, mais pour en tirer des rapports, à peine d'interdiction de leurs charges.

Au Roy. Et en sont les Commissaires d'advis.

Accordé (1).

LXVII, LXVIII (2).

Collationné à l'original par moy soubssigné, procureur sindic desdits Estats. Signé : Baudry, un paraphe, et plus bas : Registré ès registres de la cour des Aydes de Normandie, suyvant l'arrest d'icelle de ce jour d'huy, 28 avril 1659. Signé : Bécul. » *(Mémoriaux de la cour des Aides).*

Édits concernant la noblesse. — Un édit du mois de novembre 1640 avait révoqué les anoblissements accordés depuis 30 ans et ordonné que les anoblis et leurs descendants seraient taxés et cotisés aux tailles. On ne leur laissait d'autre ressource que d'obtenir de nouvelles lettres de noblesse. Cet édit ne fut point exécuté. Le roi Louis XIV considéra qu'il ne pouvait supprimer les anoblissements sans blesser les familles des anoblis et celles de la noblesse où ils avaient pris alliance. Il voulut prendre exemple sur Henri IV, qui avait maintenu, par Déclaration du mois de mars 1603, les anoblissements obtenus depuis l'an 1573, moyennant finance. Il décida donc de confirmer les anoblissements depuis 1606 jusqu'alors, même ceux concédés et vérifiés en la cour des Aides de Normandie, nonobstant la Déclaration du mois de nov. 1640, à condition de payer les sommes qui seraient ordonnées. Cet édit est daté de Bordeaux, oct. 1650. La cour des Aides de Normandie

---

(1) Ces articles manquent dans l'exemplaire de la Bibliothèque nationale, d'après lequel nous avons publié le Cahier de 1655, p. 129 de ce volume.

(2) Nous ne reproduisons pas ces deux articles que l'on trouvera p. 163 de ce volume.

accueillit les réclamations que s'empressa de faire le procureur syndic des États, et pria le Roi de la dispenser d'entrer en la délibération de cet édit. Mais le Roi trouva « que l'opposition formée à l'enregistrement par le procureur syndic des Estats n'estoit considérable, et déclara que la nécessité présente de ses affaires l'obligeoit de recourir à des moyens extraordinaires. » Des lettres de jussion furent adressées à la cour des Aides, 21 juin 1651. L'édit pourtant ne fut enregistré que le 14 août 1652.

Des commissaires avaient été choisis par le Roi dans la cour des Aides pour donner leur avis sur les taxes (10 oct. et 10 déc. 1652) (1).

Nomination de Jacques Aveline à l'office de procureur syndic, en cas de décès ou de démission de Jacques Baudry. — « Les déléguez des trois Estats du pays et duché de Normandie, assemblez en la convention générale d'iceux, tenue à Rouen le 3ᵉ jour de febvrier et autres jours ensuivans 1655, à noble homme Mᵉ Jacques Aveline, licencié ès loix, salut. Voulant tesmoigner au sieur Baudry, advocat en la cour et procureur syndic desdits Estats, votre oncle, la satisfaction que a ladicte province des longs services qu'il luy continue depuis l'an 1631, en luy donnant des marques de la confiance qu'elle a en sa fidélité, suffisance, affection et vigilance au bien public, et s'asseurant que sy, par maladie ou quelque autre accident, il ne les leur pouvoit continuer, ses intentions et bons exemples vous exciteront aux mêmes services, à ces causes, et audit cas seulement et non autrement, nous, confiantz à votre prud'hommie, vous avons nommé, pourveu, receu, constitué et estably, et par ces présentes établissons audit office de procureur syndic

(1) Précédemment avait paru une Déclaration du Roi sur les nouvelles lettres d'anoblissement obtenues depuis 10 ans. Ordre avait été donné de les rapporter à la cour des Aides pour y être vérifiées.

desdits Estats, pour par vous, après le décedz ou démission dudit sieur Baudry, l'exercer, en jouir, et user aux honneurs, authoritez, prérogatives, prééminences, franchises libertez, gages de 1,800 l. chacun an, taxations de 12 l. par jour de vacation, droicts, profits et émoluments accoustumés. Si mandons au trésorier des Estats vous payer, chacun an, lesdits gages de 1,800 l., etc... Arresté en l'assemblée tenue à Rouen le 11 febvrier 1655. Signé : Fr. archevesque de Rouen, *président-né* des Estats, de Médavy, évesque de Séez, Doublet, Paulmier, N. Le Conte, Varin, O. de la Luzerne, Charles de Fouilleuse-Flavacourt, Adrian de Canouville, B. de Fouilloine d'Anctoville, Duchemin, Ch. Leconte de Nonant, Henry-Thomas de Montagu, Brice, de Lemperière, Colin Le Sueur, Le Cat, Corbel, Osmont, Foucquet, Le Pelletier, Le Morin, Fordos, Dieusie, Roussel, Le Brun, Chouet, Desmoulins, Delavigne, Dubois, Gréard, Corde, Duval, Malheue, Chedeville, Henry, Papin, Cavelier, Vincent, Savary, Barbey, Anceaume. Et plus bas, par mesdits sieurs les députez, De la Londe. » Vérifié au Bureau des finances, 1er déc. 1662. *(Bureau des Finances, Registre des vérifications d'offices).*

Vérifications des lettres de nomination à l'office de trésorier des États, et réception de caution. — « 26 février 1656. Sur la requeste présentée par Me Guill. Duhamel, trésorier des Estats, à ce nommé par les députez des trois Estats de lad. province, à ce que, pour les causes y contenues, il pleust au Bureau ordonner que la commission de lad. charge sera registrée ès registres d'icelluy et en ce faisant l'envoyer à la fonction d'icelle charge et commission, à laquelle fin toutes lettres d'estat et ordonnances aux fins du recouvrement des deniers desd. Estats luy seront délivrées, veu lad. requeste et les lettres en forme de commission desd. députez des trois Estats de ceste province données à Rouen à la convention d'iceux, le 12ᵉ de febv. 1655, par lesquelles, et pour les causes y contenues, lesd. Estats auroient commis led. Duhamel aud. office, charge et exercice de trésorier d'iceux Estats de lad. province, pour lad. charge vacante pour le décedz de feu M. Costentin Heudebert, sieur du Buisson, vivant dernier possesseur dudit office, par iceluy Duhamel l'exercer, ainsy qu'elle est accoustumée estre exercée, et par luy en jouir à 600 l. t. de gages par chacun an seulement, 8 d. pour livre de taxations de la somme de 66,000 l. t. faisant partie du total du maniement de lad. charge et autres droictz, proficts et esmolumentz y appartenant d'antienneté, priviléges, franchises, libertez et immunitez d'icelluy, et ce pour autant qu'il plaira auxd. Estats et à la charge par luy de rendre bon et fidèle compte en ce Bureau par devant les Commissaires à ce députez par lesd. Estats, y appellé le procureur syndic d'iceux; de ne payer aucun denier à quelque personne, de quelque quallité et condition que ce soit, sans l'ordre, adveu et authorité desd. Estats, à peine de payer deux fois, ou qu'il n'eust esté ainsy jugé avec luy; de bailler bonne et suffisante caution, dans la huitaine, du quart du total de son maniement au lieu de la caution de 6,000 l. qui se bailloit par le passé, et de payer dans le jour de la closture desd. Estats tous et ung chacun les députez des trois ordres sur les rolles qui luy en seroient délivrez, signez du président de l'assemblée, auxquelles conditions, dudit Duhamel acceptées, l'auroient receu aud. office et commission de trésorier susdit, pris et receu de luy le serment en tel cas requis et accoustumé. A esté ordonné que lad. commission sera registrée ès registres de ce Bureau pour en jouir par led. Mᵉ Guill. Duhamel, à la charge du maniement qu'il fera, pour chacune année, en ce Bureau, par devant les Commissaires qui seront députez par les Bureaux de lad. province, les députez desd. Estats et procureur scindic d'iceux appelez, et oultre de bailler bonne et suffisante caution de la somme de 25,000 l., le brevet de laquelle il mettra ès mains dud. procureur scindic d'iceux Estats, dont il se tiendra à content (1). » *(Plumitif du Bureau des Finances.)*

Remise au Bureau par le greffier des États de la commission du Roi pour la levée des tailles en 1655. — « Le sieur Osmont, conseiller du Roy et trésorier général de France en ce Bureau, a représenté en icelluy que Me Jean Lespeudry, greffier des Estatz de la province de Normandie, a mis ce jour d'huy au greffe dud. Bureau les copies de la commission du Roy adressée aux sieurs Commissaires des Estats pour l'imposition des tailles de la présente année, et qu'il estoit d'advis qu'on eust à travailler incessamment et sans délay à l'expédition des ordonnances et attaches d'icelluy Bureau sur lad. commission, sinon qu'il luy fust permis de les expédier seul et que le présent son advis fus mis sur le plumitif aux fins de sa descharge. Signé : Osmont. » *(Plumitif du Bureau des Finances.)*

Comptabilité des États. — « 26 mai 1655, sur la requeste présentée par M. Guill. Duhamel, trésorier des Estats, à ce que, pour les causes y contenues, il pleust au Bureau ordonner que M. Jean Dufour, receveur général des finances de cette Généralité (de Rouen) ou Me Jean Lespeudry, son commis, seront contrainctz, comme pour les propres deniers du Roy, à luy faire payement de la somme de 23,970 l. 12 s. 6 d. contenues aux lettres d'estat à luy expédiées pour l'année 1654, Veu lad. requeste, lesd. lettres d'estat délivrées au suppliant, et sommation par luy faicte faire aud. Me Jean Dufour... a esté ordonné que, dans la huitaine du jour de la signification de la présente ordon-

---

(1) Le brevet de caution fut passé devant Jacques Crespin et Jean Borel, tabellions à Rouen, le 22 févr. 1656. — Duhamel fut cautionné par Jacques Le Diacre, s^r du Mesnil des Essarts. *(Plumitif du Bureau des Finances,* 10 mars et dernier mars 1656).

nance, led. Dufour payera aud. suppliant lad. somme de 23,970 l. sans difficulté. »

« 22 nov. 1656. — Sur la requeste présentée par M. Louis Porquier, trésorier de M. le duc de Longueville, gouverneur de cette province, aux fins d'obtenir exécutoire sur Me Guill. Duhamel, trésorier des Estatz..., de la somme de 24,000 l. faisant partie du don que lui fait ladite province en la présente année 1636, il est ordonné que lad. requeste sera communiquée aud. Duhamel. »

« 4 déc. — Me Guill. Duhamel, trésorier des Estats, et le commis de Jean Du Four, receveur général, justifieront des diligences par eux faites pour satisfaire à la demande du duc de Longueville. »

26 nov. 1657. — Thomas Le Leu, frère et héritier de feu Pierre Le Leu, vivant, huissier des États de Normandie, demande à ce qu'il plaise au Roi condamner par corps Guill. Duhamel, trésorier des États, à lui payer 200 l. qui avaient été passées dans les comptes de l'année 1655, pour led. feu Pierre Le Leu, savoir : 70 l. pour taxations ordinaires, 129 l. pour frais extraordinaires par lui faits tant en bois, chandelle qu'autres choses durant la séance des États en lad. année 1655.

« Veu lad. requeste et l'extraict du comptes desd. Estatz de lad. année 1655 rendu par led. Duhamel, clos et arresté le 10 d'octobre dernier (1657), par lequel appert avoir esté passé audit Le Leu ladite somme de 200 l. t, savoir 78 l. comme aux comptes des années où les Estatz ont tenu, et 129 l., attendu la longue séance desdits Estatz en lad. année 1655 et frais extraordinaires faicts par led. Leleu, tant en bois, chandelle, qu'autres frais, a esté ordonné que ledit Thomas Le Leu, en la qualité que dessus, sera payé par led. Duhamel de lad. somme de 200 l. t. » *(Plumitifs du Bureau des Finances.)*

Recherches contre la noblesse. — Le 15 mars 1655, parut

un nouvel édit pour la recherche des usurpateurs de noblesse, où on lit ce qui suit. « Les grands désordres qui se commettent en l'imposition de nos tailles, subsistances et quartier d'hiver dans les paroisses des Élections ressortissantes de notre province de Normandie, causées par la quantité de prétendus nobles, nous ayant fait rechercher divers moyens pour y apporter remède, au soulagement de nos subjets contribuables aux tailles, affin qu'en faisant mettre aux roolles et impositions d'icelles les usurpateurs de ladite exemption, ils puissent, estans soulagés de leurs cottes, nous payer, plus facilement et avec moins de frais, les deniers de leurs impositions, nous n'en avons point trouvé de plus raisonnable que de faire faire une exacte recherche des véritables nobles qui sont dans la Province et des usurpateurs dudit tiltre et exemption, dont une partie, soubs prétexte qu'ils nous ont servy quelques campagnes dans nos armées, se font par force et violence mettre sur les roolles des tailles des paroisses où ils sont demeurants, en qualité de nobles, exempts et privilégez, et une autre partie, par intelligence et collusion avec les asséeurs et collecteurs qui sont leurs fermiers et domestiques, passent des sentences et arrests de descharge des tailles comme nobles, et par ainsy, estant au nombre des exempts, il n'est plus trouvé dans les paroisses que les plus pauvres pour payer nos tailles, ce qui cause les non-valeurs qui se trouvent dans nos impositions. » De là la résolution du Roi de commettre des commissaires devant lesquels tous ceux qui se prétendraient être nobles et devoir jouir de l'exemption des tailles seraient tenus de rapporter les titres et pièces valables justificatifs de leurs dites exemptions, pour, sur la connaissance que le Roi aurait desdits usurpateurs, faire faire une imposition d'iceux à la décharge des contribuables aux tailles.

L'édit avait un autre objet. Le Roi estima que ceux qui avaient obtenu des lettres de dérogeance, réhabilitation, maintenue de noblesse, légitimations, naturalités et autres, « le devoient, aussi bien que les anoblis, secourir dans la nécessité présente de ses affaires, pour la confirmation de leurs dites lettres, d'une modique somme, à l'exemple de tous les officiers du royaume, qui souffroient volontairement le retranchement de la plus grande partie de leurs gages et droicts, afin que le Roi pût, en mettant sur pied une armée puissante et considérable, la campagne prochaine, obliger ses ennemis à faire une paix avantageuse. »

En conséquence, il fut ordonné que tous les usurpateurs de noblesse, même ceux qui avaient obtenu des sentences ou arrêts de maintenue par collusion, intelligence et sous faux-donnés à entendre, seraient imposés aux rôles des tailles, eu égard à leur bien, et pour l'indue usurpation par eux faite seroient tenus payer une taxe ainsi qu'il serait jugé au conseil. Pour connaître les dits usurpateurs, tous ceux qui prétendraient jouir du titre de noblesse et de l'exemption des tailles seraient tenus de représenter par devant des commissaires du Roi leurs titres en originaux et pièces valables en bonne forme. On renouvela la défense, à toutes personnes non nobles, de prendre la qualité d'écuyers avec armoiries, timbres à leurs armes, sous peine d'amende de 1,000 l., moitié pour le Roi, moitié pour le dénonciateur, et l'on exigea une taxe, proportionnée au temps de leur usurpation, de ceux qui auraient indûment pris la qualité de nobles et usé d'armoiries. Le Roi confirma tous ceux qui avaient obtenu depuis l'année 1606, des lettres de dérogeance, réhabilitations, légitimations simples, portant anoblissement ou autrement, naturalités et autres anoblissements, deshérences, confiscations, bâtardises, dons, permissions et généralement tous ceux qui avaient obtenu et obtiendraient jusqu'à la fin de la présente année lettres patentes et chartres émanées du grand sceau, de quelque nature qu'elles fussent, portant privilége d'exemption, anoblissement et attributions, à la charge de payer les taxes qui seraient arrêtées au Conseil.

Cet édit fut enregistré, avec quelques modifications, par la cour des Aides, le 1er juillet 1655. Ces modifications ne furent point acceptées. Des lettres de jussion ordonnèrent, le 10 juillet 1655, l'enregistrement pur et simple de l'édit. Ces lettres toutefois y dérogèrent en un point assez important. Le Roi ordonnait « que ceux qui auroient joui du titre de noblesse et exemption des tailles pendant 30 années, soit par usurpation ou en vertu de lettres, arrêts et jugements de maintenue, seroient exempts de la susdite recherche et maintenus au titre de noblesse, en payant par eux les sommes auxquelles ils seroient pour ce modérément taxés au Conseil.» Le motif de cette disposition était « qu'il se pouvoit rencontrer que plusieurs desd. usurpateurs eussent pris alliance dans d'anciennes maisons nobles, qu'ils avoient joui du titre de noblesse et servi et servoient encore dans les armées, par le moyen de quoi il seroit difficile de les priver de la continuation du titre de noblesse sans causer beaucoup de désordre dans leurs familles. »

Le 15 juillet, commission fut adressée à plusieurs membres de la cour des Aides pour la recherche des usurpateurs de noblesse. Ils pouvaient juger au nombre de sept souverainement et en dernier ressort de la validité de la noblesse.

La réclamation des États de Normandie dans l'assemblée de 1655 servit de prétexte à de nouvelles mesures de rigueur contre les anoblis. Mais, peu de mois après, on revint sur ces mesures par la Déclaration du 14 juin 1659, portant taxe sur tous les anoblis depuis l'avènement de Louis XIV. « Louis par la grâce de Dieu, roy de France et de Navarre... Nous ayant esté souvent remonstré par les députtez des trois ordres des Estats de nostre province de Normandie que la grande quantité d'anoblis depuis l'année 1610 a tellement diminué et affaibly le nombre des taillables de lad. province que les plus accommodez auroient acquis la franchise de toutes les impositions dont les plus foibles demeureroient surchargez et hors d'estat d'y pouvoir fournir, les dits députez nous auroient enfin avec instance demandé la révocation desd. anoblis, laquelle nous leur aurions accordée par nostre Responce du 29 de décembre 1657 au 42ᵉ article de leur Cahier, laquelle révocation, pour certaines considérations nous aurions, par nos lettres du 8ᵉ octobre dernier, restreinte à ceux qui ont esté anoblis depuis notre advènement à la couronne. Mais ayant fait réflexion que plusieurs d'entre eux, à cause de lad. qualité, se sont meslez par alliance dans les anciennes noblesses, qu'ils se sont signallez dans les occasions importantes à nostre service, que mesmes soubs la foy publique ils ont payé le droict de confirmation de leur anoblissement, et defférant aux très-humbles remonstrances qu'ils nous ont faictes pour les restablir, avec offre de quelque secours dans l'estat présent de nos affaires, nous avons résolu d'y pourvoir. A ces causes nous avons déclaré, disons et déclarons que tous les anoblis de notre dicte province de Normandie, depuis notre advènement à la couronne et leurs descendans soient restablis... en leurs tiltres et quallitez de nobles... en nous payant par chacun desdits anoblis cy-devant révocquez et par chacun de leurs enfans masles nais auparavant l'obtention desd. lettres d'anoblissement qui font souche, comme aussy par ceux qui ont obtenu lettres d'anoblissement ou desrogeance depuis lad. révocation et lettres du 8ᵉ octobre 1658, ou qui en obtiendront jusques au dernier de décembre 1662, pour estre deschargez du droict de confirmation, les sommes auxquelles chacun d'eux sera taxé en notre Conseil, nonobstant les oppositions qui pourroient estre formées par le procureur scindicq desdits Estats. Donné à Paris,

14 juin 1659. » Enregistré à la cour des Aides de Normandie, 9 août 1669, à la suite de lettres de jussion.

Déclaration du Roi portant augmentation sur la ferme de la subvention et Maubouge. — « Louis par la grâce de Dieu roy de France... Nous avons, par notre Déclaration du mois de décembre 1552, restably tous les droictz révocquez par celle du mois d'octobre 1648, et en conséquence, ayant fait bail à M^e Ch. Fleury du droict de subvention cydevant appelé Maubouge (1), nous aurions, sur les plaintes qui nous ont esté faictes des rigoureuses poursuites que faisoient les commis dudit Fleury et de l'incommodité que nos subjetz de plusieurs provinces recevoient de la levée dudit droict, commué icelluy en 25 s. sur chaque muid de vin qui se vend en détail ou assiette dans les lieux où le huictième se paye, en 40 s. sur chacun muid de vin aux entrées et sorties de notre royaume avec le parisis et 12 d. attribuez aux controlleurs conservateurs des fermes, ayant laissé subsister ledit droict de Maubouge en notre province de Normandie, croyant pouvoir tirer un revenu considérable sans incommoder nos subjetz de lad. province. Mais nous ayant esté depuis représenté par les depputtez que la levée dudit droict leur estoit extrêmement à charge et particulièrement dans la campagne et nous ayant suplié de leur en accorder la révocation, nous aurions recherché le moyen de leur donner ceste satisfaction en nous conservant certain revenu pour ayder à soutenir les grandes despenses que nous sommes obligez de faire à cause de la guerre... Ordonnons qu'au lieu dudit droict cy-devant appelé Maubouge, qui se lève dans toute l'estendue de la province de Normandie et lieux où le quatrième a cours, il soit doresnavant, à commencer du 1er jour de septembre prochain

---

(1) Ce droit ne se levait que dans les paroisses contenant plus de 120 feux.

levé à notre proffict, aux entrées des villes, fauxbourgs d'icelles et lieux jouissant des priviléges desd. villes et dans tous les bourgs et endroits de notre province, où il y a et s'exercent bailliage, vicomté, Eslection, Grenier à sel et autres justices royales et lieux où il y a foires et marchez ordinaires par dessus les droicts qui s'y lèvent, sçavoir 20 s. pour muid de vin, 10 s. pour muid de gros ou petit cidre ou bière, et 5 s. pour muid de poiré qui passeront et entreront ès dits lieux, lequel droict sera payé une fois seulement ès dits lieux, soit en passant ou pour y estre lesd. boissons vendues et consommées, et pareils droicts sur les vins, sidres, bières et poirez qui seront vendus en détail, en toutes les dictes villes, bourgs et paroisses de lad. province et lieux cy-dessus, par les hostelliers, taverniers, cabaretiers, » 8 août 1658. Enregistré le 7 septembre 1658. (*Mémoriaux de la cour des Aides*).

Les États de 1655 furent les derniers qui furent convoqués en Normandie et suivant les formes anciennes.

Le Cahier des États que nous avons publié sous la date du 12 février 1658, n'est autre que celui de février 1655. Le chiffre de 1658 ne doit s'expliquer que par une faute d'impression.

A la fin de 1657, il y eut cependant encore une assemblée d'États, et c'est la dernière dont il nous reste à parler. Le document le plus important qui nous en ait été conservé est la Remontrance faite au Roi par l'archevêque de Rouen, au nom de la Province. Dom Pommeraye l'a publiée, sous la date de 1658, aux pages 672 et suivantes de son *Histoire des archevesques de Rouen*.

Il est vrai qu'à la page 670, il annonce cette harangue comme ayant été prononcée devant leurs Majestés en 1652, lorsque le second des Harlay (1) fut choisi « pour représenter au Roy et à son Conseil les plaintes des trois États de la Normandie. »

Mais il est clair que cette date de 1652 est erronée, d'abord parce qu'on ne trouve aucune mention d'États en 1652, ni dans les registres de l'hôtel-de-ville, ni dans ceux du chapitre ; en second lieu parce qu'il est question, dans le cours de cette harangue, du sacre de Louis XIV, qui n'eut lieu, comme on sait, qu'en 1654. D'ailleurs, cette harangue avait été publiée vers le temps où elle fut prononcée, et l'imprimé porte la date de 1658. Je n'insiste sur ce point que parce que la double date donnée par Dom Pommeraye a induit en erreur M. Canel, auteur de savantes recherches sur les États de Normandie.

Il fallait, du reste, que ces États de 1657 eussent laissé un bien faible souvenir parmi les contemporains, puisque, à part cette mention qui s'en trouve dans Dom Pommeraye, nulle part, à ma connaissance, dans aucun travail historique, on ne parle des États de 1657.

Farin qui, dans son *Histoire de Rouen*, publiée en 1668, a donné la liste des députés aux États de Normandie pour le bailliage de Rouen, s'arrête à l'année 1655.

On trouve une mention précise et, pour ainsi dire, officielle de ces États de 1657, dans des lettres-patentes du Roi en forme de Déclaration, du 8 octobre 1658, par lesquelles Sa Majesté déclare « que, nonobstant la demande à elle faite par le 42ᵉ article du Cahier des États de la province du 29 décembre dernier et la Réponse faite par elle à icelui, son intention n'a esté et n'est de révoquer que les anoblis depuis son avènement à la couronne, se réservant toutefois de confirmer ceux à qui elle avoit accordé cette grâce en con-

---

(1) Nommé à l'archevêché de Rouen, sur la démission de son oncle, 26 sept. 1651 ; — à l'archévêché de Paris, le 2 janvier 1671.

sidération de longs et notables services rendus au pays (1). »

Le fait de la réunion des États de Normandie vers la fin de l'année 1657 est donc incontestable. Mais comment se fit cette réunion et que furent ces États ? Il faut conclure des premières lignes de la harangue de François de Harlay que l'assemblée se tint, en présence du Roi, à Paris même, et que cette fois, tout-à-fait par exception, Louis XIV se contenta de mander près de sa personne les députés qui avaient assisté à la dernière réunion des États.

Comme, dans cette circonstance, il n'y eut pas d'élections nouvelles, mais une invitation adressée, directement de la part du Roi, aux députés de 1655, on s'explique le silence gardé sur cette assemblée par les registres de l'hôtel-de-ville de Rouen, silence qui, à première vue, paraît inexplicable.

Ceux du chapitre de la cathédrale ne contiennent que cette courte indication, qui suffit, du reste, pour confirmer ce que nous venons d'énoncer.

« 30 novembre 1657. M. l'archidiacre Paris est dispensé pendant qu'il sera obligé de rester à Paris, pour la résultance des États de la province tenus, il y a trois ans, dont il estoit un des députés. »

D'autres délibérations capitulaires font voir que, dans cette assemblée, les priviléges de l'église furent, de nouveau, mis en question, et que le chapitre se crut particulièrement obligé de quelques-uns des résultats obtenus, à l'archevêque, au grand archidiacre, syndic du clergé de la Province, et au gouverneur le duc de Longueville.

(1) Autre indication non moins précise dans le livre intitulé : *Ordonnances, Édits et Déclarations concernant l'Autorité de la cour des Aydes de Normandie*, Rouen, 1682, p. 2 : « La création d'une Eslection à Pontoise a été révoquée; il en est fait mention en la réponse sur l'art. XI du Cahier des Estats de l'an 1657. »

Les députés durent se rendre à Paris, vers le commencement de décembre 1657 (1).

Le procureur syndic et le grand archidiacre étaient de retour à Rouen, le 8 janvier 1658 (2).

Je suis porté à croire que le Cahier de Remonstrances auquel il est fait allusion dans les lettres-patentes précitées, n'est autre que celui de février 1655, auquel il fut fait réponse en 1658. Il ne pouvait, à vrai dire, être question en 1658 de Cahier général, puisque l'on voit par les registres des délibérations de l'hôtel-de-ville de Rouen qu'il n'avait point été rédigé de Cahiers particuliers, et que le Cahier général n'était dressé qu'à l'aide de ces Cahiers. Le seul document nouveau fut la harangue de l'archevêque prononcée, sans aucun doute, au moment de la présentation du Cahier, vraisemblablement dans les derniers jours de 1657. Le tableau qui y est tracé de la Normandie n'est pas moins lugubre que dans la plupart des Cahiers que nous avons publiés.

Dom Pommeraye qui écrivait son histoire du vivant de Mgr de Harlay n'a pas manqué de vanter la force de cette

---

(1) « 26 nov. 1657. Me Jacques Baudry, procureur sindic des Estats de ceste province, est venu au Bureau, et a dit qu'il estoit sur le poinct d'aller à Paris, pour suivre la réponse du Cahier des Estats tenus en l'année 1655, en ayant adverty les députez, et qu'il venoit pour sçavoir sy le Bureau le vouloit charger de quelque chose. » *(Plumitif du Bureau des Finances)*.

(2) 9 janvier 1658. « Me Jacques Baudry, procureur sindic des Estats de ceste province, est venu au Bureau déclarer ce qu'il avoict faict à Paris touchant les affaires de ladicte province, duquel voyage il n'est de retour que d'hier » *(Ibidem)*. « 13 décembre, M. le Trésorier a esté prié d'escrire, de la part de la compagnie, à M. l'archevesque pour le prier d'employer son autorité pour la confirmation des priviléges des ecclésiastiques et particulièrement de ceste église. — 9 janvier 1658. M. le grand archidiacre, syndic du clergé de la Province, a esté remercié de tous les soings qu'il a pris. » *(Registres capitulaires)*.

harangue. Il est aisé de voir, cependant, qu'elle n'est pas à l'abri du reproche que l'on peut adresser à la plupart des œuvres oratoires de ce temps : en visant à l'énergie elle aboutit à l'exagération et à l'enflure.

Ce qui, pour nous, doit en faire le principal mérite c'est que ce furent pour ainsi parler, les dernières paroles de la liberté provinciale, et assurément ce n'est pas un médiocre honneur pour l'église de Rouen que ce soit un de ses archevêques qui les ait prononcées. C'est à ce titre que nous croyons devoir reproduire ici dans son entier, la harangue de Mgr de Harlay.

Remonstrance faite au Roy par Monseigneur l'Illustrissime et Révérendissime Archevesque de Roüen, en faveur des trois Estats de Normandie 1657.

« Sire, vostre Province de Normandie n'a pas si-tost appris l'ordre qu'ont receu ses Députez, de se rendre sans délay auprès de la personne de vostre Majesté, qu'elle a regardé ce précieux moment comme celuy du recouvrement de sa liberté et de son bonheur.

Aussi a-t-elle désiré que je commençasse ce discours, en rendant ses actions de grâce à vostre Majesté, Sire, de l'audience favorable qu'elle luy donne maintenant; après quoy elle a jugé que rien n'estoit plus séant, ny plus conforme à la profession d'un Archevesque, que de se charger des misères du Troupeau, que la Providence Divine a commis à sa garde et à ses soins ; et elle s'est imaginée que ses gémissemens et ses plaintes, seroient d'autant mieux receuës du plus Juste et du plus Religieux de tous les Rois, que la seule veuë de la gloire de vostre Majesté et du bien public, met aujourd'huy dans ma bouche ses très-humbles Remonstrances.

Et certes, tout ainsi que par une glorieuse prérogative de nostre Caractère, nous sommes establis Médiateurs entre Dieu et les hommes dans ce grand et admirable commerce que le Ciel entretient avec la terre ; de mesme nous ne pouvons nier sans offenser la mémoire de nos Pères, que nous ne soyons constituez icy bas par une mesme puissance, pour estre reconnus les Médiateurs entre les Peuples et les Rois. Oüy, Sire, nous apprenons aux Peuples l'obeïssance qu'ils doivent à leurs Souverains, et ils reçoivent nos enseignemens avec respect; et les Souverains ne désagréent pas que nous les instruisions de la Justice qu'ils doivent à leurs sujets; au contraire, ils écoutent ce Précepte de la Loy de Dieu avec déference. Nous croyons mesme que nostre voix est d'autant mieux entenduë des Princes de la terre, lors qu'elle sollicite leur piété de compatir à leurs Peuples affligez, qu'ils empruntent de nous le secours de cette mesme voix, pour élever leurs prières jusques aux oreilles du Tout-puissant; et nous ne pouvons croire qu'ils manquent pour elle de considération, parce qu'ils l'emploient continuellement auprès de cette Majesté suprême, dont ils ont receu la vie et l'authorité pour obtenir d'elle les vertus qui doivent rendre leur gouvernement heureux.

Heureuse donc à jamais la Province de Normandie, puisqu'elle a l'honneur d'estre aujourd'huy possédée par un monarque si pieux ! Heureux les temps, où il est permis de faire impunément tous les biens, et de ne point raconter les maux inutilement ! et que l'Antiquité ne se vante plus d'avoir mis des hommes en lumière qui disoient la vérité aux Princes, lors mesme que c'estoit un crime de la faire paroistre devant eux : nous respirons un siècle plus doux sous le Règne glorieux de vostre Majesté, Sire, car nous voyons par l'expérience, que non seulement vous la voulez connoistre, mais encor que vous l'embrassez amoureusement.

Trouvez bon, Sire, s'il vous plaist, que je regarde les

fruits que nous allons cueillir de vostre bonté, comme les suites des salutaires instructions que vous a donné la Reyne, vostre Auguste et Vertueuse Mère; ce sont des effets des judicieux Conseils de ce grand Ministre, qui marche devant vous, assisté d'une prudence toujours infaillible. Oüy, Sire, nous remarquons déjà ces sentiments dans la généreuse impatience qu'a V. M. de connoistre nos disgraces ; et c'est ce qui fait augurer à l'advantage de nostre Province, que le Ciel n'aura point fait naistre ce noble mouvement de tendresse dans le cœur d'un si grand Roy, sans qu'il aye dessein de nous secourir.

Sire, un Lévite se plaint encor aujourd'huy dans le Livre des Juges, de la passion déreiglée de quelques particuliers de la Tribu de Benjamin. Ils sont, dit-il, entrez les plus forts dans ma Maison, où par un outrage sans exemple ils ont violé tous les droits d'une légitime Hospitalité; et pour faire passer leur fureur jusqu'aux dernières extrémitez, ils ont arraché la vie à celle que Dieu m'avoit donné pour compagne de la mienne, en la faisant mourir par leurs cruelles brutalitez. Que pouvois-je faire, adjouste-il, dans une occasion si funeste? Tout remply de douleur et de larmes, j'ay coupé son cadavre par morceaux, je vous en apporte les tristes reliques que j'estends devant vos yeux, ô Illustres Tribus d'Israël, et puisque vous estes assemblez pour rendre justice à ceux qui vous la demandent et à qui vous la devez, voyez ce spectacle, et vangez ce crime. (1) A ces mots, on eust veu cette nombreuse assemblée toute émeuë d'une juste indignation, ne respirer que la guerre et les châtimens, et le S. Esprit qui réside dans les corps de ces mesmes Lettres que nous révérons, anime encor nos courages quand il expose à nos yeux cette tragique représentation.

---

(1) Jud. cap. xix, 20.

Voilà, Sire, la véritable Image et le Portrait au naturel du misérable estat de nostre Province, et c'est à l'exemple de ce Lévite, que je lève en vostre présence le ton de ma voix plaintive. En effet, n'est-ce pas elle qui a presté son sein depuis quarante ans, au luxe desordonné d'une infinité de particuliers. Combien de ces gens se sont-ils enrichis de ses dépoüilles ? de qui n'a-elle point contenté ou l'avarice ou l'ambition ? Elle s'est veuë violée dans sa Religion par l'impiété des Hérétiques; violée dans ses immunitez par la perte générale de son Clergé et de sa Noblesse; méprisée dans ses Magistrats, par une infinité d'Officiers et de Commissions extraordinaires qui ont avily leurs Charges, ravagée et pillée impunément dans son tiers Estat, par la licence effrénée soit des Partisans insatiables, soit des Soldats affamez. Y auroit-il un seul point de terre dans sa vaste estenduë, qui n'eust servy de Théatre à ses malheurs, ou de témoins à ses larmes? Oüy, Sire, ce puissant corps est porté par terre. Ce n'est plus qu'un cadavre. Je dis trop peu. Ce cadavre a esté déchiré en morceaux. Sire, voyez ce spectacle, vengez ce crime, et remédiez aux maux d'un Clergé si Religieux, d'une Noblesse si courageuse, d'un Peuple si fidelle.

Sire, quand le Clergé de nostre Province se plaint à V. M. de l'entreprise des Hérétiques, il ne songe pas à faire revivre dans son Ame magnanime, ces cruelles Ordonnances de sang, qui ont rendu suspecte et odieuse la puissance Souveraine de vos Prédécesseurs, à vos Sujets de la Religion Prétenduë Réformée. A Dieu ne plaise que son intention soit d'effaroucher par la violence ceux qu'il appelle tous les jours à la vérité par le Ministère de la parole Évangelique, qui est toute remplie d'humanité et de douceur.

Il n'ignore pas qu'on establit la Religion non pas en faisant mourir les hommes, mais en mourant pour les

hommes; qu'elle est deffenduë par la patience et non par la cruauté; qu'elle est bastie sur la foy, et non pas sur le crime, d'autant qu'il est bien instruit par les sentiments du Docte *Lactance,* « que l'homicide, la cruauté et le crime
« sont des maux; que le Martyre, la patience et la foy sont
« des biens, et qu'il faut que le bien et non pas le mal soit
« le fondement de la vraye Religion. »

Mais, Sire, seroit-il juste, que celle qui dans les Saints Pères est appellée la *Servante,* joüist paisiblement des advantages, qui de droict n'appartiennent qu'à la *Libre?* Cependant par une nouveauté singulière, elle élève ses prétentions sur l'héritage des enfans de la maison! elle est esclave, et elle veut commander; elle est ensevelie dans les erreurs, et néantmoins elle veut instruire; et, le diray-je à V. M., elle s'est advisée par une hardiesse sans exemple, d'ouvrir dans Quevilly à la porte de Roüen, des Escholes publiques de toute sorte de Doctrine; et cela, Sire, au mépris de vos Édits de pacification, et de tant de Déclarations si souvent renouvellées, à la confusion de vos Magistrats, qui ont esté empeschez de les mettre en exécution, au préjudice et au déshonneur du Collége Archiépiscopal de Roüen, où ils estoient admis de tout temps, et où, sans que leur conscience fut gesnée en apprenant les Lettres Humaines, ils profitoient de nos bons exemples.

Cette affaire, Sire, a esté portée diverses fois devant vostre Tribunal, par Messieurs les Députez de la dernière Assemblée du Clergé de France; mais soit qu'elle n'aye esté touchée qu'en passant, soit qu'elle ait esté enveloppée dans une grande multitude d'autres choses très-importantes, soit que pour des raisons particulières elle ait esté remise en un autre temps, soit que l'ombre de quelque puissante protection cachée ait arresté le succez de leurs remonstrances, ce mal est demeuré sans remède.

Ce n'est pas, Sire, que nous prétendions entrer avec

26

vous dans les Conseils de V. M. Nous ne croyons pas mesme devoir pénétrer dans ces veines profondes et imperceptibles, où se forment les grands secrets de l'Estat. Mais, Sire, pardonnez, s'il vous plaist, à l'impétuosité du zèle d'un Archevesque, qui est trop redevable aux biens-faits de V. M. pour préférer quelque chose à sa conscience et à vostre propre gloire.

O France, fasse le Ciel que ceux qui se disent tes amis, cessent un jour de se déclarer ouvertement les ennemis de la Foy! Moissonne des Lauriers avec tes Alliez, mais qu'il ne soit pas dit qu'ils seichent sur les tiges, faute d'estre arrousez des bénédictions du Ciel. C'est trop peu que des conquestes communes te fassent partager avec eux les dépoüilles de la terre, rends-les capables de posséder en commun un Royaume plus solide qui ne périsse jamais. L'Allemagne vit autrefois un Henry I rappeller à la Foy Catholique Estienne Roy de Hongrie avec tous ses Estats. Tu n'as pas moins de gloire en portant dans ton sein un digne Rejetton du sang et des vertus du grand S. Loüis; fais-en l'Apostre d'une Nation voisine, qui a fourni au Ciel tant de Saints, et à la terre tant de Héros.

Mais, Sire, que les ennemis de l'Église luy dressent des embusches, et qu'ils livrent à son Innocence une cruelle persécution; elle ne s'en estonnera pas, d'autant qu'elle sera tousjours victorieuse de leurs mauvais desseins, ou par la force de ses instructions, ou par le mérite de sa patience. Mais que ses propres Enfans entreprennent de l'assaillir ouvertement, qu'ils luy déclarent une rude guerre, et que les Fermiers de vos Aydes triomphent de ses dépoüilles à la veuë des Ministres de l'erreur, dont les priviléges sont exactement conservez, c'est ce qui la touche très-sensiblement, et la douleur la plus violente procède de cette injustice.

L'Espouse qui gémit dans le Cantique, demande justice

à son Espoux, de l'insolent procedé des Gardes qu'il avoit posez à la porte de la Ville. Premierement, luy dit-elle, ils m'ont rencontrée sans me vouloir connoistre; en suite ils m'ont chargée de blessures; et pour comble de leur outrage, ils m'ont dépoüillée de ce riche vestement que j'avois receu de vos mains. (1)

Voilà, Sire, ce qui arrive aujourd'hui par un accident assez estrange à l'Église de nostre Province. Ses Ecclésiastiques sont appellez par la bouche mesme du Fils de Dieu, les Enfans des Rois; et des gens qui se disent Chrestiens, et qui n'en font pas les œuvres, ne laissent pas de les rendre tributaires, et de les imposer au second paiement des Tailles. Ils sont les Ministres de J. C., ses Ambassadeurs en terre, les Dispensateurs de ses Mystères les plus secrets, mais on ne les veut pas connoistre, et par un indigne traittement on les confond avec les derniers du peuple. Je dis trop peu, on les offense publiquement par des refus outrageans, lorsqu'ils demandent à joüir des priviléges qui sont acquis, soit à la condition de leur Ministère, soit à la fidélité inviolable de leurs Contracts. (2) Et cette Robe, Sire, que V. M. a cousuë de ses propres mains, je veux dire cette belle et noble Déclaration, verifiée par vos ordres dans vos Cours des Aydes (3), qui les met à couvert du

---

(1) Cant. cap. v. 7.

(2) Il s'agit des Contrats faits avec le clergé de France.

(3) Par Déclaration du 8 février 1657, le Roi, en confirmant les priviléges des ecclésiastiques, avait ordonné que tous ceux du royaume, qui faisaient valoir leurs fermes par leurs mains, ne pourraient être cotisés aux tailles ni pour leurs bénéfices ou titres cléricaux, ni pour leurs patrimoines, donations, successions directes ou collatérales et acquêts légitimes. Les curés ou vicaires qui prendraient à ferme des dîmes dans leurs paroisses, les receveurs généraux des bénéfices, les fermiers et receveurs des bénéficiers étaient déclarés exempts des tailles, pour le bien d'église remis entre leurs mains. *(Mémoriaux de la cour des Aides)*.

payement des Entrées des boissons de leur crû, et de l'imposition des Tailles, leur a esté arrachée avec violence par un Arrest du Conseil, donné par surprise sur une simple Requeste.

Aussi verse-t-elle abondamment des larmes, lorsqu'elle dit en elle-mesme dans l'amertume de son cœur : Quoy donc, l'Égypte aura respecté autrefois les Lévites sous le gouvernement des Pharaons, parce qu'ils estoient destinez aux Sacrifices de l'ancienne Loy, et les Ministres de la nouvelle Alliance seront moins considérez, sous le Règne du plus Religieux de tous les Rois ? les premiers auront esté exempts des Tributs par le sage discernement de Joseph, Chef des Conseils de ce Prince, et cette pieuse Déclaration qui a esté mesnagée aux seconds, par les Conseils et par les Prières d'un grand Cardinal, ne la pourra tirer de la Loy commune des exactions ? Voilà, Sire, les discours et les plaintes que fait l'Église de Normandie dans sa juste émotion; voilà le sujet de ses blessures, et néantmoins elle connoist bien qu'il faut qu'elle oublie ses autres intérests, pour faire place à la voix de vostre Noblesse désolée.

La Noblesse, Sire, qui dans les maximes de la raison, n'est autre chose que la marque de la vertu et de l'opulence de nos Ayeuls, attire sur elle le respect et la vénération de tous ceux qui en connoissent le mérite et l'éclat; comme ceux qui durant leur vie ont cultivé la vertu, ne se sont pas contenté de faire des actions utiles au public pour le seul temps qu'ils ont esté au monde, puisque nous en recueillons les fruits plusieurs siécles aprés leur mort, il est bien juste que l'Estat use d'une reconnoissance proportionnée à tant de services, en continuant à leur Postérité les honneurs et les loüanges qu'ils ont si dignement méritez.

Aussi voyons-nous par expérience, lors que nous avons devant les yeux les Enfans de ces grands Hommes, qui ont remply toute la terre de l'éclat de leurs actions, qu'il ne se peut faire que nous ne soyons touchez d'une déférence meslée d'amour, que nous inspire le doux souvenir de la mémoire de leurs Pères; et je ne sçay quelle singulière puissance se donnent ordinairement sur nos Cœurs, ceux qui succèdent à la réputation aussi bien qu'au nom de leurs Devanciers.

Je ne chercheray point, Sire, le secours des Nations estrangères, pour rendre des témoignages à cette éclattante verité. Je n'appelleray point à mon ayde ces superbes Statuës ny ces magnifiques Mausolées, que la vénérable Antiquité a dressé à ses Héros; ces illustres sentiments sont gravez dans le cœur de vostre Noblesse de Normandie, lors qu'elle considère le mérite de ses Prédécesseurs. Elle se vante que ses Ayeuls ont adjousté aux hauts Tîtres des Richards et des Guillaumes les superbes noms de Sans peur, de Conquerant et de Cœur de Lyon; elle se pare des actions des Rogers et des Tancredes, qui ont porté leurs faits héroïques jusques dans la Palestine; elle montre encor avec quelque sorte d'ostentation ces précieuses Reliques des Ossemens de ses Ancestres, qui ont répandu leur sang et consommé leur vie à la deffense de la Religion Catholique.

Que faut-il encor après cela pour attirer sur elle la considération de vos Sujets? une piété exemplaire? elle a relevé nos Eglises abbatuës, et les a fondé de ses propres biens. Une fidélité sans seconde? elle costoyoit Henry le Grand, dans ce glorieux Ouvrage du recouvrement de ses Royaumes. Une valeur sans pareille? C'est elle, disoit autrefois ce grand Monarque à feu Mr. le Cardinal de Gondy, qui ne me presse jamais plus que dans les jours de bataille. Cependant ces actions mémorables, cette piété exemplaire, cette fidélité sans seconde, cette valeur sans pareille, ne sont plus considérées que comme des choses ordinaires et communes. On recherche encor plus sévèrement que jamais les Tîtres de cette Noblesse, où l'avarice feint des deffauts pour satisfaire ses prétentions; on vuide en sa présence les Sépulchres de ses Devanciers; elle voit avec indignation troubler le sommeil de ses morts; on crible, pour la quatrième fois depuis vingt années, les cendres de leurs Pères; et comme si c'estoit trop peu que de s'attaquer à ceux qui restent, on regratte, pour ainsi dire, encor mille fois les os de ceux qui ne sont plus.

Mais quoy, diront les Traittans, quel sujet a la Noblesse de Normandie de former en ce rencontre tant de plaintes? cette recherche n'a-t-elle pas esté ordonnée pour la remettre dans la joüissance de ses premiers et anciens honneurs? n'est-ce pas là un moyen indubitable de séparer le vray d'avec le faux, et pour discerner suivant la demande des derniers Estats, la Noblesse d'ancienne Extraction d'avec la nouvelle de 1610? C'est, Sire, ce qu'ils objectent maintenant à vostre Noblesse de Normandie.

Sur cela, nous supplions très-humblement V. M. de considérer premièrement, que les nouveaux annoblis depuis 1610, estans confondus avec les anciens par le moyen des Alliances, ne peuvent estre chargez d'aucune honte, qu'elle ne retombe en mesme temps sur tout le Corps. En second lieu, ne sçait-on pas bien que la ruine et le déshonneur de cette Noblesse abbatue n'a pas esté jusqu'à présent à la décharge du gros du peuple, ny à la moindre diminution des Subsisdes et des Impositions? Davantage, n'est-il pas vray ou qu'ils ont mérité ce tître par de belles et généreuses actions, ou qu'ils l'ont acquis en faisant des efforts considérables pour le secours de l'Estat dans ses nécessitez les plus pressantes, et qu'ils ont donné de l'argent sur la foy et la parole de V. M. ou de ses Prédécesseurs, qui doit estre aussi sacrée et inviolable que les Loix.

Et puis la pluspart de ceux qu'on appelle nouveaux annoblis, ne se sont-ils pas mis en estat de servir effectivement dans les armées ? et plusieurs d'entr'eux n'ont-ils pas scellé leur Noblesse par leur propre sang, ou par celuy de leurs Enfans ? D'ailleurs, qui ne prefereroit tousjours une nouvelle Noblesse, qui veut ensevelir sa roture par les mains de la vertu, à une plus ancienne, lorsqu'elle sera ou anéantie par le vice, ou destruite par la nonchalance de l'oisiveté ? Enfin, quelle Justice y a-t'il que de quatre-vingts et tant d'articles dont est composé le Cahier de nos derniers Estats, on ait laissé tous les autres dans les poussière et dans l'oubly sans y vouloir faire la moindre réflexion, et sans procurer aux trois Ordres affoiblis le moindre soulagement, et qu'en celuy-là seul, qui partage la Noblesse en deux, sous prétexte de la favoriser, on la jette par une suitte infaillible sur le panchant de sa ruine ?

Agréez donc, Sire, s'il vous plaist, que, sans aucune de ces distinctions qui ne vont qu'à des taxes ruineuses à toute la Province, ils se jettent tous ensemble à vos genoux, pour obtenir avec uniformité la conservation de leurs priviléges. Trouvez bon qu'ils partagent en commun avec leurs biens, le sang et les services de leurs pères, ou les graces de V. M. A quoy bon les traiter comme on faisoit autrefois ces pauvres et ces misérables criminels, qu'on renvoyoit aux Statues et aux Sépulcres des morts pour y rencontrer de la protection? Où en chercher une plus puissante que dans le cœur de V. M. tousjours bien-faisant? où en trouver une plus légitime que dans le mérite de leurs actions passées, et dans la bonne foy des Lettres qu'ils vous a plû leur accorder ? Recevez, Sire, s'il vous plaist, pour caution de leur vertu, l'honneur qu'on leur veut oster, et que vous leur rendrez, car ils seront tousjours prests de se rendre avec usure aux dépens de leurs propre vie, pour faciliter à V. M. la gloire de ses Triomphes.

Que me reste-il maintenant, sinon d'exposer à votre Majesté, Sire, les misères du tiers Estat de nostre Province? Mais hélas! par où commencer, et par où finir? Ce Cahier, Sire, que nous présentons à V. M., ne comprend que la moindre partie de ces douleurs; aussi ne desagréez pas, s'il vous plaist, si nous vous disons avec ces paroles des Lettres Saintes : ô Prince très-Clément et très-Doux, prenez ce Livre et le dévorez, d'abord il causera de l'amertume dans vostre Ame généreuse, mais un seul mot favorable qui sortira de vostre bouche, nous le rendra beaucoup plus doux que le miel.

Si je pouvois rappeller en vostre présence, vostre peuple accablé sous le poids de ses afflictions, je ne doute point, Sire, que V. M. ne fust touchée de ses infortunes, et attendrie par ses larmes. Mais, hélas! il n'est pas en son pouvoir de seconder mes justes intentions. La pluspart des maisons des particuliers sont ou environnées ou pleines de Fuzeliers, qui, à l'insceu de vostre Conseil, les traitent avec la dernière inhumanité; ils offrent leurs biens, leurs travaux, leurs vies, la sueur de leurs visages à ces impitoyables, mais tout cela n'est pas assez pour les contenter; il faudroit des choses impossibles, et parce que les choses impossibles ne se peuvent pas, toutes les prisons de Normandie ne retentissent que de la voix de ces misérables et ne parlent que de leurs gémissemens.

Encor si on leur donnoit la nourriture qui est donnée aux plus scélérats, ils supporteroient leurs peines avec quelque sorte de patience; mais on leur oste tout à la fois, l'aliment et les moyens de gagner leur vie, et souvent on les transporte dans des cachots éloignez de leurs familles, afin qu'en les faisant languir, on les force d'abandonner leurs maisons et leurs héritages à vil prix. Aussi le feu Roy Louys XIII, d'heureuse mémoire, répandit des larmes en

(1) Apoc. cap. x, 8. Accipe librum, et devora illum : et faciet amaricari ventrem tuum, sed in ore tuo erit dulce tanquam mel.

présence des Députez de nostre Province, lorsqu'il apprit d'eux l'extrême désespoir où estoit son peuple, et sa bonté leur fit espérer qu'il donneroit bientost du soulagement à ses maux. Cependant il y en a plus de douze cens dans toutes les prisons de la Province, qui sont réduits à une nécessité presque égale. Ouy, Sire, la chicane, monstre cruel qui s'est formé des ruines de la charité chrestienne, les consomme en frais ; cette monnoye de liards qui s'est répandue dans le menu peuple et qui l'appauvrit, sous prétexte de l'enrichir, ruine entièrement leur Commerce.

La clause solidaire, introduite depuis quelques années dans les Tailles, fait qu'aucun particulier ne jouist en seureté de l'héritage de ses pères ; et cette Troupe inombrable de soldats qui vient fondre tout à coup comme une gresle dans nostre Province, jette les esprits des Particuliers dans des craintes et des confusions inexplicables ; et néantmoins, Sire, ils ne sont coupables que parce qu'ils sont impuissans ; ils ne sont criminels, que parce qu'ils sont pauvres ; on leur reproche qu'ils sont ingrats, et ils sont destituez de toute sorte de moyens. Ce n'est point leur volonté qui les fait rebelles, c'est la volonté des Commissaires qui leur impose un poids et un joug insupportable.

Mais, Sire, que nos plaintes ne rendent point à V. M. nostre fidélité suspecte, les souffrances de vostre Peuple ne l'empescheront jamais de répandre sur vostre sacrée Personne une infinité de bénédictions ; nous connoissons vos travaux, vos fatigues, et vos veilles incroyables ; et nous sçavons, Sire, que V. M. n'embrasse toutes ces peines que pour deffendre nos vies et protéger nos personnes.

Qui oseroit ignorer que le Prince et le Peuple doivent estre nécessairement unis par une parfaite connexité d'intérests et d'amour ? Qui ne sçait que la diminution de la grandeur et de la dignité du Chef n'est autre chose, soit dans la Nature, soit dans la Politique, qu'un affoiblissement général de toutes les parties du Corps ? Arrière donc ces Ames aveugles et injustes, qui, sans démesler la confusion des temps, envisagent avec jalousie l'authorité des Puissances légitimes.

Qu'ils sçachent que les grands fleuves, dont la terre est engraissée par une vaste fecondité, font de grands débordements ; on les regarde avec crainte lors qu'ils quittent leurs licts, ou qu'ils rompent les digues que la Nature leur a prescrites ; cependant ils sont chéris des Peuples, et les Nations entières s'estiment heureuses de leur possession, parce qu'ils apportent une infinité de richesses au commerce des hommes. C'est, Sire, la veritable idée que nous conservons de la Majesté des Rois.

Durant le Schisme de l'Église, la France s'estant soustraitte de l'obéissance du Pape Benoit XIII, il emporta cette consolation dans son extrême disgrace, que le Roy Charles VI lui témoigna par ses Lettres, que cela n'estoit point arrivé de son consentement ny de celuy de son Conseil, mais par la violente nécessité des affaires et des temps.

Nous pouvons dire de mesme, Sire : la Normandie ressent et plaint ses malheurs, elle vous en fait aujourd'huy le récit par la bouche de son Archevesque, et V. M. les a receues avec des démonstrations d'une bonté et d'une patience singulière ; elle emporte au moins cette consolation qu'elle croit, Sire, dans le cœur de V. M. sa douleur et son impatience sur la continuation de ses misères ; et si la nécessité des temps et des affaires ne luy permettent pas de nous tirer entièrement de nos maux, pour moy, Sire, je diray publiquement (parce que c'est une verité constante qui me paroist dans tous vos sentimens et dans toutes vos actions) que tout ce qui nous est jamais arrivé d'infortunes, est arrivé contre le consentement de V. M. et l'intention des principaux de vostre Conseil.

Aussi demandons-nous à Dieu pour vous une longue et

généreuse vie ; un Empire tranquille ; une Maison bien unie ; des Armées invincibles ; un Conseil toujours fidelle ; un Peuple obéissant et soumis ; en un mot, tout ce que V. M. peut et doit Chrestiennement souhaiter, soit en qualité d'Homme, soit en qualité d'Empereur toujours victorieux. »

Bien qu'il n'y ait point eu d'États après ceux de décembre 1657, les officiers de ces assemblées conservèrent leurs fonctions et leurs traitements.

Les deniers destinés aux affaires ordinaires de la Province, continuèrent aussi à être mis aux mains du trésorier pour être employés par lui au fait de sa charge, ainsi qu'il était accoutumé, et aux taxations des Commissaires du Roi, attendu que ceux-ci *s'estoient tenus prêts pour se trouver à la convention des États.*

Ce sont les termes des lettres du Roi adressées à la Chambre des Comptes en 1658, 1659, 1662, 1663, 1664, dans lesquelles il déclarait que, bien qu'il n'eût pas jugé à propos de faire assembler les États ordinaires de la Normandie, son intention toutefois n'avait point été d'apporter de changement aux affaires du pays ni à l'ordre qu'y avait été gardé de tout temps (1).

Jacques Baudry, le procureur syndic, exerça cette fonction jusqu'à sa mort, arrivée en 1663, et il est à remarquer qu'il en prit le titre dans son testament, du 13 mars 1661, ce qui prouve clairement l'importance qu'il y attachait (2).

(1) *Mémoriaux de la Chambre des Comptes.*
(2) Par cet acte, dans lequel il prend le titre d'écuyer, avocat en la Cour et procureur syndic des États de Normandie, il demande à être enterré en l'église St-Patrice, en la chapelle St-Fiacre au tombeau de

Baudry eut pour successeur, en vertu de la décision des États de 1655, son neveu Jacques Aveline.

Duhamel que nous avons vu régulièrement nommé trésorier en 1655, continua de remplir cette fonction, dont les fonds, il est vrai, lui furent toujours fort inexactement payés.

Jean Lespeudry, porta le titre de greffier des États, sans avoir l'occasion d'en faire la fonction.

Quant à la charge de greffier-commis, lorsqu'elle fut devenue vacante par le décès d'Alain De La Londe, elle fut confiée, par le duc de Longueville, provisoirement et en attendant la nomination des députés, à un nommé Nicolas Le Coiffier, gendre dudit De La Londe (30 mai 1662) (1).

Celle de Pierre Le Leu, huissier des États étant devenue vacante par le décès de ce titulaire, le même duc l'avait donnée à un nommé Pierre Viart, qui dut l'exercer aussi provisoirement, en attendant la première réunion des députés de la Province, 10 février 1659 (2). Une autre charge d'huissier fut encore donnée (23 oct. 1661) par le duc de Longueville à son premier valet de chambre, François Barré, lequel s'en démit, le 30 août 1663, en faveur d'un bourgeois de Rouen (3).

Enfin, le 12 décembre 1658, le duc de Longueville avait nommé Pierre De Conihout, comme courrier ordinaire des députés de Normandie (4).

sa famille avec ses feus père et mère. Il mourut à Rouen, dans sa maison de la rue du Moulinet. Il laissait un frère, Laurent Baudry, comme lui avocat au parlement, et trois sœurs, dont l'une s'était mariée à noble homme Jean Aveline, lieutenant général civil et criminel en l'amirauté de Dieppe. — (Arch. de la Seine-Inférieure).

(1) *Plumitifs du Bureau des Finances*, 30 avril 1664.
(2) *Plumitifs du Bureau des Finances*.
(3) *Ibidem*.
(4) *Ibidem*.

Cela dura jusqu'en 1666. On conservait ces vains titres, afin, sans doute, de se ménager le temps de préparer l'opinion publique à une suppression que plus d'un signe non équivoque indiquait comme arrêtée dans les conseils du gouvernement. Déjà Colbert avait fait porter à l'Épargne les fonds modiques réservés pour les voyages des députés. On avait alloué sur la trésorerie des États des pensions à des personnages qui y étaient absolument étrangers. La nomination des postes avait été retirée au gouverneur de la Province, et les fonds affectés à ce service dont le trésorier des États avait le maniement étaient passés en d'autres mains.

On avait aussi décidé que cet officier aurait désormais à compter au Conseil d'État et non plus au Bureau des Finances, ce qui était rendre impossible, par ce seul fait, la vérification faite jusqu'à lors par le procureur syndic et par la Commission des États (1).

Enfin, en 1666, les derniers coups furent portés à l'institution. Un arrêt du Conseil d'État, du 6 décembre de cette année, supprima définitivement la charge de procureur syndic. On donna à Jacques Aveline, 10,000 l., payables en deux années comme dédommagement de son traitement de 1,800 l. et de ses 12 l. par jour de vacation. C'était la somme que l'on avait accordée en 1614, à titre de gratification, au procureur syndic Bretignières, quand il dut donner sa démission pour remplir la place de procureur général du parlement.

Aveline avait d'autant moins sujet de se plaindre que sa charge n'était point un office pour lequel il eut déboursé de l'argent aux mains du Roi, mais une simple commission, révocable *ad nutum*. On lui fit défense de faire aucunes fonctions de procureur syndic après le dernier jour du

---

(1) Voir page 424 de ce volume.

mois de décembre 1666. Les lettres patentes sur cet arrêt portent la date du 19 février 1666 de cette annee (1).

Dans le même temps, on supprima la charge de trésorier et l'on attribua à Duhamel, à titre d'indemnité, 10,000 l. bien que ses gages ne fussent que de 600 l. et de 8 d. pour livre de son maniement. Les lettres-patentes interdisaient à Duhamel et à tous autres de faire aucune fonction de trésorier après le dernier jour de septembre 1666, à peine de faux (2).

L'office de greffier fut supprimé par arrêt du Conseil du 13 juin 1666. Lespeudry dut être remboursé de la somme de 7,500 à laquelle fut réglée la finance de cet office. On lui paya, de plus, 500 l. pour ses gages de l'année 1665 (3).

Ces arrêts qui supprimaient ces trois charges abolirent les derniers restes des États. Ils furent rendus sur le rapport de Colbert.

Ainsi que j'ai eu l'occasion de le dire dans un mémoire sur les derniers États de notre province, le parlement garda

(1) *Mémoriaux de la Chambre des Comptes.* Aveline était fils de Jean Aveline et d'une sœur de Jacques Baudry. Son nom figure pour une somme de 1,000 l. dans la liste des intéressés de la compagnie des Indes Orientales, 9 septembre 1664. — Après la suppression de sa charge il fut nommé par le Roi à l'office de conseiller au bailliage et siége présidial de Rouen, 8 février 1672. Le 27 décembre 1676, Montausier, lieutenant général de Normandie, le nomma capitaine des bourgeois de Rouen. Il avait épousé Marie-Madeleine-Thérèse Bureaux, laquelle, devenue veuve, se maria à Louis Leseigneur sieur de Giste-Benard. (*Bureau des Finances*).

(2) *Bureau des Finances. Registre des vérifications d'offices*, f⁰ 50.

(3) Plus tard il paraît avoir été inquiété à propos de sa gestion. « 27 avril 1668. Mention d'un arrêt du Conseil du 4 du même mois qui ordonne au trésorier des États de payer aux mains du commis au recouvrement des taxes de la Chambre de justice, la somme de 18,000 l. « savoir 15,500 l. à quoi S. M. avait réduit la taxe de 30,000 l. faite sur ledit Duhamel et 2,500 l. pour débets de quittance sur lesdits comptes. » *(Plumitif du Bureau des Finances).*

le silence ; n'était-il pas le médiateur naturel entre le prince et ses sujets ? La Chambre des Comptes, au moment de l'enregistrement (1), exprima timidement un regret. Le clergé avait ses assemblées ; il lui suffisait d'en maintenir l'usage pour assurer la défense de ses intérêts particuliers. La noblesse n'attachait qu'une très-faible valeur à des titres conférés par l'élection et indépendants de la dignité des fiefs (2). Quant au tiers État, il pouvait, non sans quelque raison, se demander quel profit il avait tiré de tant de réunions et de remontrances.

Ainsi, au milieu de l'indifférence de tous ou peu s'en fallait, fut consommée la ruine d'une institution qui remontait au moyen-âge, et qu'on ne devait remplacer qu'en 1788.

En somme, ne pourrait-on pas dire, pour la justification de Louis XIV et de Colbert, que la Normandie méritait de perdre ses États puis qu'elle y tenait si peu ?

Nous finirons ce recueil de documents, par quelques pièces relatives aux derniers actes des officiers de ces assemblées.

Démarches de Jacques Baudry dans l'intérêt de la Province. — « 20 may 1658. M° Jacques Baudry, procureur sindic des Estatz de cette province, a demandé entrer au Bureau, où estant il a dict estre de retour de Paris du jour d'hyer où il estoit allé pour poursuivre au Conseil ung procedz interjeté contre lesdits Estatz depuis 150 ans pour une somme de 100,000 l. en principal et les interestz

(1) En vérifiant les lettres-patentes portant suppression de la charge de trésorier des États, le 4 mars 1661, la Chambre des Comptes émit ce vœu : « Et sera S. M. très-humblement suppliée de la continuation de la convention des États de cette province comme il a été ci-devant pratiqué. » (*Mémoriaux de la Chambre des Comptes.*)

(2) On a pu juger de l'indifférence de la noblesse par le petit nombre des gentilshommes qui prenaient part aux élections. Le clergé pendant très-longtemps parut comprendre infiniment mieux l'importance des assemblées provinciales.

que l'on faisoit monter à 2 ou 300,000 l., à quoy on prétendoit lesdits Estatz estre condamnables (1), et sur ses poursuittes il avoit tant fait qu'il avoit obtenu arrest dudit Conseil, portant descharge desdictes demandes, dont il venoit donner advis au Bureau, mesmes des autres suites qu'il avoit faictes au Conseil pour autres affaires qui concernoient la Province. »

« 24 mai 1658. Sur la requeste présentée par le procureur sindic des Estatz de ceste province, contenant que lesdits Estatz, par l'article 14 du Cahier de leurs Remonstrances, arrestées en leur dernière assemblée, ayant demandé le Changement d'Octroy pour dellivrer les pauvres collecteurs des peines et des fraiz qu'ils font à courir après les taillables en diverses parroisses et quelquefois fort éloignées, ensemble pour facilliter l'accéleration du payement des tailles, S. M. auroit respondu qu'elle y pourvoirroit après avoir eu sur ce l'advis des sieurs maistres des Requestes et employez en ladite province, ensemble de la cour des Aides et des trois Bureaux des Finances de ladite province, requéroit à ces causes ledit procureur scindic qu'il pleust au Bureau sur ce donner advis à S. M., Veu ladite requeste, extraict dudit Cahier de Remonstrances faictes par les gens des trois Estatz de ceste dicte province tenuz à Rouen le 12 février 1655 et la response de sa dicte Majesté sus énoncée, le Bureau est d'advis qu'il est de l'utillité et soulagement des habitans de ladite province, contribuables aux tailles, de leur accorder le Changement d'Octroy en

---

(1) Il s'agit du procès d'Yolande Laydier; voir l'article xxxviii du Cahier de février 1638. On voit par cette ordonnance que le procureur syndic des États entretenait avec le Bureau des Finances des relations assez suivies. Elles durèrent jusqu'à la fin. Le 18 décembre 1665, Jacques Aveline, procureur syndic, pressé de partir à Paris et ne pouvant se présenter devant les trésoriers de France de Rouen, parce que ce n'était pas jour de Bureau, leur faisait faire ses excuses par un de leurs collègues.

pourveoyant par S. M., selon son bon plaisir, aux moyens les plus faciles pour éviter les procez et longueurs d'iceux qui pourront intervenir par ledit Changement d'Octroy (1).

Lettre du Bureau des Finances d'Alençon à celui de Rouen, relativement au Changement d'Octroi. — « Messieurs, nous venons de recevoir une requeste de M. Baudry, procureur (des Estats), pour y mettre notre advis sur la demande employée dans le Cahier (des Estats) touchant le Changement d'Octroy, et comme nous serons (heureux) de ne rien faire en ceste occasion que de concert avec vous, nous avons jugé à propos, Messieurs, de vous supplier très-humblement de nous faire la faveur de nous mander ce que vous estimez, etc., Alençon, 3 juin 1658 (2). »

(1) Il s'agit de l'article 14 du Cahier des États de l'année 1655. Cet article manque malheureusement dans l'exemplaire imprimé de la Bibliothèque nationale, le seul que nous ayons pu nous procurer. Mais ce point ne peut faire l'objet d'un doute, puisque quelques lignes plus bas, dans l'ordonnance du Bureau des Finances, l'article en question est indiqué comme tiré du Cahier des Remontrances de l'année 1655. Cette même ordonnance prouve clairement qu'il n'y eut point, à proprement parler, de Cahier d'États en 1657 ou 1658, puisque la réunion des États de 1655, se trouve, à la date du 24 mai 1658, qualifiée de *la dernière assemblée*.

(2) « D'autant que l'usance gardée en ce pays de Normandie veut que les personnes sorties d'une paroisse pour habiter en l'autre demeurent assises au lieu où elles ont été premièrement imposées, jusques à ce que le Roy, par ses lettres de commission pour la tenue des Estats, ait ordonné du changement de contribution et octroyé à chacun d'estre assis et payer sa taille et demeurer contribuable au lieu de sa résidence..., telle commutation de domicile et concession de payer taille au lieu de sa demeure est ce que l'on appelle proprement audit pays Changement d'Octroy, qui n'advient guère toutefois que de dix ans en dix ans ou de sept ans en sept ans... Or est iceluy Changement de diverses façons, et l'une fort plus générale que l'autre. » (Président La Barre, *Formulaire des Esleuz*, p. 224, 225).

Démarches d'Aveline, procureur-syndic, dans l'intérêt de la Province. — Un édit fut donné à Bordeaux au mois de juillet 1660, lequel modifia et renouvela les dispositions des Ordonnances des gabelles. Opposition fut formée devant la cour des Aides à l'enregistrement de cet édit par le procureur-syndic des États de Normandie, par le syndic de la ville de Rouen, par le syndic du clergé, par les échevins de Dieppe, d'Eu, du Tréport, du Havre-de-Grâce et du bourg de Saint-Valery. Jacques Aveline présenta un mémoire très-développé, auquel répondit, par la plume de A. Druel, Jacques Autruy, adjudicataire général des gabelles de France. Nous donnerons ici quelques extraits de la réponse d'Autruy :

« Le procureur des Estatz est très-mal favorable d'insignuer aux peuples que telles Ordonnances sont faites seulement pour les priver de l'usage du sel, par le prix excessif qu'on luy donne, au lieu que le soing très juste de S. M. n'a esté et n'est autre que de subvenir par tous moyens à ses subjets, les conserver dans le légitime usage du sel et aussy pour conserver les droicts et impositions que la nécessité de l'Estat a comme contrainct sa dicte Majesté de lever sur ledit sel.

Le contredit sur le premier article est très peu considérable, puisqu'il ne tend qu'à faire exécutter un édict précédent, fait en l'année 1639, pour empescher les fraudes des faulx-saonniers par amendes qui doivent estre payez sans préjudice des appellations ; et l'expérience a fait cognoistre que une bonne partye des faulx saonnages se font faire par des personnes desnuez de tous biens, et qui par ce moyen voudroient rendre illusoires les suites que le Roy fait faire contre eux, comme s'il estoit licitte à tous les gueux de faulx saonnier impunément, et telles appellations frivolles consomment en frais les commis du fermier, tant par les provisions de vivres, conduittes de prisonniers, port de procès, que instruction d'iceux, de sorte qu'il est de nécessité, pour empescher tels désordres, de convertir la peine pécuniaire en corporelle, principalement contre telles personnes desnuées de tout bien.....

Ce que ledit procureur sindic a escript sur les 4, 5, 6, 7, 8 et 9e articles ne sont que fantazie à sa mode, ou bien il fault qu'il prouve que résister aux volontez justes et Ordonnances du Roy ne soit pas crime, qu'il est loisible de contrevenir aux Ordonnances mesmes par récidives, que ce ne soit qu'une légère faulte.....

L'article unzième du présent édict ne fait que confirmer les articles 7, 15 et 23 de l'Ordonnance de 1639 de Sa Majesté, suivant les modifications que la cour y apporta lors de la vérification d'icelle. Partant ledit sindic ne doit plus user du terme de *sy elle esté vérifiée*, au lieu du terme de *qui a*, pour ce que la plus part sont remèdes au faux saonnagé à force ouverte, qui a esté mesmes depuis continué, et les adjudicataires ont esté obligez de faire de grands frais pour entrer par l'authorité du Roy dans des maisons fortes dont les commandants ont ozé demander des pensions, et sur l'offre de gratifications honnestes, ont répondu qu'ils y perdroient, voulant dire qu'ils tirent plus de proffict de recevoir les faux saonniers; après quoy S. M. est fondée en justice de les menacer des peines portées par lesdits articles et lever les premières modifications, à moings que de soutenir qu'il est permis à force ouverte contrevenir aux Ordonnances et ainsi ruiner les droits de S. M., ce qui mérite une punition très exemplaire. » (1)

En somme, la plupart des réclamations de J. Aveline portaient sur les rigueurs exagérées des dispositions de l'édit de Bordeaux du mois de juin 1660. Il faut croire que ces réclamations n'étaient que trop fondées, puisque le Roi, par

(1) Archives de la S.-Inf. *F. de la cour des Aides.*

deux Déclarations, l'une de février 1663, l'autre du mois de février 1661, modéra notablement les peines ordonnées contre les faux sauniers (1). C'était reconnaître que l'opposition du procureur syndic des États avait été inspirée par des motifs de raison et d'humanité.

Lettre du duc de Longueville au Bureau des Finances de Rouen pour obtenir le paiement des gratifications des États.—« Messieurs, le sieur lieutenant de Chaumont, mon trésorier, m'ayant représenté qu'il ne peut estre payé de ce qu'il m'est deub pour le don gratuit qu'il m'est faict chaque année par les Estats de la Province, quoyque les deniers en soient aux mains des Receveurs, et que pour cet effect il a besoin d'une contrainte du Bureau affin d'obliger lesd. Receveurs d'y satisfaire, je vous escris cette lettre pour vous supplier de vouloir décerner ladicte contrainte contre ceux qui sont saisis desd. deniers. Outre que c'est une action de justice, je ne laisseray pas d'en avoir obligation à votre compagnie pour vous tesmoigner, en toutte autre rencontre, que je suis,

Messieurs, votre très-affectionné amy, Henry d'Orléans. A Dieppe, ce dernier may 1658. »

Délibération du Bureau des Finances de Rouen concernant l'assistance des Trésoriers de France aux États et à l'audition des comptes. — « 10 janvier 1659. Ce jour d'huy, la compagnie deuement assemblée en conséquence de l'ordonnance du Bureau du 9 décembre dernier, a esté arresté que doresnavant, à commencer en la présente année, aucun de MM. du Bureau ne pourra prétendre son tour pour l'assistance à la tenue des Estatz de la Province et audition des comptes, qu'il n'aye rendu le service auquel il

---

(1) *Ordonnances, Edits et Déclarations concernant l'autorité.... de la cour des Aydes de Normandie.* Rouen, 1682 p. 218.

est obligé pour le deub de sa charge, pendant quatre mois au moins de chacune année, hors celluy de septembre, et ce au moins pour autant de jours qu'il est nécessaire d'assister au Bureau pour avoir part à la distribution des Espices de chaque mois; et afin que personne n'en prétende cause d'ignorance, a esté enjoint au premier huissier de signifier le présent règlement dans la huitaine à ceux de MM. qui sont absentz et d'en certiffier le Bureau. »

Comptabilité des États. — « 30 juillet 1659. Sur la requeste présentée par Me Guill. Duhamel, trésorier des Estats de cette province, à ce qu'il pleust au Bureau condampner Me Jean Le Noble, commis à la recette générale des finances de cette Généralité, à luy payer la somme de 46,892 l. 14 s. contenue aux lettres d'Estat sur luy délivrées pour l'année 1658, en argent ou acquicts, à quoy faire il sera contrainct; Veu ladicte requeste, lesdites lettres d'Estat, sommation faite audit Le Noble, sa response qu'il ne luy a esté delivré estat de recouvrement, a esté ordonné que ledit estat de recouvrement sera delivré audit Le Noble, sy fait n'a esté, pour, vertu d'icelluy, faire incessamment toutes dilligences nécessaires pour le recouvrement des deniers desdits Estats et en faire payement audit Duhamel. »

« 23 juillet 1661. Ouis au Bureau Me Guill. Duhamel, trésorier des Estats de cette province, et Jean Le Noble, commis à la recette générale des finances de cette Généralité, sur la demande faite par ledit Duhamel audit Le Noble de la somme de 1,500 l. pour reste de la partie des postes de l'année 1658, d'une part, et de 400 l., d'autre, à quoy la ville de Pontoise a esté taxée pour sa part de la creue du sieur gouverneur, » Duhamel persiste dans sa demande. On voit, par l'ordonnance du 7 oct. 1661, que la ville de Pontoise se prétendait distraite du gouvernement de la province de Normandie et, par conséquent, dispensée de contribuer à la creue du gouverneur, en d'autres termes, à la gratification accordée par les États au duc de Longueville, et continuée, en vertu de lettres patentes, à ses successeurs. (1)

Lettre de Colbert à M. de Champigny, Intendant à Rouen. — « De..., 31 may 1663. Le Roy ayant ordonné par arrest de son Conseil du 13 février de l'année présente, que vous trouverez ci-joint, que la somme de 30,254 l., à laquelle monte une imposition de 3,813 l. qui se fait annuellement en Normandie, sous prétexte du voyage que les députés des Estats viennent faire à la Cour, pendant les années 1656, 1657, 1658, 1659, 1660, 1661 et 1662, sera portée à l'Espargne, attendu qu'elle revient de net à S. M., S. M. m'a commandé de vous faire sçavoir que son intention est que vous teniez la main à faire exécuter ponctuellement ledit arrest, en faisant contraindre les trésoriers desdits Estats et autres comptables qui peuvent avoir des fonds au payement de ladite somme (2). »

« 6 juin 1663. Sur la requête présentée par Me Guill. Duhamel, trésorier des Estats de la Province, contenant que, le 4e de ce mois, il luy auroit esté signifié ung arrest du Conseil, du 13 febvrier dernier, et commission sur icelluy, portant qu'il payera, dans la quinzaine, ès mains du sieur Bartillac, commis à l'exercice de la charge de trésorier de l'Espargne, la somme de 30,254 l., à quoy l'on prétend monter les sommes levées en ladite Province, sçavoir : 3,813 l. pour le voiage qui se doibt faire par les députez desdits Estats pour porter au Conseil le Cahier des Estats de chacune année, 509 l. pour les autres despences qui se font lors de la response desdits Cahiers, et ce pour les années

---

(1) Il résulte de l'ordonnance du Bureau, du 20 juin 1663, que Pontoise fut, en effet, déchargée de la somme de 460 l., représentant sa part dans la crue du gouverneur.

(2) Clément, *Lettres de Colbert*, IV, 13.

1656, 57, 58, 59, 60, 61 et 1662 ; et d'autant que le suppliant n'y peut satisfaire, parce que, pour le grand séjour arrivé en l'assemblée desdits Estatz tenue en 1655 pour la maladie du sieur duc de Longueville, gouverneur de cette Province, lesquels durèrent cinq sepmaines, la taxe s'est trouvée monter, pour lesdits députez, à 13,000 l. environ, qui n'a accoustumé de monter que 3,000 l., lesdits Estatz ne tenantz que trois jours seulement, ce qui a absorbé tout le fonds, comme il aparoistra par le compte desdits Estatz de l'année 1656, par l'EXIT duquel il estoit deub audit Duhamel, 6,516 l., dont il a eu son remboursement sur les comptes suivants, à joindre que, sy le peu de fonds qui reste ès mains dudit Duhamel estoit diverty, il conviendroit de faire une nouvelle levée au cas de la tenue desdits Estatz, ce qui seroit à charge à ladicte province, requérant à ces causes ledit Duhamel qu'il pleust au Bureau sur ce pourvoir. Veu ladite requeste et copie dudit arrest du Conseil et Commission et de l'exploict de signification audit Duhamel, ouy Mᵉ Jacques Adveline, procureur scindic desdits Estatz de ladite province, qui a demandé à entrer au Bureau sur la signification dudit arrest, lequel Adveline a représenté que les deniers des Estatz, qui sont très-modiques, ont toujours esté réputez appartenir au peuple, en ayant consenty la levée sur luy, soubz le bon plaisir du Roy, pour estre employez au bien des affaires communes de la Province, et que le revenant bon d'iceux à ce moyen n'a jamais esté porté à l'Espargne, qu'il n'y a aucun fonds certain, ainsy qu'il est supposé par ledit arrest, pour le voyage des députez qui doivent porter au Conseil le Cahier de leurs plaintes, et que la despense s'en fait à proportion de leur séjour dans leur voiage, dont le fonds se prend sur les deniers revenants bons des comptes, après plusieurs années que l'assemblée desdits Estatz n'a point été convoquée, et que, si elle se tenoit tous les ans, il s'y trouveroit manque de fonds, suppliant le Bureau d'y vouloir faire considération ; Sur quoy, et veu les comptes desdits Estatz, jusques et compris celuy de l'année 1659 dernier examiné, par l'estat final duquel, tout compensé, quoique ledit Duhamel soit demeuré redevable de la somme de 7,721 l. 9 s. 1 d., néantmoins, à cause des reprises qui y sont rayées des deniers restantz deubs de l'année 1658, provenants des grands restes deubs à la recette générale des finances de Rouen pour le séjour des gens de guerre qui y ont consommé la plupart des impositions de ladite année, et mesmes qu'il s'est trouvé depuis aucunes paroisses deschargées des deniers de ladite année par arrest du Conseil, lesquelles reprises devant estre allouées au prochain compte à rendre de l'année 1660, ledit débet sera beaucoup diminué, a esté ordonné que ledit procureur scindic desdits Estatz se retirera devers le Roy, en son Conseil, pour représenter à S. M., soubs son bon plaisir, la nécessité de conserver les dits deniers au peuple, l'importance et la conséquence dudit arrest pour l'advenir. »

« 6 juillet 1663. Me Jacques Adveline, procureur scindic des Estatz de cette province, est entré au Bureau, où estant, il a dict qu'il venoit de Paris, où il avoit esté renvoyé par le Bureau aux fins de solliciter au Conseil la rétractation d'ung arrest du Conseil portant que Me Guill. Duhamel, trésorier des Estatz de cette province, portera à l'Espargne la somme de 30,000 l. des deniers desdits Estatz, lequel procureur scindic a représenté ung arrest du Conseil par luy obtenu, le 23 juin dernier, portant surséance dudit payement et que, dans ung mois, ledit Duhamel mettra ses pièces et comptes ès mains du sieur Colbert ; et cependant deffenses de le poursuivre. A dict aussy qu'il a eu advis que, dans le compte de 1660, qui a esté rendu pendant son absence, il avoit esté passé plusieurs sommes contre l'ordre

(1), et qu'il seroit bon d'y remédier, demandant acte de ce que dessus. »

« 13 juillet 1663. Me Guill. Duhamel, trésorier des Estatz de cette province, a demandé acte au Bureau des dilligences qu'il faict aux fins qu'il luy soit mis ès mains, par le greffier dudit Bureau, les comptes desdits Estatz des années 1656 et suivantes, pour les porter au Conseil, en conséquence de l'arrest dudit Conseil pour ce donné. Différé à faire droict jusques à ce que le Bureau ayt receu la responsе du sr Marin (Intendant des Finances) sur la lettre qui luy a esté pour ce envoyée. »

« 9 nov. 1663. — Me Guill. Duhamel, trésorier des États de cette province, s'estant présenté au Bureau, a remonstré que, s'estant retiré par devant Me Jean Sonning, receveur des tailles de l'Élection dudit Rouen, pour avoir payement de ce qu'il doibt pour la creue du gouverneur de l'année présente, il luy auroit dit que, quelques diligences qu'il ait faites envers les Eleuz de ladite Élection, il n'avoit peu retirer l'assiette qu'ilz ont deub faire de ladite creue, ayant appris qu'ils ne l'ont encor faicte, requérant ledit Duhamel luy estre sur ce pourveu ; — sur quoy a esté ordonné que le procureur du Roy de ladite Élection sera mandé de venir au Bureau, au premier jour, pour en donner raison, à laquelle fin a esté fait entrer Me Jean Vaultier, huissier, auquel a esté enjoint de se transporter en ladite ville pour en donner advis au procureur du Roy. »

---

(1) Notamment une somme de 2,000 l. sous le nom du sieur Hallé, président au Bureau des Finances, pour gratification sa vie durant, en conséquence d'un arrêt du Conseil non scellé ni registré. Le Bureau avait refusé l'enregistrement jusqu'à ce que les États l'eussent consenti. Ce président avait pris pourtant connaissance, comme examinateur avec M. de Lenglée, trésorier de France au Bureau, du compte des États de 1660. Celui-ci refusa de signer le compte, se retira et demanda au Bureau de lui accorder acte de sa protestation, 20 juin 1663.

16 janv. 1664. — Requête présentée par Me Guill. Duhamel, trésorier des États de cette province, « à ce qu'il pleust au Bureau condamner par corps Me Jean Le Noble, commis à la recette générale des finances de cette Généralité, à luy payer la somme de 1,500 l. par luy deue de l'année 1658, pour acquitter les gages des postes, pour lesquels il est journellement poursuivy. »

« 20 juin 1664. — Le procureur scindic des Estats de cette province a demandé à entrer au Bureau, où estant il a dict qu'il estoit de retour de Paris et avoit obtenu arrest du Conseil portant surséance pour six mois des poursuites du sieur Matharel à l'encontre de Me Guill. Duhamel, trésorier desdits Estatz, pour 2,000 l. par luy demandez, pendant lequel temps il comptera des années 1662 et 1663 ; et sur les mauvais traictements faits audit Duhamel par les huissiers, l'ayant arresté prisonnier, instance dudit Matharel (1) que les parties seroient assignées au Conseil. »

« 15 décembre 1664. — Guill. Duhamel. trésorier des Estats de cette province, a représenté au Bureau une signification à luy faicte, le 12 de ce mois, d'un arrest du Conseil et commission du 4e de ce dit mois, portant qu'il comptera par estat audit Conseil de la somme imposée en l'année 1663 pour la creue du gouverneur et autres y joinctz dans quinzaine de la signification à lui faicte, à faute de quoy il y sera contrainct... Ordonné à Duhamel d'y satisfaire. (2) »

(1) On a vu que Matharel, qui avait été commis par le Bureau à la charge de trésorier des États, n'avait pu fournir la caution requise, et n'avait d'ailleurs fait aucune fonction de sa commission. Cependant le Conseil d'État lui avait alloué 2,000 l. sur le compte des États de 1660. Il y avait eu protestation contre cette allocation non justifiée. Voir Ordonnance du Bureau des Finances, 20 juin 1663.

(2) C'était une restriction à l'autorité du Bureau des Finances. Mais le temps des remontrances était passé. Tout devait ployer désormais devant l'autorité du Roi et de son Conseil.

« 6 février 1665. — Jean Berthet, directeur et contrôleur général des postes de Normandie, demande à ce que le greffier du Bureau luy délivre un extrait des noms des maîtres des postes et de leurs gages, d'un des comptes des Estats de cette province. Veu ladicte requeste et la commission expédiée au suppliant par le sieur de Nouveau, général des postes (1), a esté ordonné, auparavant faire droit, que ledit suppliant fera apparoir au Bureau de l'arrest du Conseil du 24 mars 1664, énoncé en lad. commission. »

« 2 mars 1665. — Sur ce que Me Guill. Duhamel, trésorier des Estats de cette province, a demandé entrer au Bureau avec Jean Berthet, directeur des postes, pour et au nom de Jacques Gobart, procureur des sieurs de Nouveau, Payen, Le Febvre et Bachelier, propriétaires des offices ancien, alternatif triennal et quatriennal des maîtres courriers des trois Généralités de Rouen, Caen et Alençon, sur la demande faicte par ledit Berthet, audit nom, audit Duhamel de 6,044 l. 16 s. pour les gages desdits courriez des années 1662, 1663... Baudoin est député comme commissaire par le Bureau. »

23 mars 1665. — Plainte de Jean Berthet, directeur des postes de Normandie. Journellement il reçoit des plaintes, de la part du Conseil, et de tous côtés, du désordre qui arrive au port des paquets du Roi et retardements des courriers, faute par lesdits maîtres de postes d'être fournis de

(1) Jérôme de Nouveau, sieur de Dromont, conseiller du Roi en ses Conseils, grand maître des courriers et surintendant général des postes et relais de France. Il reçut l'ordre, en 1641, d'établir des postes et relais en la Généralité d'Alençon. Il nomma à la poste d'Argentan, le 25 janvier 1651, ce qui prouve que dès ce temps là l'autorité du gouverneur de Normandie avait été restreinte, en ce qui concernait les postes. Le 29 août 1669, le marquis de Louvois, successeur de Nouveau, nommait à la poste de Tôtes. Il n'est plus question dans cette nomination de gages à prendre sur les fonds des États. (Registre des vérifications de provisions d'offices. *Bureau des Finances*, 26 nov. 1669.)

chevaux en nombre suffisant, suivant les ordonnances. Il déclare qu'il ne peut y remédier sans savoir au vrai les noms et gages desdits maîtres de postes. En conséquence, il requiert un extrait des comptes des États de la Province. Le Bureau décide que cet extrait lui sera délivré. Les maîtres de postes ne pourront être payés de leurs gages qu'après qu'ils auront fait apparoir au Bureau de leurs provisions, ainsi qu'il est accoustumé, et sur les certificats des services qu'ils auront rendus.

« 27 mars 1665. — Me Jacques Aveline, procureur sindic des Estats de ceste province, s'oppose à la délivrance des noms des maîtres de postes audit Berthet suivant l'ordonnance du 23 de ce mois. Ordonné qu'avant la délivrance dudit estat, le procureur des Estats aura communication de la requeste de Berthet et pièces y attachées. »

« 11 août 1665. — Sur la requeste présentée par M. Guil. Duhamel, trésorier des Estats de ceste province, à ce qu'il plust au Bureau ordonner ce qu'il trouvera à propos touchant une somme de 1,500 l. deue de reste par Me Jean Le Noble, commis à la recette générale des finances, pour reste des gages des postes de l'année 1658, veu ladite requeste, veu aussi l'estat au vray de ladite recette générale de ladite année 1658, la présente requeste a esté envoyée aux commissaires de l'audition du compte des Estatz de l'année 1663. »

25 sept. 1665. — Le Bureau enregistre les lettres patentes du Roi (du 12 juin 1663), par lesquels S. M. nommait Charles de Saint-Maure, duc de Montausier, lieutenant général des armées du Roi, et chevalier de ses ordres, pour commander pour son service, pendant trois ans, en la province de Normandie. Les lettres portaient « que le duc jouiroit des appointements ordinaires, à laquelle fin les parties seroient imposées sous son nom dans les comptes des Estatz

de la Province pour y estre passées et allouées à commencer du jour et date des lettres (1). »

Cette clause ne se trouvait pas dans les lettres de nominations des anciens gouverneurs de la Province. Le vote des États était désormais considéré comme inutile.

APPENDICE

Extraits du Formulaire des Esleuz du Président La Barre (2).

Pages 76, 77, 80. — « Les lois fondamentales du royaume ne permettent point et n'auctorisent personne à lever armes, ny à lever deniers, non pas mesmes les Roys sans délibération du public et consentement d'Estats, les trois ordres du royaume estans pour ce congregez et assemblez. Sur cela Louys Hutin, et Philippes de Valois donnèrent leurs ordonnances prohibitives de ce que dessus. Encore de ce ressentent quelque chose les assemblées qui se font en Auvergne, et ès Estats de Bourgongne, et de Normandie, qui se tiennent deux ou troys moys avant la fin de l'année. A la tenue et séance d'iceux le Roy fait demande des sommes qu'il entend luy estre accordées pour l'entretien de son Estat royal, maison et affaires : Ayans les intendans des finances, dressé cayer tant pour le principal de la taille que

---

(1) Le duc de Longueville était décédé à Rouen le 11 mai 1663.

Le duc de Montausier vint à Rouen prendre possession de sa charge le 26 avril 1665. Il était auparavant lieutenant général en Angoumois et Saintonge et dans la haute et basse Alsace.

(2) Imprimé à Rouen, chez Jean Osmont, MDCXXII.

frais d'icelles, pour le parisis, pour les creues de six cens mille livres, pour les réparations, fortifications des villes frontières, gages d'officiers, creuë des prévosts, du taillon, équivalent et autres. Sur laquelle demande les commissaires et députez desdits Estats, conférans ensemble, regardent à accorder au Roy la somme demandée s'il se peut faire, ou autre moindre, selon la possibilité du peuple tousjours par provision. Ainsi ne se peuvent faire levées de deniers sans grandes ceremonyes et convention des trois Ordres qui y ont intérest et de leur consentement, autrement les levées seroient exactions et substractions violentes de l'autruy, tenuë à restitution, voire jusques *ad ultimum quadrantem.*

Or estant la somme de laquelle on doit survenir aux affaires du Roy et du Royaume arrestée, elle est baillée aux Trésoriers Généraux de France, déléguez et comparans auxdits Estats, pour l'égaller par les généralitez, suivant ce qu'elles ont accoustumé de porter, de quoy estans convenuz entre eux emportent chacun en leur Bureau (1) leur département, gardant telle proportion que la généralité de Rouen composée de ving-trois élections... et la généralié de Caen de dix seulement porte deux fois autant de taux que celle de Caen (2). S'il y a dix-huit cens trois mille cent soixante livres, ainsi que ès années 1619 et 1620, Caen marchant au tiers, a porté six cens trente quatre mille sept cens vingt livres.

Ainsi les sieurs trésoriers distribuent ces premières sommes par les Eslections, envoyans copie de la commission des Estats avec leur ordonnance.

(1) Bureau des Finances, composé d'officiers portant le titre de trésoriers généraux de France.
(2) Du temps du président La Barre, Alençon n'était point encore siége de Bureau des Finances, et faisait partie de la Généralité de Rouen.

... Il se lève en France de présent, plus de quatre millions de livres pour le principal de la taille, sans parler des creües ny des autres subsides, daces, et imposts qui se lèvent en divers endroits du royaume, et le tout rendu annuel et ordinaire, sans distinction de paix ou guerre, estant quasi patrimonial, ce qui n'estoit de premier que de grâce et nécessité pour un temps (1). La Normandie seule porte, comme nous avons dit, plus de deux millions du principal de la taille, sans parler de la creue des garnizons, qui excède de trois sols six deniers par livre, qui est bien d'avantage pour une seule province des dix-sept du royaume de France, que ne vaut le revenu d'Angleterre : qui n'estoit que de quatorze cent mil, l'an 1576, lorsque Bodin y passa à la suite de Monsieur, frère de Henry troisième. »

P. 214. « Aucuns ont douté du jour que se doivent imposer les contribuables à tenir rolle : s'il faut prendre pied et commencer du jour que les charges et Commissions sont dabtées ou receuës : ou de la résolution des Estats, ou du premier de janvier en l'année courante.

Ordinairement là où ils n'ont point de convocation d'Estats, ils font borne d'entrée et commencent du premier

---

(1) L'ordonnance de 1338 contenait qu'on ne pourrait imposer ni lever taille en France sans urgente nécessité et sans la permission des États, « ce qui, dit Jean Hennequin, dans son *Guidon général des finances*, Paris 1601, p. 191, est observé encore à présent en plusieurs provinces de ce royaume, spécialement en Normandie, où la convention des Estats se tient tous les ans en la ville de Rouen, capitale du pays. Mais ces Estats ne sont autre chose que vestiges et traces de l'ancienne liberté desdites provinces. Car la coustume est venuë que ce qui estoit accordé par grâce est veu depuis patrimonial et héréditaire au Roy sans faire distinction de guerre ny de paix. Bien est vray qu'en toutes commissions et mandemens, pour lever tailles et deniers, l'occasion qui invite le Roy à ce faire est déclarée par le menu tout au commencement, puis promet, lorsque ladicte occasion sera finie, remettre le tout au peuple. »

jour de l'an ; qui est dèslors que se font les départemens, et dressent les rolles et assiettes.

Toutefois en Normandie, en Bourgongne et en Auvergne où il y a assemblée et tenuë d'Estats tous les ans, se prend l'assiette à faire du jour de la conclusion desdits Estats, qui est adonc que les Agens et Commissaires du Roy et députez des Provinces conviennent et accordent au Roy la somme qui se doit lever en l'année subséquente, et que lesdits députez contractent et s'obligent eux et le peuple, de sorte et en façon que tous les vivans alors en la Province et contribuables aux tailles, luy sont rendus redevables de leurs tailles, taillon et autres sommes : si bien que venans à décéder avant les charges et Commissions envoyées par les paroisses, ils doivent demeurer au rolle et estre imposez l'année suyvante, tout ainsi que vivans, ainsi avec raison on le juge ordinairement pour le courant de ladite année seulement. Car l'autre année d'après on ne nomme plus au rolle les morts comme redevables, ains leurs vefves et héritiers si aucuns en ont capables de taux. La taille est une prestation annuelle, vivans aussi ne l'ayoient-ils promize que pour un an.

L'an 1616 qu'il n'y eut convocation d'Estats en Normandie à cause des remuëmens et du voyage de Bordeaux, où le Roy Louis XIII regnant à présent, estoit empesché à son mariage avec l'Infante d'Espagne, lesquels Dieu vueille bénir de tout bon-heur et lignée, l'imposition se commença du premier de janvier, encore que les lettres patentes du Roy portassent dabte du deuxième, à la Rochefoucaut. »

P. 412. « Qu'est-ce cela au prix de ce qui se lève du jourd'huy seulement en la Duché de Normandie. L'an 1616, que j'escrivois cecy, se leva pour le principal seul de la taille, dix-neuf cens deux mille livres : l'année suivante 1617, la mesme somme avec le sould pour livre, et deux millions pour la creue des garnizons, et sould pour livre des Commissaires des paroisses, sans mettre en ligne de conte les Aydes, les quatrièmes, les sallages, les entrées, ports, traites, doüanes et autres levées, pour travers, coustumes, péages, etc. (1). Voilà pour une seule Province surpassante en valeur beaucoup de royaumes et notamment celuy voisin de l'Angleterre, que Bodin ne fait avoir esté que de treize cens mil livres par chacun an y compris le Domaine et autres redevances (2). Il s'en estoit informé au voyage qu'il y fist à la suitte de Monsieur frère de Henri III, recherchant à mariage la royne Elisabeth.

On s'esmerveilleroit de telle affluence en un pays où il n'y a mines ny minières d'or ny d'argent qu'on sçache et qu'on face valoir; mais la clémence du ciel et fertilité du terroy fournist tant de grains, de vins (3) et d'autres commoditez qu'elles sont bastantes pour attirer les finances des autres royaumes. Et de vray multiplieroient encore davantage, si les imposts ne décourageoient le peuple et gens de bras qui ne veulent point travailler à l'incertain. Qui fait, je vous prie, enhayr le labourage aux laboureurs, le travail menstrual de la vigne aux vignerons, les mestiers aux artisans, la marchandise aux marchans, que les subsides et inventions maudites des tributs, qui sont autant d'es-

---

(1) D'après le *Vray estat de la France*, publié à Paris, en 1652, les deniers des tailles, taillon, domaine et subsistance, versés aux mains des receveurs généraux et portés à l'Épargne, s'élevaient, en Normandie, pour la Généralité d'Alençon, à 2,212,417 l.; pour celle de Caen, à 2,275,065 l., 4 s.; pour celle de Rouen, à 3,150,327 l. 10 s.

(2) *Les six livres de la République*, édit. de Cologne, Gabriel Cartier 1599, p. 863. (Livre sixième).

(3) Si le président La Barre eut écrit son *Formulaire* quelques années plus tard, il n'eût point cité les vins comme une des causes principales de la richesse de la Normandie. Cette culture fut en effet ruinée par suite des ordonnances fiscales de Louis XIII.

pèces de servitudes? Quelque chose que fissent jadis les serviteurs et esclaves, c'estoit pour leurs maistres ; quelque bien que gaignassent les libertins et affranchis, la dixième et vingtiesme partie appartenoit et cédoit au profit de leurs patrons. Ores il n'y a rien qui ne soit surchargé. C'est ce qui desbauche tant de gens, qui fait tant de bancroutiers, d'adventuriers et faynéans. Car à ce compte il vaut autant avoir que rien avoir, les possesseurs ne peuvent se dir propriétaires, ils ne sont pas fermiers de leurs biens. On les tranche, on les taille, on les traverse en tant de façons, qu'ils ne sçavent de quel costé se tourner. Journellement en ce bas pays de Normandie (1), on les voit tout quitte' et passer en Bretaigne où ils ne payent point de taille ains seulement quelque foüage, qui est un peu de redevance de trois ans en trois ans par feu, suivant le traicté qui se fist, quand Anne Duchesse de Bretaigne, espousa Charles VIII. Et n'estoit la rigueur que l'on y tient, à cause de l'octroy, de les tenir tousjours enrollez, et les faire payer ayans de quoy, il y en auroit un grand nombre qui déguerpiroient la Normandie, pauvre nation anomalement traitée, sujette à toutes les influences et dégoûts des partisans pour estre de tout temps tellement affaissée à toutes les inventions des Exacteurs, qu'à peine peuvent-ils respirer sous le faiz. Tous les ans aux Estats, nouvelles complaintes, nouvelles supplications, nouvelles remonstrances. *Et non est qui adjuvet* (2), il n'y a point d'oreilles pour les escouter, autant de clameurs en vain, autant de plaintes perdues. Au lieu de soulagement on va toujours en surchargeant. Danger que Dieu y mette la main extra-

---

(1) Le président La Barre écrivait à Mortain où il était président de l'Élection.

(2) Psaume 21, verset 12. « Quoniam tribulatio proxima est : quoniam non est qui adjuvet. »

ordinairement qui oste souvent le tout à ceux qui ne se contentent de rien. Je ne passerai pas outre. (1) »

Mandement des Commissaires ordonnés et députés par le Roi à imposer et mettre sus ès pays et duché de Normandie, Élection d'Alençon, comté du Perche, prévoté de Chaumont et accroissement de Magny, y compris Pontoise, les deniers de l'octroi, tant pour le payement des gens de guerre qu'autres officiers du Roy pour l'année prochaine commençant le 1ᵉʳ janvier 1614... aux Élus et contrôleurs de l'Élection de Rouen.

Pour le principal de la taille et taillon, crues y jointes 1,800,160 sur toute la Normandie.

La Généralité de Rouen portait pour sa part 1,168,440 l. à savoir pour le principal de la taille et crues y jointes de 300 et 600,000 l. et parisis d'icelles, 924,318 l. 1 s; pour la crue des réparations des villes du pays, compris 1,950 l. pour le parisis, 9,750 l.; pour partie du payement des postes, 1,916 l. 9 s.; pour les frais et taxations des Commissaires des États, 14,330 l., y compris l'augmentation qui est de 3,440 l.; pour partie des états des gouverneurs et lieutenants généraux de la Province, 12,000 l.; pour les gages et frais, tant de la levée desdites sommes que des officiers supprimés, 111,000 l.; pour la crue du prévôt général de Normandie, ses lieutenants, greffier, archers et des autres prévôts, 26,125 l. (2) et pour le taillon ordi-

(1) Dans la bouche d'un officier du Roi, de pareilles plaintes sont assurément méritoires et dignes d'attention.

(2) Quel État aujourd'hui pour une aussi faible somme, même en tenant compte de la différence dans la valeur des monnaies, se chargerait de la police dans une grande province comme la Normandie. Ce qui frappe d'étonnement, c'est que l'ordre ait pu se maintenir tant bien que mal avec les faibles forces que le gouvernement avait à sa disposition. Une seule ville, Rouen, à l'heure qu'il est, y emploie plus de bras et plus d'argent qu'on n'en demandait autrefois à toute la Province.

naire de la gendarmerie et parisis d'icelui, 69,000 l. »
Extrait des *Notes de M. Martin du Vornier, conseiller à
la Chambre des Comptes* (1), *déposées à la Bibliothèque de
Rouen, F. Martainville.*

Procès-verbal d'élection de députés à Neufchâtel. —
« L'an 1627, le mercredi 24ᵉ jour de novembre, au prétoire
du Roÿ notre sire, au Neufchastel, devant nous, Charles
Baillard, escuier, sʳ de Flamets, conseiller du Roy, lieutenant criminel, en la vicomté et ressort dudit lieu, de Mʳ le
bailli de Caux, en l'assemblée et convention faite, à ce dit
jour, des curez, gentils hommes et laboureurs en nombre
de trois en chacune paroisse de ladite vicomté et ressort
pour adviser à la nomination de personnes notables pour
assister à la tenue des Estatz provinciaux termés à tenir
pour l'année présente en la ville de Rouen, au 9ᵉ jour de
déc. prochain, et après l'élection et nomination de la personne de Mᵉ Jacques de Monsures, chevalier, sʳ d'Auviller,
s'est présenté honorable homme Charles Desronches, bourgeois d'Aumalle, lequel, en la présence des officiers du Roy
en ce siége, nous a fait apparoir de l'acte passé par devant
le bailli d'Aumalle, le 28ᵉ jour de ce présent mois et an,
portant la nomination faite de sa personne (avec pouvoir)
d'assister à la tenue des Estats pour le duché d'Aumalle
suivant et ainsi qu'ils est accoustumé, dont luy avons accordé acte. » *(Archives de Neufchâtel, M. 7.)*

*Requête du procureur syndic des États au Bureau des
Finances de Rouen, pour obtenir surséance à l'exécution
de lettres-patentes* — « 5 nov. 1631. Sur la requeste présentée par Mᵉ Jacques Baudry, procureur scindic des Estatz
de Normandie, contenant qu'il auroit eu advis que depuis

---

(1) Pierre-Noel Martin sieur du Vornier, pourvu par le Roi de l'office de conseiller maître ordinaire en la cour des Comptes, Aides et Finances, au lieu et place de son père Étienne Martin sieur de Boisville, 12 septembre 1781.

peu de jours il auroit esté présenté en ce Bureau lettres et Déclaration portant attributions à quelques officiers de leurs droictz sur les droictz aliénés sur les tailles ; autre Déclaration obligeant les possesseurs des terres du Domaine du Roy d'obtenir lettres de ratification et attributions à toutes mutations, et faire controller et registrer leurs contratz par les gardes des papiers du Conseil ; autre Déclaration portant attribution en hérédité aux Grènetiers et controlleurs des Greniers à sel de 2 d. chacun pour minot de sel ; ensemble quelques arrests concernant lesdites Déclarations, requérant communication luy estre donnée desd. lettres pour, icelles veues, requérir ce qui sera du devoir de sa charge, » — communication accordée.

7 nov. 1631... Baudry dit que, « il n'auroit veu que lesd. lettres eussent esté vérifiées ni présentées en aucune des cours souveraines de cette Province, encore que l'une d'icelles, assavoir la Déclaration touchant les droits sur les droits porte adresse à la court des Aydes de Normandie, et que, par l'ordonnance des Commissaires des Estatz de la derrenière assemblée, surséance a esté accordée de toutes les sommes dont l'establissement n'est point porté par les édicts vériffiez auxdictes cours souveraines, et d'aultant que le suppliant espère que S. M. révocquera lesd. Déclarations, requéroit qu'il pleust au Bureau surseoir l'exécution d'icelles jusques à ce que le Cahyer des Estatz ayt esté respondu. Se retirera ledit procureur des Estatz vers le Roy et nos seigneurs de son Conseil pour luy estre pourveu, selon son plaisir, sur les fins de lad. requeste. » *(Plumitif du Bureau des Finances.)*

Mémoire instructif pour la suppression du contrôle des teintures. — « Il faut considérer les motifs et prétexte de l'édict de création dudict office de controlleur des teintures, son establissement, la façon de lever les droicts attribuez pour ledict controlle, les droicts excessifs qui sont levez, les deniers qui en sont revenus aux coffres du Roy.

Pour les motifs et prétexte dudict édict, ils sont tout-à-fait trompeurs; car, au lieu de ruiner les teintures estrangères, faire valoir celles de la France et les rendre toutes bonnes par ledict controlle, il se trouve que ledict controlleur est obligé de donner cours aux mauvaises teintures, tant françaises qu'estrangères, pour ne pas diminuer les droicts qu'il lève sur lesdictes teintures; et quand il voudroit préférer l'exécution dudict édict à ses intérests, il luy est impossible d'oster le cours des mauvaises teintures, n'estant estably que dans la province de Normandie, et par conséquent ne pouvant controller les teintures qui se font dans le reste de la France. Mesme les marchands de ladicte province sont obligez de faire diminuer leurs teintures, afin de pouvoir débiter leurs marchandises au mesme prix des marchands des autres provinces qui sont exempts dudict droict, et par ce moyen, les teintures de ladicte province dépérissent insensiblement, et se détruit le négoce.

Pour son establissement, il ne pouvoit estre que trop malheureux, ayant commencé par le sang, causé des émotions populaires et attiré sur toute la Province des maux que tout un siècle ne pourra réparer.

La façon de lever les droicts audict controlleur est encore plus pernicieuse, ledict controlleur allant, quand il luy plaist, dans les boutiques et magasins, visiter toutes marchandises, débiter, déployer, renverser des piles de marchandises, et par ces débrisements les diminue beaucoup de prix. Lesdicts marchands ayant leurs boutiques et magasins remplis de ces visiteurs, sont contraincts de refuser les occasions de vendre et de donner tous leurs soings à satisfaire ces visiteurs, qui vont prendre la cognoissance de leur négoce, leur force, leur quantité et qualité de marchandises, si leur débiest grand ou petit, et découvrent ce que les marchands sont obligés de céler pour conserver leur crédit.

La perte que font les marchands trafiquants en foire ne se peut exprimer, par la malice ou friponnerie des commis et préposez dudict controlleur, lesquels, sçachant que le temps des foires est précis, vont dans les chemins, arrestent les rouliers, font déballer les marchandises pour les visiter et les réduisent en dépense dans des hostelleries où ils les arrestent, font perdre le temps de la vente, empeschent le débit entièrement par leurs débrisemens desdictes marchandises et ruinent les foires.

Les droits que lève ledit controlleur, se montent à plus du tiers du prix des teintures, et ledict controlleur les a luy mesmes recogneu si excessifs que, dans son dict traicté, qu'il a faict desdicts droicts, dans le ressort de la cour des Aydes de Caen, il n'a osé faire employer que la somme de 10,000 l. par an, afin d'oster au Controlleur la cognoissance du produit dudict droit, et par une cédule séparée soubz seing privé, il a porté la somme de 10,500 l., outre et par dessus lesdicts 10,000 l., si bien que ledict controlleur retiroit 20,500 l., ledict bail et cédule en date du......... febvrier 1640. Mais sur les empeschements formez à la foire de Guibray par tous les marchans y trafiquans des autres provinces du 20ᵉ d'aoust 1640, et que l'instance a esté poursuyvie au Conseil, prévoyant que ledict droict ne pouvoit pas subsister dans ladicte Guibray, le 24 mars 1641, compromis a esté faict entre les propriétaires dudict office et le fermier desdicts droicts, par lequel lesdicts propriétaires ont remis audit fermier la somme de 5,000 l. dudit bail, si bien que ledit soubz-fermier ne paye plus que 15,500 l. par chacun an, ladicte remise faicte tant pour le passé que pour l'advenir.

Sur ladicte instance pendante au Conseil, arrest a esté donné le 14ᵉ d'aoust 1641, portant que les marchands de ladicte province de Normandie payeront le droict de controlle, et que pour les marchands des autres provinces ils en ont été exemptez. (Je fais mention dudict arrest parce qu'il peut beaucoup servir à ladicte suppression).

Et pour le ressort de la cour des Aydes de Rouen, ledict controlleur en a jouy lui-mesme depuis le jour de son establissement jusques au mois de juillet 1642, qu'il a faict bail desdits droicts moyennant la somme de 22,000 l., chacun an. Et est très-certain que le temps de sa jouyssance luy a beaucoup plus valu, tous frais faicts, que ledict bail, parce que le négoce n'estoit pas si fort abattu, les teinctures si dépéries et le mal ne faisoit que miner petit à petit, mais à présent il est tout destruict parce que toutes les marchandises estrangères ont pris leur cours par Calais, où ledict droict n'est pas estably.

Si bien que sur ledict pied de 16,500 l., pour le ressort de la cour des Aydes de Caen, et 22,000 l. pour le ressort de la cour des Aydes de Rouen, ledict controlleur a jouy pendant quatre années de 150,000 l.

Et pour le regard des deniers qui sont entrez aux coffres du Roy, il faut obliger ledict controlleur de justifier de ses lettres de provision, quittances de finance et marc d'or, sur lesquelles remises d'un quart a esté faicte. » (1)

Le 2 mars 1645, les drapiers de Rouen obtinrent du Roi d'être subrogés au bail du contrôle des teintures, à charge de payer aux propriétaires des droits de contrôle, pendant 8 ans, 19,000 l. par an, conformément aux conditions acceptées par le fermier Robert Gibault, dans son bail du 19 nov. 1644. *(Mémoriaux de la cour des Aides)*.

FIN.

(1) Archives de la Seine-Inférieure. *F. de la cour des Aides.*

TABLE DES MATIÈRES

ABBAYES. Abbés contribuent à leurs réparations, II, 27. Des précepteurs doivent y être placés, I, 189, 301.

ADJUDICATAIRE des gabelles, I, 184, 185, 245, 317; II, 40; III, 143, 144, 198. — doit comparaître aux Etats, I, 54, 55, 127, 160; II, 219, 286, 291, 373; III, 379.

AFFRANCHIS des paroisses, I, 133, 163, 183, 235, 237, 273, 274, 295; II, 42, 58 ; leur révocation réclamée, I, 28, 29.

AIDE de solde à Rouen, III, 16. 50, 167.

AIDES chevels. Dûs au Roi, à cause de sa promotion à la chevalerie, I, 85. Commission des —, III, 341. Droits d', —, II, 82.

AISÉS. Rente des —, III, 345. Taxes des —, III, 87, 111, 158, 299, 300.

ALGÉRIENS, II, 424.

ALIÉNATIONS des tailles, gabelles et domaines, II, 126.

AMENDES, I, 64, 316 ; III, 173. Anciennes — réclamées, I, 115, 153 ; II, 329 ; III, 19, 20. — recouvrées trop rigoureusement, I, 154. Pensions sur les —, I, 229. — des forêts, I, 82 ; III, 90.

AMIRAL de France, II, 14.

AMIRAUTÉ. Affaires de l' — évoquées, II, 331.

AMORTISSEMENTS, III, 88.

ANGLAIS ; leur commerce fait concurrence à celui de la Normandie, II, 11, 39, 166, 185, 206, 246, 247, 308, 327, 372, 374, 394, 408, 419, spécialement pour les draperies et les toiles, III, 360, 361 ; leurs déprédations, II, 349 ; leurs projets sur la Basse-Normandie, II, 323.

ANOBLIS. Plainte contre eux, III, 149 ; réclamation en leur faveur, III, 406. Taxes sur les —, I, 31 ; III, 151.

ANOBLISSEMENTS à prix d'argent, I, 61 ; sujets à indemnité, III, 117.

ARCHERS du prévôt, I, 98. Plaintes contre eux, I, 127, 152 ; tenus de comparaître aux Etats, III, 379 ; passés en revue par les délégués des Etats, III, 301, 302.

ARCHERS du sel, II, 178, 286, 312, 401 ; III, 30, 119, 301. Leur suppression réclamée, I,

9, 30 ; on demande que leur nombre soit limité, I, 54 ; exactions et violences qui leur sont reprochées, I, 76, 77, 185, 245, 301 ; III, 197, 198.

ARTISANS soumis aux taxes de confirmation, I, 41, 260.

ASSESSEURS, officiers supernuméraires, à supprimer, I, 79, 107 ; II, 15. — commissaires examinateurs, III, 170. — des vicomtés, III, 154.

AVOCATS du Roi, alternatifs aux Elections, II, 129. Seconds — I, 163 ; II, 104.

BAIL des aides, III, 348. — des entrées de la ville de Rouen, III, 348.

BAILLI. Appels du vicomte au —, II, 156. Office de — non sujet à taxe de confirmation, I, 41. Exactions des lieutenants généraux de —, II, 165. Conflit entre ces officiers, les vicomtes et les Elus, pour la compétence au fait des réparations des murailles et pavés des villes, I, 161.

BAILLIAGE. Etats assemblés par —, II, 218. Nouveau — établi à Dieppe, III, 290.

BAN et arrière-ban, III, 44, 240.

BÉNÉFICIERS astreints à résidence, II, 145 ; s'ingèrent en l'administration des sacrements, malgré le jugement des évêques, II, 197, 412.

BIENS ecclésiastiques aliénés. Plainte contre la faculté donnée de les retirer, I, 15, 80, 97, 189, 216, 218, 253 ; II, 18, 219, 247.

BIÈRE en usage dans les hôpitaux et les conciergeries, III, 140.

BLÉS. Plaintes contre leur exportation, I, 131, 147, 148 ; II, 55, 99, 179, 206, 263, 281, 309, 396 ; III, 104, 298.

BOHÉMIENS en Normandie, II, 330.

BOIS. Taxe pour les achats de —, III, 108.

BOISSONS. Impôt sur les —, II, 199 ; III, 197.

BORDEREAU (droit de), I, 179 ; II, 30.

BOURGEOIS des villes. Leurs priviléges en matière de tailles, III, 108, 109, 134.

BUREAU des finances d'Alençon, III, 228. — de Rouen, II, 38, 251, 318. Chevauchées des trésoriers de France par les Elections, 1, 307 ; II, 106. En nombre surpernuméraire, II, 313 ; assistent à l'audition des comptes des Etats, III, 420 ; leur opposition à certaines impositions, II, 385 ; sont exclus de l'examen des comptes des Etats, III, 413 ; leurs relations avec le procureur syndic de la Province, III, 396, 416, 424.

CABARETIERS (impôts sur les), III, 23.
CADASTRE (projet de) pour la Normandie, II, 185.
CAHIERS des Etats, V. Etats provinciaux.
CAPITAINES des côtes de Normandie, II, 58. — des places et châteaux ; leurs exactions, II, 41. — du plat pays de Cotentin, inutiles, II, 130, 187, 330 ; III, 70, 244.
CAPUCINS de Rouen, leur dévouement pour les pestiférés, II, 262.
CARTES (manufacture de), III, 363. Fabricants de —, passent de Normandie en Angleterre, II, 63. Impôt sur les — et tarots, I, 272 ; II, 63, 263 ; III, 216.
CAUSES pendantes au parlement ne peuvent être périmées ni prescrites, I, 109.
CERTIFICATEURS de criées, I, 27, 57.
CHAMBRE de justice, III, 323.
CHAMBRE des comptes de Normandie, I, 282 ; II, 44, 129 ; son opposition à quelques édits, III, 183 ; vérifie l'édit pour la revente du domaine, en présence d'un conseiller d'Etat, II, 234, d'autres édits par ordre exprès du Roi, II, 295 ; III, 227, 264 ; en contestation avec la cour des Aides, pour la préséance, III, 189 ; accepte le dépôt des Cahiers des Etats, II, 223, 385 ; III, 184 ; provoque les remontrances du procureur syndic des Etats, III, 181 ; exprime ses regrets de l'abolition des Etats, III, 415 ; se voit contrainte à rendre la liberté à un receveur des étapes sur la plainte des Etats, I, 329 ; on demande qu'elle reçoive les comptes des deniers employés aux ponts, passages et édifices de la Province, I, 111 ; — greffier de cette juridiction, II, 257 ; arrêts concernant les huissiers, III, 309.
CHANGEMENT d'octroi, I, 75; II, 61, 265 ; III, 69, 108, 244, 250, 305, 416 ; ce que c'était, III, 419.
CHANOINES des églises cathédrales et collégiales peuvent posséder des cures concurremment avec leurs prébendes, II, 144, 371, 390.
CHAPERONS de velours interdits aux roturières, I, 276.
CHARBON de terre, III, 236, 242.
CHASSE ne doit être permise quand les grains sont sur la terre, II, 160, 372.
CHATEAUX et places fortes, leur démolition réclamée, I, 140 ; II, 188, 218, 311, 314. — démolis, III, 173.
CHEMINS, plainte au sujet des mandements pour leur élargissement, I, 17. Travaux aux —, I, 224.

CHEMINS des forêts, I, 116, 117, 132.
CHERTÉ à Rouen en 1622, 1623, II, 55, 278.
CHEVALIEZ du guet, III, 22.
CHEVAUX de louage, III, 126. — quittes, III, 306.
CINQ grosses fermes (les), II, 32.
CLAMEURS d'héritages, III, 123, 171.
CLERGÉ de France, I, 189.
CODE Marillac, II, 371.
COLLECTEURS des tailles, I, 202 ; II, 101, 368 ; III, 133 ; ne sachant lire ni écrire, I, 177 ; trop rigoureusement poursuivis, III, 172.
COLLECTEURS du sel, II, 218.
COMMERCE, I, 130. Liberté du — réclamée, III, 195. — protégé, III, 207 ; restreint à certaines compagnies, III, 51 ; mesures proposées pour son rétablissement, II, 132, 279, 307, 325 ; empêché par l'importation de marchandises étrangères, II, 134, 166, 185, 206, 308, 366, 394, 408, 419, surtout de marchandises anglaises, I, 36 ; II, 39, 246 ; III, 18, 167, 170, 194 ; par les Espagnols et les Hollandais, II, 84 ; par les courses des Dunkerquois, III, 62. V. Anglais.
COMMIS pour la perception des tailles, sans caution en la province, III, 112.

COMMISSAIRES des étapes, II, 248.
COMMISSAIRES des Etats, I, 320 ; II, 270 ; III, 190 ; affaires renvoyées à leur décision, II, 217 ; on demande que leur nombre soit réduit, I, 45, 168 ; II, 313, 314,; III, 314, leurs taxations, II, 286 ; III, 260.
COMMISSAIRES des tailles, office nouveau, I, 151, 203, 315 ; II, 7, 30, 34, 37, 78, 126, 150, 152, 175, 273, 295, 311, 312, 368, 388, 405, 428 ; leur révocation demandée, I, 177. — alternatifs des tailles, II, 81. — triennaux du taillon, II, 204.
COMMISSAIRES des vivres, II, 31, 32, 57, 78, 126, 150, 175, 204, 241, 359, 406.
COMMISSAIRES pour le sel, II, 8, 30, 34, 58, 76, 105, 128.
COMMISSAIRES examinateurs, leur suppression réclamée, I, 27, 79, 108, 163, 182 ; II, 15, 42, 58, 86, 104, 129, 183.
COMMISSAIRES extraordinaires, plaintes contre eux, leur révocation demandée, I, 12, 60, 82, 296 ; II, 314 ; III, 22, 113, 141, 400. — pour les droits d'usage dans les forêts, I, 43.
COMMISSION du Roi pour la levée des tailles adressée, en 1655, au Bureau des finances, III, 386.
COMMITIMUS, III, 157.

Communaux (biens), I, 264 ; II, 163.

Communes aliénées, I, 44 ; les paroisses pourront les racheter, III, 160.

Concile provincial de 1581, son exécution réclamée, II, 146, 373.

Conférences de St-Germain-en-Laye, III, 324, 325.

Confirmation (droit et taxe de) I, 41, 89, 129, 157 ; III, 19.

Conflit de juridiction entre les lieutenants des baillis, les vicomtes et les Elus, I, 161.

Conseil d'Etat. Vérification de contrats de rentes au —, II, 129, 163. Comptes des Etats de Normandie portés au —, III, 413.

Conseillers assesseurs, I, 133, 163, 182 ; II, 86, 104, 183.

Conseillers examinateurs, I, 133.

Consignations (receveurs des), leur suppression réclamée, I, 89, 104.

Contagion en Normandie, en 1611, 1612, 1613, 1622, 1623, 1634, 1638, etc., I, 47, 68, 90, 202, 344, 355 ; II, 4, 14, 53, 55, 68, 72, 99, 174, 190, 262 ; III, 32, 71.

Contrôle des consignations, III, 155.

Contrôleurs des Elections, I, 205 ; II, 204 ; qualité d'élu leur est attribuée, I, 178. — des exploits, III, 155. — des finances des ponts et chaussées, II, 176. — généraux des finances du taillon et des bois, II, 101. — généraux des gabelles, I, 163 ; II, 294, 301. — des greffes, III, 155. — des poids, III, 69, 87. — des tailles, I, 231 ; II, 30, 152, 176, 368. — des teintures, III, 98, 256, 269, 270, 288, 437. — des titres, I, 46, 82, 103, 134, 163, 183, 215, 228, 316 ; II, 42, 58, 86, 104, 156, 183, 262, 263, 309 ; III, 84. — marqueurs de papier, III, 97.

Coqs de paroisses dans les rôles des tailles, III, 117.

Cour des aides de Normandie, II, 250, 401 ; III, 114, 117, 284 ; soupçonnée de vérifier des édits fiscaux, parce que plusieurs de ses membres espéraient être nommés commissaires pour leur exécution, II, 44, 248 ; vérifie des édits, II, 291, 292 ; en opposition avec le gouvernement, III, 270 ; en contestation avec la Chambre des comptes pour la préséance, III, 189 ; sa compétence au fait des étapes, III, 180 ; faite semestre, III, 255 ; provoque le procureur syndic à faire des remontrances au Roi et invoque la réponse du Roi aux Cahiers, III, 349 ; rend un arrêt contre la solidarité au fait des tailles,

III, 109 ; — créée à Caen, III, 255.

Cour des monnaies (officiers de la) prenant gages sur les greniers de Normandie, II, 77, 283, 291.

Cours souveraines, leurs privilèges, I, 23, 46; III, 82 ; plus grands que ceux des nobles, I, 125, 147; II, 3, 52; exemptes de contribuer aux taxes pour le franc-alleu, III, 288.

Courtiers de change, II, 133, 156, 183, 328, 365. — des toiles, III, 98.

Coutume de Normandie, I, 270, 302, 303, 320; III, 24, 46, 122, 124, 125. — à réformer en ce qui concerne le retrait lignager et les décrets, I, 109, 167, 168.

Créseaux d'Angleterre, II, 39.

Crue (grande), I, 74, 96, 118, 125, 147, 174, 175, 202, 277, 299 ; II, 53, 98, 125, 174.

Crue des garnisons, II, 355, 387.

Cuirs (impôts sur les), III, 199 ; cause d'émeute à Rouen en 1634, III, 215.

Curés. Les meubles laissés par eux doivent être employés aux réparations des églises, II, 73, 74. — devraient être dispensés de donner lecture, aux prônes, des mandements des Élus, II, 143 ; III, 147. — Pension des, — II, 371, 374.

En quel costume doivent se présenter pour l'élection des députés, III, 165, 166.

Débets de quittance, I, 57, 114, 215, 218.

Débordement de la mer et des rivières en 1611, 1613, 1620, 1625, I, 47, 90 ; II, 4, 92.

Décrets d'héritages, I, 167, 254, 271, 302, 320 ; II, 45, 250, 251 ; III, 22, 48, 124, 156, 171, 241, 300, 303 ; doivent se faire devant les juges de la Province, I, 53.

Demi-Reliefs (commission des), I, 260.

Déport, II, 371, 374.

Députés des villes envoyés vers le Roi ne devraient être emprisonnés à la requête des traitants, III, 162, 365.

Deux sous pour livre des rapports, III, 155.

Deux sous d'augmentation du sceau, III, 157.

Dimanches (observation des), I, 277 ; exploits d'huissiers et ventes de biens, ne devraient se faire ces jours là, II, 144, 370.

Doléances du vicomte au bailli, II, 17.

Domaine, II, 43, 248 ; III, 11, 52, 153, 188. — aliéné, I, 224. Baux du —, I, 319. — engagé, I, 17. — non-engagé I, 159, 256. Parti du —, I, 59, 91. Rachat du —, I, 28.

Recherche du — égaré, I, 39.
Revente du —, II, 62, 68, 164, 165, 180, 233, 266, 277. Vente du —, III, 251, 252.

DOUBLEMENT de sceau, I, 14, 27, 57, 78, 108, 134, 163, 182; II, 15, 42, 86, 104, 129, 183.

DOYENS ruraux doivent faire l'inventaire des meubles des curés décédés et veiller aux réparations des presbytères et des chancels, II, 94.

DRAPERIES d'Angleterre, II, 11, 246. — de Normandie, III, 19, 360.

DROIT annuel, I, 275, 315; II, 79, 104; III, 230; rend la justice vénale, I, 157; demandé aux marchands vendant en gros, III, 138.

DROIT de clerc, I, 14, 27, 57, 78, 108, 134, 163, 183; II, 15, 86, 104, 129, 156, 183.

DROIT de quittance, I, 150, 264, 289.

DROITS sur les boissons, III, 186.

DROITS aliénés sur les tailles et gabelles, II, 210, 355, 356, 430.

EAU de mer interdite, II, 373; III, 120, 143, 284, 300, 319.

EAUX et forêts (officiers des), on demande qu'ils ne visitent point les petites rivières, I, 116.

ECHECS (jeu d'), image de l'Etat, II, 121.

ECCLÉSIASTIQUES, assignés personnellement pour prendre part à l'élection des députés, I, 214; II, 215; leurs priviléges souvent violés, I, 2, 23, 72, 95, 146, 174, 199, 200, 317, 348; II, 3, 25, 51, 73, 93, 122, 143, 144, 148, 171, 199, 371; III, 4, 5, 39, 62, 73, 97, 106, 107, 118, 141, 145, 197, 348, 349, 400, 401, 403; différence non justifiée, quant aux priviléges, entre les prêtres séculiers et les chanoines, III, 145. — protecteurs des faux-sauniers, III, 278, 282.

ECOLES dans les villes, interdites aux précepteurs protestants, I, 319.

ECU pour tonneau de mer. V. Impôt.

EDITS de pacification ne doivent empêcher les informations contre les voleries et les exactions, II, 14, 215. — fiscaux, III, 264; opposition à leur enregistrement, III, 226. — divers enregistrés à la cour des Aides, de 1643 à 1655, III, 344, 348.

EGLISES et presbytères, leurs réparations, I, 190; II, 25, 93, 145; lettres de rassiette pour cet effet, II, 27, 250.

ELECTIONS (officiers des), I, 39, 87; II, 210, 344, 345, 347, 348, 350, 351 386; créés sans édit, I, 26; leur suppression demandée, I, 38 ; en nombre excessif, I, 105, 150, 178 ; II, 16, 33, 60, 79, 103, 124, 155, 183 ; 248, 310, III, 57, 127, 350 ; droits de signature qui leur sont attribués, I, 150, 178 ; autres droits dont ils jouissaient, III, 115. Greffiers des —, III, 381.

Elus, I, 205, 225, 301, 317 ; II, 6, 30, 239, 241. — commissaires des tailles, I, 177. — de Rouen, doivent appeler les échevins de cette ville au département des tailles et taillon, I, 140. — doivent prendre l'avis d'un député du tiers état lors de l'assiette des tailles, I, 180. — ne sont pas juges de la noblesse, III, 7 ; abus de leurs taxations, I, 141 ; plaintes contre eux, III, 300.

Émeutes à Rouen, en 1634, 1639 ; II, 277, 419 ; III, 78, 212, 254.

Emprunts forcés, III, 67.

Epargne (deniers de l'), III, 64, 79, 92, 135.

Epices taxées dans les cours souveraines, trop rigoureusement recouvrées, I, 154, 316, 317. — objet de plainte aux Etats, III, 190.

Equivalent, III, 78, 127, 305.

Espagnols, II 280, 421 ; saisissent les vaisseaux français allant en Hollande, II, 84, 308. Prisonniers —, III, 79, 296, 299.

Etamiers de Normandie, I, 255.

Etapes, I, 292, 300, 312, 316, 328, 332 ; II, 14, 32, 114, 219, 360, 372 ; III, 27, 78, 116, 127, 304, 359. Commissaires des —, II, 323. Comptes des —, à rendre devant le gouverneur et les commissaires des Etats, I, 136 ; à rendre gratuitement, I, 169. Connaissance des —, attribuée à la cour des Aides, III, 180.

Etats généraux, de 1614, I, 268 ; II, 46. — indiqués à Orléans en 1649, III, 326 ; à Tours en 1651, III, 328, 329.

Etats provinciaux de Normandie, interrompus en 1615, I, 287 ; en 1621, II, 232 ; en 1625, II, 294 ; en 1628, II, 361 ; en 1632, III, 179 ; de 1635 à 1637, III, 222 et suiv., de 1643 à 1655, III, 322 ; durée extraordinaire des Etats de 1655, III, 423. — de 1657 ne furent autre chose que la convocation des députés de l'assemblée de 1655, III, 394, 395. — devaient être tenus en septembre, ou octobre de chaque année, I, 166, 295, 319 ; leurs réunions, trop tardives, III, 38, 240. Election de députés, I, 209 ; II, 214, etc. Ordre suivi pour le vote à l'élection des députés à Rouen, II, 307 ; III, 285 ; curés du bailliage de Rouen indûment assignés pour l'élection d'un député du tiers État, II, 260, 306 ; les curés de la banlieue de Rouen n'étaient point convoqués pour l'élection des députés, ils étaient représentés de droit par les délégués du chapitre, II, 244 ; les curés devaient être assignés par les sergents en personne, II, 260 ; ne pouvaient se faire représenter, aux élections, par un procureur commun, I, 310, 334 ; II, 261, 307, 393 ; devaient comparaître en habit décent, I, 309 ; les députés du tiers état des vicomtés du bailliage de Rouen étaient-ils astreints à communiquer leurs Cahiers à l'assemblée de l'Hôtel-de-Ville de Rouen ? III, 354 ; ordre observé pour recevoir les voix à l'Hôtel-de-Ville de Rouen, II, 261 ; proposition des Etats, autrement dit discussion du Cahier particulier, I, 214, 227 ; II, 215, 245, 262, 281, 307, 365, etc.; festins des Etats à l'Hôtel-de-Ville de Rouen, II, 216 ; III, 290, 317, 363 ; — élection de députés à Caudebec en 1634, III, 218 ; à Neufchâtel, III, 436 ; personnes recommandées aux électeurs, II, 261 ; indifférence du tiers Etat, en ce qui concernait les élections de députés, I, 310 ; III, 366 ; ordre des bailliages à l'assemblée des Etats, II, 216, 248, 249 ; III, 358 ; présidents de l'assemblée, II, 217, 247 ; serments des députés ; II, 217 ; taxes des députés, III, 200 ; réponse du président des Etats à la demande du Roi, II, 216 ; III, 290, 308 ; affaires renvoyées à la décision du gouverneur, II, 219, 264 ; les Etats font célébrer un service pour un député décédé, II, 334 ; député de l'année précédente exclu, II, 218 ; qualité d'avocat incompatible avec la députation, I, 244 ; II, 395, 396 ; III, 196 ; qualité d'officier du Roi incompatible avec la députation, I, 217, 244 ; III, 358, 375, 376 ; séance du député de Caen, II, 259 ; taxes des députés, II, 369 ; procurations des députés doivent être délivrées sans frais par les greffiers, I, 230, 269 ; II, 119 ; taxes des commissaires du Roi, II, 287 ; leur séance aux Etats, III, 314, 356, 357 ; les Etats nomment les commissaires des étapes, II, 323. *Comptabilité des Etats :* comptés, II, 220, 257, 275, 288, 292, 293, 294, 305, 319 ; III, 256, 386, 420, 421 ; articles insérés dans les comptes, sans le vote des députés, III, 311 ; comptes portés au Conseil d'Etat au lieu de l'être au Bureau des finances suivant la coutume, III, 413 ; fonds affectés aux Etats, III, 338 et suiv. ; deniers des Etats employés en gratifications, II, 46, 251 ; formalités pour la délivrance des deniers des Etats, II, 114 ; levées ne peuvent être ordonnées sans le consentement des Etats, ou sans avoir été indiquées dans les lettres de leur convocation, III, 171, 430. *Cahiers des Etats:* lus devant les députés, III, 308 ; devant les commissaires du Roi, III, 308 ; mémoires ayant servi à leur rédaction, brûlés, II, 287 ; commissions désignées pour le port du Cahier, II, 220, 254 ; brigues pour la députation du port du Cahier, I, 350, nomination faite, par billets, de députés pour le port du Cahier, annulée, II, 375, 376, 377 ; l'écclésiastique qui avait présidé les Etats, devait faire partie de la commission du port du Cahier, I, 321 ; au port du Cahier, un des échevins de Rouen doit accompagner les délégués, III, 367 ; Cahiers portés au Roi par des députés des 3 ordres en nombre égal pour chaque ordre, III, 313 ; Cahiers répondus par le Roi devraient être vérifiés dans les cours souveraines et publiés dans les juridictions, I, 80, 192 ; II, 189 ; III, 131, 203 ; et lus aux assises mercuriales, II, 397 ; Cahiers répondus restent sans effet III, 32 ; réponse du Roi invoquée par la cour des Aides, III, 349 ; différée, III, 37 ; Cahiers déposés à la Chambre des Comptes, II, 223, 385 ; III, 184, 250 ; Cahier de 1655 faussement attribué à l'année 1658, III, 393. *Officiers des États*, III, 331, 411. Courrier des Etats, III, 412. Greffier des Etats, III, 238, 412 ; tenu d'envoyer aux députés la commission contenant les demandes du Roi, I, 229 ; son office supprimé, III, 414. Greffier commis, III, 238, 412. Huissiers des Etats, II, 310 ; III, 238, 279, 387, 412. Messagers, II, 360. Procureur syndic, ses démarches en faveur de la Province, III, 417 ; invité par la Chambre des Comptes à faire des remontrances au Roi, III, 181 ; appelé par la cour des Aides pour la fixation des limites de la banlieue de Rouen, II, 230 ; invité par la même cour à faire des remontrances au Roi, III, 349 ; doit être reçu partie pour le pays au parlement, I, 319 ; consulté par le parlement, I, 291 ; intervient pour obtenir délai pour la vérification d'édits, II, 241, 318 ; s'oppose à la vérification d'édits et de lettres patentes, II,

275, 291, 351, 352, 353, 354, 430 ; III, 383 ; à des levées de deniers, II, 304, 403, 404, 405 ; accusé de ne s'être point opposé à la vérification d'un édit, II, 264 ; son office supprimé, III, 413. Trésorier des Etats, III, 384 ; son office supprimé, III, 414. *Matières diverses* : députés chargés par les Etats de faire publier des arrêts de la Chambre des Comptes, III, 310 ; hostilité du Parlement envers les Etats, III, 324 ; règlement des Etats, I, 244 ; imprimeur des Etats, II, 259, 386 ; fin des Etats, III, 393 et suiv.

ETRANGERS accaparent à Rouen le trafic, II, 279 ; préférés aux français par les marchands, notamment par l'adjudicataire des gabelles, II, 40, 249, 279, 308.

EVÊQUES, doivent visiter les monastères, II, 96 ; leur juridiction diminuée par les dernières ordonnances, II, 145.

EVOCATIONS abusives, I, 14, 25, 34, 35, 76, 85, 112, 120, 121, 127, 129, 155, 156, 191, 206, 251, 260, 261, 272, 273, 275, 291, 316 ; II, 6, 27, 28, 35, 40, 41, 45, 55, 68, 81, 162, 182, 312, 331 ; III, 21, 24, 157, 170, 241, 300.

FABRIQUES des églises soumises au droit de francs-fiefs, II, 54.

FAMINE en Normandie en 1618, 1622, 1623, etc. ; I, 174 ; II, 29, 53, 99, 190.

FAUX-SAUNAGE, I, 96 ; III, 141, 277, 418.

FERMIERS, leurs exactions, I, 181. — des cinq grosses fermes, III, 188.

FEU S. Elme, II, 92.

FIEFFERMES, III, 104, 303.

FIEFFES (parti des), III, 153.

FIEFS (dénombrement des) en Normandie, II, 64, 185, 396. — possédés par les roturiers, II, 54. Taxe des —, III, 106.

FILS de lin enlevés de Normandie, III, 161.

FLAMANDS, leur fret à meilleur marché que celui des Français, II, 279.

FOIRES, I, 277. — de Rouen, III, 169, 170, 359 ; on demande que l'époque en puisse être changée, I, 130.

FORÊTS ; aliénation projetée de celles du bailliage de Rouen, III, 354, 363. Droits d'usage dans les —, taxes pour leur confirmation, I, 42, 43, 119. Réformation des —, III, 172.

FRANC-ALLEU, III, 82, 288, 297, 320, 321.

FRANCE, nom que l'on prétend avoir été donné par la noblesse, comme marque d'affranchissement, II, 3.

FRANCS-FIEFS et nouveaux acquets, II, 26, 54, 82, 270; III, 13, 39, 40, 41, 42, 43, 44, 152, 199, 231, 240, 301.

FRANCS-TAUPINS, I, 230, 295, 299.

FRÈRES de la mort à Rouen, II, 262.

FRONDE, III, 323.

GABELLES. Commission pour les —, III, 277. Ordonnances et édits pour les —, III, 280 et suiv., 417, — occasion d'émeutes en Normandie, III, 256. Officiers des —, II, 240; III, 227.

GARDES-COTES, leur établissement préjudiciable, II, 280.

GARDES des sceaux aux Élections et Greniers à sel, I, 180; II, 78, 126, 150, 175, 177, 248, 273, 359, 404.

GRAND-MAITRE des eaux et forêts, I, 300.

GRAND-VOYER, I, 135; sa suppression réclamée, I, 25.

GRANDS-JOURS réclamés, I, 188, 318; II, 14, 160, 370; III, 206; pour les bailliages de Caen et Cotentin, I, 163. — à Poitiers, III, 6, 209, 212.

GRATIFICATIONS votées par les Etats en faveur des gouverneurs et lieutenants généraux de la Province : le comte de Soissons, I, 217; Marie de Médicis, I, 277, 299, 318; le duc de Longueville, II, 250, 251, 293, 313, 339, 340, 361,
386, 396, 414; III, 172, 224, 245, 306, 308, 420; Villars, II, 403; la Mailleraye, III, 224; Matignon, II, 397, 224, — en vertu d'arrêts du Conseil sur les fonds des Etats, III, 425.

GREFFES (parti des), I, 6, 28, 59, 91, 142, 327.

GREFFIERS, sergents, tabellions, leurs salaires excessifs, leurs exactions, I, 55, 106; II, 41, 59, 107, 119, 182, 301; III, 154.

GREFFIERS des affirmations, II, 78, 150, 282. — des consignations, II, 42, 78, 130. — des Élections, II, 151, 274; III, 78, 134, 176, 368, 418. — des Greniers à sel, II, 145, 151, 274. — des notifications, III, 85. — des rôles des tailles, II, 204, 368, 405.

GRÊLES en Normandie, en 1611, I, 47; en 1612, I, 68; en 1620, II, 4; en 1633, III, 171, 172.

GRENIERS ouverts à Rouen pour procurer du blé au peuple en 1622, 1623, II, 278.

GRENIERS à sel, I, 192, 266; doivent être visités par les trésoriers en France, II, 106. Officiers des —, I, 81, 105; II, 76, 282.

GUET. Droit de — exigé des riverains de la mer, I, 188; II, 14. — des côtes, II, 218.

HARANGUES d'Anzeray de Courvandon, II, ; de Mgr de Harlay, III, 394 et suiv.

Haro reçu au préjudice des sentences ecclésiastiques, II, 144.

Hautes-Justices (abus des), I, 17.

Hollandais, II, 263, 264; leur alliance avec les Turcs, II, 56, 279, 280, 309, 424; font concurrence aux manufactures de Normandie pour les draperies et les toiles, III, 360, 361 ; saisissant les vaisseaux français allant en Espagne, II, 84, 308.

Hôpitaux déchargés du droit de francs-fiefs, II, 26.

Hôteliers (conformation des), I, 251.

Huissiers, leurs taxes excessives, leurs exactions, I, 300 ; II, 144 ; III, 20, 83, 111, 196, 299, 301 ; valets de partisans, III, 163. — audienciers, I, 183 ; III, 304. — de la Chambre des Comptes, leurs exactions, II, 83 ; III, 20, 21, 125, 310.

Imposition foraine, V. Traite domaniale.

Impositions diminuées en 1634, III, 205 ; ne devraient être levées postérieurement à la commission des Etats, sinon pour urgente nécessité et après communication au procureur syndic de la Province, III, 530.

Impôt de 5 s. pour livre de toutes les fermes, III, 140. — de 20 s. pour muid de vin entrant à Rouen pour la réfection du pont, I, 32 ; III, 15. — d'un écu pour tonneau de mer (9 l. pour muid de vin, 40 s. pour tonneau de cidre et 20 s. pour tonneau de poiré), entrant à Rouen, Dieppe et le Havre, I, 31, 32, 60, 61, 83, 99, 134, 164, 182, 215, 228, 238, 250, 315 ; II, 15, 42, 59, 86, 104, 105, 132, 154, 184, 200, 281, 309, 328; III, 14, 51, 56, 136, 138, 167, 183. — sur le papier, III, 22. — sur les boissons, II, 9; III, 93, 94, 95, 135.—sur les cuirs, III, 22.

Instruction criminelle, III, 124.

Instruction publique; on demande que les biens de léproseries y soient affectés, et qu'il soit établi un précepteur dans les abbayes et les collégiales, I, 115, 135, 189, 276, 296, 297 ; écoles doivent être soumises à l'approbation des évêques, II, 135.

Instruction religieuse négligée en France, I, 296.

Intendants de justice, police et finances, II, 417, 418 ; III, 59, 105, 113, 301, 303, 304, 314, 315, 323.

Jaugeurs, I, 27, 108, 164, 183, 228 ; II, 16, 156.

Judaïsme professé par des Portugais, II, 207, 409, 424.

Juges séculiers prétendent indûment faire l'inventaire des meubles des curés décédés, II, 74, 94.

Juridiction ecclésiastique, II, 25.

Juste (titre de) attribué à Louis XIII, II, 2, 50.

Justice ; le Roi n'en a que l'administration comme officier de Dieu ; ne doit être asservie à aucun impôt, III, 121.

Langueyeur de porcs (office de), II, 249.

Léproseries ; leurs biens doivent être affectés aux hôpitaux, II, 97, 146, 312, 411 ; III, 147, 172. V. Instruction publique.

Lettres au sceau, obligatoires pour le paiement des taxes de confirmation, I, 42. — de chancellerie, III, 123 ; nécessaires pour les appellations de vicomtes à baillis, II, 156 ; leur abus, II, 17. — de naturalité, leur abus, II, 110, 134, 207, 308, 327, 409, 421. — de rémission, leur abus, I, 295 ; II, 215.

Levées particulières sans lettres patentes, ni commission du Bureau des finances, II, 319 ; sans vérification et sans indication de destination, III, 28.

Liards, III, 363, 409.

Lits et draps du peuple ne devraient être saisis, II, 135, 331.

Logement des troupes, III, 32.

Luxe (abus du), III, 206.

Maison du Roi (officiers de la), I, 229, 273, 295 ; II, 6, 182.

Maîtres clercs des Élections, gardes des rôles, I, 180 ; II, 151, 176, 204, 273, 274, 368, 388.

Maîtrises (officiers des), III, 227.

Majorité (âge de la), I, 303.

Mandement des commissaires du Roi pour les tailles, III, 435.

Marchands. — de vin en gros ; commission pour en établir, révoquée, I, 44. — surchargés, II, 226.

Marchés (nouveaux), plus favorables à l'ivrognerie qu'au trafic, II, 160.

Marque et marqueurs des cuirs, I, 108, 134, 164, 183, 301 ; II, 86, 104, 183, 329.

Maubouge, sa suppression réclamée, III, 137, 362, 392.

Menus droits (receveurs des, III, 170, 188.

Mercure de France, cité, II, 254 ; III, 205.

Mesureurs, II, 156.

Messagers de l'Université, I, 273, 295 ; II, 6, 156.

Minière de plomb rajeunit et recroît, II, 167.

Misère de la Normandie, I, 4, 22, 47, 68, 72, 90, 94, 117, 124, 125, 146, 147, 172, 173, 174, 199, 202, 207, 288 ; II, 4, 24, 49, 53, 66, 72, 75, 92,

122, 133, 142, 170, 190, 195, 196, 197, 206, 397, 419; III, 25, 32, 71, 72, 78, 110, 129, 198, 308, 318, 327, 399, 408.

MONASTÈRES, doivent être visités par les évêques, II, 96. Avarice reprochée aux —, à l'occasion de la réception des novices, II, 95, 171, 192.

MONNAIES de France et étrangères, I, 37, 53, 80, 102; II, 132, 157, 179, 330; III, 31, 169, 185.

MONNAYEURS, en nombre excessif, I, 273.

MORTALITÉ en Normandie en 1618, I, 174; en 1625, 1626, II, 99.

MORTEPAYES, I, 273, 295.

MUSE Normande citée, II, 419, 420; III, 318.

NAVIGATION négligée, II, 40, 249.

NOBLES, commissaires des tailles, I, 177; II, 7. Conciliabules des — en 1651, III, 330. — nouvellement créés, II, 240; III, 228. Séance des — aux élections des députés pour les Etats, I, 230. — indifférents à ces élections, II, 391; III, 415, — déléguent par exception trois d'entre eux pour le port du Cahier des Etats, II, 267; réclament la réunion des Etats généraux en 1651, III, 330; protégent les faux-sauniers, III, 278, 282, 283, inquiets par suite de l'ordre donné de dresser l'état des fiefs, II, 64, 185; ne devraient s'associer avec les fermiers des gabelles, III, 152; demandent à être préférés pour les gouvernements et offices vacants, I, 23, 106; II, 173; exclus des offices par leur pauvreté, I, 157, 272; offices érigés en leur faveur dans les parlements; demandent qu'il en soit créé d'autres, également en leur faveur, dans les bailliages, II, 147; leurs priviléges moindres que ceux des officiers des cours souveraines, I, 2, 3, 73, 95, 96, 124, 147, 174, 201; II, 3, 52, 123, 147, 172, 283, 311; et souvent violés, I, 3, 95, 201, 125; II, 11, 52, 74, 97, 123, 147, 148, 172, 199; III, 97, 106, 107, 119, 141, 148, 149, 348, 349, 400, 401; leur valeur, I, 200; II, 25, 51, 97, 147, 172, 347; III, 405. Terres des —, I, 276.

NOBLESSE. Edits concernant la —, III, 382. Elus ne sont juges de la —, III, 7. Lettres de — et de maintenue de —, I, 332; III, 117. Recherche de la —, II, 284. Usurpateurs de —, I, 276; III, 208, 209.

NORMANDS ne sont taillables qu'en une seule paroisse, III, 27.

NOTIFICATIONS, III, 155, 298.

NOVICES dans les monastères, II, 95, 96, 192.

NU-PIEDS en Normandie, III, 256.

Octrois des villes diverties, III, 79, 80, 159.

Offices domaniaux, II, 42. — inutiles multipliés sans raison, qualifiés supernuméraires, I, 38, 57, 183, 199, 205; II, 30, 44, 53, 72, 75, 78, 100, 127, 150, 151, 155, 175, 183, 201; III, 46, 47, 210, 299. — réduits, III, 206. — ridicules (langueyeurs de porcs, porteurs de pommes, compteurs d'oranges), II, 65, 125. — supprimés et rétablis sans édit, I., 26. — vénaux, I, 9. 106, 272.

Officialités (procureurs du Roi aux), I, 58.

Officiers, retranchement de leurs gages, III, 99. — de la maison du Roi, en nombre effréné, I, 52, 75, (V. Maison du Roi). — des cours souveraines, III, 348, 349. — royaux exclus de la députation, V. Etats. — pour le sel, I, 13.

Oratoire (Pères de l') chargés de la recette des abbayes de Fécamp et du Mont-St-Michel, I, 190.

Ordonnance de Moulins, son exécution réclamée en ce qui concerne la juridiction ecclésiastique, II, 249.

Ordres religieux en nombre excessif, II, 198, 389.

Pain du Roi doit être fourni aux prisonniers pour la taille, III, 171.

Palot (parti de), édit de Palot, ou la Palotte pour la vénalité des offices, I, 9, 106, 272.

Paluds et marais de Caen et du Cotentin, I, 67, 78. 99, 139, 165, 166, 192, 260, 263, 319, 320, 321; II, 17; III, 100, 123, 303.

Pancartes des droits à payer doivent être affichées en ferblanc et non sur du papier, II, 11.

Papier. Contrôleurs marqueurs de —, III, 211. Impôt sur le papier cause d'émeute en 1634, III, 215, 303. Manufactures de —, III, 97.

Parcs établis par les partisans pour les saisies, III, 111.

Parcs royaux, III, 29, 52, 120; en Basse Normandie, III, 242.

Parentelles dans les cours souveraines; ordonnances touchant les — doivent être observées en la réception des officiers de justice, I, 43, 155, 316.

Parisis, I, 12, 14, 27, 57, 78, 108, 133, 163; II, 15, 42, 86, 104, 129, 180, 183.

Parlement, II, 44, 248, 417, 418. — offensé d'un article du Cahier des Etats contraire aux épices, III, 190, et suiv.; hostile aux Etats de Normandie, III, 324 et suiv., aux Etats généraux, III, 326, 330, sa conduite pendant les émeutes de 1634, III, 212 et suiv. Offices de conseillers de robe courte au — en faveur des nobles, II, 148. — Remontrances du —, I, 258. Les causes y doivent être appelées par le rôle, I, 277. — fait semestre, III, 255, 315, 316, 323.

Paroisses contraintes à lever et vêtir des soldats, III, 58.

Partisans (plaintes contre les) I, 26, 51 ; II, 161 ; III, 78, 299, 400, 406. — obtiennent les tailles, III, 104 ; employent les soldats pour leur recouvrement, III, 110. — appelés traitants par adoucissement de terme, III, 51.

Pastel venant des Açores, II, 30.

Paysans contraints à paître l'herbe, II, 206.

Péages, III, 94, 96, 136, 186, 363.

Pêche (abus de la) le long des côtes de la mer, I, 46.

Pensions sur les amendes ; abus de les donner aux juges, I, 56.

Péremption d'instance, I, 282,

Pied fourché (impôt du) à Caen, I, 89, 104, 137, 164, 183, 277, 317 ; II, 10, 11, 184 ; III, 23, 137.

Pirates (plaintes contre les), I, 37, 131, 228, 238 ; II, 85, 208, 409.

Poids et mesures. Contrôleurs des —, III, 297. Réformateurs des —, I, 30, 63. Visiteurs des —, I, 108, 251.

Police générale ; faiblesse des fonds qui y étaient affectés, III, 435.

Ponts et chaussées, I, 13, 80, 187, 218, 316 ; leur mauvais état, par suite du divertissement des fonds qui y étaient affectés, I, 165, ; II, 38, 62, 83, 109, 130, 158, 188, 264, 363 ; III, 24, 120, 132, 181, 298. Officiers des —, III, 210.

Port des mandements, I, 56, 88, 103, 134, 164, 176, 307, 317 ; II, 7, 37, 57, 86, 104, 203, 317.

Portugais abusent des lettres de naturalité, II, 207, 308, 327, 421.

Postes, III, 306, 343. Gages des —, III, 426, 427, 428 ; pris sur les deniers des affaires de Normandie, II, 116. Maîtres des —, III, 342 ; sont nommés par les gouverneurs de la Province, II, 116, 285 ; plus tard, par le directeur général des —, III, 413.

Pourvois et rescrits de grâces, II, 17.

Premanibus, distribution canoniale, I, 305.

Présentations, I, 14, 27, 108, 133, 163, 182, 316 ; II, 15, 42, 104, 129, 156, 175, 183 ; III, 155.

Présidiaux. Payeur alternatif des gages des —, I, 57. Officiers de celui de Rouen, I, 35.

Prévot de Normandie, sa suppression sollicitée, I, 34, 77, 78, 98, 127, 184, 273 ; II, 84, 285 ; plaintes contre lui, I, 152, 218, 251, 259, 290, 315; tenu de comparaître aux Etats, I, 185 ; II, 265, 332, 372, 397, 413 ; III, 126, 160, 199, 379, 435.

Prévot du sel, V. Adjudicataire général des gabelles.

Prisonniers pour la taille, III, 381, 408, 409.

Prisons, III, 55, 71, 115. — remplies, III, 319.

Privilége de St-Romain défendu par les Etats, I, 191, 206.

Priviléges en fait d'exemption de tailles, I, 97.

Procédures, II, 109.

Procès criminels ne doivent être communiqués, III, 302.

Procureur du Roi à l'officialité de Rouen, I, 34.

Procureurs. Leur taxe, I, 277. —alternatifs aux Élections et Greniers à sel, II, 129. — communs des juridictions inférieures, I, 163; II, 58, 104.

Prones. Abus de la lecture aux — des mandements des juges séculiers, II, 143, 371.

Prud'homme et vendeur de cuirs, III, 127, 303.

Purins de Rouen, II, 419, 420.

Quatrième des vins et boissons, I, 102 ; II, 148, 199 ; III, 97, 117, 140. — Exactions des fermiers du —, I, 64, 138.

Questeurs et visiteurs de vins, II, 248.

Rapports (perception des), II, 264 ; III, 173.

Réappréciation pour la levée des droits de traite et imposition foraine, III, 17, 50, 83, 168 ; III, 241, 289, 360.

Receveurs généraux des finances, II, 101, 205, 301, 359, 405 ; III, 342. — des bois, II, 101, 316. — des consignations, I, 60, 251 ; II, 58, 104, 156, 263, 309 ; III, 90. — des tailles et du taillon, — I, 196, 266, 267, 282, 289, 299, 314 ; II, 126, 152, 176, 204, 300, 301, 354, 355, 368, 388, 405 ; III, 211. — en titre d'office à Rouen, II, 262.

Réformation des forêts, III, 88.

Régalement des tailles, II, 67, 79, 204, 271, 283 ; III, 8, 26, 27, 55, 171.

Reitres d'Allemagne, II, 420.

Rentes. Rentes hypothèques, III, 124. Ordre pour le partage des —, III, 304. — sur l'Etat, (recettes, traites, etc.), I, 159 ; II, 109, 128, 157, 163, 180, 309 ; III, 64, 207 ; non ou mal payées, I, 31, 61, 81, 101, 132, 187, 228, 238, 250 ; II, 38, 327, 329 ; III, 16,

65, 91, 105, 158. Retranchement sur les —, II, 12. — sur les Greniers à sel, I, 105. — sur l'hôtel de ville de Rouen, I, 10, 31.

Religion prétendue réformée. On demande que ceux de la — se conforment aux Edits de pacification, I, 161 ; que leurs temples soient démolis, III, 6 ; qu'ils n'aient point de collége à Quevilly, III, 400. Député de la — rejeté, II, 367.

Retrait lignager, I, 109, 168.

Revendeurs de sel à petites mesures, I, 128 ; II, 87, 178, 286.

Rôles. Déclaration de dépens au parlement dressés en — et non en cahier, I, 113 ; III, 171.

Sacre des Rois (cérémonie du), II, 2.

Salines de Basse-Normandie, II, 209 ; III, 30.

Salpêtres et poudres, I, 215, 218.

Sargettes d'Angleterre, II, 39.

Secrétaires d'Etat, intendants de Normandie, III, 311.

Sel. Bail du —, I, 8, 29. Exaction pour le —, II, 87, 105. Impôt sur le —, III, 118, 300. Mauvaise qualité du —, I, 185 ; II, 105. Officiers du —, I, 27 ; III, 210. Prix excessif du —, I, 160, 177, 205, 316 ; II, 8, 76, 128, 154, 177, 294, 352 ; III, 29, 54, 141. — peut être distribué par quartes au lieu de l'être par boisseaux, II, 86, 286. — pris par impôt, III, 119. — Voiture du —, II, 115. — blanc en usage en Basse-Normandie et dans la vicomté d'Auge, I, 161, 318 ; II, 45, 68, 107, 159, 209 ; III, 30, 170, 171.

Semestres établis au parlement et à la cour des Aides, puis abolis, III, 315, 316, 323, 324.

Sergents, leurs salaires excessifs, I, 186, 229 ; doivent assigner personnellement les curés pour les Élections, II, 393. — des Greniers à sel, II, 86. — des tailles, II, 32, 80, 134, 248. — des vicomtés, II, 83. — héréditaux, I, 6, 85, 183 ; II, 62, 265 ; III, 9, 45, 126, 240. — ordinaires du bailliage de Rouen en procès avec ceux du Châtelet de Paris, II, 265. — priseurs, I, 163.

Signature de rôle (droit de), III, 133.

Soldats, leurs excès, leurs rapines, I, 94, 117, 124, 142, 143, 173, 199, 288 ; II, 2, 14, 113, 170, 210 ; III, 27, 60, 61, 62, 63, 64, 72, 110, 111, 197, 242, 307, 400, 408, 409. — employés par les traitants à recueillir la taille, III, 110.

Solidarité en matière de tailles, III, 109, 115, 270, 409.

STÉRILITÉ en Normandie, en 1611, 1612, 1613, 1616, 1617, 1618, 1622, 1623, 1630, 1631, I, 47, 68, 90, 117, 125, 147, 148, 174; II, 24, 29, 55, 174, 179, 206.

STYLE de signature dans les procès, II, 109.

SUBDÉLÉGUÉS des Intendants, III, 114.

SUBSISTANCE des troupes, III, 64, 78, 81, 94, 127, 230, 359.

SUBVENTION du 20e ou sou pour livre, III, 362.

SUCCESSIONS collatérales, III, 125.

TABELLIONS (salaires excessifs des), I, 186.

TAILLABLES, ne peuvent être imposés qu'en une seule paroisse, III, 108.

TAILLES, I, 200; III, 430, 431, 433, 435. — levées à l'origine par le consentement du peuple et pour une subvention temporaire, I, 96; II, 175; volontairement consenties et demandées par la commission de convocation des Etats, III, 109. — aliénées, II, 126. Assiette des — I, 307. — augmentées, III, 62, 131. Député du tiers état doit assister au département des —, I, 180; III, 116, 300, 304. Collecteurs des — poursuivis, I, 33. Distinction quant aux — entre les biens dépendant des bénéfices et les biens patrimoniaux ou d'acquêt des ecclésiastiques, III, 146. — excessives et recueillies à trop de frais, I, 175. Exemptions abusives quant aux —, I, 11, 24; II, 368; III, 207, 210. Imposition des —, III, 106. — en la main des traitants, III, 104, 298, 304. Paysans condamnés aux galères pour n'avoir pas assis les —, III, 114. — personnelles et non réelles, II, 5, 61; III, 4, 164. Quittances pour les —, I, 73, 140. Receveurs des —, I, 96, 140, 180; II, 241. Régalement des —, II, 239; III, 208, 242. Règlement des —, III, 211. Usages quant aux —, II, 35, 112, 136, 320. Vieilles — réclamées, III, 115, 131.

TAILLON, II, 175. — augmenté, III, 133. Doublement du —, II, 368.

TANGUE des grèves du Mont-St-Michel, I, 319; exactions à l'occasion de son enlèvement, I, 160; son utilité pour l'agriculture, I, 16; III, 161.

TAXES pour les procès, I, 18.

TEINTURES (contrôle des), III, 98, 270.

TEINTURIER (métier de) à Rouen, II, 351.

TERRES vaines et vagues (inféodation des), I, 7, 28; II, 163, 180; III, 11, 53, 99.

TIERCEMENT des petits sceaux, I, 14, 27, 57, 79, 108, 134,

163, 183; II, 15, 42, 75, 86, 98, 104, 124, 129, 149, 173, 183, 203.

Tiers Etat, réduit à l'extrémité, I, 125, 147; maltraité par les deux autres ordres, II, 4.

Toiles de Normandie, III, 98, 360.

Traitants, V. Partisans.

Traites domaniales et impositions foraines, I, 40, 65, 84, 101, 138, 162, 181, 228, 251, 315; II, 8, 55, 113, 128, 129, 262, 281, 309; III, 18, 25, 360.

Trésoriers de France. V. Bureau des finances.

Triennaux, créés dans tous les offices abusivement, I, 133.

Turcs, leurs pirateries, II, 56, 279, 309.

Tutelles (exemptions abusives des), I, 46, 229, 251.

Université de Paris (privilèges abusifs de l'), III, 21, 48.

Usages et communes des paroisses, soumis aux droits de francs-fiefs, II, 54, 273.

Usures, II, 99, 100.

Varech (droit de), réclamé en faveur du fief riverain, II, 149.

Vendeurs de poisson (offices de), II, 133, 324.

Vendeurs et contrôleurs de vins et boissons, III, 139, 297.

Vicomtes de Normandie, I, 317.

Lieutenants généraux des —, leurs exactions, II, 166.

Vicomtés. Offices d'assesseurs et procureurs communaux —, leur suppression réclamée et accordée, I, 29, 55. Lieutenants criminels aux —, II, 156.

Vieillesse du monde, II, 75, 95.

Villes, amodiées, I, 79; II, 36, 42, 159, 249. Comptes des deniers d'octroi des —, I, 113. Comptes des — de Rouen et de Caen doivent être rendus au Conseil, II, 186. Mandataires des —, arrêtés par les partisans, II, 188, 394, 401, 410. Octrois des —, II, 200. Offices des receveurs des deniers communs et d'octrois des —, II, 38, 79. Recette et gestion des revenus des —, attribuée à des officiers du Roi, II, 234, 238, 243. Syndics des —, députés, I, 255; admis aux Etats par provision, II, 217. — taxées à des emprunts forcés, III, 67.

Visbaillis, I, 337; III, 170 leur rétablissement demandé, I, 273.

Visiteur des marchandises de grosserie et mercerie, I, 63.

Voleurs, en nombre effrayant en Normandie, II, 397.

Voyeurs, officiers préjudiciables, I, 183.

TABLE DES NOMS DE LIEU

ALENÇON, II, 219, 322; III, 120, 304. Bureau des finances à —, III, 228, 241, 419. Cahier d' —, III, 380. Doyen d' —, III, 294. Généralité d' —, III, 47. Officiers d' —, III, 380. Traites foraines à —, II, 113, 313.

ALGER, II, 208, 409. Vice-roi d' —, II, 424.

AMBOURVILLE, I, 238.

AMSTERDAM. II, 207, 409, 422.

ANDELY, III, 57. Grenier à sel d' —, I, 45. Villages des environs d' —, contraints d'aller prendre le sel à Pont-de-l'Arche, I, 45.

ANGLETERRE, II, 339. Commerce d' —, I, 36, 86, 291; III, 18, 194. Draperies d' — contrefaites, II, 11. Etain d' —, I, 255. Priviléges des marchands d' —, I, 36. Revenu de l' —, III, 431, 433.

ARGENTAN, II, 318. Curé d' —, I, 342, 380. Echevin d' —, I, 234. Juridiction d'Exmes y est transférée, I, 36. Poste d' —, III, 427. Serges d' —, III, 274.

ARQUENCY (Curé d'), I, 353.

ARQUES, bourg ruiné, I, 36; célèbre par la victoire d'Henri IV, I, 36; II, 202. Election d' —, III, 181. Gouverneur d' —, II, 214; III, 194. — perd ses juridictions qui sont transférées à Dieppe, I, 16, 35, 58, 87, 111, 263, 337; II, 202; III, 148.

AUGE (vicomté d'), I, 14; II, 45. Sel blanc de la vicomté d'—, III, 170.

AUMALE. Curé d' —, I, 330. Eglise et Hôtel-Dieu d' —, III, 234. Serges d' —, III, 274.

AVRANCHES, II, 218, 415. Assesseur à la vicomté d' —, I, 107. Chanoines d' —, I, 233, 257, 305, 342; II, 221, 379. Doyen d' —, III, 293. Evêque d' —, II, 326, 327. Juridiction d' — rétablie, I, 36.

BACQUEVILLE (serges de), III, 274.

BAONS-LE-COMTE (Sergenterie de) III, 219.

BAYEUX. Archidiacre de —, II, 267. Chanoines de —, I, 257, 341; II, 379. Château de —, sa démolition réclamée, II, 13, 218. Gouverneur de —, II, 379. Evêque de —, II, 326, 327. Official de —, II, 375.

BEAUBEC (abbé de), II, 316.
BEAUFICEL (curé de), II, 416.
BEAUFRESNE (curé de), II, 415.
BEAULIEU (sous-prieur de), I, 238.
BEAUMONT (prieur de), III, 377.
BEAUMONT-LE-VICOMTE (traites foraines à), III, 25.
BEAUSSAULT (prieur de), III, 285.
BEC-CRESPIN (baronnie du). Les paroisses qui en dépendaient exemptes de contribuer au curage des fossés du Havre, I, 15.
BELLE-CROIX, lieu de séparation du Maine et du bailliage d'Alençon, III, 121, 304.
BERNAY (imposition de), III, 231.
BETTEVILLE, III, 174.
BLAVET (impôt créé pour le siége de), I, 31.
BLEU (les sept villes de), I, 12, 43.
BORDEAUX, II, 9.
BRUCOURT (curé de), II, 393.

CAEN, I, 242; II, 213, 216; III, 333, 358. Amodiation de —, II, 42. Bailliage de —, II, 256. Canons réclamés par la ville, III, 80. Chanoines du S.-Sépulcre, I, 253, 254, 336; III, 375. Château de —, III, 340. Curés de S.-Gervais, II, 290; de S.-Martin, III, 177. Députés et échevins de —, II, 259, 290, 336; III, 178, 248, 375. Foires de —, I, 181. Impôts à —, II, 88, 287, 317. Official de —, I, 239, 320, 323. Paluds et marais de —, II, 17. Pied fourché de —, I, 89, 104, 137, 164, 183, 277; II, 10; III, 274. Receveurs des deniers d'octroi de —, II, 186.
CANY, III, 219, 220. Imposition de —, III, 231.
CAP-DE-VERT (traite du), III, 51, 195, 236, 242.
CARENTAN (procureur syndic de), III, 248.
CARROUGES, II, 322.
CAUDEBEC, III, 218. Curé de —, II, 254. Election de —, I, 26.
CAUX. Bailliage de —, III, 119. Impôt du sel audit bailliage, III, 300.
CAZAL, II, 403.
CHARTRES (duc de Longueville à), II, 246.
CHATEAU-GAILLARD. Capitaine du —, II, 251. Démolition du — réclamée, I, 239; II, 43, 187. Gouverneur du —, III, 173.
CHERBOURG (draps de), III, 274.
CHRÉTIENTÉ DE ROUEN (doyen de la), II, 244.
CIRAL, II, 322.
CLINCHAMP (curé de), II, 415.
COLOMBIÈRES (curé de), II, 222.
COMPAINVILLE (curé de), III, 292.
CONCHES (gouverneur de), II, 269, 337.

COTENTIN (paluds et marais du), II, 17.
COUDRAY (curé du), II, 337, 398.
COUTANCES. Chanoines de —, I, 218, 242, 280, 323, 353; II, 253, 255, 290, 336, 399, III, 178. Juridiction de — rétablie I, 36.
COUTERNES (traites foraines à), II, 113, 313, 322.
CRASMESNIL (S. Aignan de), II, 284.
CREUILLY (curé de), II, 255.

DARNÉTAL (draperies de), III, 274.
DAUBEUF-EN-VEXIN (curé de), II, 290.
DEUX-AMANTS (prieur des), III; 165.
DIEPPE, I, 61, 83, 99, 134, 182, II, 15, 42, 59, 184, 325, 336; III, 138, 330, 333, 351, 417. Bailliage à —, III, 85. Draps de —, III, 274. Garnison de —, III, 340. Imposition à —, III, 231. Maréchaussée établie à —, III, 85, 86. Officiers d'Arques tiennent leurs juridictions aux faubourgs de —, III, 148. Présidial établi à —, III, 290.
DOMFRONT (official à), II, 400.
DUNKERQUE, II, 279; III, 52.

ECALLES-ALIX, II, 428.
ECOUCHÉ, II, 265.

ECOUIS (doyen d'), II, 220, 222; III, 246, 294.
ELBEUF, III, 96. Draps d' —, III, 274. Imposition d' —, III, 231.
ETAINHUS (curé d'), I, 220.
EU, III, 417. Archidiacre d' —, II, 243, 306.
EVREUX, II, 400. Archidiacre d' —, III, 201. Baillis et gouverneurs d' —, I, 348, 354; II, 269; III, 173. Capitaine d' —, I, 204. Chanoines d' —, I, 233, 257, 305, 342; II, 267, 399. Couvent des Cordeliers d' —, lieu de la réunion des Etats en 1623, II, 259, 263, 270. Echevin d' —, II, 269. Evêque d' —, I, 92.
EXMES (archidiacre d'), I, 257. Juridiction d'—, I, 36.

FALAISE, II, 322. Château de —, sa démolition réclamée, II, 13, 218. Curé de Ste-Trinité de —, I, 352, 399. Draps de —, III, 274.
FÉCAMP. Abbaye de —, I, 190. Les paroisses qui dépendaient de cette abbaye exemptes de contribuer au curage des fossés du Havre, I, 15. Havre de —, à réparer, I, 18.
FONTAINEBLEAU (capitaine de), I, 103.
FORGES (Louis XIII à), III, 183.
FOUCARD (curé de), III, 177.
FRESNES (cure des), I, 221, 223.

GAILLON (Louis XIII à), I, 311.
GAMBIE (traite de la), III, 51, 195, 236, 242.
GAVRAY (prieur de) I, 242, 243, 323.
GISORS, III, 50. Capitaine et bailli de —, I, 221. Doyen de —, II, 337. Etats tenus à — en déc. 1634, III, 193, 195, 212. Prieuré de S.-Ouen de —, III, 33, 195. Réparations de la ville de —, III. 241. Syndic de —, II, 222 ; III, 203.
GOURNAY, II, 379, 415. Doyen de —, I, 310. Echevins de —. I, 25 ; III, 375. Syndic de —, III, 177.
GOUZANGRÈS, I, 346.
GRAINCOURT (curé de), II, 379.
GRAINVILLE - LA - TEINTURIÈRE (curé de), II, 336.
GRANVILLE. La juridiction d'Avranches y est pour un temps transférée, I, 36.
GUIBRAY (curé de), III, 248. Foire de —, I, 111, 181 ; II, 322 ; III, 439.

HAMBOURG, II, 207, 409.
HARCANVILLE, II, 428 ; III, 375.
HAUTEVERNE (curé de), I, 218, 221, 223.
HAVRE (le), I, 61, 83, 99, 134, 182 ; II, 15, 42, 59, 184, 279, 325 ; III, 138, 417. Curé de N.-D. du —, I, 352. Fossés du —, I, 15, 44, 54, 226, 237. Gouverneur du —, I, 226. Impositions du —, III, 231. Poste au —, II, 362.
HENNEZIS (curé de), II, 380.
HENRICARVILLE, V. Quillebeuf.
HONFLEUR, II, 227. Capitaine de —, II, 251. Déprédations commises par les habitants de — en 1540, III, 71.

INGOUVILLE (curé de S.-Michel d'), I, 352.
ITALIE (armée d'), II, 405, 406.

JUMIÉGES (religieux et prieur de), II, 325 ; III, 165.

LAIGLE (curé de S.-Martin de), III, 172.
LAON (juridiction de), I, 36.
LISIEUX. Chanoines de —, I, 221, 242, 280, 353 ; II, 255, 380 ; III, 176, 178, 377. Etats convoqués à —, II, 242. Frocs de —, III, 274.
LONDE (curé de la), II, 317.
LONGUEVILLE (doyen de), I, 256.
LUCÉ (curé de), I, 353.

MADELEINE (curé de la), II, 337.
MAGNY, I, 342, 353 ; II, 217, 380. Syndic de —, II, 222 ; III, 294.
MAMERS, II, 231.
MANS (official du), III, 249.
MANTOUE (secours de), I, 284.
MARCHEMAISONS, II, 231.
MARTIGNY (prieuré de), I, 218.
MESLAY-SUR-SARTHE, II, 322.

Miserey, II, 269.
Montanel (curé de), I, 305.
Montgothier (curé de), II, 317.
Montigny, (curé de), II, 245.
Montivilliers. Curé de S.-Sauveur, official de —, I, 279. Election de —, I, 526.
Mont-S.-Michel, I, 190, 319.
Mortagne, Election de —, I, 26. Syndic de —, I, 26; III, 179.
Mortain, III, 434. Comté de —, I, 321. Manufacture de papier au bailliage de —, III, 23, 97. Vicomté de —, III, 300, 303.
Moulins (prieur de N.-D. de), III, 375.

Neaufles (curé de), I, 257.
Neufchatel, III, 436. Curé de S.-Jacques de —, I, 233, 304. Doyen de —, II, 221. Gouvernement de —, III, 247, rendu au Roi moyennant finance, I, 149.
Normanville (curé de), III, 219.

Orbec, III, 23. Curé d' —, III, 248. Imposition d' —, III, 231. Syndic d' —, III, 248.

Paris, II, 9. Galerie du Louvre et Pont-Neuf à —; offices créés pour avoir le moyen de les faire, I, 180. Université de —, II, 6, 28.
Perche (comté du) ressortissant de la Généralité de Rouen, I, 87.
Pierreville (chapelle de S.-Eutrope de) à Bacqueville, III, 237, 247.
Pleine-Selve (abbé de), III, 377.
Pont-Audemer. Imposition de —, III, 231. Prisons de —, III, 115.
Pont-de-l'Arche, I, 182, 239, 316; II, 411; III, 15, 56, 212. Bureau à — pour les quatrièmes, II, 199. Capitaine de —, II, 251. Gabelles de —, I, 45. Garnison de —, III, 96, 297. Gouverneur de —, I, 144, 226. Impositions de —, III, 188, 197.
Pont-l'Évêque. Juridiction de Pont-Audemer transférée pour un temps à —, I, 36. Syndic de —, III, 247.
Pontoise, I, 346; II, 217; dépendait de la cour des Aides de Normandie, II, 412; de la Généralité de Rouen, II, 202. Election de —, III, 395. Syndic de —, II, 369; III, 294.
Pontorson; son château démoli, son prêche aboli, priviléges de ses habitants, II, 173, 252, 293.
Pont-S.-Pierre (draps de) III, 274.
Préaux (curé de S.-Michel de), II, 307.
Pubel (prieur de), III, 374.
Puchay (curé de), II, 399.

Quevilly (écoles protestantes à, III, 401.
Quillebeuf dit Henricarville, I, 267; II, 223. Démolition des fortifications de — réclamée, I, 238, 239, 259, 326; II, 13, 223, 246, 249, 263, 281. Les Rochelois veulent s'emparer de —, II, 227. Impositions à —, III, 188.

Réville (curé de), I, 280.
Rhé (île de), II, 340.
Ribbemont (juridiction de), I, 36.
Roche-Guyon (la), III, 96.
Rochelle (la), II, 302. Armée de —, II, 405. Siége de —, II, 126, 342.
Rocroy (Espagnols pris à), III, 296.
Rouellé au baill. d'Alençon (curé de), II, 290, 400.
Rouen, I, 83, 99, 134, 182; II, 15, 42, 184, 216; III, 138. Archevêques, II, 325, 326, 327, 335. Augustins, II, 334. Augustins déchaussés, II, 390. Bailliage, I, 58, 212, 247; II, 213; III, 285, 291, 333. Lieutenants généraux du bailli, II, 260, 307. Lieutenants particuliers du bailli, II, 214, 364. Banlieue, ses franchises, II, 9, 230. Bonne-Nouvelle (prieur de), I, 238. Canons réclamés par la ville, I, 116, 137, 277; II, 12; III, 80, 288. Capitaine des bourgeois, III, 41. Chanoines et chapitre de la cathédrale, I, 212, 213, 227, 238, 269, 304, 306; II, 281; III, 178, 194. Collége archiépiscopal, III, 401. Commerce de poisson, II, 324. Consuls, leur juridiction, II, 328, 365. Curés de St-Herbland, II, 391; de St-Maclou, III, 285, 291; de St-Nicolas, II, 392; de St-Patrice, II, 244. Curés de la ville réclament en vain le droit de prendre part aux élections des députés, Rouen étant réputé ne faire qu'un clocher, II, 244, 391, 393. Draperie et drapiers, II, 247, 327; III, 274, 439. Echevins, III, 178, 246, 252. États tenus à l'archevêché, I, 143, 170, 335; II, 47, 71, 91, 117, 138, 167, 190, 211, 247, 282; III, 35, 75, 169, 236, 291, 374; au couvent des Carmes, I, 118; à la maison abbatiale de S.-Ouen, I, 19, 20, 47, 68, 216, 251. Foires, I, 84, 309; III, 17. Fortifications, fort de la porte Cauchoise, château du bout du pont, III, 16, 334. Grandmont, III, 165. Marchands étrangers empêchés de vendre à Rouen, I, 151. Hôtel de ville : délibérations sur les articles du Cahier des Etats, II, 215, 245; banquet à l'occasion des Etats, II, 262; III, 290; échevins doivent être appelés par les Élus au département des tailles,

I, 137, 140; réclament deux voix délibératives aux Etats, III, 295, 307, 365; un des échevins accompagnera les députés au port du Cahier, III, 367; élections, II, 214; III, 355; greffier, II, 246; la ville réclame contre la vente du domaine, III, 252, 253; traitée avec rigueur en punition des émeutes de 1639, III, 254; ses revenus saisis, II, 161, 381. Privilèges violés, III, 287, 358. Procureur syndic, II, 244. Quarteniers, I, 211. Receveur de la ville, office II, 381. Religieuses minimes, II, 390. Officialité I, 34, 58, 247. Paroisse S.-Patrice III, 411. Pensionnaire de la ville, I, 227. Pont, I, 33, 65, 83, 100, 126, 156, 191, 206, 259, 299, 308, 336, 350; II, 59, 66, 131, 153, 264, 366; III, 15, 79, 162, 168, 170, 285, 361. Présidial, I, 35. Privilège S. Romain, I, 191. Rentes sur la ville, I, 31. Romaine, I, 66, S.-Ouen (hôtel de) résidence du duc de Longueville, II, 315; III, 176, 309. S. Paul (religieuses de), II, 389. Sédition à Rouen, II, 277. Sergent major de la ville III, 304. Subvention sur la ville, III, 226, 230, 231. Vieux palais, I, 250; II, 374, 375; III, 174, 237, 244, 245; prisonniers espagnols y sont logés; III, 296; sa démolition réclamée, II, 230. Visitation (religieuses de la), II, 390.

ROULLOURS (prieur de), I, 305.

ROY (prieuré du), II, 416.

S.-AUBIN, au doy. de S.-Romain (curé de), II, 289.

S.-AUBIN-DE-THENNEY, (curé de), II, 416.

S.-BLAISE (prieur de), I, 344, 352.

S.-BRICE (curé de), III, 249.

S.-DENIS (curé de) au doy. du Bourgtheroulde, II, 393.

S.-DENIS-LE-FERMENT, (curé de), II, 255.

S.-ETIENNE-EN-VEXIN (prieur de), II, 286.

S.-FRANÇOIS (prieuré de), I, 218.

S.-GEORGES-DE-BOSCHERVILLE (sergenterie de), II, 215.

S.-GERMAIN-LE-VASSON (curé de), I, 279.

S.-JULIEN (bruyères de) près Rouen, I, 288.

S.-JULIEN près Alençon, II, 322.

S.-LÔ. Draps de —, III, 274. Juridiction de Coutances pour un temps transférée à —, I, 36. Question de rendre la Vire navigable jusqu'à —, II, 64.

S.-MARDS-DE-FRESNE, (curé de), II, 337.

S.-MARTIN-DE-BOSCHERVILLE, dans la banlieue de Rouen, II, 230.

S.-MAURICE-D'ETELAN, (curé de), III, 292.

S.-PAUL-SUR-RISLE (curé de), II, 260.

S.-Pierre-de-Manneville, II, 215.
S.-Remy (curé de), I, 341.
S.-Romain (doyen de), II, 283.
S.-Sever (abbé de), I, 350.
S.-Silvin (juridiction de), II, 284.
S.-Valery (bourg de), III, 417. Havre à réparer, I, 18.
S.-Victor (sergenterie de) relevant du nouveau bailliage de Dieppe, III, 86, 290.
S.-Vigor-des-Monts (curé de), III, 292.
Ste-Marie-des-Champs, II, 428.
Ste-Suzanne, III, 277.
Sallé, II, 208, 409.
Saussaye (chanoines de la), II, 325.
Séez (chanoines de), II, 222.
Seine (rivière de), II, 226.
Sénégal, III, 51, 195, 236.
Sens (Jésuites de), III, 186.
Sénégal (traite du), III, 242.
Silésie (manufacture de), III, 360.
Suze, II, 403.

Tallevende (curé de S.-Germain de), II, 317.
Torcy (curé de), III, 374.
Tôtes (poste de), III, 427.
Toucques (salines de), III, 281.
Toulouse, II, 9.
Touraillès, II, 254.
Tourville-la-Rivière (curé de), II, 215, 260, 306, 326, 393.

Tréport (le), III, 417.
Trie (château de), II, 214.
Tunis, II, 208, 409.

Valmont, II, 425.
Valognes, I, 312; II, 324.
Valteline (guerre de la), II, 342.
Varaville (chaussée de), III, 24.
Vaudeberq (moulins de) sur la Vire, I, 16.
Verneuil, I, 11, 12, 277; II, 400; III, 304. Château de —, I, 116. Curé de la Madeleine de —, III, 172, 179. Portes de France à —, III, 121. Syndic de —, III, 378.
Vernon, III, 56, 96. Collégiale de —, I, 280. Pont de —, III, 132.
Vieilles (curé de), III, 293.
Villers (curé de), III, 249.
Villers-en-Vexin, (curé de), I, 342.
Vire, II, 210; III, 23. Château de — ; sa démolition réclamée, II, 218. Curé de —, I, 233. Député de —, avocat, II, 217. Manufacture de papier en la vicomté de —, III, 97. Rivière de —, I, 16, 33, 301; II, 64, 265. Vicomté de —, III, 171.

Yvecrique, II, 414, 427, 428.
Yvetot (priviléges d'), II, 159, 209, 411, 412, 425 et suiv.

TABLE DES NOMS D'HOMMES (1)

Acard (N..), d., III, 249.
Acarie (Pierre), chanoine, official de Rouen, d., II, 365, 367, 378, 380, 390; III, 234.
Adequenel, d., I, 92.
Advenel (Jean), d., I, 256.
Allain (Cardin), d., I, 221, 234, 242 ; II, 222, 317, 380.
Almeras (d'), contrôleur général des postes, II, 116, 285.
Ambleville (le sr d'), d., II, 267.
Amyot (Jacques), sr de St-Pierre, chanoine de Lisieux, d., III, 176, 178.
Anceaume (Pierre), d., III, 375, 384.
Ancel (Hector), d., II, 337.
Ancelin (Michel), d., III, 239, 245, 248.
Ancre (maréchal d'), lieutenant général en Normandie, I, 293; — tient les Etats de Normandie, déc. 1616, I, 123. Les Etats applaudissent à son exécution, I, 146. Apologie de ce meurtre, I, 324, 325. Plaintes contre lui, I, 169. — accusé d'avoir tiré de grands tributs pour l'enlèvement des blés, I, 147.
Andrieu (Thomas), d., II, 416, 417.

Anffray (Guill.), d., II, 253, 254, 256.
Ango (René), d., I, 234.
Anne d'Autriche (régence d'), III, 322.
Anville (duc d'), amiral de France, I, 37, 47.
Anzeray (Franç.), sr de Fontenelle, d., I, 221.
Anzeray (Gilles), sr de Courvaudon, président au parlement, II, 270. Sa harangue aux Etats, II, 338.
Anzeray (Pierre), d., I, 120, 121, 280, 281.
Arnaud, commissaire du Roi, I, 24, 75, 97.
Arondel (Guill.), d., I, 305.
Asselin, conseiller à la Chambre des Comptes, II, 295.
Asselin (Enguerran), d., I, 233, 305.
Assilard, d., III, 204.
Auber, grand vicaire de l'archevêque de Rouen, III, 166.
Auber (Clément), d., III, 329.
Auber (Th.), sr de Heudebouville, d., III, 285, 294, 295.
Aubery (Daniel), sr de Bellegarde. II, 215.
Aubourg (Guill.), greffier des Etats, II, 90, 138, 168, 191,

(1) La lettre d., ajoutée aux noms, indique les députés.

212, 315, 331, 395, 410, 411, 413; III, 33, 74, 238, 331; commis d'un traitant, III, 122; qualifié de partisan, III, 306; ses plaintes contre le trésorier des Etats, III, 342.
Auchy (le sr d') dit Bethencourt, III, 302.
Audou (Pierre), d., III, 294.
Aumesnil (Jean d'), sr de Haut-Bosc, lieutenant du bailli d'Alençon à St-Silvin, II, 284.
Authis (Guill.), d., I, 221.
Autruy (Jacques), adjudicataire des gabelles, III, 417.
Auvray (Guill.), greffier de la Chambre des Comptes, III, 268.
Auvray (Rob.), chanoine, d., I, 233, 235.
Auvray de Beauville, sr de Lestelle, d., I, 222, 223.
Auvrey (Franç.), curé de Montgothier, d., II, 317.
Aux Epaules (Henri), sr de Ste-Marie, I, 212.
Aveline (Jacques), procureur syndic des Etats, III, 383, 412, 413, 414; s'oppose à l'enregistrement de l'édit des gabelles, III, 417.
Avice (Jean), d., I, 280, 323.
Badin (Rob.), d., I, 342; II, 122.
Baillard, conseiller à la Chambre des Comptes, II, 295.
Baillard (Ch.), sr de Flamets, lieutenant criminel à Neufchâtel, III, 436.

Bailleul (de), surintendant, III, 338.
Bailleul (Yves de), sr d'Auberville, d., I, 343.
Balieve (N^{as}), Elu d'Alençon, III, 380.
Balsac (Rob. de), d., I, 238, 241.
Barbey (Jean), d., II, 380, 381; III, 204, 317.
Barberet (Ch.), d., II, 399.
Bardouil (Louis), sr de la Bardouillière, d., I, 351, 353, 354 (le sr). — archidiacre en l'église de Bayeux, II, 266, 397, 399, 400. T. — d., III, 204.
Barentin (de), conseiller d'Etat, I, 282; II, 234, 238, 294, 296, 302, 303, 304.
Barin (Jean), d., I, 257.
Bartillac, trésorier de l'Epargne, III, 422.
Basan (Guill.), sr de Flamanville, II, 415.
Bataille (le sr de la), commandant à Quillebeuf, II, 230.
Batignon (Pierre); levée pour l'indemniser de la perte d'un navire, II, 305, 355, 358.
Baude (Jacques de), sr du Buisson, d., II, 290, 291.
Baudouin (Claude), d., II, 281, 289.
Baudouin (Michel), d., I, 241.
Baudren, commis de l'hôtel-de-ville de Rouen, II, 407.
Baudry, d., III, 204.
Baudry (Jacques), avocat, procureur syndic des Etats, II,

211, 410, 412, 422; III, 33, 73, 127, 128; mandé au parlement à propos de la rédaction du Cahier de 1634, III, 190; — refuse de prendre part à l'audition des comptes des Etats; les Etats veulent augmenter ses gages, III, 310; ses démarches dans l'intérêt de la province, III, 415; attaché au duc de Longueville, III, 332; destitué, III, 334, 336; rétabli en sa charge, III, 337; mal vu du parlement, III, 317; ses plaintes contre le trésorier des Etats, III, 341; remplacé par son neveu, III, 383; son décès, III, 411.

BAUDRY (Laurent), avocat, III, 412.

BAUDRY (N**as**), d., II, 267.

BAUJARD (Jean), d., III, 293.

BAUMER (Michel de), s**r** de Chantelou, conseiller à la Chambre des Comptes, II, 271, 295.

BAUQUEMARE (Jacques de), s**r** du Mesnil, d., I, 92, 244, 293, 299, 302, 304.

BAUQUEMARE (Jean de), s**r** de Quatremares, d., I, 250, 256, 258.

BAUQUET, partisan, I, 85.

BAUVILLE (Michel de), s**r** de Pierre, d., III, 292, 302, 312.

BAZIRE (de), avocat général à la Chambre des Comptes, II, 303.

BAZIRET (Guill. et Michel), huissiers des Etats, II, 300, 310.

BEAUFICEL (le s**r** de), commissaire pour la réformation des forêts, III, 172.

BEAUFILS (Guill.), d., II, 399.

BEAUFILS (Michel), d., I, 221, 242, 353.

BEAUFORT (le s**r** de), III, 103.

BEAUMONT (le s**r** de), mestre de camp d'un régiment envoyé à Quillebeuf, II, 224.

BEAUVAU (de), d., I, 330.

BECDELIÈVRE, s**r** de Bonnemare, d., I, 347, 353; II, 253, 255.

BECDELIÈVRE (Henry), curé, d., II, 255.

BECDELIÈVRE (Pierre de), 1**er** président à la Cour des Aides, III, 371.

BÉCHET (Franç.), d., I, 241.

BEHOTTE (Adrien), chanoine, d., I, 120, 121, 265, 274, 276, 277, 279, 281; III, 236, 245, 246, 247, 249.

BELIER (Michel), d., I, 233.

BELIER (Rob.), chanoine, d., I, 305.

BELLEAU (Jacques de), s**r** de Courtonne, d., I, 233, 235.

BELLEFOSSE (le s**r** de), d., III, 204.

BELLEGARDE (baron de), bailli et gouverneur d'Evreux, II, 269.

BELLEY (le s**r** du), prince d'Yvetot, II, 426.

BELLIER (Guill.), curé, d., I, 342.

BENARD (Jacques), d., III, 294.

BENARD (N**as**), d., II, 289; III, 375.

BENARD (Vincent), d., I, 221.
BENSERADE, maître des eaux et forêts, III, 251.
BERAULT (Josias), jurisconsulte, I, 345.
BERNARD (Jean), d., II, 289.
BERNIER (N^{as}), d., II, 415.
BERNIÈRES (président de), d., II, 376.
BERNIGHEN, officier, I, 63.
BERQUERIE (Ch. de la), curé, d., II, 336.
BERQUERIE (Jacques de la), d., II, 377, 379.
BERTHET (Jean), contrôleur général des postes de Normandie, III, 427, 428.
BERTIN (Jacques), curé, d., III, 292.
BESNARD, d., III, 311.
BEUVRON (m^{is} de), lieutenant général en Normandie, III, 306, 311, 357, 371.
BIARD (Laurent), d., I, 280, 353.
BIARD (René), d., II, 416.
BIGOT (Adrien), s^r d'Outremont, d., III, 245, 248.
BIGOT (Marc-Ant.), s^r de Livet, d., I, 269.
BIGOT de Monville, président au parlement, ses mémoires, III, 256, 313, 357, 372.
BLANEL (Claude), d., III, 292.
BLÉRANCOURT (le s^r de), lieutenant général de Normandie, II, 402.
BLONDEL (Jacques), lieutenant particulier du bailli de Caen, II, 256.

BLONDEL (Jean), d., II, 379.
BODIN, auteur des *Six livres de la République*, cité, III, 431, 433.
BOEDA (André), curé de St-Martin de Caen, d., III, 177.
BOESSEL (Ant.), curé, d., II, 415, 417.
BOISOLIVIER-COLARDIN, président à la cour des Aides, III, 314, 316.
BOISSAYE (André), d., III, 177.
BONENFANT (Ch. de), s^r de Magni, d., I, 352.
BONIFACE (de), gouverneur d'Arques, II, 214. — Joseph de —, baron du Bosc-le-Hard, d., III, 194, 202, 203, 204.
BONISSENT, conseiller au parlement, I, 264.
BONNIN (M^r), cité, II, 270.
BONŒUIL (Guill.), d., II, 290.
BONSHONS (Robert de), s^r de Couronne, président au parlement, III, 357, 371.
BORDEAUX (le s^r de), secrétaire du Conseil, III, 65.
BORDES (N^{as} de), vis-bailli, I, 337.
BOREL (Jacques), chanoine, d., I, 242.
BOUCQUET (Guill.), prêtre, d., II, 317.
BOUET (Guill.), s^r du Faulx, d., III, 384.
BOUILLETTE (Franç.), d., III, 247.
BOUILLON (duc de), I, 244.
BOUILLON, d., III, 203.

BOULAINVILLIER (Samuel de), sʳ St-Saire, d., I, 220.
BOULERON, d., III, 179.
BOULAYE (Lucas), d., III, 166, 177.
BOULLAYS (Ch.), lieutenant particulier au bailliage de Rouen, II, 364.
BOULLET (Franç.), d., III, 239.
BOULLON (Pierre), d., I, 324.
BOURDON (Eustache), d., II, 290.
BOURGOING (Nᵃˢ), chanoine, I, 280, 281; II, 253, 255, 256.
BOURNES (Geneviève de), veuve de Doublet, trésorier des Etats, II, 252, 334.
BOUTREN (Charles), général des Aides à Rouen, II, 271, 273, 284.
BOUVIER (Etienne de), abbé de Beaubec, d., II, 316, 318.
BOYVIN (Henri de), évêque de Tarse, d., I, 294, 298, 300, 302, 303, 304, 306.
BOYVIN (L.), d., III, 204.
BOYVIN (Romain), procureur du Roi au bailliage de Rouen, I, 247. — Trésorier de France à Rouen, II, 271, 273.
BRASDEFER, avocat à Rouen, III, 166.
BRASDEFER (Ch.), sʳ d'Ouville, chanoine, d., III, 166, 170, 177.
BRASDEFER (Martin), d., I, 242.
BREANT (Nᵃˢ), d., I, 220.
BRÉAUTÉ (Adrien de), d., I, 257; II, 322.
BRETEL (Ch.), sʳ d'Estalleville, président au parlement, III, 190, 217, 357, 372.
BRETEL (Claude), sʳ de Lanquetot, d., II, 260, 264, 267.
BRETIGNIÈRES (François de), procureur syndic des Etats, I, 19, 20, 47, 68, 239, 251; II, 313; obtient une gratification des Etats, I, 252; procureur général au parlement, I, 258, 270, 331; II, 271, 278.
BRETIGNIÈRES (Simon de), d., I, 222, 234, 243, 258, 281; II, 255.
BRETTEVILLE (Alphonse de), chanoine, d., I, 344, 345, 352, 354, 393.
BRÈVEDENT (Catherine de), veuve de Gilles Eudes, III, 342.
BRÈVEDENT (Fr. de), sʳ de Sahurs, d., II, 306, 316; III, 285, 291, 295.
BRÈVEDENT (Jean-Jacques de), d., II, 394, 398.
BRÈVEDENT (Marc-Antoine de), d., III, 329.
BREVENT (de), d., II, 267.
BRICE (Jean), sʳ de Mezenguemare, d., III, 353, 356, 358, 365, 366, 374, 384.
BRISOULT (Louis), d., I, 257.
BRISOULT (Robert), chanoine, d., II, 379.
BRISOULT (Simon), d., I, 221, 353.
BROHON (Gilles), receveur des étapes, I, 313; II, 221.
BROYSE (Claude de la), official à Bayeux, d., I, 305; II, 317. 318.

BRUHIÈRE (Pierre), d., I, 256.
BUISSON (du), grand vicaire de Rouen, I, 293.
BUISSON (Jean), d., I, 234.
BUISSON (Pierre du), s^r de Courson, I, 242.
BUISSON-CORNU, I, 288, 291.
BULTEAU (Jacques), d., II, 335.

CADOT (Gilles), vicomte d'Audouville, d., I, 320, 323.
CAHAIGNES (de), avocat, I, 254 ; II, 351, 422.
CAILLARD (Abraham), s^r des Haies, I, 231.
CAILLET (Josie), d., I, 306.
CAILLOUEL (Jean), d., III, 178.
CAIEUX (des), s^r de la Bretonnière, d., I, 341, 343.
CAMPAING (Lucas), d., I, 234.
CAMPION, s^r d'Aubigny, d., II, 266, 267.
CAMPRONT (N^{as} de), chanoine, d., I, 342, 343.
CANEL (M^r), cité, III, 394.
CANOUVILLE (Adrien de), s^r de Grosmesnil, d., III, 375, 384.
CANOUVILLE (Gabriel de), s^r de Grosangle, d., I, 233.
CANOUVILLE, s^r de Grosmesnil, proposé par le duc de Longueville, comme gentilhomme, pour porter le Cahier, III, 312.
CARADAS (de), conseiller à la Chambre des Comptes, II, 295.
CARREY (Jacques), d., II, 316 ; III, 249.

CARRUYER (Gabriel), s^r de Launey, d., I, 241.
CARUEL (Fr. de), s^r de Ste-Geneviève, d., III, 178, 179.
CASTEL (Georges), d., II, 398.
CASTEL (Jean), d., II, 399.
CAUCHEVACHE (Robert), d., II, 336.
CAUMARTIN (le s^r de), conseiller d'Etat, II, 274.
CAUVIGNY (le s^r de), trésorier de France à Caen, I, 33.
CAVELET (Pierre), s^r de Houquetot, président au présidial de Caudebec, III, 218.
CAVELIER, conseiller à la Chambre des Comptes, II, 295.
CAVELIER (Jean), d., III, 375, 384.
CAVEY (Franç.), d., II, 380.
CHAMPAGNE (le s^r de la), capitaine de Fontainebleau, ayant le parti du contrôle des titres, II, 103.
CHAMPIGNY (de), Intendant à Rouen, III, 422.
CHASTELLET (du), conseiller d'Etat, II, 294, 296, 302, 303, 304.
CHASTRE (de la), maréchal de France, II, 213.
CHATEAUNEUF, commissaire du Roi, I, 24.
CHAUFFOURT (Jacques de), doyen de Vernon, d., I, 280, 281.
CHAUMONT (le lieutenant de), trésorier du duc de Longueville, III, 420.
CHEDEVILLE (Franç.), d., III, 378.

CHEFDEVILLE (Jacques), d., I, 280.
CHEFDEVILLE (Jean), d., I, 221, 234, 242.
CHENNEVIÈRES (Ch. de), sr de Ste-Opportune, avocat général à la Cour des Aides, II, 284.
CHERADAME (N⁹⁹), d., III, 295.
CHÉRON (Jacques), d., III, 377.
CHEVALIER (Hugues), d., I, 243.
CHEVESTRE (Ch. de), sr de Cintray, d., II, 337, 338.
CHICOT (Franç.), d., I, 233, 235.
CHOUET (Guill.), d., III, 378, 384.
CHRÉTIEN (Adrien), d., I, 341.
CIVILLE (Jacques de), conseiller au parlement, II, 271.
CLAUSSE (N⁹⁹), sr de Fleury; grand maître des Eaux et Forêts, I, 300.
CLÉMENT VI (le pape), III, 353.
CLÉMENT (Franç.), d., I, 305.
CLEREL (Michel), d., I, 242, 243.
CLÉON (Jean), d., III, 247.
CLÉON (Louis), d., I, 251, 344, 352.
CLÈRES (Ch. de), d., I, 344.
CLINCHAMP (de), d., II, 256.
CLINCHAMP (Tanneguy de), sr de Pommereul, d., II, 253, 255, 337, 338; III, 245, 248.
CLOVIS (devise du roi), II, 348.
COCHEREL (de), lieutenant général au bailliage d'Evreux, II, 400.

COFFARD (N⁹⁹), d., I, 221.
COLBERT (le ministre), III, 422, 424; hostile aux Etats, III, 413, 414, 415.
COLLAS (Guill.), d., II, 290, 317, 318; III, 294.
COLLET (César), avocat d'Alençon, III, 380.
COLLET (Jean), d., II, 289.
COLOMBEL, avocat du Roi à Rouen, I, 227.
COLOMBEL (Jean), d., II, 281, 283, 289.
COQUEREL (Jacques), avocat au parlement, II, 277, 278, 422; III, 239, 241.
COQUET (Robert), d., II, 377, 380, 381.
CORBEL (Ch.), d., III, 376, 384.
CORBEL-LES-JARDINS (Jean), d., II, 317.
CORBET (Ch.), d., II, 399.
CORDE (Guill.), d., III, 374.
CORMIÈRE (Claude de), sr de la Bindelière, d., II, 400.
CORNEILLE (Pierre), nommé procureur syndic des Etats, III, 334, 335, 336; en contestation avec Jacques Baudry, III, 337, 338.
COSSART (Jean), d., I, 221.
COSSART (N⁹⁹), d., II, 269, 290.
COSTARD (Michel), chanoine, d., I, 353, 354; II, 380.
COSTÉ (Pierre), conseiller à la Chambre des Comptes, I, 266; II, 228, 271.
COTTARD, d., III, 204.
COTTEREL (Adrien), d., II, 415.

COTTERET, pensionnaire de la ville de Rouen, I, 227.
COTTIGNON (Gabriel de) 1ᵉʳ commis du sʳ de Sèvres, donataire du château de Pontorson, III, 173.
COTTON, échevin de Rouen, I, 211, 213.
COTTON (Jean), sʳ d'Esmonville, d., III, 194.
COUESPEL ou Coipel (Olivier), d., I, 257, 342.
COUPPEL (Noel), curé de Rouelles, d., I, 280 ; II, 290, 400.
COURTANVAUX (mⁱˢ de), III, 341.
COURTENAI (comte de), I, 272.
COUSTURIER (Pierre), d., III, 178.
CRESPIN (Olivier), d., I, 279.
CRIQUETOT (le sʳ de), d., I, 299.
CROISMARE (Ch. de), sʳ de St-Just et du Bosc-Rault, d., II, 281, 283, 289.
CROISMARE (Nᵃˢ de), conseiller au parlement, II, 271.
CROISY (M. de), président à Evreux, II, 269.

DABLON, échevin de Dieppe, III, 330.
DACHÉ (Gallois), d., I, 306.
DACLAINVILLE (Jacques), d., I, 238, 241.
DACOSTA (Diego), portugais, II, 421, 422.
DADRÉ (Jean), chanoine, d., I, 213, 218, 220, 222 ; cité, II, 327.
DAMBRAY, conseiller au parlement, III, 369.

DAMYEN (Martin), d., II, 289.
DANDIN (Jacques), curé de Verneuil, d., III, 178.
DANET (Jacques), d., III, 247.
DANIEL (Jean-Pol), sʳ du Veneur, d., II, 253, 255.
DANIEL (Pierre), chanoine, d., II, 255.
DANYEL (Rob.), d., I, 220.
DANVIRAY (David), receveur général des finances en la Généralité de Rouen, II, 293, 359 ; III, 263, 343.
DARIAN (Pierre), d., II, 416.
DAROT (Guill.), d., II, 399.
DASSY (Etienne), baron de Coulonces, d., I, 305.
DAUDIN (Jacques), curé, d., II, 337, 338.
DAULPHIN (Louis), d., II, 399.
DAVY de la Fautryère, Mᵉ des requêtes, II, 271, 273.
DE BEAUMONT (Julien), d., I, 280.
DE BEAUSSE ou de Beauce (Jacques), d., III, 293, 308, 312.
DE BREBAN (Pierre), d., I, 233, 241, 341.
DE CAUX (Guill.), chanoine, chapelain de Pierreville, d., III, 237, 245, 246, 247, 249.
DE CAUX (Pierre), d., II, 289, 291.
DE CHENYN (Jacques), d., I, 233.
DE CLÈRE (Jacques), d., II, 255.
DE COLLEVILLE (Pierre), d., II, 399.

De Conihout (Pierre), courrier des Etats, III, 412.

De Coquerel (Louis), d., I, 257.

De Faye (Robert), d., II, 222.

De Fougy (Th.), d., I, 257, 337, 353.

De Hoc (N**), d., I, 221.

Dehors (Gervais), d., I, 306; III, 377.

De la Barre, conseiller, président à la Chambre des Comptes, I, 285; II, 295; III, 252, 253.

De la Court (Jacques), greffier commis des Etats, I, 303, 322, 349; II, 220, 253, 268, 300, 335, 410, 414; III, 238.

De la Croix (Ant.), traitant, III, 186.

De la Croix (Guill.), d., I, 233.

De la Grange (Jean), fermier des 5 grosses fermes, II, 321, 322.

De la Haie (Adrien), d., II, 336.

De la Haye (Jean), curé, d., II, 399.

De la Lande (Guill.), sr de Douilly, d., II, 399, 400.

Delamare, chanoine de Rouen, III, 165, 166.

Delangle (Franç.), d., II, 221, 223.

De la Perrelle (Jacques), d., I, 233.

De la Londe (Alain), greffier commis des Etats, III, 238, 412.

De Lange (Enguerrand), d., III, 292.

De la Place, chanoine de Rouen, I, 213, 227.

De la Place, président à la Chambre des Comptes, II, 295; III, 182, 187.

De la Porte (Jean), d., I, 92, 257, 258.

De la Rue (Laur.), d., I, 258.

De Laval (Michel), d., II, 336.

Delavigne (Simon), d., III, 377, 384.

De Quierville (Pierre), d., II, 260.

De Royer (Jean), d., II, 380.

Deregnier (N**), d., I, 280.

De Sauchey (Rob.), d., I, 280.

Desbarres (N**), d., I, 342, 343.

Deschamps, avocat, III, 239, 241.

Deschamps (Jean), d., II, 221.

Deschamps (S.), d., III, 204.

Desert (Claude), curé, d., II, 415.

Des Essarts (Louis), d., II, 243, 254.

Des Essarts (Martin), sr de St Aubin, d., I, 250, 256.

Des Hameaux, 1er président à la Cour des Aides, II, 402; III, 261; ambassadeur à Venise, III, 314, 315.

Des Héberts, avocat du Roi à Rouen, II, 364.

Des Hommets, conseiller à la Chambre des Comptes, II, 228, 295.

DESJARDINS, lieutenant du grand prévôt, II, 332.

DESJARDINS (Mr Arthur), cité, III, 330.

DESLANDES (Robert), curé, d., III, 292, 312.

DES LYONS (Franç.), Elu à Pontoise, I, 346.

DES MARES (Antoine), sr de Bellefosse, d., III, 221.

DESMAY (Jacques), chanoine de Rouen, d., I, 242 ; II, 222, 281, 287, 289 ; grand vicaire, I, 305, 306 ; doyen d'Ecouis, II, 220.

DESMOULINS, vis-bailli, I, 337.

DESMOULINS (Jean), d., II, 380, 400.

DESMOULINS (Louis), d., III, 378, 384.

DESPIERRES (Isaac), d., II, 290, 291, 416.

DESPORTES (Guill.), sr de Champ-Fremont, d., III, 294, 302, 307, 308.

DESPREZ, secrétaire du Roi, I, 340.

DESROUCHES (Ch.), d., I, 233 ; II, 336 ; III, 436.

DE THAN (Pierre), d., II, 255.

DEVAYNES (Jean), receveur des Etapes, I, 313.

DE VILLY (Guill.), d., III, 245, 248.

DE VILLY (Jean), d., I, 322.

DIEUSYE (Raoulin), d., III, 377, 384.

DIREOIS (Pierre), d., II, 416, 417.

DODIGNY (Guill.), sr de Fourneaux, d., I, 305, 306.

DONNEST, contrôleur de la montre des archers, II, 372.

DORCEMAGNE (Paul), curé de St-Patrice de Rouen, II, 244.

DORÉ (N..), d., II, 316.

DOUBLET (Claude), fils du trésorier des Etats, II, 136, 249, 379, 334.

DOUBLET (David), trésorier des Etats, II, 136, 249, 251, 334.

DOUBLET (Michel), curé, d., III, 374.

DOULCERAIN (Jean), d., III, 178, 179.

DRAMARD, secrétaire de Fervaques, I, 248.

DRÉLY (Touss.), d., III, 177.

DRIEU (Olivier), d., II, 415.

DROULLIN (Franç. de), sr d'Avoynes, d., II, 376, 381.

DU BECQUET (Pierre), d., I, 353.

DU BOIS (Jean), d., III, 219, 220, 221.

DU BOIS (Olivier), sr du Taillis, d., II, 317, 415.

DUBOIS (Pierre), d., I, 353.

DU BOIS (Pierre), sr du Hamel, III, 380.

DU BOIS (Raoul), sr du Chemin, d., III, 378, 384.

DU BOSC (Adrien), sr de Coquereaumont, d., III, 236, 245, 246, 247, 249.

DU BOSC (Claude), sr d'Espine, d., I, 342.

DUBOSC (Franç.), curé, d., I, 279.

Dubosc (Franç.), sr d'Hermival, commissaire pour la gabelle, III, 280.
Du Bosc (Jacques), sr de Feugère, I, 318.
Du Bosc (Léonor), sr de Radepont, d., III, 166, 177.
Dubosc (Martin), d., I, 242.
Dubosc (N**as**), d., I, 304.
Duboys, d., III, 204.
Du Boys, commis de l'adjudicataire des gabelles, II, 373.
Du Boys (Gabriel), d., III, 178.
Duboys (Gabriel), commis de l'adjudicataire général du sel, III, 197.
Du Boys (Joseph), Elu, I, 225.
Du Boys (N**as**), d., I, 306, 342.
Du Boullay (Jacques), d., II, 380.
Dubourg (Guill.), d., II, 398.
Du Busc (Franç.), sr de St-Germain-le-Fresney, d., I, 342.
Dubusc (Guill.), d., I, 217.
Du Busc Marguerie, prévôt général de Normandie, II, 285, 372, 397, 413; III, 200.
Duchemin (Hervé), d., III, 330.
Duchemin (Jean), d., I, 304; II, 243, 253, 254, 256.
Duchemin (Laurent), sr de la Vausselle, d., III, 376, 384.
Duchemin (N**as**), d., II, 221.
Duchesne (André), historiographe, I, 345.
Ducrotey (Rob.), d., I, 341.
Du Fay (Jacques et Jean), srs du Taillis, baillis de Rouen, I, 212, 227, 238, 292; d., II, 326, 335. Comtes de Maulévrier, d., III, 285, 291, 312, 333.
Dufour (Ch.), d., II, 394 398.
Dufour (Ch.), curé de St-Maclou, d., III, 285, 291, 312, 316.
Dufour (Jean), receveur général, III, 386, 387.
Dufour (Pierre), d., III, 247, 249.
Du Gard (Robert), greffier du Bureau des finances, II, 387.
Duhamel (Guill.), trésorier des Etats, III, 332, 384.
Duhamel (Jacques), d., III, 329.
Duhamel (Jacques), procureur du Roi à l'officialité de Rouen, I, 247.
Duhamel (N**as**), d., III, 376.
Duiesy (Jean), curé, d., I, 279.
Du Mesnil (Jacques), sr de Melland, d., II, 416.
Dumesnil, greffier de l'Hôtel-de-Ville de Rouen, II, 246.
Dumont (N**as**), sr d'Espiney, d., I, 311.
Dumouchel (Robert), d., II, 379.
Dunois (comte de), II, 348.
Du Perron (le cardinal), grand aumônier de France, I, 115.
Duperron (Claude), sr de Benneville, II, 284.
Dupin (Jean), d., II, 221.
Dupont (Ch.), d., II, 379, 399.
Dupont (Guill.), d., I, 304.

Du Pré (Jean), chanoine, d., II, 317.
Duprey (Jean), sr de la Porte, conseiller à la Cour des Aides, II, 273.
Dupuis (Ant.), traitant, III, 187.
Dupuis (Jean), d., I, 352.
Dupuys, fermier, III, 168.
Dupuys (Ch.), sr de la Chapelle, d., I, 343.
Dupuys (Ch.), d., II, 400.
Durand, secrétaire de Matignon, I, 301.
Durand, ecclésiastique, d., III, 203, 204.
Durand (Jean), d., II, 255.
Durand dit Grandcamp (Raphaël), d., II, 263, 266, 267.
Durand (Rob.), d., I, 305, 306.
Durand (Th.), d., I, 342.
Durant (Georges), d., II, 379.
Du Resnel (Ph.), commis du receveur général de Rouen, III, 259, 343.
Du Theil des Roziers, III, 173.
Du Thil (David), d., II, 316.
Du Til (Nas), d., II, 379.
Du Val, d., I, 92.
Duval (Franç.), d., III, 294.
Duval (Guill.), d., III, 294, 302, 307, 308, 312, 378, 384.
Duval (Guill.), sr du Couldré, III, 380.
Duval (Jacques), d., III, 245, 247.

Duval (Nas), d., I, 257, 258.
Duval (Pierre), doyen d'Alençon, d., III, 294, 307, 308, 311, 312.
Du Vicquet (Rob.), avocat général au parlement, I, 270, 294; II, 390, 412.
Du Vyvier (Th.), d., I, 221, 234, 242, 257.
Dyel de Miromesnil, maître des requêtes, Intendant, III, 148, 314, 321, 357, 372.

Echard (Nas), avocat, nommé procureur syndic des Etats, I, 254; obtient une gratification, I, 276; cité, I, 90, 91, 92, 118, 119, 120, 121, 143, 144, 170, 171, 195, 207, 208, 303, 355; II, 20, 21, 47, 48, 69, 70, 90, 138, 139, 168, 220, 222, 223, 227, 257, 263, 265, 282, 285, 304, 310, 315, 317, 318, 320, 335, 338, 381; accusé pour ne s'être point opposé à la vérification d'un édit, II, 264; se justifie, 267, 268.
Echard (Robert), sr de Commanville, III, 332.
Echauffou (baron d'), I, 287.
Effiat (d'), II, 403.
Elbeuf (duc d'), commandant d'une armée en Normandie, II, 213.
Ellyes (Jacques), d., I, 334, 341.
Emery (le surintendant d'), III, 323.

ENGUERRAN (Noël), d., I, 221.
ERARD (Jacques), d., III, 245, 249.
ERARD (René d'), prieur, d., II, 416.
ESCAGEUL (d'), trésorier de France à Caen, II, 314.
ESNEVAL (M. d'), I, 261, 272.
EUDE (Gabriel), sr de Tourville et de Lisle, d., II, 379, 381.
EUDES (Gilles), sr de Berengeville, trésorier de France, III, 342.
ESTAINTOT (Mr d'), cité, III, 256, 313, etc.

FARIN, cité, III, 394.
FARCY (Jean), d., III, 292.
FAUCON (Alex. de), curé, d., I, 352.
FAULCON, sr de Ris, 1er président du parlement, I, 270; III, 261, 339, 357, 369, 371.
FAUVEAU, fermier des 45 sous, III, 145.
FAVIER du Boullay, Intendant, III, 314, 357, 372.
FEREY (Jean), d., II, 398.
FÉRON, échevin de Rouen, II, 215, 228.
FÉRON (Nas), d., II, 408, 415.
FERGAULT (Guill.), d., I, 242.
FERVAQUES (Guill. de Haultemer, sr de), maréchal de France, lieutenant général en Normandie, I, 71, 248, 249, 250, 251, 259; II, 225.
FEYDEAU (Antoine), adjudicataire des gabelles, II, 291.

FLEURY (Clausse de), grand maître des Eaux et forêts, I, 12, 119.
FLOQUET (Mr), cité, I, 317, 327; II, 218, 277, 281, 390, 396, 418, 419; III, 255, 270.
FOLLEVILLE (Jean de), sr du Boscdavy, d., I, 269.
FONDIMARE (de), conseiller à la Chambre des Comptes, II, 236, 271, 295, 297, 298, 304.
FONTAINE (Ch.), greffier en l'élection d'Arques, III, 181.
FONTAINE (Louis), d., II, 316.
FONTAINE (le sr de la), commissaire des guerres, II, 374.
FONTAINE (Robert Raoult, sr de la), secrétaire du duc de Longueville, II, 387.
FONTAINE DU PIN (le sr de la), III, 349.
FONTAINES-MARTEL (le sr de), abandonne moyennant finance, le gouvernement de Neufchatel, I, 149, 314.
FORDOS (Jacques), d., III, 377, 384.
FORMENTIN (Gilles), Élu, I, 225.
FORTIN (Gilles), d., II, 221.
FORTIN (Jean), curé, d., III, 248.
FORTIN (Robert), d., II, 221.
FOUBERT (Ch.), d., III, 293.
FOUCQUET (Martin), d., III, 377, 384.
FOUET (Louis), d., III, 178.
FOUET (Pierre), d., II, 336.
FOUILLEUSE (Ph. de), sr de Flavacourt, d., I, 221, 223; III, 329, 353, 356, 374.

Fouilloine d'Anctoville (Bénédict de), d., III, 375, 384.
Fountaines (Salomon des), d., I, 323.
Fouques (Alexis), d., II, 380.
Fouquet, maître des Requêtes, I, 327.
Fourilles (le sr de), grand maréchal des logis, III, 227.
Fournerie (Ant. de la), lieutenant particulier d'Alençon, III, 380.
Fournier (Jean), curé, d., I, 257.
Fournot (Rob.), d., I, 234.
Fousteau (Denis), d., III, 245, 249.
Foutel (Jean), d., II, 398.
Foville (de), grand prévôt général de Normandie, III, 301.
Franconville (Marin), II, 254.
Franquetot (Jean-Antoine de), d., II, 399, 400.
Franquetot (Robert de), sr de Carquebu, d., III, 293, 302, 312.
Franquetot (Robert de), président au parlement, III, 357, 371.
Fremont (Pol), d., I, 220.
Froment (Louis), d., III, 204.
Fromont (Gilles), d., I, 257.
Fumechon (de), président à la Chambre des Comptes, II, 228, 297, 298.
Furon (Noël), d., II, 221.

Gacé (baron de), II, 323.
Gaffer (Jean), d., I, 256.

Gaillard (Louis), d., II, 336, 338.
Gaillard (N..), d., I, 242.
Gaillard (Pierre), d., I, 280.
Gardembas, sergent à Caen, II, 256.
Garenne (Jeh. de la), d., I, 242, 243.
Gasset (Isaac), sergent royal à Rouen, II, 407.
Gaubert (Jean), d., I, 353; II, 291.
Gaubert (Mathieu), d., II, 222.
Gaudin (Jean), sr de Neufville, d., I, 342; II, 317, 336; III, 293.
Gaulde (Antoine), chanoine à Rouen, d., III, 329.
Gaultier (Franç.), chanoine, d., I, 227, 232, 234.
Gaultier (Jacques), sergent royal, II, 215.
Gaveau (Gilles), contrôleur principal de l'extraordinaire des guerres, II, 404.
Gavyon (Geoffroy), d., II, 306, 316.
Gavyon (de), échevin de Rouen, II, 224.
Gazin (Roland), d., III, 246, 249.
Gérard (Pierre), d., II, 254.
Gerville (Ph.), d., II, 255.
Germont (Hector), d., III, 249.
Gibault (Robert), fermier du contrôle des teintures, III, 440.
Giffard, d., III, 204.

GIFFART (Louis de), sr de la Pierre, d., II, 214, 218, 221, 222, 408, 414, 416.
GIOT (Laurent), d., II, 221.
GOBART (Jacques), III, 427.
GOBILLON (Pierre), syndic de Mortagne, d., III, 179.
GODART (Arthur), sr du Becquet, procureur général à la Chambre des Comptes, II, 271.
GODART (Arthur), lieutenant général au bailliage de Rouen, III, 167.
GODEBILLE (Jacques), curé, d., I, 243.
GODEBIN, II, 328.
GODEFROY (Laurent), conseiller au parlement, I, 270.
GODEFFROY (Rich.), d., I, 353.
GODET (Pasquet), traitant, III, 122.
GODET (Philebert), I, 216.
GODEY (Jean), sr de la Placedière, d., I, 305, 342.
GOHEREL (Franç.), d., I, 233.
GOHIER (Michel), d., I, 257.
GOSSELIN (Mr), cité, II, 262.
GOSSELIN (Nas), procureur des États, I, 244.
GOUAY, greffier du prévôt général, I, 340.
GOUBERT (Jean), d., III, 293.
GOUPPIL (Jean), d., III, 204.
GOUSTILMESNIL (Guill. de), d., II, 316.
GOUVET (Franç. de), curé de Daubeuf, d., II, 290, 291.
GOUYN (Richard), d., I, 241.
GRAVELLE (Pierre), d., III, 179.

GREARD (Jacques), d., III, 376, 384.
GREARD, d., II, 380.
GREMONVILLE (de), président au parlement, III, 261.
GRENET (Jean), d., II, 336.
GRIFFET (père), cité, II, 229, 295, 421.
GRIMOUIN (Clément), d., I, 324.
GROSMESNIL, V. Canouville, III, 375.
GRUEL (Sébastien), d., III, 294.
GUDOUIN (Marin), d., II, 222, 337.
GUEDIER (Ch.), d., I, 352.
GUENET (Gabriel), d., I, 221.
GUÉRIN (Louis), traitant, III, 186.
GUÉRIN (Michel), d., II, 255, 399.
GUEROULD (Ant.), d., I, 334, 341.
GUEROULD (Noël), sr du Manoir, d., I, 344, 352.
GUEROULT (Catherine), veuve du trésorier des Etats, III, 332.
GUEROULT (Gaspard), d., I, 344, 352.
GUERSENT (Jean), d., I, 257, 342.
GUERSENT (Jean), curé, d., II, 317, 318.
GUERVILLE (Jacques de), sr de Coulombières, d., III, 178.
GUEUDEVILLE (Pierre de), procureur syndic de Rouen, II, 224, 244, 245, 326, 382, 401.
GUICHARD (Jean), d., II, 290.
GUICHE (maréchal de), lieutenant général de Normandie, III, 35, 237, 245, 260, 306, 313.

GUILLAIN (N** de), secrétaire de la chambre du Roi, I, 255.
GUILLARD (Louis), d., III, 204.
GUILLART (Michel), d., II, 400.
GUILLAUMONT (sr de), I, 348.
GUILLEBERT (Louis de), sr de Sequeville, d., II, 317, 318.
GUILLEBERT (Ph. de), d., I, 233, 235.
GUILLET (Pierre), d., I, 280.
GUILLOT (Pierre), d., II, 317.
GUILLOTS (Guill. de), sr de Touffreville, lieutenant du prévôt général, I, 340.
GUISENCOURT (N**), sr de Vaurenier, d., II, 290.
GUYJON, grand vicaire, I, 213.
GUYONNIÈRE (de la), lieutenant du grand prévôt, II, 265, 330, 332.
GUYOT (Ch.), curé, d., II, 416, 417.
GUYOT (Et.), d., I, 257.
GUYOT (Laurent), d., I, 218, 305.

HACHARD (Julien), sr du Pas de Lavende, d., II, 290.
HALLÉ, trésorier de France à Rouen, II, 388; III, 263; président du Bureau des finances, III, 342, 425.
HALLÉ (Barthélemy), sr d'Orgeville, chanoine de Rouen, d., I, 334, 335, 340, 341, 343; II, 243, 247, 250, 252, et suiv., 306, 310, 316, 318, 393.
HALLÉ (Jacques), sr de Cantelou, d., I, 294; II, 214, 243, 246, 254; échevin de Rouen, I, 211, 213; II, 224, 228, 259, 278.
HALLÉ (Jean), sr de Mouflaines, maître des Requêtes, II, 270.
HALLIER (Pierre), chanoine, d., II, 408, 410, 414, 416.
HAMEL (Guill.), curé, d., III, 245, 248.
HAMEL, procureur du Roi à l'officialité de Rouen, I, 34, 58.
HAMEL (Raoul), d., I, 279.
HANYVEL (de), trésorier de France, II, 385; III, 263, 369.
HANYVEL (Claude de), sr de S.-Laurent-de-Catillon, d., III, 194.
HANYVEL (Rob. de), sr de la Chevalerie, d., II, 365, 367, 375, 379, 381; échevin de Rouen, I, 211, 213, 220.
HARASSE (Ph.), d., II, 336.
HARCOURT (le comte de), commandant en Normandie, III, 334.
HARLAY (Franç. de), archevêque de Rouen, d., II, 325, 328, 335; sa séance à l'Hôtel-de-Ville, II, 326.
HARLAY de Chanvalon (Franç. de) archevêque de Rouen, prend part à l'élection des députés en 1655, III, 352; d., III, 329, 374, 384, 393; sa harangue au Roi, III, 397.
HATESSE (Pierre), sr de Crossy, d., II, 255, 291, 318.
HAYE-HUE (Jean de la), d., I, 221.
HAYMERY (Pierre), d., II, 255, 399.

Havin (Pierre), curé, d., I, 341.
Heaulme (Martin), d., I, 221, 234.
Hébert, échevin de Rouen, III, 252.
Hébert, théologal d'Evreux, d., II, 267.
Hébert (Ch.), sr du Rocher, d., II, 290.
Hébert (Guill.), d., I, 234.
Hennequin (Jean), auteur du *Guidon des finances*, cité, III, 431.
Hellandel (Pierre de), d., III, 292.
Helley (Pierre), d., II, 336.
Henry (Jean), d., III, 375, 384.
Hérault (Jean), d., III, 177.
Hermel (Pierre), d., I, 279.
Héron (Nicolas), d., I, 279.
Herpin (Th.), d., I, 279.
Hertier (Franç.), d., II, 377, 379.
Hertier (Nicolas), d., I, 221, 233, 242, 256.
Heurtevent, I, 288.
Heudebert (Constantin), sr du Buisson, trésorier des Etats, II, 233, 249, 250, 251, 257, 275, 276, 284, 285, 286, 292, 305, 306, 315, 319, 330, 334, 360, 361, 369, 404; III, 176, 331.
Heudebert du Buisson, frère du précédent, aumônier du duc de Longueville, III, 331.
Heudebouville (Aubert de), d., III, 305, 312.
Heusebroc (Guill.), d., III, 245, 248, 376.

Hillaire (Pierre), d., II, 400.
Hincourt (Antoine de), chanoine, d., III, 246, 249.
Honoré (Gabriel), d., II, 380.
Houdetot (Adrien de), d., I, 341, 343.
Houetteville (Esme de), d., II, 222, 223; III, 204.
Houllebresque (Pierre), d., I, 352.
Hourdebourc (Jacques), d., I, 120, 121, 280, 281.
Huber (Thom.), d., II, 336.
Hue (Rob.), chanoine, d., I, 341.
Huet, d., III, 204.
Huet (Julien), d., II, 290.
Huitmille (Claude), d., II, 399, 400; III, 177.

Ingoult (Franç.), d., I, 353.
Ingoult (Jacq.), d., I, 242, 306.

Jacquet, adjudicataire des gabelles, I, 317.
Jacquinot (Gérard), I, 236.
Jamard (Edmond), d., I, 305.
Jourdain (Raoul), d., III, 248.
Jean (Jean), d., II, 221.
Jean (Pierre), d., III, 377.
Jeannin (le président), I, 75, 97.
Jehian (Pierre), d., I, 242.
Jobart (Louis), sr de la Chapelle, d., I, 342.
Joigny-Bellebrune (René de), doyen, d., I, 305.
Jouen (Rob.), d., I, 342.
Jouey (de), conseiller à la Chambre des Comptes, II, 228.

Jourdain (Pierre), d., I, 233, 242.
Jourdain (Théodore), d., II, 222.
Jouvin (Guill.), d., III, 178, 179, 204.
Jouvin (Louis), d., III, 171, 178, 179.
Joyeuse (cardinal de), I, 190.
Jubert (Louis), d., III, 178.
Juhel (Richard), d., I, 349, 353.
Jullian (Jean), d., III, 291, 302.
Jullien (Ant.), d., I, 257, 305. 342.
Jullien (Jean-Baptiste), d., II, 221, 335.
Jullien (Pierre), d., I, 257.

Karuel (Louis de), s^r de Merey, d., I, 280.

Labarre (président), auteur du *Formulaire des Elus*, cité, III, 429 et suiv.
Labbé, d., III, 204.
Labbé (Guill.), chanoine, d., I, 256.
Labbé (Jacques), prieur, d., 218, 221.
Labbé (Mathieu), d., I, 157, 342; II, 380.
La Biche (Ch.), chanoine, d., II, 399, 400.
Laferrière (M^r), cité, III, 254.
Laillier (Et.), d., I, 281, 282.
Laisné (Ph.), d., III, 177.
La Luserne (Olivier de), s^r de St-Hilaire, chanoine, d., III, 202, 376, 384.
Lamaury (N^{as}), d., III, 249.

Lambert (Franç. de), s^r du Buisson-Fallue, d., III, 178.
La Moricière (Jean de), d., I, 234.
Lancquetin (Jean), d., II, 255.
Landier, d., III, 204.
Lanfernal (Corneille de), s^r de Courteilles, d., I, 242, 243.
Langlois, s^r de Plainbosc, président au Bureau des finances de Rouen, II, 271.
Langlois (Georges), s^r de Motteville, 1er président à la Chambre des Comptes, III, 261, 372.
Langlois (Guill.), d., I, 234, 242.
Langlois (Jean), d., I, 221, 279, 304, 305, 322, 324; II, 317, 399, 415; III, 177.
Langlois (J.-B.), greffier des Etats de Normandie, I, 48, 69, 91, 118, 144, 170, 195, 208, 244, 307, 347; II, 20, 28, 70, 332; III, 189.
Langlois (N^{as}), d., III, 177.
Langlois (N^{as}), s^r de Mautheville, président à la Chambre des Comptes, I, 313, 330, 331; II, 270, 283.
Langloys, assesseur à la vicomté d'Avranches, I, 107.
Languedor (Pierre), d., II, 394, 398.
Languedor (Pierre de), s^r du Bosc-le-Vicomte, d., III, 329.
La Niepce (Franç.), d., II, 415.
Lannes (Olivier), d., I, 221.
Lannoy (Claude de), s^r de Houdan et du Vieux-Rouen, d., II, 289.

La Roche (Pierre), d., II, 415.
Rochefoucauld (cardinal de la), grand aumônier, II, 97, 146.
La Roque (le sr de), chargé par le duc de Longueville de se rendre à Quillebeuf, II, 230.
La Roque (Etienne de), baron de la Mare, d., II, 306, 316, 318.
La Roque (Henri de), d., II, 221.
Lasnier (Simon), d., II, 379, 381.
Laudasse (Jean), d., I, 269.
Laulné ou Launey (Jean de), sr de la Villermoys, d., I, 349, 351, 353, 354; II, 317.
Lauzeray (Pierre), d., II, 317.
Laydier ou Laysdier (Yolante), III, 71, 239, 241, 242, 416.
Le Baron, lieutenant particulier au bailliage de Rouen, III, 354, 355, 356.
Le Bas (Gabriel), chanoine, d., I, 323.
Le Bel (Julien), receveur des étapes, II, 324.
Le Biais (Michel), d., III, 245, 248.
Le Blanc du Rollet, prévôt général de Normandie, I, 34, 66, 78, 218, 291, 339, 349, 350; comparaît aux Etats, II, 219, 265.
Le Blond, visiteur des poids et mesures, I, 30.
Le Blond (Jacques), d., I, 379; II, 415.
Le Blond (Martin), d., II, 222, 223.

Le Bourgeois de Heauville (Louis), doyen d'Avranches, d., III, 293, 302, 307, 308.
Le Breton (Martin), d., II, 290, 291.
Le Brun (André), d., III, 378, 384.
Le Buffe (Franç.), d., II, 221.
Le Cappelain (Robert), d., II, 336.
Le Carpentier (Franç.), d., I, 242, 243.
Le Cartel (Gilles), chanoine de Coutances, d., II, 290, 291, 336, 338; III, 178, 179, 241, 242, 244, 245, 246, 248, 249.
Le Cat (Guill.), d., III, 329, 374.
Le Challeux (Pierre), d., II, 337.
Le Chemin le Bouillon (Jean), d., I, 324.
Le Chevalier (Franç.), d., III, 295.
Le Clerc (Pierre), d., I, 221; II, 337.
Lecœur (Pierre), d., I, 241.
Lecointe (André), sr des Loges, d., II, 377, 379.
Lecomte (Isaac), doyen du Sépulcre de Caen, d., II, 253, 254, 256, 336, 338.
Le Comte (Louis), d., II, 221, 222.
Lecomte (Pierre), curé, d., 218, 221, 223.
Leconte (Gilles), chanoine, d., I, 257.
Leconte (Jacques), curé, d., III, 219, 220.

Leconte (Nic.), official de Bayeux, d., III, 375, 384.
Leconte de Nonant (Ch.), d., III, 377.
Le Cordier (Guill.), d., I, 324.
Le Cordier du Troncq, président à la Chambre des Comptes, I, 284 ; III, 333.
Le Cornu (Fr.), sr du Buat, d., III, 179.
Le Coustre, assesseur en la vicomté d'Arques, I, 346.
Le Cousturier (André), d., I, 342.
Le Cousturier (Guill.), d., III, 295.
Le Couturier (Julien), d., III, 294.
Le Damoisel (Ch.), d., I, 306.
Ledeme (Michel), curé, d., III, 249.
Le Diacre (Jacques), sr du Mesnil des Essarts, III, 332, 386.
Le Doulx (Christophe), conseiller au parlement, II, 271.
Le Doulx (Claude), sr de Melleville, maître des Requêtes, II, 270.
Le Doyen (Jean), doyen de Longueville, d., I, 256.
Le Duc (Gaspard), sr de Chetebouville, trésorier de France, III, 371.
Le Duc (Michel), chanoine d'Andely, d., III, 178.
Le Duc (Pierre), d., II, 399, 400.
Le Duvey (Jeh.), d., I, 220.
Lefaulconnier (Jean), sr du Mesnil-Patry, d., II, 216.

Lefebvre, conseiller à la Chambre des Comptes, I, 266.
Lefebvre (Adrien), sr de Grainville, III, 219.
Le Febvre (Antoine), d., II, 317.
Lefebvre (Jean), d., I, 353 ; II, 222.
Lefebvre (Martin), d., II, 317.
Le Febvre (N..), d., I, 280, 306, 342, 353 ; II, 222, 380, 400.
Le Febvre (Rob.), tabellion, I, 310.
Lefebvre (Simon), d., I, 353 ; II, 222.
Le Fèvre, chanoine, II, 307.
Le Fillastre (Grégoire), d., I, 319.
Le Forestier (Pierre), curé de Foucard, d., III, 177.
Le Foucacher (Ch.), d., II, 254.
Le Franc (Pierre), curé, d., III, 293.
Le Françoys (Ch.), d., I, 241.
Le Gauffre (Ambroise), official d., I, 239, 241, 243, 321, 323.
Le Gentil (Rob.), d., I, 221, 242.
Legier (Jean), d., I, 256.
Le Got (Julien), sr de la Fontaine, d., I, 353 ; II, 332, 336, 338, 397 ; III, 245, 248.
Le Got (Laurent), d., III, 178.
Le Grand, avocat du Roi, III, 355.
Legrand, d., III, 204.
Le Guailz (Isaac), d., II, 336.

La Guerchois, avocat général au parlement, II, 277, 278 ; III, 190, 192.

Le Hayer (Pierre), procureur du Roi à Alençon, III, 380.

Le Heurteur (Pantaléon), curé, d., I, 233, 304, 306 ; II, 221, 223.

Le Hoult (Denis), d., I, 280.

Le Huré (Jacques), d., II, 290.

Le Landoys (Ant.), d., I, 221.

Le Lanternier, visiteur des poids et mesures, I, 30, 63.

Leleu (Pierre), huissier des Etats, III, 237, 310, 379, 387, 412.

Le Lieur (Claude), s^r du Mont-au-Prêtre, d., I, 280.

Le Louey (Et.), d., III, 178.

Le Mansel (N^{as}), d., II, 380 ; III, 178.

Le Marchand (Jacques) s^r du Grippon, procureur général à la Cour des Aides de Caen, III, 255.

Le Mareschal (Ch.), d., III, 245, 247.

Le Mercier, huissier de la commission de la revente du domaine, II, 277, 278.

Le Mercier (Noël), d., II, 416.

Le Mesgissier (Martin), imprimeur des Etats, I, 48, 69, 121, 144, 171, 197, 208 ; II, 21, 70, 90, 120, 139, 168, 193, 212, 360, 386.

Le Mire (Guill.), vis-bailli, I, 337.

Lemoine (Pierre), d., II, 415.

Lemonier (Pierre), d., I, 242.

Lemonnier (N^{as}), d., I, 304, 306.

Le Morin (Guillebert), d., III, 376, 384.

Le Moulinet (Ch.), curé, d., I, 257.

Lemperière (Franç.), s^r de Montigny, d., III, 353, 356, 358, 365, 366, 374, 384.

Le Nepveu (N^{as}), s^r du Vaurenant, d., II, 379.

Lenglée (de), trésorier de France, III, 425.

Le Noble (Jean), commis à la recette générale de la Généralité de Rouen, III, 421, 426.

Lenoir (Dom), cité, II, 211, 212, 257.

Lenoir, échevin d'Alençon, III, 380.

Le Normand (Simon), d., I, 257.

Le Noury (N^{as}), s^r du Mesnil, d., II, 380.

Le Pareur (Jean), curé, d., I, 233.

Le Parmentier, officier du bailliage de Rouen, I, 211.

Le Peletier (Gaspard), s^r de la Fosse, d., II, 336.

Le Pellerin (Geoffroy), d., II, 253, 255, 256.

Le Pelletier (Jacques), d., I, 242 ; II, 290, 380.

Le Pelletier (Louis), s^r de Longuemare, d., III, 294.

Le Pelletier (Michel), d., II, 399, 400.

Le Pelletier (Michel), s^r de la Gilleterie, d., III, 376, 384.

Le Pelletier (N..), curé, d., I, 353.
Le Pelley (Taneguy), d., II, 399.
Le Pesant (Ch.), conseiller à la Chambre des Comptes, I, 284; II, 228, 241, 402; III, 264, 265, 269.
Le Pic (N..), d., I, 257; II, 255, 317.
Le Picard (Jean), d., I, 257.
Le Pigny (Marin), archidiacre en la cathédrale de Rouen, d., II, 200, 263, 268.
Le Pileur (Raoul), chanoine, II, 399.
Le Planquois, échevin de Rouen, II, 214, 246.
Le Planquois (Guill.), d., I, 250, 256; II, 216, 221.
Le Portier (Jean), d., III, 294.
Le Poulletier (Guill.), d., II, 399.
Le Prévost, chanoine de Rouen, III, 165.
Le Prévost (Jacques), d., I, 305.
Le Prévost (Jean), s^r de la Ferté, d., III, 293, 308.
Le Prévost (Robert), d., II, 290, 400.
Le Prévost (Th.), d., I, 306.
Le Prince (Jean), d., I, 280; II, 255.
Le Quesne (Pierre), d., II, 379.
Le Rebours (Guill.), chanoine, d., I, 218, 219, 221, 222.
Le Rossignol (Pierre), contrôleur des étapes, II, 324; d., III, 293.

Le Rouge (Guill.), d., II, 290.
Le Rouillé (Isaac), d., II, 222.
Le Rouillé (Jean), avocat d'Alençon, III, 380.
Le Rouyer (Jacob), s^r de la Blinière, d., II, 380.
Le Roux (Ch.), d., II, 317.
Le Roux (Claude), s^r de St-Aubin, lieutenant-général au bailliage de Rouen, I, 268, 293, 334.
Le Roux (Isaac), greffier du Bureau des finances, II, 387.
Le Roux (N..), s^r de St-Aubin, lieutenant-général au bailliage de Rouen, I, 355.
Le Roux (N..), s^r du Bourgtheroulde, président au parlement, I, 270.
Le Roy (Claude), d., II, 290.
Le Roy (Louis), d., I, 234, 242, 257.
Le Roy (Marin), huissier des Etats, I, 235.
Le Roy (Pierre), chanoine, d., I, 238, 241.
Le Roy de la Poterie, Intendant de la Généralité de Caen, III, 101, 103, 303, 314, 321.
Le Royer (N..), aumônier du Roi, chanoine de Rouen, d., II, 214, 216, 220, 222; III, 194, 195, 204.
Le Sacher (Michel), d., I, 342, 343.
Le Saonnier (N..), d., II, 221.
Le Saulnyer (Th.), d., I, 341.
Le Sauvage (Jean), d., II, 416.
Le Savoureux (Noël) d., III, 229.

Lescallay (Germain), sr de Dauval, d., I, 257.
Lescot (Jean), capitaine des archers de la gabelle, II, 401.
Lescuyer (Ch.), d., I, 233.
Lesdo, avocat, III, 239, 241.
Le Seigneur, conseiller à la Chambre des Comptes, II, 295, 297, 298, 304; doyen des conseillers, III, 264, 265, 269.
Le Seigneur, trésorier de France à Rouen, II, 389; III, 369.
Le Seigneur (Ezéchiel), d., III, 374.
Le Seigneur (Isaac), sr de Maromme, d., II, 214, 221, 326, 335.
Le Seigneur (Louis), sr de Giste-Benard, III, 414.
Le Seilleur (Jean), curé, d., I, 353.
Lesens (Franç.), sr de Rucqueville, d., II, 290, 291.
Lesné (Franç.), sr de Longchamp, d., III, 249.
Lespeudry (Jean), greffier des Etats, III, 331, 372, 412, 414.
Lestendart (Anne de), baron de Bully, d., I, 120, 121, 279, 281; III, 237, 245, 246, 247, 249.
Le Tellier, adjudicataire du sel, II, 286.
Le Tellier (Simon), d., III, 294.
Le Tonnelier (Franç.), sr de Conty, Intendant en Normandie, III, 199, 212, 213 et suiv.
Le Tourneur (Joachim), curé de Fresnes, d., I, 218, 221, 223.
Le Vaigneur (Jean), d., I, 416.
Le Vallois, archer vétéran des gardes du corps du Roi, II, 284.
Le Vasseur (Jacques), d., I, 227, 232, 334, 344, 352.
Le Vasseur (N..), d., I, 343.
Le Vavasseur (Louis), d., III, 248, 249.
Levemont (Georges de), d., I, 257.
Le Vendenger (Jacques), d., I, 232.
Le Vendenger (Jean), chanoine de Rouen, d., II, 390, 399.
Levesque (Pierre), doyen de St-Romain, d., II, 289.
Le Villain (N..), sr du Rouchay, d., II, 317.
Levilly (Jacques de), d., III, 376.
Le Vrel (Roland), curé, d., I, 351, 352.
L'Hermite (Jean), d., II, 416.
Liberge (Jacques), curé, d., II, 416.
Liesse (Guillaume), d., II, 243, 254; III, 177.
Liesse (Robert), d., III, 166.
Ligeart, greffier des Etats, I, 19.
Lignerolles (le sr de), III, 334.

LINTOT (Adrien de), sʳ de Sauqueville, d., II, 336.
LISSOT (Nᵃˢ), d., II, 255, 416.
LONGUET (Olivier), d., I, 280.
LONGUEVILLE (Henri d'Orléans duc de), gouverneur de Normandie, I, 343 ; II, 343, 349, 418 ; III, 260 ; tient les Etats, II, 1, 23, 71, 91, 120, 141, 169, 194, 216, 247, 269 ; III, 169, 291, 420. — Gratifications qui lui sont accordées par les Etats, II, 218 ; III, 245, 308. Etats de 1655, différés à cause de son indisposition, III, 354, 356. — A Chartres, II, 246 ; à Evreux, II, 269 ; à Hambie, II, 213 ; à Rouen, après une longue absence, III, 183 ; à St-Germain-en-Laye, II, 260. Fait enregistrer des édits dans les cours souveraines, II, 295 ; III, 182, 212. Remplacé par d'Ornano, II, 213. Obtient la survivance de son gouvernement, en faveur de ses deux fils et l'office de bailli de Rouen, III, 133. Sa disgrâce, III, 332. Son décès, III, 429.
LONGUEVILLE (duchesse de), III, 334.
LORDE (Guill.), d., II, 337.
LORMEL (Vincent de), d., I, 352.
LOUBERT (Louis de), sʳ de Martainville, d., II, 416, 417.
Louis XIII à Forges, en 1633, III, 183 ; à Gaillon, en 1617, I, 311 ; à Rouen, en 1617, I, 331 ; en Normandie, pour faire vérifier des édits, III, 227. Qualifié de juste, I, 163 ; II, 2, 50 ; III, 14. Son courage, II, 240, 343, 348. Ses triomphes, II, 24.
Louis XIV à Rouen, III, 334.
LOUVEL (Pierre), d., II, 336.
LOUVET, trésorier de France à Rouen, II, 388.
LOUVOIS (marquis de), surintendant des postes, III, 427.
LUCAS (Raoul), receveur des étapes, I, 313.
LUYNES (de), lieutenant-général au gouvernement de Normandie, I, 3 ; II, 330 ; tient les États à Rouen, nov. 1617, I, 144, 311.

MACÉ (Th.), d., I, 280 ; II, 415.
MACHON (Michel), d., I, 222.
MAHOT (Christophe), curé, d., I, 343 ; II, 380, 381.
MAIEU (Mathieu), d., I, 222.
MAIGNART (Ch.), sʳ de Bernières, président au parlement, I, 270,
MAIGNART (Ph.), sʳ de Bernières. procureur général au Parlement, III, 371.
MAILLARD (Ch.), d., III, 292.
MAILLARD (Jacques), d., 305, 306, 307.
MAILLERAYE (le sʳ de la), lieutenant général en Normandie, III, 174, 175, 176, 183, 200, 215, 218, 224, 237.
MAILLOC (Nᵃˢ), d., I, 280, 353 ; II, 416 ; III, 338.

MAIRIE (Ch. de la), traitant des francs-fiefs et nouveaux acquêts, III, 232, 233, 234.
MALDENT (Antoine), partisan, III, 32, 251, 252.
MALHEUE, d., III, 204.
MALHEUE (Ildevert), d., I, 341.
MALHEUE (Thomas), d., III, 375, 384.
MALHEUE (Touss.), d., II, 289.
MALLET, d., I, 120.
MALLET (Adrien), chanoine, d., I, 280, 281 ; II, 290.
MALLET (Jean), s^r de St-Ouen, d., II, 254.
MALLET (Louis), s^r de Cramesnil, d., II, 415, 416.
MALLET (Pierre), d., II, 290.
MALLEVENDE (Pierre de), s^r de Fleurigny, d., I, 306.
MALTHAIS, grand visiteur des poids et mesures; son office supprimé, I, 30, 63.
MATHAREL, III, 426.
MANCEL, d., III, 204.
MANEVILLE (Jacques de), d., III, 173, 177.
MANGOT, commissaire du Roi, I, 16, 58, 87, 282.
MANSIGNY (de), d., III, 204.
MARAIS, avocat, I, 254.
MARAIS (Franç.), d., I, 242, 243.
MARC (Emery), s^r de Bracquemont, chanoine, d., II, 393, 394, 395, 398 400.
MARC (Louis), s^r de la Ferté, II, 284.
MARC (Pierre), III, 379.

MARC (Scipion), s^r de la Ferté, lieutenant-général au bailliage de Rouen, II, 260, 281, 307, 391.
MARESCHAL (Jean), d., I, 222.
MARESCOT (Michel de), maître des Requêtes, II, 270.
MARETTE (Ch.), d., I, 256.
MARGUERYE (Luc), d., I, 353.
MARIAGE (Michel), s^r de Mongrimont, I, 295.
MÉDICIS (Marie de), gouvernante de Normandie, I, 249, 277.
MARIE (Jean), d., II, 269, 415.
MARILLAC (le s^r de), III, 188.
MARIN, intendant des finances, III, 425.
MARLE (Jean de), s^r d'Amécourt, I, 242.
MARSOLLET (Pierre), d., I, 233.
MARTEL (Adrien), conseiller au parlement, I, 270.
MARTEL (Franç.), s^r de Clères, d., I, 256.
MARTIN (S.), d., III, 311.
MARTIN (Etienne), s^r de Boisville, III, 436.
MARTIN (Pierre-Noël), s^r du Vornier, maître des comptes, III, 436.
MARYE (Richard), d., III, 291.
MATHAN (de), chanoine, II, 307.
MATHAN (Pierre de), s^r de Pierrefitte, d., I, 257.
MATIGNON (Ch. de), lieutenant-général en Basse-Normandie, I, 301; II, 323; III, 224, 245, 306, 307, 311.

MATIGNON (Gilonne de), I, 231.
MAUCORPS (Artus), sr de Beuroupt, d., I, 343, 353 ; II, 222, 337 ; III, 179, 249.
MAUDUIT (Benjamin), d., III, 179.
MAUDUIT (Mathurin), d., I, 306, 343.
MAUGER (Massé), d., I, 234.
MAUPEOU (le sr de), intendant des finances, I, 137.
MAURICE, greffier des étapes, I, 328, 329, 332.
MAUSAVOIR (Franç. de), d., III, 307, 312.
MAUSAVOIR (Jean), d., III, 286, 291.
MENDY (Ch. de), sr de Billy, gentilhomme ordinaire du duc de Villars, II, 403.
MENNESSIER (Jean), d., I, 304.
MERCENT (Robert), d., II, 416.
MERCŒUR (Louis duc de), à la Chambre des Comptes de Normandie, III, 256, 264 et suiv.
MEREY (Claude), d., II, 260.
MERIET (Ant.), curé d'Hennesis, II, 380.
MESGNET (Jean), d., I, 233, 234.
MESGRIGNY (de), président au parlement, III, 357, 371.
MESNIL-HARDELAY (le sr du), d., III, 303.
MICHEL (Guill.), sr de Montchaton, II, 284.
MONCHARVILLE, intendant des finances, III, 338.
MONSURES (Ch. de), sr de Graval, I, 352.

MONSURES (Jacques de), sr d'Auviller, d., III, 436.
MONTAGU (François de), d., II, 255.
MONTAGU (Pierre de), marquis d'O, d., III, 378, 384.
MONTAUSIER (duc de), lieutenant-général en Normandie, III, 414, 428, 429.
MONTBAS (de), grand maître des eaux et forêts, III, 89, 299.
MONTBAZON (Hector de Rohan duc de), lieutenant-général en Normandie, I, 131, 268, 273, 288.
MONTCHRESTIEN dit le baron de Vatteville, II, 254.
MONTENAY, conseiller au parlement, III, 334.
MONTGOMMERY (comte de), III, 173.
MONTHIERS (Simon de), sr du Bosc-Roger, d., I, 219, 221, 222.
MONTPELLIER (Jean de), d., I, 352.
MONTPENSIER (duc de), comte de Mortain, I, 14.
MONTPENSIER (Mlle de), comtesse de Mortain, I, 201, 321.
MORAINVILLE (Franç. de), sr d'Orgeville, d., III, 293, 310, 312.
MORANT, Intendant de justice, police et finances, III, 321, 357, 372.
MORANT (V.), d., III, 204.
MOREL (Jacques), tabellion, I, 310.

Moret (Mr de), I, 261.
Morin (Ant.), d., II, 289.
Morin (Gabriel), président à la Cour des Aides de Caen, III, 255.
Morin (Jacques), sr d'Escageul président à la Cour des Aides de Rouen, III, 255.
Mortier (Pierre), traitant, III, 168, 186.
Mouchard (Nas), d., I, 242, 243 ; II, 254, 316.
Mouchi (Ch. de), sr de Memont, d., I, 334, 341, 343.
Moullin (Denis), d., III, 178.
Moy (de), chanoine, III, 352.
Moy (Antoine de), d., II, 243, 253, 254, 255.
Moy (Louis de), sr de la Mailleraye, d., I, 212, 217, 219, 220, 222.

Nassau (Maurice de), II, 424.
Neufbosc (du), quartenier de Rouen, II, 326.
Neufmoulin (de), procureur du Roi, III, 355.
Nicolle, fermier des quatrièmes, III, 117.
Nicolle (Geuffroi), d., I, 353.
Nigleau (Jacques), sr de la Rembergerie, prévôt des maréchaux, III, 277.
Normanville (Isaac de), sr de la Pizaye, lieutenant-général au bailliage de Cany, III, 220.
Normyer (Nas), d., II, 316.
Nouflard (Jean), curé de Caudebec, d., I, 241, 243; II, 254.

Nouveau (Jérôme de), surintendant des postes, III, 127, 306, 427.

Orglandes (Jacques d'), sr de Prétot, d., I, 233, 234.
Orieut (Jacques), d., I, 352.
Oriot (Jacques), d., II, 221.
Ornano (J.-B. d'), comte de Montlor, lieutenant-général en Normandie, I, 172, 334, 335 ; II, 213, 227, 251, 333.
Osmont (André), d., III, 375.
Osmont (Nas), doyen de Gisors, d., II, 337.
Osmont (Pierre), d., II, 379.
Osmont (Richard), trésorier de France, III, 372, 386.
Ossemont (Th. d'), d., II, 337.
Ouville (Ch. d'), d., II, 416.

Pain (Georges), procureur syndic des marchands, I, 292.
Paléologo (J.-B.), munitionnaire des armées, III, 106, 320.
Pallu (Guill. de la), sr du Mesnil-Hubert, d., I, 92, 257, 258.
Pallyer (Nas), I, 274.
Paon (Jacques), d., II, 218, 223.
Papin (Franç. ou Henri), d., III, 375, 384.
Parfourru (Ch. de), archidiacre, d., I, 218, 221, 353.
Parier (Michel), d., I, 233.
Paris (M. de), Intendant de la Généralité de Rouen, III, 106.
Paris (Nas), chanoine, d., III, 330, 377, 395, 396.

Pasquier (Julien), prêtre, d., I, 306.
Patou, sr de la Montagne, III, 101, 122, 303, 305.
Patou (Jean), conseiller à la Cour des Aides, III, 303.
Patry (Pierre), sr de Ste-Marie, d., II, 336, 338.
Paulmier (Jean), chanoine, d., III, 376, 384.
Paulmier (Laurent), sr de la Rosière, d., II, 317, 318.
Pavyot (Ch.), d., II, 365, 379 ; III, 236, 247.
Pavyot (Jean), d., I, 227, 232.
Payen (Jean), sr de la Garanderie, d., II, 333 ; Jacques Payen, son fils, *ibid.*
Pean (Julien), d., II, 253, 255, 256.
Pecqueult (Pierre), trésorier de France à Alençon, III, 372.
Pellerin (Jean), d., II, 400 ; III, 179, 343.
Pellerin (Olivier), d., II, 379.
Pelletot (Ch. de), d., II, 221.
Penon (Jacques), d., I, 221.
Penon (Jean), sr de la Chaussaye, d., II, 290.
Perdriel (Nas), d., I, 341.
Péricard (Franç.), évêque de Tarse, d., I, 250, 251, 256, 258.
Périer (Ch.), chanoine, d., II, 415.
Périer (Paul), d., III, 178.
Périer (Pierre), d., I, 242.
Perin (Jacques), d., II, 336 ; III, 248.

Pernelle (Pierre), d., I, 220.
Perrel (Prothès), d., II, 337.
Perrelle (Gilles de la), d., I, 342 ; II, 290, 291.
Pesnelle (Marin), d., III, 178.
Petion (Mathieu), d., I, 243 ; II, 416.
Petit, d., III, 204.
Petit-Val (du), imprimeur du Roi, 128, 164.
Philippe de Valois, II, 326, 327.
Philippes (Franç.), d., I, 353.
Philippe (Nas), curé, d., I, 218, 220.
Picot (Mr Georges), cité, III, 331.
Picot (Jean), II, 269.
Piel (Jacques), d., I. 280.
Pierrey (Pierre), d., I, 353.
Piennes (Jacques de), châtelain d'Ernanville, d., I, 305.
Pigné (Jean), d., II, 379.
Pigney (Nas), d., I, 221.
Pilavoine (Ph. de), sr du Couldrai, d., II, 400.
Pilleadvoyne (Georges de), sr de Boisemont, I, 234 ; II, 317.
Pillon (Isaac de), sr de Boscregnoult, vis-bailli, I, 337.
Pioche, officier, I, 63.
Piperay (Jean), sr de la Villaye, d., II, 408, 415.
Plenoche, gentilhomme du duc de Longueville, III, 334.
Plessis-Garnier, traitant, III, 188.
Poerier (Jacques), sr d'Amfreville, président au parlement, II, 270 ; III, 57, 317, 371.

Poerier (Vercingétorix), sʳ de Taillepied, d., II, 290, 291, 323.
Poisson (René), d., III, 204.
Pommeraye (Dom), cité, III, 393 et suiv.
Pontcarré, commissaire du Roi, I, 24.
Poret (François), sʳ de Fresnes, d., III, 178.
Poret (Th.), sʳ de Fresnes, d., I, 280, 281.
Porquier (Louis), trésorier du duc de Longueville, III, 387.
Postret (Franç.), d., I, 234.
Poterie (M. de la), trésorier de France à Rouen, II, 292.
Potier de Blérancourt, envoyé à Quillebeuf, II, 227.
Pouchet (Nᵃˢ), d., II, 260, 266, 365, 379, 408, 414 ; III, 236, 245, 247 ; échevin de Rouen, III, 252.
Praissac (de), ingénieur chargé des fortifications de Quillebeuf, II, 224.
Prevel (Daniel), d., I, 234.
Prévost (Th.), d., I, 258.
Pruneley (Claude de), d., I, 299, 304.
Puchot, conseiller à la Chambre des Comptes, I, 282, 285.
Puchot, trésorier de France à Rouen, II, 388 ; III, 369.
Puchot (Nᵃˢ), sʳ de Malaunay, d., I, 238, 241 ; II, 260.

Quatremère (Pierre), d., I, 234.
Quatresols (Ant.), d., I, 256.
Quatresolz (Jean), vicaire général, d., I, 310, 330.
Quenel (Adam du), chanoine, d., I, 257 ; III, 201, 203.
Quenet (de), d., II, 266, 284, 286, 287.
Quentin (Pierre), d., III, 247.
Questre (Jacques), II, 231.
Quevillon (Franç.), d., I, 233.
Quillet (Jean), d., I, 222.
Quicherat (Mʳ Jules), cité, I, 227.
Quillet (Jérémie), président au grenier à sel d'Alençon, III, 380.
Quiquebeuf, huissier au Conseil, III, 265, 266, 267, 268, 269.

Rabasse (Michel), d., I, 344, 352.
Rables (le sʳ des), II, 401.
Racyne (Jacques), d., II, 260.
Ranchin (Jean-Antoine), receveur général des finances, III, 344, 372.
Raoult (Robert), sʳ de la Fontaine, secrétaire du duc de Longueville, II, 387.
Rassent, président à la Chambre des Comptes, II, 295, 297, 298.
Rasset (Antoine), curé, d., III, 375.
Ravend (Pierre), d., III, 293.
Raveton (Jean de), curé, d., II, 255.
Regnauld (Henri), d., I, 305.
Regnouard, d., III, 204.
Remond (Pierre), d., I, 34.
Renouard ou Reynouard (Richard), d., II, 242, 254.

Renty (Gaston de), baron de Landelle, d., II, 415.

Renty (Louis de), abbé de St-Sever, prisonnier, I, 350.

Restout, doyen de la grand'-chambre au parlement, III, 218.

Retz (cardinal de), II, 229.

Richelieu (cardinal de), II, 229, 331, 409; III, 195, 205; à Forges, III, 183.

Richer (Jean), d., III, 178.

Rigould (Claude), d., I, 233.

Rioult (Jean), d., I, 279; II, 260, 267.

Robbes (Noel), d., I, 257.

Robillard, (Jean), d., III, 246, 249.

Robillard (Laurent), d., II, 336.

Robillard (Martin), d., II, 222, 400.

Robillart (Philibert), prieur de St-Ouen de Gisors, III, 195.

Robin, fermier de la gabelle, I, 8.

Roger (Pierre), archevêque de Rouen, député de Normandie, II, 326, 327; III, 353.

Roissy (de), conseiller d'Etat, II, 274.

Romé, chanoine, III, 352.

Romé, trésorier de France, III, 263.

Romé, conseiller à la Chambre des Comptes, II, 295.

Roncherolles (le sr de), d., II, 267.

Roncherolles (Louis de), doyen d'Ecouis, d., III, 294, 308, 319.

Roquette, procureur au parlement, III, 337.

Rossignol (Pierre), d., III, 317, 318.

Rothelin (Léonor d'Orléans, marquis de), d., I, 322, 330.

Rouillard (Pierre), greffier du Bureau des finances, II, 305, 334.

Rouillé (Jacques), receveur général à Rouen, II, 275, 276, 292, 305, 314, 319; III, 259, 263, 343.

Roussel (Ch. de), sr de Breteville, d., III, 239, 241, 248.

Roussel (Costentin), d., I, 241.

Roussel (Louis), d., III, 377, 384.

Roussignol (Guill.), d., III, 248.

Roussin (Touss.), d., I, 221.

Rouville (Jacques de), comte de Clinchant, d., I, 227, 232.

Rouxel de Médavy (François), évêque de Séez, d., 355, 357, 370, 378, 384.

Rouyl (Jacques du), chanoine, d., I, 342.

Rozel (du), haut doyen de Rouen, I, 350.

Rucqueville (sieur de), gentilhomme, d., III, 198.

Ruel (Joachim), d., II, 318.

Ruelle (Sébastien), d., II, 290, 317.

Rupalley (Toussaint), d., II, 317.

Ryoult (Joachim), d., I, 256.

SACHER (Michel), d., I, 305.
SAHURS (de), d., III, 305, 307, 312.
SAIGNES (comte de), I, 71, 298, 346.
SAINT-MARTIN (le sr de), receveur du ban et arrière-ban, III, 44.
SAINTE-MARIE (Hervé de), sr de Tourville, d., II, 221, 222.
SAINT-MESMES (Franç. de), d., II, 289.
SAINT-OUEN (de), conseiller à la Chambre des Comptes, II, 295.
SAINTOT (de), maître des cérémonies, III, 335.
SALLET, avocat du Roi, puis procureur général au parlement, II, 422; III, 190, 192, 218, 261.
SANSON, chanoine de Rouen, I, 227; II, 392, 393.
SANSON (Franç. de), d., II, 222.
SANTERRE (Marin), d., II, 415.
SAON (Jacques de), sr de Langerie, I, 323.
SAUL (Guy), d., II, 255.
SAULTIER (Guill.), d., II, 399.
SAUNIER (Jean), receveur des étapes, III, 181.
SAUVAIGE (Georges), d., II, 255.
SAVARY (Franç.), d., I, 306; II, 376.
SAVARY (Vincent), d., III, 374, 384.
SCELLE (Guill.), sr de Clouy, d., I, 242, 243.

SCHOMBERG (comte de), I, 229.
SEBOUVYLLE (Ph. de), d., II, 222.
SEFFRYE (Rob.), d., I, 342.
SÉGUIER (le chancelier), III, 254; obtient le don des terres vaines et vagues de la Basse-Normandie, III, 101.
SÉJOURNÉ (Henri), d., I, 256.
SENGLIER (Et.), d., III, 292.
SEGUOT (Raoulin), d., I, 280.
SERVIGNY (le sr de), capitaine du plat pays, III, 70.
SEYR (Jean de), d., II, 221.
SIGNOL (Pierre), d., I, 279.
SIGNOL (Raoulin), d., III, 248.
SILLANS (Ant. de), baron de Creuilly, d., I, 323, 330.
SILLY, V. Vippart.
SIMON (Antoine), d., III, 292.
SIMON (Louis), d., II, 222.
SIREULDE (Guill.), d., II, 416.
SOISSONS (Ch. de Bourbon, comte de), gouverneur de Normandie, I, 210, 211; tient les Etats, I, 21, 49, 216; avait obtenu le produit de la vente des paluds et marais de Caen et du Cotentin, I, 139, 166, 193, 319, 323; II, 517.
SONNING (Jean), receveur des tailles, III, 425.
SORE ou SORIN (Daniel), huissier des Etats, I, 233; II, 411.
SORET (Jean), curé, d., II, 398.
SORIN (Jean), sr de Froidebos, d., I, 275, 280.
SOULAS (Guill.), d., III, 178.
SOULTIL (Jean), d., II, 416.

SULLY (duc de), grand voyer de France, I, 17, 135, 223.
SURGIS (N**), d., I, 295, 299, 304.
SURVILLE (Etienne de), d., II, 290.
SYBOUVILLE (François), d., II, 380.
SYMON (Adrien), curé, d., II, 337.

TALLON (Jacques), conseiller d'Etat, envoyé dans la Généralité de Rouen, III, 231 ; à la Chambre des Comptes, III, 256, 264 et suiv.
TALMYE (Thomas), d., II, 379.
TARDIF, partisan, III, 316, 317.
TAREL (Th.), d., I, 341, 343.
TASOT (N**), d., I, 353.
TAUPIN (Jean), d., I, 341.
TESSON, greffier à la Chambre des Comptes, II, 257, 298, 303.
THIBERGE (Jean), d., II, 337, 380.
THIBOULT (Antoine), d., II, 400, 412.
THIBOUTOT (Abraham de), d., II, 399.
THIERFAULT, maître des Requêtes, III, 53.
THIERRY (Pierre), d., II, 380, 384, 400.
THOMAS, conseiller à la Chambre des Comptes, I, 266 ; II, 223 ; III, 173.
THOMAS (Henri), d., III, 317, 384.
THOMAS (N**), sʳ de Lattainville, d., III, 239, 241, 246, 249.

THOMAS (Rob.), sʳ de Hescaulleville, d., I, 342.
THORIEL (Vincent), curé, d., II, 222.
THUYLEAU (Pierre), chanoine, d., I, 231, 233, 234.
TIERCEVILLE (de), trésorier de France à Rouen, I, 223.
TOUCHARD (Jean), d., III, 293.
TOURLAVILLE (Jean de), sʳ d'Esmonville, d., III, 245, 246, 248, 249.
TOURNVEILLE (de), adjudicataire du sel, III, 172.
TOUZÉ, receveur des étapes, I, 312.
TOUSTAIN (Adrien), sʳ de Frontebosc, d., I, 310.
TOUSTAIN (Guill.), sʳ du Roulle, d., I, 311.
TOUSTAIN (Rob.), d., I, 305 ; II, 317.
TROUERIE (de la), 1ᵉʳ avocat général au parlement, III, 355.
TUBEUF, intendant des finances, III, 259, 262.
TULIÈVRE (Vinc.), d., II, 337, 338.
TURGOT, d., I, 120, 121.
TURGOT (Claude), sʳ des Tourailles, d., II, 254.
TURGOT (Jacques), sʳ de St-Clair, I, 279, 281 ; Intendant en Normandie, II, 417, 418.
TURGOT (Julien), d., III, 248.
TURGOT (N**), sʳ de Lanteuil, président au parlement, III, 357, 371.
TURQUAN (de), maître des Requêtes, I, 346.

TURQUET, joaillier, II, 404.
TYREL (Georges), d., I, 233.

VAIGNON, greffier au parlement, III, 328.
VARNIER (Ch.), d., I, 304.
VATIER (Gabriel), d., I, 306.
VATTERYE (Gabriel), d., 280.
VAUBOREL (Josselin de), s^r de Lapenty, d., II, 221, 223.
VAUQUELIN (Jacques), s^r de Sassy, d., I, 242, 243.
VAUSART (Pantaléon), s^r de Fontené, échevin de Caen, d., III, 178.
VAUX (de), s^r de la Houssaye, d., II, 330.
VENDOME (duc de), I, 288.
VERDIER (Ant.), d., III, 212.
VERNEUIL (M^r de), I, 261.
VIART (Pierre), huissier des Etats, III, 412.
VIDECOQ (Jacques), d., II, 316.
VIEL (Gilles), d., I, 280.
VIEULZ (le s^r de), gouverneur du Château Gaillard, III, 173.
VIÉVILLE (M^r de la), II, 266.
VIGERIE (de la), lieutenant au Vieux palais à Rouen, III, 237.
VIGNER (Laurent), d., I, 352.
VILLARS (Georges de Brancas, marquis de), lieut. général en Normandie, II, 141, 333; III, 175; gouverneur du Havre, I, 226; préside les Etats, II, 366, 367; obtient d'eux des gratifications, II, 370, 371, 403.
VILLEQUIER, conseiller à la Chambre des Comptes, II, 295.
VILLETTE (Rob. de), d., I, 275, 280.
VINCENT (Thomas), d., III, 292.
VION (Jean), d., II, 254.
VIPPART (Gilles de), s^r de Silly, capitaine d'Evreux, I, 204, 348, 354.
VISQUESNEL (Jean), d., III, 247.
VIRET (Jean), imprimeur du Roi, III, 128, 164.
VIRET (Guill.), bourgeois d'Yvetot, II, 414, 427.
VOISIN (Jean), curé, d., II, 290.
VOISIN (Pierre), échevin de Rouen, I, 211, 213.
VRILLIÈRE (de la), secrétaire d'Etat, III, 183, 204, 261.
VYARD (Paul), contrôleur d'Election, I, 352.

YVER (Guill.), d., I, 323.
YVER (Noel), d., I, 243.

TABLE DU TROISIÈME VOLUME

Cahier des Etats de décembre 1634, p . . . .   1 à 34
—   de janvier et février 1638, p . .   35   74
—   de novembre 1643, p   75   128
—   de février 1655 (Attribués par erreur à 1658), p . . .   129   164
Docum. relatifs aux Etats de septemb. 1633, p.   165   193
—   — de décemb. 1634, p.   193   221
Interruption des Etats de 1635 à 1636, p. . .   222   235
Docum. relat. aux Etats de janv. et fév. 1638, p.   235   253
Interruption des Etats de 1638 à 1643, p. . .   254   284
Docum. relatifs aux Etats de novemb. 1643, p.   285   322
Interruption des Etats de 1643 à 1655, p. . .   322   351
Docum. relatifs aux Etats de février 1655, p. .   351   393
Réunion de décembre 1657, p   393   411
Fin des Etats, p   411   429
Appendice, p   429   440
Table des matières, des noms de lieu et des noms d'homme, p   441   503

FIN DE LA TABLE.

www.ingramcontent.com/pod-product-compliance
Lightning Source LLC
Chambersburg PA
CBHW071415230426
43669CB00010B/1556